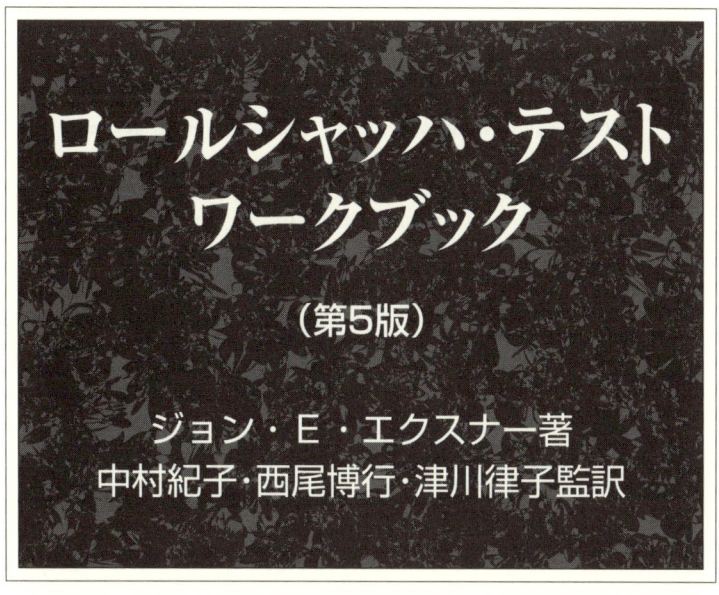

# A Rorschach Workbook for the Comprehensive System
## (Fifth Edition)

John E. Exner, Jr.

金剛出版

**A Rorschach Workbook for the Comprehensive System**
Fifth Edition
*by*
John E. Exner, Jr.

Copyright © 2001 by John E. Exner, Jr.
Japanese translation rights arranged
with John E. Exner, Jr.
through Exner Japan Associates, Tokyo
Printed in Japan

## 日本語版への序文

　包括システムが，日本で好意をもって受け入れられ，広く使われるようになったということは大変光栄なことです。このシステムを学び始めたばかりの人でも，包括システムを十分に使いこなすにはかなりのトレーニングと経験が必要であることに気づかれると思います。トレーニングと経験で重要なポイントは，決まったやり方で施行することと，反応を正確にコードすることにあります。これらのポイントが忠実に守られてこそ，テストの結果が信頼性と妥当性のあるものになるのです。

　このワークブックは，施行法とコーディングの初歩的なガイドラインを提供するものです。ここには，施行の手順と，反応をコードするための各変数の基礎となるクライテリアを詳しく説明してあります。

　複雑な内容を，ひとつの言語から別の言語へ翻訳することにまつわる多くの困難について私はある程度よくわかっているつもりです。その意味で中村紀子さんとその同僚が細心の注意を払ってワークブックの内容を正確に翻訳しようと努力してくれたことに感謝しています。このような努力のおかげで，本書は理解されやすくなり，使いやすくなったと信じております。

　　2002年12月3日

John E. Exner

## ロールシャッハ・テスト ワークブック●目次

日本語版への序文 ……………………………………………………………… 3
まえがき ………………………………………………………………………… 9

# 第Ⅰ部

第 1 章　実施の手順 …………………………………………………………… 15
第 2 章　反応領域と発達水準 ………………………………………………… 34
第 3 章　決定因子 ……………………………………………………………… 39
第 4 章　形態水準 ……………………………………………………………… 54
第 5 章　反応内容と平凡反応 ………………………………………………… 59
第 6 章　組織化活動 …………………………………………………………… 64
第 7 章　特殊スコア …………………………………………………………… 67
第 8 章　スコアリングの進め方 ……………………………………………… 84
第 9 章　構造一覧表 …………………………………………………………… 90

# 第Ⅱ部

第10章　表Aと表B …………………………………………………………… 105
第11章　記述統計 ……………………………………………………………… 109

# 第Ⅲ部

第12章　コーディング練習 ……………………………… 183
第13章　コーディング練習の解答 ……………………… 243


監訳者あとがき ……………………………………………… 247

ロールシャッハ・テスト　ワークブック
（第5版）

## まえがき

　このワークブックを使うにあたって，2つの基本的な目標を念頭におく必要がある。まず第一に，施行法についてその本質を学ぶこと。正しい施行法の重要性はいくら強調しても，強調し過ぎることはない。これには技術と感性そして判断力が求められる。人々は，どのような心理検査であれ，検査を受けることに脅威を感じるもので，ロールシャッハ状況も同じことである。

　この検査が最初に出版されてから約80年が経過し，ロールシャッハの役割も広く知られるようになって，検査を受ける多くの人々がロールシャッハについて何かしら知っているようになった。彼らが知っていることは事実に基づくよりは，多くの場合，想像に基づいたものである。ロールシャッハを知らない人は，いったいこれで何がわかるのか見当がつかなくて不安を抱くものである。

　被検者のことを十分に配慮しない検査者は，このような懸念を高めることになる。検査の導入の仕方や，質問に答えるやり方によって，不注意にも被検者の既存の構えを強化したり，間違った構えを新しく作ってしまう。このような望ましくない状況は，検査に影響し，ときにはその検査データから引き出される人物像を曇らせる。粗雑な施行法によって得られたプロトコルは，解釈の妥当性を欠くことになる。結局のところ，下手な施行法によってロールシャッハがとられるくらいならば，まったくロールシャッハを施行しない方がましであるというのが結論である。

　このワークブックを使うにあたって，第2の目標は，ロールシャッハ言語に馴染むこと，そして使いこなせるようになることである。ロールシャッハ言語はさまざまなコードから成り立っていて，反応を分類するのに使われ，これらのコードからスコアが生成される。これは万国共通の言語であって，この検査を使う者に共通である。たとえば，ある反応のコーディング（スコアリング）が以下のようであったとしよう。

　　　　　　　　W＋FMa.FCo 2 A,Ls 4.5 COP

　ロールシャッハ言語に通じている人であれば，被検者が図版全体を使い（W）それが1つ以上の対象を知覚したものであることがわかり（＋）さらに動物運動を含み（FMa）図版の有彩色の特徴が使われていて（FC）この反応は一般的な形態を含む反応で（o）2匹の動物を含み（2 A）何らかの風景や景色が報告されていて（Ls）しかも意味のある関係づけがなされ（4.5）動物同士の運動は協力的である（COP）ことがわかる。

　ロールシャッハ言語を学ぶには時間と練習が必要となるが，このワークブックの内容は，重要なコードの基準に焦点を合わせている。検査者がこの多様なコーディングとスコアリングの基準に慣れ親しんでいなければ，検査を正しく施行するのは無理である。そして解釈の妥当性は，解釈するデータの元となるコーディングがどれほど正確かによって決まってくる。

　どのような言語を学ぶにしても，練習が熟達の鍵である。その目的のためにかなりの数の反応

がこのワークブックに練習として入っている。初心者がコーディングの技術を磨くのを手助けするために，またはロールシャッハの経験者がこれまでの自分の技術を確認するために選んだものである。

　練習問題は8つのセクションに分かれている。セクションを追うごとに，だんだんと複雑になっている。ロールシャッハ言語を学ぼうとする人，つまりロールシャッハ・コード（スコア）が正確にできるようになろうとする人は，かなりのレベルに熟練していかなければならない。そのためには，この練習問題をすべてやることをお勧めしたい。セクションごとにやって，自分のコーディングを付録の解答に照らして確かめるとよい。

　ロールシャッハを学び始めた人のなかには，検査の施行やスコアリングの原則と手続きが途方もなく複雑で，あまりにも時間がかかりすぎるという印象をもつ者がいるかもしれない。実際にはそれは錯覚であって，経験あるロールシャッカー（Rorschachers：**監訳者注**：ロールシャッハ・テストの実践家のこと）はそのようには思わない。それでもなお，最初に何回かロールシャッハを施行し，スコアリングするには，かなり時間がかかり，初心者はいらいらするであろう。できればこのワークブックが，初心者が経験するであろうストレスを和らげてくれることを願っている。

　このワークブックには多くの表がある。あるものは，コーディングに際して頻繁に使われるものである。その他さまざまなサンプルのデータがあり，初心者もロールシャッハの経験者も，検査の結果を解釈するときに使うと便利であろう。

　これらの表は，ロールシャッハ・ワークショップスというニックネームで呼ばれているロールシャッハ研究財団が，30年以上前に設立されたときから集めてきた結果を基にしている。包括システムが形作られたのもその初期のことであり，その後も発展し続けてきた。過去30年間，多くの付加や変更がこのシステムになされてきた。

　このシステムはほぼ完成に近づいたように思われるが，将来の研究結果によっては，あるタイプの反応のコーディングについて新しいアプローチが発展したり，新しい変数や戦略が発見されて，解釈の収穫が高められることは大いにあり得ることである。包括システムは，今後も発展し続けるだろう。

　ロールシャッハには，まだわかっていないことや課題があるものの，もし検査が完璧に施行され，正しくスコアされて，データにのっとって論理的で思慮深く解釈されるならば，その被検者の心理学的組織と機能（organization and functioning）に関する莫大な情報を提供してくれる。このワークブックが，達人のレベルまで上達することを望み努力している方々にとって役に立つ補助となることを願っている。

　このワークブックは，1,000人以上の検査者，研究者，アシスタント，プロジェクト・ディレクターそして同僚としてロールシャッハ・ワークショップスの立ち上げからその活動に従事してくれた人々の成果である。みんなが検査の難題に対して，誠実かつ念入りに挑んでくれた。よく袋小路に入ったり，失敗仮説に苦しんだ。包括システムはこうした集団の努力の証である。あま

りにも多くの人々がいて，ここに個々の名前をあげることはできないが，一人一人が私の深い感謝と愛情を十分わかってくれていることを願っている。

2001年1月

アシュビル，NC

**JEE**

# 第Ⅰ部

# 第1章　実施の手順

　　ロールシャッハの実施はそんなに難しい手続きではない。しかし，十分な準備をしていなかったり，検査者が不確かだったり，いい加減なやり方で取り組むと，検査は難しいものになってしまう。ロールシャッハを施行するには，準備，思考力，ある程度の筆記能力，そして注意深く聴く姿勢が必要である。

▲**準備**　熟練した検査者は，あらかじめ検査状況すべてを，被検者のためになるように考える。検査用具を整え，座席を正しく配置し，そして検査を適切な時間に実施する。こういった忠告は不必要かもしれないが，手元に十分な枚数の記録用紙を用意していなかったり，Ⅷ図版をⅡとⅢ図版の間にはさんだままにしていたり，窓からにぎやかなグラウンドが見えるような位置に被検者の座席を配置したり，昼食予定の15分前に検査を始めるといった，不用意な検査者も珍しくない。すべての検査者がロールシャッハ・テストを始める前に十分に考慮すべき事柄を以下にあげる。

▲**図版**　図版は，開けてすぐにⅠ図版の裏が見え，以下，図版番号順に裏返しに入れておく。図版は被検者の手の届かない，検査者に近いところに置き，図版の向きは正位置で被検者に手渡しする。図版はきれいか，鉛筆の跡や爪でこすった跡や汚れがないかを確認しておく。

▲**その他の用具**　すぐに使えるペンや鉛筆を何本か用意しておく。被検者が述べること全部を簡単に記録できるような用紙をたくさん準備しておく。たくさんある必要はないかもしれないが，あるということが安心をもたらす。質問段階ですぐ使えるように，少なくとも2枚のロケーション・シートを用意しておく。

▲**座席の配置**　座席の配置は極めて重要で，対面する配置は決してとらない。意図的でないにせよ非言語的手がかりが，誤った構えを作り出してしまう。本来言ったかもしれないことを，言わないでおこうという構えを作らせたり，ある種の答がより望ましいと誤解させてしまうような場合もある。1つの机を前にして被検者の横に座る検査者もいる。あるいは，2つの椅子を並べて，クリップボードで記録しながら，被検者から離れた小さな机を自分の脇に置き，用具をのせる検査者もいるだろう。どのような座席の配置をするにしても，対面式の配置はよくない。おそらくどのような心理検査でも用いない。

▲**被検者について**　検査を始める前に，ロールシャッハ・テストについて細かく説明することが大切であると間違ってとらえている検査者もいる。このようなことは必要ない。もし長々しい説明が行われたら，過度の不安や抵抗を生じさせるかもしれない。クライエントが自分がなぜアセスメントを受けるのかを十分に理解していれば，ロールシャッハ・テストについて特別な説明を行う必要はない。多くの場合，アセスメントの目的を本人が正しく理解できているかどうかを検査者が確かめるための短いインタビューの後に，ロールシャッハ・テストについて短い確認を行

う。

　検査を受けるように勧めた人が，被検査者が検査を受けることを十分納得できるように説明しているとは限らないので，検査者は少し時間をとって，被検査者がアセスメント全般について否定的で間違った考えをもっていないかどうかを確かる。検査者は，ロールシャッハ・テストを含めて，実施するアセスメントの手順すべてについて概要をあらかじめ説明しておく。

　ほとんどの被検査者はロールシャッハやインクブロット・テストについて聞いたことはあるので，それを取り上げることは適当である。概要を説明する段階で，被検査者に次のように尋ねる。

　「……これからやるのは，ロールシャッハといいます。今までに聞いたことや受けたことがありますか？」

　もし被検査者がこの検査について聞いたことがなければ，次のような簡単な説明をする。「ここに10枚の図版（カード）があります。今からお見せしますので，それが何に見えるかを私に教えて下さい」

　被検査者がもし検査について何か知っているようならば，検査者は少し時間をとって，被検査者が何を知っていて，そのことについてどう思っているのかを明らかにする。ロールシャッハ図版は，漫画，映画，テレビ番組など，さまざまなメディアで見かけられている。図版の用いられ方によって，しばしば検査に対する間違った構えが作られている。被検査者が検査について何かを知っていると言ってきたときには，間違った印象を正すことが必要となるかもしれない。

　たいていは，検査をすることは被検査者にとって役立つことであるという，短くて正直な説明をすれば最も簡単に誤った印象を正すことができる。たとえば，「パーソナリティについての情報を得ることができる検査です。そしてその情報を得ることで……」。ここに検査が行われる理由を後に付け足せばよい（治療計画を立てられます；問題をもうちょっと理解できます；自分自身についてもう少しわかるようになります；主治医の手助けになります；治療がどれくらい進んだのかを理解することができます，など）。このような説明は，検査することについて尋ねる被検査者にも応用することができる。

　こだわる被検査者は，検査が始まってから，データがどのように使用されるのかを知りたがるかもしれない（これで何がわかるんですか？）。こうした質問があったときには，検査がすべて終わった後で答えるので，それまで待ってほしいと頼む。被検査者が，「○○と答えると，何がわかるんですか？」と，いちいち聞いてくる場合もある。このような質問への適切な対応は，○○と言ったからそれで何がわかるというものではありません，と答えることである。

　もし被検査者が，以前にこの検査を受けたことがあると報告したら，いつ，どこで，どんな理由で受けたのかを明らかにし，そのことについて被検査者が何を覚えているか尋ねることが重要である。前検査者が，質問段階で行き過ぎた質問をしたり，検査後に，被検査者に反応から何かを連想するよう求めるといった，臨床的には有益かもしれないがロールシャッハとは

違ったやりとりによって，その被検者を心理的に汚染しているかもしれない。これらは，ここでもう一度検査を受けるにあたって，その被検者がどんな反応をするかにとても大きな影響がある。

　想像力が検査されている，と被検者が誤解しないようにすることもまた重要である。そのような誤解が生じると，被検者は図版から一生懸命に連想しようとしてしまい，何を見たのかを言わないことになってしまう。ロールシャッハ反応とは，その人が何を見たかを報告することなのである。同様に，ロールシャッハ図版について説明するときに「曖昧な」とか「構造化されていない」といった表現を避けることが重要である。ただし，ロールシャッハ図版はもともとインクのしみから得られたものであり，必要ならば，どのようにしてインクブロットが作られたかの説明は含めてもよい。

▲**年少の被検者**　これまでに述べた手続きは，幼い子どもたちも含め，ほとんどすべての被検者に適用できる。しかし，動きが活発な子どもには，多少の手続きの変更が必要となるであろう。170名の5歳児と6歳児を含む，1,390名の患者でない子どもたちから基準となる資料を収集した経験によると，大人と同様の標準的な手続きで大丈夫なことがわかった。しかし臨床場面では，しばしば，多動であったり抵抗が強い子どもたちに出会うし，彼らに通常のアセスメントを行うことは容易ではない。

　多くのそのような子どもたちには，ロールシャッハは適切な検査ではないかもしれない。しかしロールシャッハのデータが必要と判断されるならば，教示や座席の配置を変える必要がある。かなり年少の幼い子どもたちは，ほとんどの検査で立ったままや床に座ったままで受けることを好む。子どもたちは比較的短い時間しか注意の集中ができないし，なるべく早く課題をすませようとすることもしばしばである。このような場合には，検査者は常識的な範囲で通常の手続きを変更して，自分が変更した手続きが一般的ではないことを自覚しておく。

　どんな被検者とも協力してロールシャッハを行うのだが，子どもと作業をするときは特にこのことが大切である。たとえよい関係ができていたとしても，幼い子どもにとって数時間の検査に耐えるのは難しい。もしいくつかの検査が必要ならば，検査を行う時間は現実に即して計画する。時には，検査と検査の間に検査以外の活動の時間を取り入れたり，検査を2回ないし3回に分けて実施するように計画する。子どもたちに検査をしすぎてはいけない！

　欲しい情報がすべて得られるような，魔法のテスト・バッテリーは存在しない。時には，熟慮のうえで選ばれたたった1つの検査や，子どもの生活でこれぞと思う時間を観察することが，必要とされる情報のすべて，もしくはほとんどを提供してくれる。

　平均的な成人では，すべての記録を取り終えるのに40分から60分かかる。幼い子どもの場合はたいていそれよりも時間が短く，10歳以下の子どもは平均して30分から45分である。年長の子どもではロールシャッハ・テストの施行に，成人と同じくらいの時間がかかるのが普通である。

▲**教示**　検査に際して被検者の準備が十分にできたならば，教示は簡単である。Ⅰ図版を被検者に

表1　反応過程の段階と操作

| 第1段階 | 第2段階 | 第3段階 |
|---|---|---|
| 1．刺激野の情報を取り入れる<br>2．取り入れたイメージや部分的なイメージを潜在的な答として分類する | 3．潜在的な答をもう少し細かく見るために，刺激野を再びスキャンする<br>4．使えない答や好ましくない答を一対比較によって捨てていく | 5．残った潜在的な答から最終選択をする<br>6．選択した答に意味を込めて表現する |

　手渡しながら，検査者は次のように言う。

　　これは何に見えますか？　ただこれだけである！

　この言葉は大変重要で，いかなる場合もこれを変えたり，これに付け加えたりしない。「これは何に見えますか？」という教示によって，走査（scanning），刺激の取り入れ（coding），分類（classifying），比較し（comparing），捨てて（discarding），選択する（selecting）といった，複雑な一連の認知的操作が引き起こされる。それぞれの図版に反応する過程で，数多くの決定が行われる。検査者は反応過程について理解しておくことが重要である。こういった知識は，どれほど被検者が協力的であるか，くつろいでいるかといったことと共にロールシャッハ・テスト状況でとても役に立つ。反応過程は，表1に示したように3つの段階として考えるとよい。

　各図版にいくつかの潜在的な答をすることは，ほとんどの被検者にとって，そんなに難しくない。反応過程の第1段階は急速に生じ，刺激野がまとまっているか，ばらけているかの程度にもよるが，おそらく2秒から4秒以内であろう。したがって，課題は，潜在的な答を見つけることではなく，潜在的な答の中からどれを選択して，反応としてどれを出すのかを決定することである。反応段階で費やされる時間の大半はこのことに向けられる。検査状況に不安を抱く被検者は，主に2つのやり方で抵抗を示す。1つは，この検査状況をより枠づけしようとして質問をするといった形の抵抗である。もう1つは，意思決定を避けようとして，自分にはわかりませんと言ってくるような抵抗である。

　時折，初心者が，「これは何だと思いますか？」とか，さらに悪いことに「これから何を連想しますか？」といったように，教示を変えているのを耳にすることがある。後者のような教示は，知覚よりも連想を誘発しているので特に危険で，想像という余計なものを容易に呼び起こしてしまう。もし被検者が，連想することを課題として求められていると誤解していて，「そうですね。これを描いた人は〇〇を伝えようとしているんだと思います」と言ったり，「想像するんですか？」と聞いてきた場合には，検査者は，「何に見えるかを教えて下さい，何に見えますか？」と答える。

▲**質問に答える**　検査を始めた後で質問が出た場合には，検査者の答は，簡潔・誠実・非指示的にする。たとえば，「これを回してもいいですか？」とか「全体を見るのですか？」といった質問には，「ご自由にどうぞ」と答える。もし検査の初めに被検者が，「いくつ見ればいいですか？」と尋ねてきたら，検査者は，「たいていの人はいくつか見ます」と答える。もし質問が「他の人は何を答えるんですか？」であれば，「人によっていろいろです」と答えるのが最もよい。被検

者が「これはどうやってできたんですか？」と聞いてきたら，手短に図版の成り立ちについて話すのが適切である。「これで何がわかるんですか？」といった長い答が必要な質問には，検査が終わってから説明するので，それまで待ってほしいと伝えるのが最もよい。

▲**励まし**　被検者がⅠ図版にたった1つしか答えない場合がある。そのときには，検査者は，「急いでませんのでもう少し見てて下さい。他にも何か見えると思います」と言って励ます。もし被検者がⅠ図版に2つかそれ以上の答をすでに出していて，さらに「いくつ見つければいいんですか？」と尋ねたならば，「ご自由にどうぞ」と答えるのが標準的である。

▲**拒否について**　ときどき被検者が図版に何も見えないと言うことがある。このような拒否（rejection）がⅠ図版かⅡ図版で生じたならば，検査者が被検者と適切な作業関係を築けていなかったか，被検者が検査の目的を正しく理解していなかった可能性が高い。いずれの場合も，検査者は検査をいったん中止し，これらの問題のどちらかあるいは両方について被検者と共に話し合う。多くの場合，そうすることで問題が解決し，再びⅠ図版に戻って検査を続けることができるであろう。

単に検査を受けたくない被検者もいる。彼らはいくら説明しても，励ましても，最初の図版で何も見えないと主張する。そういった場合は，被検者が検査を受けたくないと思っている，そのことを検査者として尊重して，それについて取り扱う。

いくつかの図版には反応しておきながら，反応拒否する被検者もいる。拒否はⅥ図版，Ⅶ図版，Ⅸ図版でよく生じるが，被検者が必ず反応を出せるという検査態度で，簡単に反応拒否をオーケーしない。この問題は，「ゆっくり見て下さい。急いでいません。何か見えると思いますよ」と言うことで一般的には解決する。場合によっては長く待つ必要もあるが，ほとんどの被検者はこの新しい教示を聞いて1分以内に反応を出してくれる。

▲**短いプロトコル**　標準的な実施手順においては，ひとたび検査が始まったなら，Ⅹ図版の最後の答が終わるまでは，余計な励ましや教示を検査者は言わない。このやり方では，被検者が解釈にとって妥当な記録（反応数14以上）を出すことを必ずしも保証しない。たとえば，Ⅰ図版に1つ答えて，励ましの後で2つ目の反応をしたが，残りの図版には1つずつの反応しか出さないかもしれない。その結果，11反応のロールシャッハ記録では，妥当性が十分でないので，構造データは，通常のように解釈できない。

短いプロトコルは検査者にジレンマを引き起こす。特に短い記録が避けがたいような場合はそうである。経験豊かな検査者であれば，検査の初めで反応数が少なくなりそうなことに気づき，原因をかなり正確に推測できる。少ない反応数が生じる理由はたくさんあるが，たいていは次の2つの理由のどちらかである。（1）抵抗／防衛，（2）重篤な障害（severe impairment）。大多数の人にとって当てはまるのは（1）である。

抵抗や防衛の問題は，だんだんとそれが明らかになる場合もある。検査の初めから防衛的な被検者は，検査が始まる前やⅠ図版を渡した後に質問をしてくるであろう。それらの例とそれへの適切な答をあげる。「みんなが同じこれを見るんですか？」（はい，みなさん同じものです），「あ

なたがこれを作ったんですか？」（いいえ違います），「何か見なくちゃいけないんですか？」（はい，見てみて下さい）。

　検査開始時に質問をする被検者の多くは，おそらく検査に対する準備が十分にできていない。もし検査者がしばしばこうした状況に陥るようであれば，被検者との関係を作りあげる際の自分のやり方について真剣に振り返ってみる必要があるだろう。

　検査開始時に防衛的な被検者の多くは，検査が始まって検査者と少し関係ができると安心し，十分な反応数を出してくれる。しかし抵抗あるいは防衛的な構えを持ち続ける被検者もいて，そういう被検者が少ない反応数を最も出しやすい。彼らは最初の反応に，「これはただのシミですよ」と答えるが，それへの適切な答は，「そうですね。そうなんですけれど，これが何に見えるかを私に言っていただきたいんです」である。

　抵抗や防衛が続くとき，被検者はⅠ図版に1つの反応を答えて，図版を返そうとする。励ましても，2つ目の反応が答えられるまでにはかなりの時間が必要となる。重要な問題は，抵抗や防衛が検査中ずっと続いて少ない反応数となるのかどうかである。一般的には，被検者が次の3枚の図版に反応する仕方により明らかになる。抵抗や防衛が本当に強い被検者は，励まされてもあまり気が進まないまま，Ⅰ図版に2つ目の反応を出す。そして続く3枚の図版には，そっけなく短い反応を1つ出すだけである。

　重篤な障害（severely impaired）のある被検者は，検査の最初に質問することはあまりない。こうした被検者によっても少ない反応数がときには生じるが，それは，ロールシャッハ・テストが要求しているものが複雑すぎて，彼らが困難にさらされているためである。こうした人々は一般的に入院患者であり，神経学的な損傷があったり，長期にわたる精神病状態に苦しんでいる人々である。彼らは，自分たちができるかできないかを試されていると感じているので，検査の初めで，被検者がどんなに苦心しているのか検査者は気づくであろう。

　このような被検者たちは，教示されたことを理解するのに時間がかかるし，Ⅰ図版で励ましを与えられて，言われた通りやったとしても，他の図版で応用することができない。Ⅰ図版で励まされると，いらいらしたり当惑するようである。Ⅰ図版での励ましによって2つ目の反応が答えられたときでさえ，次の3枚の図版では，1つの反応しか答えないというやり方に戻ってしまう。図版が提示されてから反応までの間に，かなりの時間が経過するし，答えた反応はほんのわずかな単語でしかなかったり，ときにはたった1つの単語であることもある。被検者がときには，「わかりません」とか「何にも見えません」と言うかもしれないし，図版を拒否しようとすることもある（急ぎませんので，もう少し見て下さい）。

　もし，Ⅱ，Ⅲ，Ⅳ図版のそれぞれに1つずつしか反応がなく，検査者が，おそらく反応数が少なくなってしまうと確信できたならば，Ⅰ図版ですでに励ましを行ったとしても，異なる形式の励ましを差しはさむという選択を考える。被検者がⅣ図版を返そうとしたとき，検査者は次のように言う。

　ちょっと待って下さい。急いでないんです。ゆっくりやりましょう（take your time）。

この形の励ましは，Ⅰ図版で用いた励ましほど直接的ではない。単に被検者にゆっくりやるように促しているだけである。この言い方は，Ⅰ図版での励ましと同様に<u>もっと多く答えるようにとは求めていない</u>（監訳者によるアンダーライン）が，暗にあなたは答えられるのだという意味を含んでいる。

　この励ましの方法は，被検者にあわせて行うのであって，被検者が単に最初の4枚の図版に5つしか答えなかったら，必ず行うということではない。最初の4枚の図版に5つしか答えないことは，全部で20以上の反応を出す被検者の中にもみられる。そのため，この促しは慎重にするべきで，もしまったく介入しなければ少ない反応数になることが避けられないという確信がもてる場合にのみ行う。この促しは，幼い子どもたちにはときとして有効である。彼らは単にできるだけ早く検査を終わらせようとし，その性急さから，少ない反応数の記録が生じやすいからである。

　Ⅳ図版での促しが行われたかどうかにかかわらず，反応段階で被検者が13以下の反応数しか答えなかったときには，常に，質問段階に進まない。こうした状況では，検査者は標準的なやり方を中断し，被検者に次のような説明を行う。

　「さて，やり方はわかっていただけましたね。でも問題があるんです。結果から十分な情報を導き出すには，お答が少なかったんです。もう一度最初からやっていきますので，今度はさっきよりも多く答えていただきたいんです。<u>さっきと同じものを答えていただいても構いませんが，今度はさっきより多く答えてほしいんです</u>」

　＊監訳者注：アンダーライン部分が明確に伝わるように言うこと。

　多くの人々はこの新しい状況で，指示を求めて「いくつ答えればいいんですか？」と尋ねるであろう。それに対する答は，被検者が協力しようとしているかどうかによって異なってくる。もし被検者が協力的であるならば，「そうですね，基本的には自由なんですが，先ほどは＿個の答だけでしたが，結果から十分な情報を導くには，もっと多く答えていただきたいんです」と答えるのが適切であろう。一方，被検者の中には明らかに抵抗的であったり警戒心が強い人もいて，Ⅰ図版に1つより多く反応するようにという励ましを無視する。もし抵抗が非常に強い被検者が13以下の反応をし，いくつ答が必要なのかと尋ねてきたら，検査者はもっと指示的に答える。たとえば「そうですね，基本的には自由なんですが，さっきよりも2つ3つ多く答えてほしいんです」と答えればよい。

　＊監訳者注：「2つ3つ」は原文では「several」であって，「いくつか」「数個」「3つ4つ」など場合によって使い分けるのが適当と思われる。

　それほど時間はかからないとはいえ，反応段階をもう一度やり直すという手続きは，検査者も被検者もフラストレーションを感じるかもしれない。しかし，ロールシャッハ・テストがアセスメント目的のために重要であるならば，この手続きは唯一の選択枝である。そうでなければ，検査を中止して，他のアセスメントを用いる。

▲**長いプロトコル**　ロールシャッハの実施で最も一般的な問題は，短い反応数に関するものである。

しかし被検者が検査に熱中するあまり，放っておくと，際限なく答え続ける場合がある。長い反応数についての研究から，各図版への最初の5つの反応だけを用いた解釈と全反応を用いた解釈を比べても，その結果には基本的に何の違いもないことがわかった。この結果は，場合によって，反応数を制限して差し支えないことを示している。

したがって，もし被検者がⅠ図版に5つの反応を答えて，なお図版を持ち続けて次の反応をしようとしていることが明らかであれば，検査者は被検者から図版をもらい，「それで結構です。次に行きましょう」と介入する。もしその被検者がⅡ図版にも5つ答えて次の反応をしようとすれば，同じ手続きで対応する。

被検者がその後の図版でも，5つ答えて，なお図版を持ち続けている限り，この介入を続ける。しかしある図版で5つ以下の反応で終わったなら，それ以後はこの介入をしない。たとえその後の図版に6つ以上答えたとしても，検査終了までこの介入はしない。

すべての図版で5つ反応した後に介入すると，総反応数は50になる。逆に，この介入が途中で終われば，記録はもっと長くなる可能性もある。たとえば，最初の3枚の図版で介入したが，Ⅳ図版では3つしか反応しなかったので介入が中止されたとする。この時点で，反応数は18である。しかしこの後Ⅴ図版で3つ，Ⅵ図版で5つ，Ⅶ図版で7つ，Ⅷ図版とⅨ図版ではそれぞれ9つ，そしてⅩ図版で14の反応を出したとすれば，総反応数は65となる。

まれに，おそらく500回に1回以下と思われるが，最初の数枚の図版で，2つか3つしか答えないとか，ある図版で5つ以下の反応で終えておきながら，残りの図版に10を超えるような多くの反応をする人がいる。そうすると70を超えるような，非常に長い記録になることがある。手に負えない暴れ馬のようなもので，検査者にとってはかなり苦痛な体験となる。こうした状況にどう対処すれば最もよいかについての手だてはなかなか見つからない。標準的な手続きに従えば，すべての反応を最終的な記録に含めることになるが，極端に長い反応数の記録を認めることは，論理的，経験的に反対である。

このような難しい状況では，検査者は適切な判断をしなければならない。たとえば，最初の3枚の各図版に5以下の反応をし，Ⅳ図版で8から10個の反応をしたとする。理論的には，この時点では介入しない。Ⅳ図版での予期しなかった多くの反応は「一時的な出来事」かもしれないし，解釈上とても重要ないくつかの反応が含まれているかもしれないからである。しかし，Ⅴ図版で5つ以上答えるようであれば，6つ目か7つ目の反応の後に，「次にいきましょう」と言って被検者から図版をもらい，その後の図版でも，被検者が5つ以下の答にならない限り，この介入を続ける。

このように反応数が増える場合はさまざまであり，介入するかどうかは慎重かつ理論的に決めなければならない。もし介入しなければ，非常に長い反応数の記録になると判断した場合のみ，検査者はこの手続きをとる。しかし，長い反応数を避けるためにとる介入には，リスクも伴う。たとえば，感情の比率（$Afr$）や$W:D:Dd$の比が影響を受けるし，自己中心性指標も影響される。したがってこれは，実施に要する時間をある範囲に留め，解釈にあたって処理しやすいプロトコ

ルにするための妥協策である。

## 反応の記録

　反応は，逐語的に記録する。初心者には不可能な課題のように思われるかもしれないが，経験によって可能となる。速く書けるようになるには練習が必要であるが，速く書くことが最重要課題ではない。むしろ重要なのは，読みとれるように反応が記録されていることであり，そうすることで，他の人が記録を読んで，被検者が言ったことを正確に理解することができる。

　自分のペースで検査を施行することは大切である。検査を施行するにあたって，時間はそれほど重要ではない。データをすぐに使えるような形で収集するために検査者のペースを保つことが重要である。

　非常に早口で話して検査者を困らせる被検者もいる。被検者の話を中断するのは望ましくないが，時には，反応の一部を繰り返すよう頼んだり，もう少しゆっくり話すよう頼むことも必要である。たとえば，「ちょっと待って下さい。ついていくのが難しいので，もう少しゆっくりと話してくれませんか」と言えばよい。

　反応の一部分を繰り返すよう被検者に頼むとき，記録できた被検者の最後の言葉を利用して質問する。たとえば，「すみません，わからなかったのですが，帽子をかぶった2人の人がいて……それで？」のようである。この方法では，同じ反応が繰り返されるかもしれないが，被検者の言葉を必ず正確に繰り返すのがよい。

　被検者の言葉を逐語的に記録する際の手助けとして，たいていの人に理解できる，わかりやすい略語がある。そして，ロールシャッハ・テストを行う人が使う一般的な略語はたくさんある。たとえば，be を b とし，see を c とするなど，発音に即した略語もあれば，looks like を ll, something を st, some sort を ss, could be を cb などのように，必然的な略語もある。他には，反応内容の記号を使った略語があり，human を H, animal を A, fire を Fi とする。

　自分のペースで反応を記録する自信のない初心者は，本や新聞を読み上げてもらって，書き取るスピードや一般的な略語に慣れることが役に立つ。ロールシャッハ反応を記録するのに使われる一般的な略語のリストが，表2である。

▲**質問とコメント**　被検者の質問は，それに対する検査者の答と共に記録する。「いやな絵だな」とか，「うわー，色がたくさんある」といったコメントも記録する。こういったコメントはほとんどの場合，解釈に役立たないが，ときには解釈上重要な意味をもたらすこともある。

▲**記録用紙のレイアウト**　どのような記録が残されるのかということは重要である。反応は誰もが再現できるように記録する。つまり，それぞれの反応は逐語でそのまま記録し，誰もが検討できるようにする。

　たとえば，ある反応が出たら，後でやりとりする質問と並べて記録できるようにするのがよい。これはスコアリングのためにも解釈のためにも大切である。たいていは，反応段階よりも質問段

表2 反応を記録する際に一般的に使われる略語

| 音声に由来するもの | | 必然的に得られるもの | | 記号に由来するもの | |
|---|---|---|---|---|---|
| b | be | abt | about | H | human |
| c | see | arnd | around | A | animal |
| g | gee | at | anything | bl | blood |
| o | oh | bec | because | cg | clothing |
| r | are | bf | butterfly | cl | cloud |
| u | you | bk | back | ex | explosion |
| y | why | cb | could be | fd | food |
| | | dk | don't know | fi | fire |
| | | et | everything | ge | geography |
| | | frt | front | ls | landscape |
| | | j | just | na | nature |
| | | ko | kind of | sc | science |
| | | lik | like | xy | x-ray |
| | | ll | look like | | |
| | | mayb | maybe | | |
| | | rite | right | | |
| | | scfic | science fiction | | |
| | | ss | some sort | | |
| | | st | something | | |
| | | wm | woman | | |
| | | wng | wing | | |
| | | -g | -ing | | |

階の方が話す内容が多い。したがって，後の質問段階の内容を並べて記録するために，1つの反応と次の反応の間に十分なスペースをあけておく。1ページに2つないし3つ以上の反応は記録せず，さらに図版ごとに新しい用紙に記録するのがよいやり方であろう。

記録用紙は縦長よりも横長を好む検査者が多い。左の小さな欄は，図版の番号と反応番号を記入するためにあける。そして，用紙の半分を超えない程度に，反応を記録する欄をとる。その隣が最も広さが必要な部分で，質問段階に使う。スコアリングを記入するために右端に欄をとっておく検査者もいるが，それはあまりお勧めではない。というのも，コーディングにはいくつかの特殊スコアが含まれることもあり，書き込むにはかなり大きな空間が必要になったりするからである。そのために，ページの右側全部を質問段階の内容を書き込むために確保し，スコアは左の欄の反応の下に書き入れる。反応の下にスコアが書き込まれているレイアウトの例が，図1である。

図1でわかるように，反応には検査全体を通じて通し番号を付ける。図版が正位置以外で見られたときには，図版の見方を記録するカラットマーク（∨　＜　＞）を記入する。被検者の名前またはID番号を，記録用紙の各ページとロケーション・シートに記入しておく。

## 質問段階

質問段階はロールシャッハの中で最も誤解されて実施されているものの1つである。これが正

| 図版 | 反応とスコア | 質問段階 |
|---|---|---|
| I | 1　コウモリに見えるけどよくわからない。<br><br>WoFM₂.FC'oA P 1.0 | E：(被検者の反応を繰り返す)<br>S：ええ、コウモリに触角があって、多分これが触角。コウモリに触角があるかどうかはよくわからないけれど、多分あるんじゃないかな。えー、羽を広げて飛んでいるコウモリのように思います。<br>E：どんなふうに見えているのか教えてください。<br>S：ええ、これが全部羽です。これが羽で、ずーっと飛んでくるように羽を伸ばして広げていて、真ん中が胴体です。コウモリみたいな色をしています。<br>E：コウモリみたいな色というのは？<br>S：ええ、コウモリみたいに真っ黒です。 |
| | (Sが図版を戻そうとする。)<br>E：もう少し時間をかけてゆっくり見ると、他にも見えると思いますよ。 | |
| | 2．真ん中の部分が、女性が両手を上げて立っているみたい。<br><br>D+Ma FVo H,Cg 4.0 GHR | E：(被検者の反応を繰り返す)<br>S：ええ、ここ(輪郭を指す)、女性の形に見えます。彼女のドレスは透き通るような種類みたい。少なくとも私にはそう見えます。<br>E：透き通る、と？<br>S：ええ、これが足で腰。ちょうどくびれていて女性みたい。頭はあんまりはっきりと見えなくて、ここ、両手を上げていて、手を振っているのか何かしているみたい。ドレスが透けて体が見えている。多分、透けるドレスか、あるいは後ろから光を当てているみたい。 |
| | (S：逆さにしてもいい？)<br>E：ええ、どうぞご自由に。<br>＜V＞ | |
| | 3．いゃ、こっちの方がいいみたい。仮面みたい。ハロウィンか何かの。<br><br>WSo F⁻(Ad) 3.5 | E：(被検者の反応を繰り返す)<br>S：ええ、仮面のよう。白いところが目で口。で、このとんがった部分が頭の回りにくっつける、紐のよう。ネコのたてがみのように見えます。<br>E：どんなふうに見えているんですか？<br>S：これ、全部です。 |

**図1　ロールシャッハ反応を記録するための形式**

しく行われれば，検査データを豊かなものにする。間違って行うとプロトコルを台なしにしてしまい，臨床的に興味深いが，ロールシャッハの本質とは違ったデータとなってしまう。

▲**目的**　質問段階の目的は，コーディング（スコアリング）をできるだけ正確にすることにある。コードとは，反応したときに何を知覚したのかを表わすものである。したがって，質問段階における最初の目的は，被検者が見ているものを検査者が同じように見えること，あるいは最低でも被検者が図版のどの部分にそれを見て，その図版のどんな特徴からそのように見えたのかを理解することである。

質問段階は，検査の中で被検者と検査者が反応を分かち合う段階である。これは改めて検査をする段階ではなく，新しい情報を引き出す段階でもない。単に先ほど出てきた情報を検討し，明確化する段階である。検査の中でもデリケートな段階で，もしも被検者が質問段階の意味を誤解したり，検査者が誤って質問段階を行うと，コーディングや解釈に多くの問題をもたらしてしまう。

▲**質問段階のペース**　検査者は，施行に際して自分のペースでやるが，このことは質問段階ではより一層大切なことである。反応段階の平均的な所要時間が約20分以内であるのに対して，質問段階の平均所要時間は，30分以内で終わることはめったにない。

質問段階で実際にかかる時間は，主として被検者がどれくらい協力的で，はっきりと述べるかにかかっている。被検者が質問段階について理解できているならば，質問段階は迅速かつ簡単に進むであろう。反対に，被検者があまり理解できていなければ，検査者の質問や指示は，不安感・焦燥感・防衛を引き起こすであろう。

▲**質問段階への導入**　質問段階について正しく説明することは大変，重要である。質問段階がなぜ行われ，何が期待されているのかを被検者が理解することが肝心である。目的は，被検者が報告してくれたものを，被検者が見た通りに検査者にも見えることである。被検者が報告したものを検査者がきちんと見ることができれば，コーディングは簡単かつ正確に行える。

質問段階へと導入するための標準的な説明は，以下の通りである。

　**「さて，もう一度最初から見ていきます。そんなに時間はかかりません。答えて下さったものを私も同じように見たいので，これから1つずつ読み上げますので，それがこの図版のどこに見えて，どこからそう見えたのかを教えて下さい。いま答えていただいたのと同じに私も見たいんです。よろしいでしょうか？」**

この時点で被検者によってはいくつか質問してくるが，それは，「えっ？　またやるの？」（いま答えていただいたものを私も同じように見ているか確かめるためです），「どうすればいいんですか？」（同じように見えるために，どこにそれが見えて，どこからそう見えたのか，教えて下さい），または，「また見て答えるんですか？」（いいえ，先ほど答えていただいたものについて教えて下さい）などである。被査者は，わかりやすく誠実に応答し，常に質問段階の目的を念頭においておく。

被検者がこの段階を理解したようであれば，質問段階を始めることができるが，そうでないう

ちはまだ始めない。被検者が不確かなようであったり，抵抗を示しているのであれば，再説明するなり，補足説明を加えたりする。たとえば，「もう一度申し上げます。同じように私も見たいのです。図版のどこにそれが見えて，どこからそう見えたのかを知りたいんです」。

▲**手続き** 被検者が理解したようならば，「では最初から始めましょう」と言いながら被検者に最初の図版を呈示する。1枚ずつ被検者に図版を見せ，検査者は，「○○とおっしゃいましたが」とか，「次に○○とおっしゃいましたが」など，答として出された言葉を**逐語で繰り返す**。被検者が教示を本当に理解しているならば，その答について明確に説明したり，領域を指し示したり，対象の主な特徴を説明するだろう。

場合によっては，課題を理解したように見えていた被検者が，やってみるとまごつくかもしれない。たとえば，逐語で答を読まれるのを聞いた後で被検者が，「そう，その通りです」と言って，それ以上説明しないかもしれない。このような場合，「今ここでやっているのは，私も同じように見たいので，どこにそれが見えて，どこからそう見えたのかを教えていただきたいんです」と言って，検査の目的と手続きを繰り返して述べることが必要となる。

特に年少の子どもの場合，どこにそれが見えるかは，さほど苦もなく指し示すが，その特徴を説明する際に口ごもるかもしれない。「何でって，そう見えるんだ」。こうした場合，検査者は支持的な態度で，しかしはっきりと，「そう見えるのはわかるけど，私も同じように見たいんです。どこから○○のように見えたのかを教えて下さい」と言う。

年少の子どもに検査をする場合は，質問段階の前に多少の練習が必要かもしれない。その場合，わかりやすい対象を選ぶのがよい（玩具の消防車が，この目的にぴったりである）。子どもの前に消防車を置いて「これは何？」と質問する。子どもが「消防車」と答えたら，検査者は「その通り。でもどうして消防車とわかったの？」と尋ねながら，ハシゴ，車輪，車体の色などの特徴を挙げられるように子どもを促す。子どもがいくつかの特徴をあげたならば，検査者は，「そうだね。よくできたね。じゃあ，次はこっちをやろう」と，質問段階へ戻る。

▲**質問について** まず，被検者の答を逐語で読み上げる。協力的な被検者は課題を理解して，スコアリングするのに十分な情報を提供してくれる。理想的な状況では，逐語で読み上げる以外，検査者が何も質問しなくてもいいかもしれない。一方，そんな理想的な状況はそうはないので，ほとんどの記録では，どこに，なぜ，それが見えるのかを明確にするために質問する。

検査者は，コーディングあるいはスコアリングに慣れ親しんでいる必要がある。これが質問するかしないかを決める基礎だからである。反応の基本は，次の3つのカテゴリーに分けられる。（1）領域（どこに見えるのか），（2）決定因子（どこからそう見えるのか），（3）反応内容（それは何か），である。この3つに関する情報が被検者から与えられれば，反応を正確にコード（スコア）することができる。

3番目のカテゴリー（反応内容）は，反応そのものが反応内容に近いので，最もスコアしやすい。1番目のカテゴリー（反応領域）は，たいがい被検者が正確に述べる。領域が特定されたならば，検査者はこれをロケーション・シートに書き留める。その際，図版全体が使われているな

らば，3＝Wのように記す。もし図版の一部分が使用されているならば，ロケーション・シートにその部分を正確に囲み，その横に反応番号を書き入れる。経験豊かな検査者が，逐語記録をとりながら，そこに領域番号（たとえば，W，D4，Dd21など）を書いてしまえるならば，それもよい。ともかく，領域を記録することの目的は，誰が見ても，その反応がどの領域なのか，容易に確認できることである。

　スコアするには，その反応がどこに見られたのかを正確に知らなければならない。このことなしに，形態水準を判断することは不可能である。わかりにくい所に反応が見られたり，珍しい特徴を含んでいたならば，それらもロケーション・シートに記入する。

　被検者が反応領域を特定しなかったり，または領域が不明瞭であるならば，質問をする。「どこに見えたのですか？」というものから「すみませんが，それを指で囲ってもらえますか？」まである。まったく領域がわからない例では「この図版で○○がどこに見えるのか指で示して下さい」（鼻，頭，羽，車輪など）もある。この時はロケーション・シートではなく，図版の上で指差すように言う。

　質問段階における問題は，2番目のカテゴリー（決定因子）に集中する。反応そのものが反応内容であり，領域は特定しやすいが，なぜそう見えるのか，を語るのは難しい。そのように見えるのは，形態，色彩，濃淡，運動からであるが，被検者はそのことに十分に気づいておらず，検査者はこの可能性を被検者に直接尋ねることはしない。被検者が報告した言葉が，コーディングやスコアリングを決定する基となる。しかし，場合によっては反応が漠然としていて，反応に含まれる手がかりが乏しいこともある。

▲**質問段階での基本的な質問**　質問をする際には，非指示的で，特定の先入観を与えないようにする。被検者は最初に見たとき以上に何かを付け加える必要はなく，質問に答えてくれればよいだけである。たいていの場合に十分に通用する，決まり切った質問や促し方があるが，多くの場合，検査者は被検者が反応段階や質問段階の初めに言った言語内容から，質問を作る。基本的な促し方は次のようなものである。

　　「**同じように見たいので教えて下さい**」

　このように言うことで，被検者はこの課題に戻ることができる。しかし，何度もこれを繰り返すと，へきえきされるので，「**もう少し教えて下さい。まだよくわからないので**」といった言い方も，交えて使うとよい。

　場合によっては，決定因子に焦点を当てた質問がより適切なこともある。

　　「**どこからそう見えたのか，教えてくれますか**」

　この言い方は直接的に説明を求めているので，すぐに課題に戻るには最も適した聞き方である。被検者が繰り返し漠然とした答をするならば，次のような焦点を絞った基本的な促し方が適切であろう。

　　「**そう見えるのはわかります。でも，同じように見たいので，どこからそう見えるのか，私にも教えて下さい**」

▲**キーワードに基づいた質問** ほとんどの曖昧な反応には基本的な促し方や質問で十分であるが，被検者が協力的であったとしても質問が必要な場合がある。それは，キーワードが反応の中にあったり，あるいは質問段階の初めに自発的に使われた場合である。

　キーワードは，被検者がまだ言語化できていない決定因子が存在する可能性を示唆する。キーワードのいくつかは，かわいい，美しい，繊細な，でこぼこした，薄暗い，荒々しい，傷ついた，明るい，などの形容詞である。他には，サーカス，パーティ，悲しみ，幸福，ピクニック，毛皮，血，などを含む名詞や動詞である。検査者は，決定因子が存在する可能性がある言葉に注意を向けておき，そのような言葉が見つかったときは，適切な質問をする。たとえば，以下のようである。

　　　**反応段階**　　　　　　　　　**質問段階**
とてもきれいな花です。　　E：（被検者の反応を繰り返す）
　　　　　　　　　　　　　S：ええ，これが茎で，ここが花びらです。

　（この時点で，領域がわかり，決定因子として形態があることはわかるが，きれいというキーワードには，色彩が含まれている可能性が示唆されており，これについて確かめる。）
　　　　　　　　　　　　　E：とてもきれいとおっしゃいましたが？

　きれいな，という言葉が使われていなければ，たとえその反応が図版の色彩領域を見たものであっても，検査者は質問をしない。

　すでにわかっている決定因子の性質を明確にするために質問をする場合がある。たとえば，以下のようである。

　　　**反応段階**　　　　　　　　　**質問段階**
2人の人が夜，何かをしている　E：（被検者の反応を繰り返す）
ように見えます。　　　　　　S：ええ，ここに人がいて（指さす），頭と足と腕です。

　（この反応では，2人の人が何かしているので運動があることがすでにわかっている。しかし，その運動が積極的なのか消極的なのかがわからない。そして，夜というキーワードが使われており，図版の灰色－黒色の特徴が含まれている可能性を示唆している。検査者は，両方の問題に別々にアプローチすることもできるが，両方にふれるような1つの質問をするのが最もよい。）
　　　　　　　　　　　　　E：夜，何かしているとおっしゃいましたが？
　（もし被検者が2つの問題のうちの1つしか答えてくれないならば，次の質問をする。）
　　　　　　　　　　　　　S：何かを持ち上げているように見えます。
　　　　　　　　　　　　　E：で，夜というのは？

　反応によっては，キーワードが質問段階まで現われないこともある。この場合，最初に反応したときに，そのような特徴が反応にあったかどうか，が問題である。一般的には，質問段階の初めに現われたキーワードは，それが被検者の初めの説明の中で生じていたのか，あるいは検査者からの質問に答えながら生じてきたように思われるのか，という違いを見極める必要がある。

この規則には例外がある！　キーワードを追求するかどうか判断するための決め手は，反応がなされたときにその特徴が存在したと，検査者が確信できるかどうかである。

次のページに示してある，S1とS2という2人の被検者の例は，この問題を説明するのに役立つかもしれない。

S1の質問段階では積極的な運動が含まれており，怪我をした，というキーワードも用いられている。色彩が用いられている可能性もあるので，その点を質問し，その答から色彩の使用が確認できる。

S2の質問段階では，運動の可能性が，触っている，という言葉から始まっている。それは適切な質問によって，反応の最初の部分で消極的な運動が確認できた。しかし，そのときになって被検者は色彩のことを考え，傷ついた，という言葉を使ったのである。それは検査者の2番目の質問によって生じ，後から考え出されたように思えるので（「怪我しているんじゃないかな」），これ以上の質問はしない。

| 反応段階 | 質問段階 |
|---|---|
| S1：2匹のクマのように見えます。 | E：（被検者の反応を繰り返す）<br>S：ええ，こっちに1匹，こっちに1匹。頭で足。立ち上がって前足を合わせて戦っているみたい。どちらか1匹は怪我している。<br>E：怪我している？<br>S：この赤いのが血みたいで，怪我しているみたい。 |
| S2：2匹のクマです。 | E：（被検者の反応を繰り返す）<br>S：両側に1匹ずついます。<br>E：クマに見えたのを教えて下さい。<br>S：形です。頭で足で，ここが前足。触っているみたい。<br>E：触っている？<br>S：ええ，立って前足を合わせているんです。怪我しているんじゃないかなとも思います。 |

"可能性"のある言葉（しているんじゃないかな）を言う代わりに，「彼らは怪我をしている」と被検者が断言したならば，検査者はそれについてきちんと質問する。

反応を決めたときの被検者の知覚を記述することが最終的な目標である。キーワードやフレーズが質問段階の後の方になって生じたものであっても，さらに質問するのが適当な場合がある。

次の反応は，その例えとして役立つかもしれない。

| 反応段階 | 質問段階 |
|---|---|
| 2人の人がいます。 | E：（被検者の反応を繰り返す） |
| | S：ええ，こっちとこっちに1人ずつ。 |
| | E：2人の人に見えたのを教えて下さい。 |
| | S：えーっと，ここが頭で足で腕。かがんで何か運んでいるみたい。料理の準備をしようとしているみたい。 |

（キーとなるフレーズ，料理の準備をしようとしている，に加えて，何かを運んでいるという事実は，さらなる質問をする理由になる。）

        E：料理の準備って？
        S：ええ，ポットか何かを後ろにある火の方に運んでいるみたいです。
        E：火とおっしゃったけど？
        S：ええ，この後ろの赤いのが。
        E：それが火に見えたのは？
        S：赤いから火のようです。

（この反応が最初に与えられたときにほのめかされた唯一の決定因子は形態であった。次に運動反応が認められ，それから距離感があることがわかり，そして最終的に色彩反応が生じた。検査者が4回質問をしたが，被検者の反応からは質問段階の間に反応が作り替えられたという手がかりは何もなかった。）

 もう一度繰り返すが，キーワードに対して質問するかどうか決定するのは，その反応がどの程度自発的に出てきたものか，ということと，最初に反応したときにその特徴があったと検査者がどの程度確信できるかである。

 先の例は，被検者が検査を受けることに用心深くなっているときにしばしば起こるよい見本である。被検者は反応段階で警戒しているために，反応は短く，言葉が少ない。その後，質問段階で構造化された質問が行われると，被検者は気楽になり，反応についてより多く語っている。

 ロールシャッハの初心者は，質問をするかどうか決めることに悩むが，スコアリングに馴染むにしたがって，そのような悩みは減っていく。しかし，技術レベルに関係なく，基本的な規則として，質問段階は慌ててすましてはいけない。質問段階で出てきた情報に注意し，もともとの反応も時間をかけて検討する。そうすることによって，反応を正確にスコアすることができる。

 もし，被検者の言葉をよく考えた上で，質問するかしないか迷うようであれば，質問をした方がよい！　重要な質問をしなかったことで後で苦しむよりも，余分な質問をして，たまたま出てきた内容を無視する方がより容易であることを，ほとんどのロールシャッカーは知っている。

▲**不適切な質問**　質問段階で決してしてはいけない質問がある。それらは直接的もしくは誘導的な質問であったり，コーディングやスコアリングと直接関係ない内容を引き出そうとする質問である。「色は関係ありますか？」「その人たちは何かしていますか？」「それには奥行きがあります

か？」といった直接的な質問は，被検者に望ましくない先入観を与え，プロトコルをだめにしてしまうだけである。同様に，「毛皮の裏ですか表ですか？」「違う色だったとしてもそう見えますか？」「それからどうなりますか」といった誘導的な質問は，本来は価値ある記録を台なしにしてしまう。

　こういった質問はたいてい，検査者がまだ他にも決定因子が残されているのではないかという，"ほぼ確信に近い"感情に駆り立てられたために生じる。この種の質問は決してしてはならない。直感に従って質問することができず欲求不満に陥っている検査者は，たった1個の決定因子があるかないかということがプロトコルの解釈を決定的に変えたりはしない，という事実を救いとしてほしい。

　臨床的には興味をそそるかもしれないがコーディング（スコアリング）には関係ない質問は決してしない。反応として出された人間の姿が男か女かを知ることは興味深い。また，"悲しげな"ネコが，なぜ悲しかったのかには，興味をそそられるであろう。このような情報は臨床的には興味深いが，しかしそれはロールシャッハではない。もしこういったことを質問したならば，それはもはやまったく違った検査をしていることになり，通常の解釈ができなくなってしまう。

▲**質問段階での抵抗**　検査をいやだと思っていたり不当なことだと思っている被検者は，質問段階でいらいらしてくる。公平に言うならば，質問段階があることは検査前には告げられておらず，頑張って10枚の図版に反応した後でそのことがわかるので，非常に身構えてしまうのである。ある被検者は，反応したことを否定しようとする（私はそう言っていない）。別な場合は，反応を拒否しようとする（わかりません。今は何も見えません）。

　抵抗の強い被検者は，質問段階でより巧妙な形の言い訳がましい非協力的な態度をとる（わかりません。私にはただそう見えるんです）。どのような抵抗があるにせよ，検査者は確固とした態度で望み，同時に機転も利かせなければならない。たとえば，そんな反応はしなかったと主張する被検者に対して，検査者はこう言うとよい。「ちょっと待って下さい。これを見て下さい。私が書いたもので，お答が書いてあります。ゆっくり見て下さい。きっと見えますよ」。あるいは，その反応がどこかわからないと主張する被検者には，こう言うとよい。「ゆっくりやって下さい。急いでいませんので。先ほどは見えたのですから，きっとまた見えると思いますよ」。検査者は，質問段階で沈黙という挑戦を受けることがある。沈黙されたからといって，熟慮しない質問をしたり，質問段階を早々に切り上げたりしてはならない。

▲**年少の被検者への質問**　年少の子どもを扱いなれている人は，子どもたちは1つのことに長い時間，集中するのが難しいことを知っている。このため，10枚の図版全部をやってしまうよりも，むしろ，それぞれの図版が終わった後に質問段階をすませてしまう方がよい，と提案する人もいる。このやり方は，扱いにくい子どもたちを検査するには有利な点があるが，同時にいくつかの重大な欠点もある。ロールシャッハ研究財団の研究に参加し，かなりの数の患者や非患者の子どもたちを検査した検査者の経験によれば，95％以上の事例において標準的な手続きが十分に有効であった。

それに対して，ごく少数ではあるが，6歳から9歳までの主に行動に落ち着きのない子どもたちは，ロールシャッハ・テストに必要な30分から40分の間，"1つのことに"長く集中していられない。理論的にいえば，ロールシャッハを延期するか，施行しないかである。しかし，ロールシャッハ・データが必要不可欠と思われるならば，図版ごとに質問段階を行うやり方が用いられるかもしれない。

　このためには，教示を変更する。「これは何に見えますか？」と言う代わりに，検査者は次のように言う。

**「これを見て，何に見えるか教えて下さい。そして私にも同じに見えるように説明してね」**

　このやり方をとると，質問段階での質問が相当限定される。通常は，私にも見えるように説明して下さい，とか，どこからそう見えるのか教えて下さい，といった促しに質問が限定される。自発的に出てきた元あったキーワードを質問する際にも注意深く聞く。質問段階において，促しの後で与えられたキーワードはそれ以上聞かない。この修正したやり方は満足できるものではなく，ロールシャッハが必要不可欠であると判断される場合に，最後の頼みとして用いられる。

▲**限界吟味**　一般的に見られやすい反応を示さない被検者が，それを見ることができるかどうか明らかにすることは，ときに重要である。これは，たいてい被検者が平凡反応を1つも出さなかったり，1つか2つしか出さなかったときに問題となる。このことは，重篤な精神障害者にはよくあるが，被検者が過度に創造的になろうとして，一般的な答を反応として選ばない場合にも当てはまる。限界吟味のやり方は簡単である。

　質問段階が終わった後に，平凡反応が出なかった2枚ないし3枚の図版（通常はⅧ図版かⅢ図版だが，Ⅴ図版かもしれない）を選択する。検査者は次のように言う。「これで終わりですが，ちょっとこれを（と，被検者に図版を渡しながら）もう一度見て下さい。人によってはこの図版に（平凡反応を言う）を見るんですが，それが見えますか？」平凡反応の領域は被検者には教えない。通常，過度に創造的な被検者は，すぐに平凡反応を言う。一方，重篤な精神障害者は，他の人がそのようなものを見ることに驚きを示すかもしれない。限界吟味をやろうと決める際には，限界吟味を行うと，将来施行されるかもしれない再検査に影響を与えるため，それでもこの情報が本当に必要であると検査者が確信をもっているときにのみ行う。

▲**要約**　正しくロールシャッハを施行するということは，適切に導入し，逐語で正確に記録し，慎重に質問する，ということである。慎重に質問するためには，検査者がいかにコーディング（スコアリング）をわかっているかが大切である。コーディング（スコアリング）が検査者にとって手馴れたものとなれば，質問段階はスムーズになり，比較的短い時間で，本質的なやりとりが可能となる。

# 第2章　反応領域と発達水準

　反応領域とは，図版のどこを見たかである。反応領域は，コーディングの一番最初にあたり，おそらく最も容易に決定できるコードである。ロールシャッハは，自由に回答できる検査なので，反応には2通りのアプローチが可能となる。つまり，図版の全体を用いるか，図版の一部分を用いるか，どちらかである。

　図版の全体が用いられると，全体反応であり，コードは $W$ という記号を用いた簡単明瞭なものとなる。この他のすべての回答は部分反応であり，コーディングで用いられる記号は，選ばれた領域が一般によく見られるかどうかによる。一般によく見られる領域であれば，$D$ の記号を用いる。もし一般的な領域に入らなければ，$Dd$ の記号を用いる。答の中で白い空間を使ったときは，$S$ の記号を領域コードに付け加える。

　領域コードを決定するのに必要な情報が，全体では……のように見える，もしくは，もしこの上の部分だけなら……かもしれない，というように述べられることがある。このような場合，質問段階では領域に関する簡単な確認だけが必要となる。しかし，多くの場合，被検者は反応段階で用いた領域を特定しないので，この確認作業が質問段階での重要なポイントとなってくる。

　通常，反応領域に関する情報は容易に得られる。特に，被検者が質問段階について理解ができている場合は簡単である。それにもかかわらず，領域について曖昧な被検者もいるので，そのような場合，検査者は，指でそれをなぞって下さい，とか，私にもわかるように図版のどこに見るのか指して教えて下さい，などの教示をする。領域のコーディングに用いる4つの記号と各々の基準を表3に示した。

　前章で述べたように，ロケーション・シートはその反応がどの領域に見られたかについての保存記録なので，被検者によって特定された領域をロケーション・シート上に明瞭に線引きし，目・帽子・足，等々のように，その反応の具体的な特徴について書き留めておくことが重要である。特に，あまり一般的でない特徴については心して記録しなければならない。

　ロケーション・シートを見ることで，誰でもその反応を簡単に再現できるようにする。慣れた検査者は「反応1＝D4」のように反応番号と領域番号を一緒に記録することで，領域を残すことができる。しかし，選ばれた反応領域に領域番号がない場合，その領域の輪郭をロケーション・シート上にていねいに描く。描かれた輪郭がずさんだったり曖昧だと，領域を適確にコーディングできなくなってしまう。

　**W** $W$ のコードは，$W$ か $W$ でないか2つに1つである。つまり，被検者が図版全体を用いたか，それより小さい領域を用いたか，どちらかである。前者の場合のみを $W$ とコードする。検査者は，反応の中で図版全体が用いられたことを確認することが重要である。時として，被検者は図版全体に対して一般的によく見られる反応を答えておきながら，実際には図版全体を

表3　反応領域の4つの記号

| 記号 | 定義 | 基準 |
|---|---|---|
| W | 全体反応 | 図版全体が反応に用いられている。全体のどこも欠けてはいけない。 |
| D | 一般部分反応 | 多くの人がよく見る図版の領域。 |
| Dd | 特殊部分反応 | 滅多に見られない図版の領域。 |
| S | 空白反応 | 白い空間領域が反応に使われている場合にコードする（WS, DS, DdSのように，必ず他の領域記号と共に付ける）。 |

用いていないことがある。たとえば，「コウモリ」という反応はⅠ図版とⅤ図版で極めてよく出現する反応であり，この反応を出す約97％の被検者は図版全体を用いるが，少数の人は反応をより正確にするために図版のある部分を除外する。ほんの小さな一部分が除外されていても，その反応はWとはコードしない。

**D**　反応がWでない場合は，DかDdのいずれかをコードする。D領域はすべて，多くの被検者によって用いられたという頻度を基準にして設定されている。包括システムでは，Dと区分されているブロットの領域が82個ある。Dの多くは図版の大きな部分を含むが，常にそうとは限らない。図版全体からみるとほんの小さな部分だけの場合もいくつかある。D領域は本書の反応リストの表Aに，10枚の図版ごとに領域番号を付けて表示してある。反応がWでない場合は，検査者は表Aの中にそれと適合した領域を探し，Dとコードされるかどうかを見る必要がある。

　　＊監訳者注：反応リストの表Aは今回，割愛した。理由と表Aの入手方法については，p.247を参照のこと

**Dd**　WでもDでもない反応は自動的にDdとコードする。ブロットの大きさは必ずしもDdコードの要因ではなく，非常に小さいDd領域もあるが大きいDd領域もある。いくつかのDd領域は表Aの中でナンバーが付けられている。これらナンバーの付いたDd領域は，ロールシャッハ研究財団の記録で，統計学的な頻度データとして，ある程度の数の反応が得られた領域である。また，Dd領域でナンバーが付いているものは，その領域の形態がそれにふさわしいものである。被検者が用いた領域が表Aにない場合，その領域のコードは常にDdであり，領域番号はDd99となる。

**S**　図版の白い部分が反応に使われている場合は，Sの記号を領域コードに追加する。白い部分は2通りの方法で使われる。白い部分を他のブロット領域と統合する場合と，白い部分のみを使う場合である。どのように白い部分を使うにせよ，コーディングに際してSは単独ではコードしない。WS, DS, DdSのように，常にもう1つの領域記号と共にコードする。

▲**複数のD領域をコーディングする**　反応の中には，2つ以上のD領域を使用したものがある。このような反応の場合，適切なコーディングはDかDdである。実際，いくつかのD領域は他のD領域との結合からできている。たとえばⅢ図版のD1領域は，2つのD9領域にD7領域を足したものである。同様に，Ⅸ図版のD1とD3が結合した領域がD12である。当然，Dとして表に載っ

ている領域への反応は，すべて $D$ とコードする。

しかし，被検者が $D$ 領域を結合することによって，一般的でない新しい領域を作ることがある。その新しい領域が1つの対象として組み合わされたものならば，その反応は $Dd$ とコードする。逆にいくつかの $D$ を組み合わせていても，それぞれの $D$ を別々の独立した対象として用いている場合は，たとえ2つ以上の一般部分領域を含んでいても，適切な領域コードはやはり $D$ である。これらは統合反応であり，発達水準コードも統合反応となる。

たとえば，III図版で被検者が，陶器（D7）を作っている人（D9）と述べる場合がある。$D$ の1つは人間に，もう1つは陶器に見られており，それぞれが別な $D$ 領域になっている。これに対し，同じ2つの領域が，グロテスクな手（D7）をした人（D9）のように，独特なやり方で1つになっていることがある。この場合，2つの領域を1つの領域（グロテスクな手をした人）として述べており，これは非常に珍しいことであって，$Dd$ のコードが必要となる。

## 発達水準（Developmental Quality：DQ）

反応をする際の情報処理過程の特徴（characteristic）や質（quality）を見極めるためのコードを，反応領域の次に付けることによって，領域選択についての解釈が豊かになる。なぜなら，すべての反応が同じやり方で作られないからである。

反応の中には，見たままを言っていて（concrete），よくまとまっていない（organized）ものがある。たとえば，雲，泥，血のような反応は，特定の形態を必要としていない。これら分化していない反応は，刺激野をただそのまま用いている（nonchalant）ことの反映であり，特定の輪郭をもたない見方である。このような反応は定まった形態がないために，特定の輪郭を取り入れることに失敗しているのである。

> ＊監訳者注：concreteは，本書で頻出する単語であるが，一般的に辞書に載っている「具体的な」「凝結した」という意味ではなく，日本語にするならば「文字通りの」「字義通りの」「見たまま」といった意味である。

特定の輪郭をもたない見方よりは高次で，しかし単純で経済的（economical）な水準の反応は，たとえば，コウモリ，人間，花瓶，椅子など，特定の構造をもつ単一の対象をブロットに述べるものである。これらは，刺激特徴を意味づけするという認知活動を示す。

2つ以上の対象を，意味のある関係をもつものとして統合した反応にするには，はるかに高水準の認知活動が必要になる。たとえば，2人の人が何かを拾い上げている，月明かりのもとで水面に影を落としているクリスマスツリー，帽子をかぶっている人，などの反応である。

領域コード（$W$, $D$, $Dd$）だけでは，その反応の質や明細（specificity）についてはわからない。そのために，このコードが必要となったのである。発達水準コードは4つに分かれ，それぞれの記号と基準は表4に示した。

▲**統合反応** 2つの統合反応（＋と v/＋）の基準となる表現は，「……別個の対象だが関係性がある

表4　発達水準のコーディングに用いる記号と基準

| 記号 | 定義 | 基準 |
|---|---|---|
| + | 統合反応 | 2つ以上の対象が別個のものではあるが関連があると述べられている。含まれる対象のうち**少なくとも1つ**は，特定の形態を有するものである（例：茂みの間を歩いているイヌ，おかしな帽子をかぶった男性，雲の間を通り抜けて飛ぶ飛行機，少女の頭で髪にリボンをつけている）。 |
| o | 普通反応 | 図版のある領域が単一の対象として述べられている。その対象はそれだけでもともと形態があるか，対象を説明する際に特定の形態を述べる場合（例：モミの木，ネコ，トーテムポール，カエデの葉，コウモリ，国旗，男性の頭）。 |
| v/+ | 準統合反応 | 2つ以上の対象が別個のものであるが関連があると述べられている。対象は**いずれも**特定の形態がない。含まれる対象のどれにも輪郭の特定性がない。（例：雲と雲が重なっている，岸辺に草木が生えている湾，泥のついた岩）。 |
| v | 漠然反応 | 1つの対象で，特定の形態がない。その対象には，特定の形態が必要となるような**説明がない**（例：雲，空，夕焼け色，氷）。 |

(separate but related)」ということが述べられているかどうかである。統合反応には2つ以上の対象が含まれており，そして，それらが互いに意味ある関係をもつと述べられる場合である。たとえば，垣根にとまっている2羽の鳥は，反応に3つの対象が含まれ，すべてが相互に関係しているから，+とコードする。その2羽の鳥は同じ垣根にとまっているのである。もし，この反応が図版の左右にただ「2羽の鳥」と指摘されたなら，両者の間に何らかの意味ある関係がないので，*DQ*コードはo（普通）である。

　雲と雲が重なっているという反応は，「重なっている」が関係性を含んでいるが，どちらも特定の形態を有していないもの（雲）なので，v/+とコードする。これに対して，もくもくした入道雲が2つ，だんだん膨らんで重なってきているという場合は，「もくもくした入道雲が，だんだん膨らんで」と形態を再現できるので，+とコードする。

　もし，独立した対象が人と衣服である場合，衣服が**その人物の自然な輪郭線を変える**ように見られていたり，人と衣服を別の領域に見ている場合に，統合反応（+）となる。たとえば，Ⅲ図版で被検者はしばしば1人か2人の人と反応し，その人物が黒い色をしているので，タキシードを着ていると述べる。この場合，同じブロットの領域が人物と衣服の両方に用いられており，衣服は人物の自然な輪郭を変えていないので，これは+（統合）とコードせずにo（普通）とコードする。

　一方，人物（D9）がジャケットを着ていて，襟の折り返し（Dd27, D9の一部分）が出ている，あるいは，人物（D9）が手袋（Dd31）をはめていると表現した場合，+（統合）が適切である。最初の例では，襟の折り返しが人物の自然な輪郭を変えている。2番目の例では，2つの別個の領域が用いられている。同様に，人物（D9）が靴（Dd33, D9の一部分）を履いていると表現する場合も，+（統合）のコードが適切である。

▲**形態の有無**　DQを+やoとコーディングする基準は，特定の形態を必要とすることである。通常，これらの反応には一定の形態があることを意味している。たいていの反応は，形態をもって

おり，対象を名詞で語るときには，そこにはすでに特定の形態が含まれている。たとえば，人間，鳥，チョウ，クモ，ライオン，椅子，船，家などの言葉は，たとえその種類内で多少の相違があっても，各々がある特定の形態特徴をもつ同じ種類の対象である。同じ人間でも背が低かったり高かったり，やせていたり太っていたりする。同様に，椅子には非常にさまざまな形があるが，これらにはすべていくつかの共通の形態，または特定の形態が存在する。

特定の対象が述べられたときは，*DQ*コードはo（普通）となるか，それが他の対象と意味ある関係で結合されている場合には，もう1つの対象が形態があるかどうかにかかわらず＋（統合）となる。一方，雲，湖，島，葉，絵の具，抽象画などのような言葉は，形態が限定されず，どのような形態にもなれる種類の対象である。つまり特定の形態の必要性がない。述べられた対象が形態を必要としない場合，*DQ*コードはv（漠然）となる。複数の形態がないものを意味ある関係で結合している場合は，v/＋（準統合）である。

しかし，ときに特定の形態を必要としない対象を述べながら，その対象を説明している間に，形態があることを語る場合がある。「雲」という反応は通常vとコードされるが，被検者が「入道雲のようにもくもくしている」と反応を明細化するかもしれない。このような場合，特定の形態があるので，vではなくoとコードする。同様に，葉は通常vとコードするが，これに特定の形態があると語られる場合がある。たとえば，3カ所の尖った部分がある1枚の葉は形態を含むので，*DQ*コードはoになる。

▲**要約** どの反応でも，反応領域には，常に2つの記号を付ける。1つは使われた領域（*W*，*D*，*Dd*，または*S*が二次的コードとして追加される）である。2つ目は発達水準*DQ*（＋，o，v/＋，v）である。検査者は，vとコードした反応に関して，形態について言及していないかどうか，常に注意する必要がある。

# 第3章　決定因子

　ロールシャッハの初心者にとって，決定因子をコードすることは，スコアリングの中で最も複雑に思えるだろう。このような印象がもたれるのは，おそらく，その反応が，そのように見えたのはなぜかということに関係する，あらゆる可能性を検査者が考慮しなければならないからであろう。世界は複雑であり，世界に存在する事物を同定しようとするとき，私たちは通常，形態，色彩，濃淡，目に見える運動といった多様な刺激要素に影響されている。それはロールシャッハ図版（Rorschach figures）についてもいえることで，ロールシャッハには私たちが環境で見いだす多くの視覚刺激が縮図的に含まれている。

　刺激野（stimulus field）は気まぐれにできた形と色から成り立っている。そこには，被検者が知っているか，想像した対象に完全に一致していなくても，何らかの似たような刺激特徴や手がかり特徴（distal bits）が備わっている。形とか色といった何らかの刺激特性に基づく類似性が，分類を可能にする。前述の通り，被検者が反応を考える過程において，実は多くの潜在的な反応が生み出されている。ということは，潜在的反応のいくつかは反応段階で捨てられているということである。

　いくつかの反応が頭のなかで捨てられた後でも，十分な反応数が通常は残っている。次に起こってくる最終的な選択過程は，まず被検者の習慣やパーソナリティ特徴に影響されるが，それだけでなく，検査時の被検者の心理状態にも影響される。欲求，態度，構え，葛藤，反応様式などいずれもが，最終的な反応の選択に大きな影響力を及ぼしうる。

　残念ながら，図版の提示から最初の反応が述べられるまでの数秒間に起こる，この複雑な精神内部の過程を正確に測定する手段はない。しかし，その過程の産物である反応そのものが，その過程で起こっている特徴のいくつかを反映している。それらの要素が正しくコードされるなら，そのコードは被検者の心理的機能（psychological operations）に関する何かを表わしているといえるだろう。

　1つの反応のコードだけでは，被検者の心理的特徴に関して得られる情報は，わずかである。しかし，さまざまなコード，とりわけ決定因子に関する度数データから，被検者の心理について幅広い情報が得られる。

　コードを決定するためのデータは，被検者の言葉である。しかし残念ながら，人によって語彙や表現の仕方は異なっている。それゆえ，多くの場合，領域に関する情報は容易に得られるが，決定因子に関する情報はさまざまな表われ方をする。

　最も好ましい状況では，大体そんな形をしてますとか，それらしい色をしているとか，ここの濃淡の違いからそんなふうに見えますといったように，被検者が重大なデータを直接語ってくれる。このようなことは，質問段階を正しく理解している協力的な被検者においては珍しいことで

はない。しかし，協力的な被検者でさえ，ときどき重大な情報をそれほど正確に言わないことがある。

それどころか，言語表現がそれほど直接的ではなくて，可能性のある決定因子の手がかりをほのめかすだけという場合がある。これらの手がかりは一般に，第1章で述べたと同様，キーワードのような形をとって表われる。このような場合，検査者は質問段階で，そのように見えたのを教えて下さい，という点に的を絞って，ていねいに，しかし直接的ではないやり方で確認していかなければならない。

さまざまな決定因子の可能性に精通している検査者は，難なくこのような手がかりを見つけ，それらを適切に確認する質問や促しを考え出せるであろう。経験からいえるのは，この種の精通は実践の積み重ねによってしか得られない。それゆえ，コードの練習のために多くの反応を付録として本書に付けた。

▲**決定因子のカテゴリー**　決定因子には大別して7つのカテゴリーがある。各カテゴリーは，被検者が刺激領域をどのように翻訳しているかを表わしている。つまり，各カテゴリーは反応をするときに起こった認知活動を反映している。さらにいくつかの下位カテゴリーがあり，違った要素を示している。反応の多くは2つ以上のカテゴリーをもつ場合がある。いずれのカテゴリーも他のカテゴリーと共存してよく，どのようなカテゴリーの組み合わせも可能で，対等に併記できる。ただ1つの例外を除いては（**監訳者注**：*F*のこと）。7つのカテゴリーは以下の通りである。

1．**形態**　この決定因子は，ほとんどすべての反応において一般的なものである。単独の決定因子となることもあるが，他の決定因子とくっつく場合もある（**監訳者注**：*FC*や*CF*などを指す）。

2．**運動**　このカテゴリーには3つの下位カテゴリーがある。（1）人間運動，（2）動物運動，（3）無生物運動である。またすべての運動反応に，積極的または消極的というコードを付ける。

3．**色彩**　3つの記号があり，それらのどれを選択するかは，反応にどの程度形態が関与しているかによる。

4．**無彩色**　3つの記号があり，それらのどれを選択するかは，反応にどの程度形態が関与しているかによる。

5．**濃淡**　このカテゴリーには3つの下位カテゴリーがある。それらは違った濃淡の使い方を説明するもので，（1）材質，（2）奥行きまたは立体感，（3）拡散である。それぞれに3つの記号がある。

6．**形態立体**　大きさや輪郭に基づいた立体感についての反応で，1つの記号がある。

7．**ペアと反射**　常に形態の使用が関与し，図版の対称性に基づいている。

この7つのカテゴリーには決定因子をコーディングするための24個の記号がある。適用の基準を表5に示す。

## 表5　決定因子の記号と基準

| カテゴリー | 記号 | 基準 |
|---|---|---|
| 形態 | F | 形態反応　ブロットの形態の特徴だけに基づいた反応。 |
| 運動 | M | 人間運動反応　人間の筋肉運動，または人間様の活動をする動物や想像上のキャラクターの筋肉運動を伴う反応。 |
|  | FM | 動物運動反応　動物の筋肉運動を含む反応。その運動は，その動物の種に合った運動でなければならない。その種において一般的でない運動が報告された場合は，$M$ とコードする。 |
|  | m | 無生物運動反応　無生物，無機物，あるいは生命のない対象の運動を伴う反応。 |
| 色彩 | C | 純粋色彩反応　ブロットの色彩のみに基づいた反応。形態は知覚されない。 |
|  | CF | 色彩形態反応　主としてブロットの色彩に規定された反応。形態も使われるが，その重要性は二次的である。 |
|  | FC | 形態色彩反応　主として形態から形成された反応。色彩も使われるが，その重要性は二次的である。 |
|  | Cn | 色彩命名反応　色の名前を言うだけの反応。感想ではなく反応とする場合。 |
| 無彩色 | C' | 純粋無彩色反応　ブロットの灰色，黒色，白色の特徴のみに基づいた反応で，それらを明らかに色彩として用いた場合。形態は伴わない。 |
|  | C'F | 無彩色形態反応　主として黒色，灰色，白色という特徴から形成された反応で，それらを明らかに色彩として用いた場合。形態も使われるが，その重要性は二次的である。 |
|  | FC' | 形態無彩色反応　主として形態に基づいた反応。無彩色の特徴が明らかに色彩として使われているが，その重要性は二次的である。 |
| 濃淡材質 | T | 純粋材質反応　ブロットの濃淡という要素が触感的な現象として用いられ，形態はまったく考慮されていない反応。 |
|  | TF | 材質形態反応　ブロットの濃淡の特徴が触感的なものとして意味づけられ，形態は明細化の目的で二次的に用いられる反応。 |
|  | FT | 形態材質反応　主として形態に基づいた反応。ブロットの濃淡特徴は触感的なものとして意味づけられるが，その重要性は二次的である。 |
| 濃淡立体 | V | 純粋展望反応　濃淡の特徴が奥行きや立体感として意味づけられた反応。形態は伴わない。 |
|  | VF | 展望形態反応　濃淡の特徴が奥行きや立体感として意味づけられた反応。形態も伴うが，その重要性は二次的である。 |
|  | FV | 形態展望反応　主としてブロットの形態に基づいた反応に使用。濃淡の特徴も奥行きや立体感に使われるが，反応の形成にとってその重要性は二次的である。 |
| 濃淡拡散 | Y | 純粋拡散反応　ブロットの明暗の特徴のみに基づき，形態はまったく伴わず，材質や立体感のいずれにも言及しない反応。 |
|  | YF | 拡散形態反応　主としてブロットの明暗の特徴に基づいた反応。その際，材質や立体感を伴わない。形態も伴うが，その重要性は二次的である。 |
|  | FY | 形態拡散反応　主としてブロットの形態に基づいた反応。明暗の特徴が，材質や立体感のためでなく反応に使用され，形態に比べて二次的な意味しかもたない。 |
| 形態立体 | FD | 形態立体反応　大きさ・形・輪郭の要素によって，奥行き・距離・立体感が形成される反応。このような印象を形成するのに濃淡は関与していない。 |
| ペアと反射 | (2) | ペア反応　ブロットの対称性に基づき，2つの同一の対象が述べられる反応。その対象はあらゆる点で等しくなければならない。しかし，反射しているとか，鏡に映っているといった反応は除く。 |
|  | rF | 反射形態反応　ブロットの対称性のために，ブロット全体やブロットの一部分が反射しているとか，鏡に映っている反応。その対象や内容は，雲，風景，影など特定の形態を必要としない。 |
|  | Fr | 形態反射反応　ブロットの対称性に基づき，ブロット全体やブロットの一部分が反射しているとか，鏡に映っている反応。反応内容は形態に基づいており，対象は特定の形態を必要とする。 |

## 解　説

**▲形態反応**

**F**　形態を説明するやり方にはいろいろある。おそらく，形態という言葉が用いられることはほとんどない。むしろ，形という言葉がよく使われる。また，対象のさまざまな形態特徴について単に指摘する場合も多い。

　もし被検者が，これが翼で，胴で，しっぽでとか，これが頭で，ここが足でとか，これが木の幹でというように，形態特徴をはっきり述べていれば，検査者は"形態"とか"形"といった言葉が述べられていないことにこだわる必要はない。

　対象の形態に関する明確な言及がないからといって，形態がないとは必ずしもいえない。たとえば，雨雲という反応は明確な形態使用を含まないことがある。雨雲のように真っ黒ですというのであれば，$C'$とコードされよう。逆に，被検者が，先が尖っていて，下が広がっていて，いかにも雨が降りそうな雨雲みたいですと言ったならば，$F$とコードする（**監訳者注**：渦巻状で円錐型の雨雲のこと。米国ではよく見られる）。

　形態が使われていれば，$F$は必ず他の決定因子に含まれる。ただし，$M$と$m$だけは例外である。形態は$M$と$m$というコードにすでに含まれていると考える。

　反応に他の決定因子が含まれていなければ，$F$とコードすることは容易である。しかし，他の決定因子が関与しているときには，検査者は，形態が一次的か二次的かを考えなければならない。このことは，おそらく色彩が決定因子に関与している場合に頻繁に起こるであろう。

　とてもきれいな花，という反応を例にしよう。質問段階で，そうですね，バラのように赤くて，これは花びらのようで，茎はここです，と最初に説明があった。色彩が使われていることは明らかである。しかし，色彩が一次的か二次的かという問題は残る。反応段階で述べられた言葉と，質問段階における最初の説明をあわせて考えて，それを基に，$CF$とするか$FC$とするかを考える。

　検査者は，同じように見たいので教えて下さいませんか，といった促しによって，このことを解決し得よう。もしも被検者がそれに対して，これはバラのようです，花びらと茎です，と答えたなら，この新しい情報は形態だけを述べているので，$FC$とコードするのが適切である。逆に，とってもきれい，鮮やかな赤いバラみたいで，ここに花びらがあって，と答えたならば，$CF$とコードするのが正しい。というのも，被検者は形態ではなく，色彩を再び強調しているからである。

　ところが，質問段階で促しても，そうですね，バラのようで，赤くて，花びらと茎があると，最初に述べたことを単に繰り返すだけの被検者もいる。このような場合，形態の使用が一次的か二次的かについての決定は検査者が判断することになる。

　この例では，形態の使用を二次的と考えて，$CF$とコードする検査者もいるだろう。というの

は，きれいという言葉が反応段階にあったし，また質問段階の最初で，被検者が赤いと言って説明したからである。しかし，この反応では，形態が一次的であると主張することもできる。なぜなら，質問段階では，再度きれいという言葉を使っていないし，質問段階では色彩は特に強調されていない。FCを支持する立場の方がより無難で，この例ではFCが適切であろう。きめ細かな判断が決定には必要である。

形態の使用が一次的か二次的かの区別については，本章のいくつかの節で再び取り上げる。

## ▲運動反応

$\boxed{M}$ $\boxed{FM}$ $\boxed{m}$ 運動反応の3つのコードは各々はっきりと異なっているので，通常，区別は簡単である。

◆M：人間運動反応は，人間のあらゆる活動にスコアする。その活動は，闘う，跳ぶ，持ち上げる，のこぎりで切るといった，極めて活発で積極的なものから，考える，寝る，もたれかかる，見るといった，極めて消極的なものまで幅広い。

Mは，人間を対象とするばかりでなく，人間類似像（human like figures）あるいは人間的な活動をしている動物や無生物に対してもコードする。たとえば，「2頭のクマがポーカーをしています」，「2匹の昆虫が言い争っています」，「幸せを感じている木」といったものも，すべてMとスコアする。（監訳者注：「幸せを感じている木」は，木が擬人化されており，反応内容にHxが付く）

たとえば，「これは憂うつです」，「これは愛です」，「これは大きな音です」のように，たとえ抽象的な反応であっても，感覚的な経験を含んだ反応はMとスコアする。

勘のよい読者であれば，これらの反応のたいていが形態のないものであることに気づくであろう。これらは，形態水準のコードが付かず，Mとだけコードされる稀な例である。

◆FM：動物運動反応は，動物のあらゆる活動にスコアする。しかし，運動はその種に一般的に見られるものでなければならない。「クマがポーカーをしている」，「2匹の昆虫が一輪車を押している」，「魚が木のそばに立っている」，「空を飛んでいるカエル」のように，その種に一般的でない活動をしている場合は，Mとスコアする。

＊監訳者注：Hermann RorschachはFMというコードを使用しなかったが，人間以外の運動反応をF→Mと記録している。FMを最初に使用したのはBruno Klopferで，Form tending toward Movementに由来している。

◆m：無生物運動反応がカバーする範囲は極めて広い。「雲がふわふわ浮かんでいる」，「滝が流れている」，「旗が風にたなびいている」，「弾が何かを貫き抜けている」，「炎が燃え上がっている」のように，無生物の対象だけが反応に含まれている場合は最も容易である。

静止している無生物運動反応もある。たとえば，「柱に掛けてあるコート」や「皮がひきのばされて乾かされている」は，いずれも不自然な緊張状態にあるため，mとスコアする。しかし，「床に敷いてある毛皮の敷物」のように，不自然な緊張状態にない場合は，mとはスコアしない。たとえば，「首をつってぶら下がっている男性」はmとコードするが，「そこに横たわっている死

体」は$m$とコードしない。一方，横たわっている死体の頭がつり上げられているは，$m$反応とコードする。静止した対象を$m$とスコアする場合，不自然な緊張状態にあるという限定は極めて重要である。もし反応の説明で不自然な緊張状態が明確でないなら，$m$とスコアしない。

◆**積極的－消極的の肩文字**：すべての運動反応にはもう1つ別のコードを付ける。それは，運動が積極的か消極的かを表わすための肩文字（積極的は$a$，消極的は$p$）である。

包括システムの発展に伴う難題の1つは，$a$と$p$の肩文字の適用に関する正確な基準を確立することであった。しかし，この目標は完全には達成されていない。それにもかかわらず，運動反応に肩文字を付ける際，積極的・消極的という底意について大半の人は一致しているように思う。

"目安（benchmark）"を用いると，より明確になる。話すという動詞は，おそらく最も優れた目安であろう。この動詞は常に消極的とコードする。この動詞は，問題となるような反応が述べられたとき，優れた目安の役割を果たしてくれる。たとえば，ささやく，見る，立つ，かがむ，腰を曲げる，ため息をつくなどは，この目安に照らして容易に消極的と判断できる。同様に，口論する，わめく，にらみつける，つかむ，持ち上げるなどは，積極的となる。

いくつかの運動反応は，常に消極的とコードする。運動が静的な場合である。抽象画，漫画，絵画，写真の中の運動は，どのような運動であっても静的とする。「花火の抽象画」，「2匹のイヌがけんかをしている絵」，「何かを持ち上げている2人の男性の絵」などは，運動がどのように述べられていようと$p$とコードする。

子どもはよく反応の中で，反応そのものよりもインクブロットに言及して，"絵"といった言葉を使う。それゆえ，反応そのものが絵だと言っているのか，それとも言い回しに過ぎないのか，迷うかもしれない。被検者が単なる言い回しとして"絵"を使用しているのではなく，本当に反応そのものが絵だと言っているのかどうかを確認することが重要である。典型的には，単なる言い回しの場合，いくつかの反応で同じフレーズが繰り返される（コウモリの絵に見えます）。それでも不確かなときは，質問段階でその点を確かめる。

◆**同一反応における積極的と消極的**：反応によっては，同一の運動決定因子に$a$と$p$の両方がつく場合がある。これは，運動に2つ以上の対象が含まれ，一方の対象が積極的で，もう一方が消極的な場合である。

たとえば，「真ん中に立っている人（消極的）のまわりで2人の人が踊っている（積極的）」という反応であれば，$M^{a-p}$とスコアする。この場合，決定因子としての$M$は1個で，そこに積極的および消極的の両方を数える。

1つの運動決定因子に$a$と$p$の両方を付けるのは，その運動に2つ以上の対象が含まれているときだけである。たとえば，「イヌがここに座って（消極的），月に向かって吠えている（積極的）」のように，反応によっては，同一の対象が$a$と$p$の両方を含んでいる場合がある。このような場合，積極的運動反応だけをコードし，$FM^a$とする。

▲**色彩反応**

| FC | CF | C | Cn | 前述のように，色彩反応をコードする際に最もよく遭遇するジレンマは，FCとCF，あるいはCとCFを区別することである。これらの問題への解決の鍵は，いかにCF反応を正確にコードできるかである。

◆**CF**：CF反応を簡単に識別するための絶対的なルールはない。しかし，たいていのCF反応は，色彩の強調が明白で，また形態の特徴が明らかに二次的なので，区別することができる。しかし，色彩の強調の仕方は幅広い。たとえば以下のようである。

| **反応段階** | **質問段階** |
|---|---|
| きれいな花。 | S：きれいなオレンジ色で，緑の葉と，これは茎。 |
| 森林か何か。 | S：全部，違う色どりがあって，植物と木です。 |
| とてもエキゾチックなチョウ。 | S：きれいな赤，色が変わっていて，羽が広がっている。 |
| バターで焼いた卵。 | S：黄色で，バターで焼いたみたい。真ん中に黄身が見える。 |

　これらの反応はみな，CFとスコアする。なぜなら，いずれの反応でも色彩が優位で，形態の使用は控えめだからである。しかし，反応段階では色彩への言及がなかったので，以下に示すように，それらはFC反応にも，あるいは純粋形態反応Fにさえ，なりえた反応である。

| **反応段階** | **質問段階** |
|---|---|
| きれいな花。 | S：ここが茎，この辺は葉っぱで，これが花です。花瓶に生けてあります。 |
| | E：きれいなとおっしゃいましたが？ |
| | S：ええ，これ，オレンジ色の花です。 |
| 森林か何か。 | S：木ややぶの形をしていて，これは真ん中を通っている道路でしょう。 |
| とてもエキゾチックなチョウ。 | S：とても変わった羽です。珍しいチョウの羽って，こんな形をしていて，これみたいに赤くて。 |
| バターで焼いた卵。 | S：ええと，卵を割った後のように，形がいびつで。これが黄身です。 |
| | E：バターで焼いたとおっしゃいましたが。 |
| | S：ええと，黄色いからバターで焼いたのかなって。 |

　このうち3つの反応（花，チョウ，卵）はFCとスコアする。というのは，色彩は使われているが，主な強調は形態におかれているからである。残りの1つ（森林）はFとスコアする。なぜなら，形態以外の決定因子は使われておらず，検査者が質問をしなければならないようなキーワードや言語表現がないからである。

　一見して，純粋色彩反応Cと思えるような反応がある。しかし，被検者がわずかでも形態を必要とするようなことを述べていれば，CFとコードする。たとえば，「その赤は血がたれているように見える」，「わー，見てよ，この色全体が四方に飛び散った花火みたい」，「このピンクはイチ

ゴのアイスクリームみたい，ダブルの」。太字で書かれた言葉は，最低限ではあるが形態を用いているので，すべて*CF*反応となる。

　特定の形態をもたない対象が*CF*とコードされることもある。臨機応変に対応しなければならない。たとえば，被検者が，この緑は葉っぱ，低木の葉っぱに見える，と言ったとしよう。もし形態についてこれ以上詳細に述べないなら，この反応は*CF*とコードする。しかし，この緑は葉っぱ，低木の葉っぱ，ベリーの木の葉っぱみたい，こんなふうに尖っていて，何かな，ラズベリーだと思う，そんな形をしている，と反応が明細化されることもありえよう。形態についてさらに詳しく明細化がなされているため，これは*FC*とコードする。

◆**FC**：*FC*反応の主な特徴は形態の強調である。2人が互いに向かいあって前かがみになっている，何かささやいているみたいで，赤い帽子をかぶっているのように，色彩がついでのように述べられることがよくある。別の場合では，色彩はよりはっきりと，しかし形態に比べれば二次的に用いられることがある。たとえば，2匹の小さなピンクのネズミ，生まれたばかりなのでピンクなのです，小さな足と，頭としっぽ，のようにである。

　形態のない対象であっても，*FC*が正しいスコアとなる場合がある。以下の3つの反応について考えてみよう。

| 反応段階 | 質問段階 |
|---|---|
| このオレンジ，火でしょう。 | S：オレンジ色の火のようです。 |
| このオレンジは火に見える。 | S：このオレンジは炎のように見えます。燃え上がっている感じ。 |
| このオレンジは炎でしょう。 | S：上に向かって燃えていて，キャンプファイヤーのときみたい，積み上げられた薪が均等に燃えて左右対称になっている感じ，片方が燃え上がると，まったく同じように，もう片方も燃え上がるような。 |

　これらの3つのうち，1つ目は形態を使ってないので，*C*とスコアする。2つ目は，燃え上がるという言葉が形態を必要とするので*CF*とスコアする。3つ目は明らかに*FC*反応である。色彩が反応の中で真っ先に言及されているが，全体に強調されているのは形態である。

　*CF*と*FC*を区別する際の苦労は，大半が，そのための質問をもう1つはさむ手間を省いてしまうことで引き起こされる。同じように見たいので，もう少し説明して下さい，あるいは，○○に見えたのはわかりますが，どう見ているのか私に教えて下さいのように，検査者は間接的な表現で質問する。このような質問はいつも使う必要はない。また，質問すれば必ず*CF*か*FC*かのジレンマを解決できるものでもない。しかし，賢く利用するなら，記録を見直したときに起こってくる多くの疑問点を解決してくれるであろう。

◆**ステップダウンの原則**：*C*と*CF*の区別はそれほどジレンマにはならない。*C*反応は非常にわかりやすい。この赤，血みたい，この赤はみんな血みたいとか，青色だから水じゃないかなとか，たくさんのいろんな色を塗ったみたい，青色，氷がときどき青くなるような感じなど，これらの

例は明らかにC反応である。しかし，ときどき，普通ならCとスコアされる反応が，形態がある対象に接しているためにCFコードになる場合がある。

　たとえば，この赤は血に違いない，おそらくけんかをしているこのクマたちについている血。一般に赤い血はCとコードするが，この反応のコードは，血が形態の優位な対象に直に触れているので，1つステップダウンしてCFになる。もしこの反応が，けんかをしている2頭のクマ，たぶん怪我をしていると思う，この後ろの背景の赤が血みたいだからというのであれば，Cとコードされる。なぜなら，その血はクマと関連があるけれども，クマに接していないからである。

◆**色彩使用の確認**：以下に示す2つの状況のいずれにおいても，色彩が使われたかどうか判断に迷う可能性がある。1つは，多くの被検者は，この赤はチョウのように見えますとか，この青はクモみたい，というように，どこを見たかの領域（location）を示すのに色を述べることがある。これらの報告は，いずれも単に領域を指しているのであって，色彩を使用していることにはならない。たとえ，色彩を含んでいたとしても，決定因子として色彩が使われていたことが確認できるような他の言葉がなければ色彩をコードしない。

　2つ目は，より検査者を困らせる例である。被検者は図版の色彩領域に対象を答えて，かつ，ほとんど間違いなく色彩に影響を受けていると思われるにもかかわらず，被検者が直接的にも間接的にも色彩について述べない場合である。

　そのよい例が，先に述べた，とてもきれいな花です，という反応である。質問段階で，検査者がキーワードに基づいて，きれいなとおっしゃいましたが，と質問すると，それに対して被検者は，ええ，とっても細くてきゃしゃな感じで，と答えた。この場合，たとえ使用された領域がすべて彩色されていても，色彩はコードしない。なぜなら，コードは被検者の言語表現を反映していなければならないからである。

◆**直接的で明白な（unequivocal）色彩使用**：決定因子として色彩が使われているのが明白な場合がある。色彩と内容が凝縮（converge）して述べられている例であるが，以下のようである。

　この赤が私には確かに血に見えます。
　このオレンジ色が山火事のように見えます。
　この青色が水です。
　この緑色が葉っぱです。

　これらの反応では色彩の使用について疑う余地がなく，色彩をスコアする。しかし，色彩と内容が一見，凝縮して述べられているように見える場合でも，必ずしも色彩の使用が明白ではない場合がある。たとえば以下のようである。

　この赤いのは血かもしれない。
　このオレンジ色は火か何かかもしれない。
　この青い部分は水かもしれない。
　この緑色の部分はたぶん森林でしょう。

これらの反応では，被検者は断定していない。その代わり，曖昧な表現（かもしれない，たぶん）である。したがって，検査者は，どういうところから〜のように見えるのかよくわからないのですがとか，〜のように見えたのをこの図版で教えて下さいと尋ね，色彩の使用についてさらに質問する。

▲**無彩色反応**

$\boxed{C'}$ $\boxed{C'F}$ $\boxed{FC'}$ 色彩反応の記号の区別は無彩色反応にも当てはまる。無彩色反応の出現頻度は色彩反応に比べかなり低く，その大半は$FC'$反応である。

ブロットの無彩色を色として用いていることが明白で疑いの余地がないことが無彩色反応の基準である。大部分の無彩色反応には，"黒"，"白"，あるいは"灰色"といった言葉が使われているので，わかりやすい。たとえば，このコウモリは黒い，たいていコウモリはそうです，雪のように白い，あるいは，灰色なので影です，などである。これらの反応はいずれも，無彩色の使用がはっきりしている。

明るいと暗いという2つのキーワードも無彩色反応でよく使われる。しかしこれらのキーワードは色だけではなく，濃淡を示すのにも使われる。

たとえば，「夜のように暗い」は，色として灰色や黒色の特徴を使っている。しかし，「暗くてここは深くなっている」は，濃淡が深さの印象として語られており，展望反応（$V$）とコードする。また，「ここは雲のてっぺんみたいに明るくなっている」は，拡散濃淡（$Y$）である。

煙とレントゲンの反応は，無彩色反応もしくは濃淡拡散反応であることが多い。しかし，検査者が十分な質問をしても，灰色や黒色の特徴を語らない被検者の場合には$F$とコードする。そうはいってもたいていの煙とレントゲンの反応には，$C'$か$Y$のスコアが付くだろう。雲やレントゲンの反応の多くは，そんなふうに暗い色ですというだろう。そのような反応は無彩色反応とコードする。

色使いが，という言葉も，無彩色反応を示すことがある。このような場合，検査者は被検者の言葉を繰り返したり質問を差しはさんで，濃淡拡散反応か無彩色反応かを判定する。

もし，明るいとか暗いといった言葉や，色使いがといった表現を含んだ反応で，無彩色の使用が明らかでないならば，濃淡拡散反応とコードする。

無彩色を表わす黒，白，灰色，明るい，暗いといったキーワードについても注意する。なぜならば，この白い部分は……です，この暗い領域は……でしょうというのは，単に選択した反応領域を指しているに過ぎないからである。したがって，色彩反応と同じく，無彩色反応のコードは，被検者が無彩色を色として用いたことが明確で疑いの余地がないことが重要である。

▲**濃淡－材質反応**

$\boxed{T}$ $\boxed{TF}$ $\boxed{FT}$ 初心者にとって，濃淡かどうかはすぐにわかるが，どの種類の濃淡反応かを決めるのは難しい。濃淡反応の区別は複雑ではなく，消去法に従えばよい。

材質反応は，濃淡の特徴が，柔らかい，ざらざらした，滑らかな，毛のようにふわふわした，

濡れたなどの触感の印象を与える反応である。ここで重要なのは，被検者が何らかの方法で濃淡の特徴を使ったことを伝えていなければ濃淡反応とはコードしない。

濃淡という言葉を使う被検者は多くはない。ここの色合いがとか，色の違いがそんなふうに見えるといったように，色という言葉を聞くことの方がずっと多い。被検者が，ここの線の感じがそう見える，と表現する場合もある。この表現は，輪郭を使用している印象を与えるけれども，実際は，色むらに言及しているのである。特に子どもでは，触感の印象を伝えるために図版を擦ることがよくある。もし触感の特徴を表現するときに図版を擦っているなら，材質反応のコードにはそれで十分である。

理想的な場合，被検者は，柔らかい感じがするとか，もし触ったら熱いと感じるだろう，といった触感の印象を直接表現してくれる。しかし，毛皮のように，そもそも反応が触感を含むはずだからとか，触感の印象を含む可能性がある「ざらざらした」「冷たい」といったキーワードが使用されているからといって，それだけで材質反応をコードすると思い込んではならない。

毛皮が，ふちの部分がぎざぎざしているので，そのように見えたと説明されたならばFである。同様に，ここの線の色合いがへこんでいるように見えるんです，でこぼこしているみたい，と述べられることもある。これは立体感を伝えるために濃淡を利用している表現である。同じような状況で，すごく寒いときに氷が青くなるように，青の濃さが違っていると述べられることもある。この反応でも濃淡は使用されているが，濃淡拡散反応であり，触感の印象は含まれていない。一方，青の濃さの違いが触るととても冷たい氷の印象を与えると図版を擦りながら本当に冷たい氷みたいという場合には材質反応をコードする。

材質反応と拡散反応，あるいは材質反応と展望反応の微妙な違いはしばしばわかりにくい。質問段階での適切な質問が重要である。

### ▲濃淡－展望反応

**V  VF  FV** 展望反応の記号は，へこんでいる，後ろにある，丸みがある，高くなっている，折り重なっている，空から見た，などのように，奥行きや3次元の印象を作り出すために濃淡が利用されたときに用いる。

通常，奥行きや3次元の存在は明らかである。検査者の課題は，それが濃淡によるものなのか，あるいはその印象が単にブロットの大きさや輪郭の特徴によって作られたものなのかを判断することである。後者であればFDとコードし，展望反応にはならない。

展望反応に関して最も識別が困難になるのは，材質反応になる可能性がある場合である。たとえば，山脈（展望）とざらざらした紙やすり（材質）の識別は比較的容易である。しかし，でこぼこ（bumpy），ぎざぎざ（indented），ざらざら（rough）といった言葉は，展望の意味にも材質の意味にもとることができる。

たとえば，これは脳みたい，この線の色合いが脳のしわのように見えます，すごくでこぼこして見えますは，展望反応である。というのは，濃淡が使われ（線の色合い），触感的な印象が含まれてない（すごくでこぼこして見える）からである。もしこの反応が，触ったらすごくでこぼ

こした感じがするんじゃないかな，であれば，展望反応ではなく材質反応とコードする。

　反応の立体的な特徴はとらえにくいことがある。検査者は質問段階で適切な質問をするように心がける。たとえば，Ⅳ図版への反応が，足と足の間に頭がある怪物，であるとしよう。この反応は，形態によっても，あるいは濃淡によっても立体感を伝えているかもしれない。いずれの場合であっても，検査者は，足と足の間に頭があるとおっしゃいましたが，といった質問をする。

▲濃淡－拡散反応

| Y | YF | FY |

材質でも展望でもない濃淡反応は，濃淡拡散反応とコードする。ほとんどの場合，濃淡拡散反応の決定は容易である。しかし，前述のように，反応によっては被検者が明るい，暗い，黒などの言葉を用いて，それらが無彩色と拡散のどちらを意味しているのかわからないような表現をする場合もある。このような場合，無彩色に関するルールが決め手となる。ルールは，もし検査者が明るいもしくは暗いといった特徴が無彩色として用いられていると確信できないならば，濃淡拡散反応のコードを採用する，である。

　色彩の対比（contrast）に言及して濃淡拡散反応であることを伝える場合もある。たとえば，ピンクの色が違っていて腐っているとか，嵐のときのように違った灰色があるとか，色の混ざり方が乾いた血のようとか，ここはフィンガー・ペインティングのように色が混ざっている，である。

▲形態立体反応

| FD |

濃淡の特徴に基づかない奥行き，距離，3次元の印象を含む反応は *FD* とコードする。通常，足が頭よりかなり大きいので彼は横たわっているに違いないとか，すごく小さいのでずっと遠くにあるに違いないとか，下から見上げているみたいに遠近感があるように見えるといったように，大きさの違いが主要な要素となっている。

　ときどき被検者は，足と腕の一部しか見えないので，それはこの後ろにあるに違いないというように，奥行きや3次元の存在を表わすのに，対象のある特徴の欠如によって説明することがある。これらの反応も *FD* とスコアする。

　*FD* 反応の中にはとらえにくいものがあり，検査者は，それらが本当に立体反応なのかを決めるのにしばしば苦労する。たとえば，反応が，フードをかぶって立っている人，であるとしよう。フードが顔や顔の一部といった何かを覆っているかどうか，もしそうであるなら，そのような印象を与えているのは何によるのか，について質問する。ある場合には，フードは単に形だけであろうし，別な反応では，顔の一部しか見ることができないと答えるだろう。後者の場合は *FD* 反応である。（監訳者注：フードで隠れていて顔の一部しか見ることができない，という意味なので，顔にフードが掛かっていることが明確になり，*FD* 反応となる。）

▲ペア反応と反射反応　これらの反応は，図版の対称性によって同じ2つの対象を見るものである。

| ペア反応 | (2) |

ペア反応は，たいてい2つの～がありますと述べられるけれど，2つという言葉は言われないこともある。その代わり，子どもたち，

人々のように，対象を複数形で表わしたり，一対の，のように"2つ"と同義の言葉が使われる。時折，被検者は，反応段階で，これはイヌみたい，と1つの対象について言いながら，質問段階になって，両側に1匹ずついます，と言うことがある。これはペア反応とコードする。

稀な例では，被検者が，これは2人の人に見えます，とペアの存在を答えながら，その後に，あるいは質問段階で，男の人と女の人に見えます，とその2人を区別することがある。対象が何らかの点で区別されるならば（こっちの方が大きい，こっちの方が太っている，こっちの方が暗いなど），ペアとはコードしない。

ペアのコードは，反応内容（コンテント）の前に(2)と記録する。こうすることによって，構造一覧表の作成が容易になる。

### 反射反応　Fr　rF

反射反応のコーディングには，ペアの場合と同じ要素が必要である。つまり，対称性を伴い，対象は同一でなければならない。さらに，対象は反射している，あるいは鏡像である。たとえば，鏡をのぞいている人とか，動物が湖に映った姿を見ているとか，これがみんな水に映っている，である。

いずれにせよ，反射反応はまず対称性に基づいており，その対象が同一のものであることが言葉で述べられたり，含みとしてはっきりしていることが必要である。ペア反応と違って，反射反応のコード$Fr$と$rF$は，決定因子の欄に記録する。反射反応をスコアしたときは，ペア反応はスコアしない。

## 複数の決定因子－ブレンド反応

ほとんどの記録で，2つ以上の決定因子が付く反応が少なくとも1つはあるであろう。これがブレンド反応である。ブレンド反応の場合，各決定因子はドット（.）で区切られて表示される。たとえば，$M^p.FC.Fr$は，反応に，消極的な人間運動反応と形態色彩反応と反射反応の決定因子が含まれていることを表わしている。

理論的には，決定因子の組合せの数に制限はない。たいていのブレンド反応は2つの決定因子を含むが，3つのものも多い。4つ以上の決定因子は大変珍しいので，一般的なルールとして，コードが正確かどうかを確認するためにもう一度，その記録を見直す必要がある。しかし，反応の中には非常に複雑なものもあり，その複雑さが，$M^a.m^p.CF.FT.FD$といったブレンドで示される。この反応は，積極的な人間運動反応，消極的な無生物運動反応，色彩形態反応，材質反応および形態立体反応を含んでいることを表わしている。

ブレンド反応は，その反応に現われた順に決定因子をコードする。たとえば，被検者が，「火があって（後に色彩に基づくことが明らかになる），そして，その上をチョウが飛んでいます」と言ったとすれば，$C.FM^a$のブレンドとなる。一方，反応が「チョウが火の上を飛んでいる」であれば，$FM^a.C$となる。

ブレンドに$F$が含まれることは，可能性がないわけではないが，極めて稀なことである。仮に

そのコードが正しく，ブレンドに $F$ が含まれているとすると，認知が極めて具体的であることを示している。なぜならば，このコードは，1つの反応に2つ以上の対象を見ていながら，その対象の間に特定の関係が述べられていないことを示すからである。

たとえば，2人の人とチョウ，2人は何かを持ち上げている，という反応を考えてみよう。この反応は，2つの反応のように聞こえる。1つは2人の人，もう1つはチョウである。検査者は慎重に，この反応が2つの反応ではないことを確かめなければならない。このよい例を以下に示す。

E：（被検者の反応を繰り返す）
S：ええ，ここが人，頭で足です。
E：チョウとおっしゃいましたが。
S：はい。このまん中に。
E：2人が何かを持ち上げているともおっしゃいましたが。
S：ええ。それはここです。壺かな。
E：あなたの見ているチョウがはっきりわからないのですが。
S：これです。羽があります。

質問段階での手続きは，反応に現われた順に，要素を取り上げることであった。検査者は，2人の人と，その人たちが何か持ち上げていることと，チョウを確認した。チョウについては2度質問した。しかし，チョウと人，あるいはチョウと壺の統合はまったくない。したがって，適切なコードは $M^a.F$ となる。

もとの反応で，何かを持ち上げている人が2人いる，そこにチョウもいるのように，チョウが最後に報告されたのであれば，検査者は質問段階の最初に，反応をそのまま繰り返した後で，その2つの反応は別々のものですか，と質問することができる。

しかし，前の例のように，反応の途中にまったく関係のない対象が差しはさまれた場合は，このような質問は適切ではない。むしろ，反応の中の要素についてより間接的な方法で明らかにしていく必要がある。こうした方法をとると，たいていの場合，それらは関係がありません，と被検者は答えるであろう。しかしそう言わなかったとしても，$F$ であり，ブレンドであればそこに $F$ を含める。

ブレンドに，FV.FT とか，FT.FY のように，2つ以上の濃淡決定因子が含まれる可能性はないわけではないが，珍しいことである。その場合には注意が必要である。同じ言葉や言い回しを2度コードしてはいけない。たとえば，この暗い濃淡が毛皮のように見えますという場合には，濃淡材質（毛皮）と濃淡拡散（暗い濃淡）の両方が考えられるが，これを，毛皮（$T$）と暗い濃淡（$Y$）と二重にコードしてはならない。触感の印象を与えているのは，暗い濃淡なので，$T$ だけをコードする。

FC.CF とか，FY.YF とか，FC'.C' のように，同じカテゴリーの決定因子を2つ以上含むブレンド反応はあり得ない。これは間違ったスコアである！ 反応によっては，複数の対象が含まれて

いて，同じカテゴリーの，異なる決定因子が与えられる場合もある。しかし，反応が同じカテゴリーの異なる決定因子を含む場合には，常に，形態に重きをおかないコードの方を採用する。

　その例として，赤い帽子をかぶった2匹のクマがけんかをしている，この下の赤いのは血がついたところ，という反応を考えてみよう。赤い帽子は $FC$ とスコアされるが，この下の赤いのは血がついたところは $CF$ である。この場合，形態に重きをおかない $CF$ のみをスコアして，$FM^a.CF$ とする。

▲**まとめ**　決定因子の基準に精通することは，検査を適切に実施する上で極めて重要である。決定因子に関する知識が，質問段階を適切に行うための基礎となり，正しいコーディングを可能にする。そして，正しくコーディングされた決定因子が，最終的に，この検査から集められた中で最も豊かな解釈データとなる。

# 第4章　形態水準

　形態水準（*FQ*）の決定は，ロールシャッハ反応のコーディングの中でも非常に重要である。形態水準によって，反応の"適合性"を知ることができる。つまり，特定された対象の形態と，使用しているブロット領域が，どれほど合致しているかである。

　強いストレスにさらされていたり，病理状態にある人たちに共通する問題の1つが，現実を正しく理解する能力と関連しているので，形態水準が重要なのである。だからといって，適応している人たちが現実を曲げたり歪めたりしないわけではない。むしろ問題は，どれほど個人が個性的な知覚や不正確な知覚を行っても，その人の適応が乱されていないか，あるいは，不正確さがどれほど広範囲になると個人の効率（efficiency）が減じるのか，といった問題に集約される。

　形態水準のスコアリングには，形態がどれほど適切かを区別する4つのコードを用いる。そのうちの3つは，形態が適切に使われていることを表わしている。2つは一般的な反応で，3つ目は出現頻度の低い反応である。4番目は，形態の用い方が不適切であったり，歪められている反応である。各カテゴリーとその基準を表6に示す。

　形態水準の記号は，決定因子のコーディングの最後に記入する。形態のみに基づく反応は，*F*＋,*Fo*,*Fu*,*F*－のようにコードする。同じように，反応の中に純粋形態以外の決定因子がある場合や，複数の決定因子によってブレンドになっている場合にも，形態水準のコードの位置は，$M^a o$, *TFu*, *FC.FD*－, または$FM^p.FC.FC'$＋のようになる。

　どの形態水準にするかは，まず表A（**監訳者注**：表Aは翻訳本から割愛されている。理由についてはp.247を参照のこと）を調べる。表Aは，図版ごとの一覧表である。

　表Aは数回の改訂を重ねてきた。最新版は9,500のプロトコルを用いて作成されている。そこには，205,701反応があり，これらは，非患者成人（反応数51,183），統合失調症以外の外来患者（反応数92,951），統合失調症以外の入院患者（反応数61,567）の記録である。

　表Aには，5,018項目が，それぞれ普通（o），稀少（u），マイナス（－）に分類されている。

　ある項目が表Aで普通（o）と示され，それが*W*か*D*領域の場合は，その対象が9,500の記録の中で2％（190）以上出現し，かつ報告された対象の輪郭と図版に実在する輪郭とが無理なく一致していることを示している。*W*か*D*領域に普通（o）とされているのは865項目である。

　*Dd*領域で普通（o）と記載される項目の場合，50人以上がその領域を用い，その3分の2以上が同じ領域に同じ対象を見ていることと，図版に実在する輪郭を含んでいることを示している。表Aで*Dd*領域に普通（o）と分類されているのは146項目である。

▲**普通（o）反応とプラス（＋）反応の区別**　報告された対象が，表Aで普通（o）と記載されていれば，形態水準は必ずoか＋のいずれかとなる。＋反応の頻度はどの集団でもかなり低いので，たいていの反応はoである。しかし検査者は＋の可能性を軽視したり無視してはいけない。＋と

第4章　形態水準　55

表6　形態水準のコード化のためのシンボルと基準

| 記号 | 定義 | 基準 |
|---|---|---|
| ＋ | 普通−詳細 | 普通（o）とスコアされるものの中で，反応の形態に関して普通以上に詳細で明確な表現がされている場合。それは，形態の使用の適切さを損なうことなく，反応の質を豊かにするようなやり方でなされている。＋反応は必ずしも独創的，創造的である必要はないが，形態の細部が使用され明細に述べられているという点において際立っている。10章の表Bに例を示す。 |
| o | 普通 | 一般的な形態の特徴が，その対象に容易に同定される反応。これらは見られやすい反応であり，W領域とD領域の形態水準に関するデータの中で少なくとも2％の人々，あるいはDd領域に反応した中では少なくとも50人の人々によって報告されている。形態の諸特徴が述べられているが，反応を特に豊かにしているわけではない。 |
| u | 稀少 | 頻度の低い反応であり，基本的な輪郭が反応として適切である場合。すぐに容易に（quickly and easily）見ることのできる出現頻度の低い反応。 |
| − | マイナス | 歪曲された，独断的で，非現実的な反応。反応に使われた領域の特徴をほとんど完全に無視して，ブロットの構造上無理に作り出された反応。しばしば何も存在しないところに重要で独断的な輪郭が作り出される。 |

　コードされる反応は通常，容易に区別できる。なぜならば，たいていの人よりも被検者が形態の細部をより詳細に説明するからである。＋反応は，形態の特徴に注意をはらうという点が際立っている。

　たとえば，多くの人が人間反応を出す場合，頭，体，足，を言う。詳細な描写には他に3つか4つの特徴が含まれる。たとえば顔の造りとか，腕とか腰とか，足とか靴などである。同様に，動物についても，頭，体，足を言うが，詳細な描写であれば，2〜3の特徴，たとえば，鼻，耳，尾，足などが付け加えられる。

　＋とコードするかoとコードするかの決定においては，検査者がいくらか主観的に判断しなければならない部分もあるが，経験を積むことによって次第に容易になる。教育年数の長い被検者のプロトコルには，たいてい1つか2つの＋反応が含まれるが，＋反応は教育年数の短い人の記録にも生じるので，検査者は常にこの可能性を見逃さないようにする。

　長くて創造的な反応と本来の＋反応を混同してはならない。＋反応は単に形態についてより多く説明しているということである。長くて創造的であるということもあるかもしれないが，それは必須ではない。第10章の表Bに＋反応の例が示してある。

▲**稀少（u）反応のコーディング**　形態が適切に用いられているという条件に関して，u反応はo反応とほとんど変わりはない。その違いは，表Aの9,500の記録で2％以上見られた反応かどうかである。形態水準がuでWかD領域の場合，oの基準である2％に満たなかったが，個別に評定した少なくとも3人の判定が一致し，すぐに容易に（quickly and easily）見ることのできる反応で，輪郭の使われ方が適切であることを示している。

　Dd領域でuの場合，50人未満の人々によってしか報告されないが，個別に評定した少なくとも3人の判定が一致し，すぐに容易に（quickly and easily）見ることのできる反応で，輪郭の使われ方が適切であることを示している。Dd領域には565項目のuがある。

▲**補外法によるFQのコーディング**　oやuの項目はたくさんあるが，リストには可能性のあるすべての反応が載っているわけではない。反応がリストに見られないときには，おそらくuかーがコードされる。しかし検査者は，形態水準を決定する前に，リストを使って慎重に補外法を試みる必要がある。反応によっては，リストに載っていないものも補外法によってoとコードすることもある。述べられた反応に近いものがリストに載っているかを注意深く検索することが補外法である。

　たとえば，Ⅱ図版の*DS5*領域のリストにジャイロスコープ（gyroscope）という反応は載っていないが，リストを調べると，こまがoとなっている。こまはジャイロスコープによく似ているので，ジャイロスコープをoとコードしても問題はないであろう。同様に，Ⅴ図版の外側の*D10*領域を除くと領域番号はなくなるが，その領域にコウモリ，チョウ，鳥といった反応をする人もいる。このような場合，除かれた領域はそれほど重要ではないので，補外法によって，*W*反応のリストからoをコードしてもよいだろう。

　補外法は似かよった形を探すことも含んでいる。もし反応の対象が，リストのマイナス反応と同じくらい悪いものであれば，当然マイナスとコードする。同じく反応の対象が，リストのuに類似したものであればその反応はuとコードする。

　ここで注意すべきことは，補外法は判断を要するので，過度の一般化を避けることが大切である。論理的に考えて控えめに！　ときには報告された対象が，リストの項目とほんのわずかしか似ていないこともある。そのようなときは，補外法ではなく，uかーかを決める形態水準のルール（すぐに容易に；quickly and easily）を適用するのが最もいい。

▲**マイナス反応のコーディング**　リストに載っているマイナス反応は限られている。*W*と*D*領域のマイナス項目は1,395で，*Dd*領域では436項目である。リストにマイナスとして載っているものは9,500の記録中に少なくとも4回は出現したものである。かなり多くのマイナス反応はリストに載せていないが，それはリストが煩雑にならないためである。

　前述したように，リストに項目が載っていない場合には，判断が必要となってくる。これらの反応は，ブロットの輪郭がどれほど適切に用いられているかによって，uかーにコードする。補外法がうまくいかなかった場合，uかーかを区別する基準を注意深く適用していく。言い換えると，反応がすぐに容易に（quickly and easily）見ることができ，輪郭が著しく歪められていなければuとコードする。もしそうでなければマイナス（－）とコードする。

　多くのマイナス反応は，反応の対象といくらか一致した輪郭を含んでいるものであるということは重要である。しかし，全体としての対象との適合は，輪郭をかなり歪めている。これらの反応は，すぐに容易に（quickly and easily）見ることのできない反応である。多くのマイナス反応では，図版にない輪郭が使われている。図版にない輪郭が対象にとって重要ならば，その反応は常にマイナスである。

　また，経験的にいって，疑わしい反応はマイナスとコードするのが最善である。1個や2個のマイナス反応は記録の全体的な解釈を大きく左右するものではないからである。しかし検査者の

なかには，マイナスをコードしたがらない者もいる。それはマイナス反応が，解釈に重大な意味をもつという誤った印象に影響されているからである。これは正しくない！　たいていの人は，1つ以上のマイナス反応をするものである。マイナス反応が解釈上重要になるのは，その頻度が高い場合やすべてのマイナス反応が同じ反応内容である場合である。

　リストでマイナスとされている項目は，必ずしもすべての群で出現頻度が低いわけではない。たとえば，X図版全体の逆位置で「顔」という反応は，患者・非患者を問わず，思春期群で比較的一般的である。これは，まとまりのない図を知覚的に閉じようとするために起こるものであり，興味深い現象ではあるがまだよく理解されていない。しかし，ブロットにない輪郭を用いているので，マイナスとコードするのが正しい。

▲**複数の対象を含んだ反応**　反応によっては，複数の対象が含まれていて，それらがすべて同じ形態水準ではない場合がある。その場合には，原則として，"形態水準の低いもの"を反応全体の形態水準とする。oはuよりも，uはマイナスよりも形態水準が高い。しかし，反応全体にとってその対象が明らかに重要な場合にのみこの原則を適用する。

　たとえば，被検者がIII図版で，2人の人（D9）がかがみ込んで，この下の肺（D7）を引っ張り合っているという反応があったとする。D9の人間の形態水準はoで，平凡反応である。一方，D7の肺はこの反応において重要である。なぜならば，肺によって特殊スコアが付くし，またそれは2人の行為の焦点となっているからである。そこで，肺の形態水準がマイナスであるために，この反応の形態水準はマイナスになる。

　一方，ある対象が反応全体にとってそれほど重要でない場合には，その対象の形態水準が，反応の他の対象の形態水準より低かったとしてしても，その低い形態水準にそろえる必要はなく，高い方の形態水準を付ければよい。たとえばIII図版で，2人の人（D9）が真ん中にあるこれ（D7）のまわりを踊っている。これはドラムのよう，という反応があったとしよう。繰り返しになるが，人はoである。しかしD7のドラムはuである。この反応で重要な対象は2人の人であり，ドラムは，たぶんドラムかもしれない，と何となく付け加えられたものである。したがって，形態水準は，oとするのが適切である。このように，III図版のD1領域で，「人間（2人，D7を別のものとする）」はoであるが，それは，D1に2人の人間を見る反応のほとんどでは，D7は何となく含まれていて，D1領域の形態特徴をひどく歪めるものではないからである。

　コードする際には，個々の対象について正確な判断を下さなくてはならない。もし，D7の輪郭を著しく歪めない，ドラムやテーブルといった，uとなる対象が含まれていれば，oとするのが適切である。逆に，D7が反応全体にとって重要な対象となる場合で，しかも，「肺を引っ張る」「頭を引き裂く」「潜水艦越しに戦う」などのように，形態がひどく歪められているものはマイナスとスコアする。

　別の例では，II図版で，サーカスで芸をしている2匹のイヌ（D1）がいて，赤はサーカスの雰囲気を表わしていて，鼻（D4）の上で何かのバランスをとっているように見える，おそらくボールのよう，という反応がある。D1のイヌはP反応であるが，D4のボールはリストにはない

し，*D4*はボールには見えにくい。この反応はo，u，あるいはマイナスのどれが適切であろうか？ 被検者が反応する際にどのような論理を展開したかが最終的な決定の助けとなるであろう。最も重要な要素は，イヌとサーカスの雰囲気である。これについていえば，スコアはoである。それでは，ボールはどれほど重要だろうか？ おそらくそれほど重要ではないだろう。なぜならば，被検者は，何かをしている……バランスをとっている，と言っているからである。論理的にいえば，この「何か」がボールと考えられるであろう。そこで，*D4*はそれほどボールには見えないとしても，論理が一貫していて，形態の歪みはそれほど深刻ではないので，uやマイナスよりも，おそらくoとコードするのが適切であろう。

　この問題は，X図版で最も頻繁に生じる。何匹かの昆虫あるいは水の中の生物が答えられたとき，たいていの形態水準はoで，中に1つuやマイナスが含まれることもある。おそらく，1つのuやマイナスが反応全体にとって重要でなければ，適切なコードはoである。

▲**まとめ**　できるだけ正確に形態水準をコードすることが，いかに大切かは，いくら強調しても強調しすぎることはない。ロールシャッカーのなかには，形態水準のスコアリングに関してあまりにも融通が利かなかったり，あまりにも気楽な人がいる。どちらもクライエントに対して不利益である。大変優れたロールシャッカーであったMartin Maymanは，「形態水準が表わすものは，現実の対象関係を維持する，その人の態度の縮図である」と指摘している。言い換えれば，形態水準は現実検討の操作と関係しているので，決して軽視できないものである。

# 第5章　反応内容と平凡反応

　反応内容と平凡反応のコードは，コーディングの中で最も単純である。反応内容のコーディングは非常にわかりやすく，対象が属するカテゴリーの略号によって示される。
　反応内容をコーディングするための記号と基準を表7に示す。

## 複数の反応内容のコーディング

　多くの反応は2つ以上の反応内容を含んでいる。すべてをコーディングするが，2つの例外がある。それは，自然（$Na$），植物（$Bt$），風景（$Ls$）に関してである。$Na$は常に$Bt$や$Ls$よりも優先し，$Na$と，$Bt$あるいは$Ls$を含む反応は，$Na$のみをスコアする。たとえば，動物が，水の中の石を渡って，やぶの方へ行こうとしている，という反応の場合，ここには4つの反応内容が含まれる。動物（$A$），石（$Ls$），水（$Na$），やぶ（$Bt$）があるが，$A,Na$とするのが正解である。
　もし，ある反応に$Na$がなく，$Bt$と$Ls$がある場合は，2つのうちどちらか一方だけをスコアする。1匹の動物が石を渡って向こうのやぶに行こうとしている，という反応ならば，コーディングは，$A,Bt$または，$A,Ls$となる。
　$Na,Bt,Ls$に関してこのような規則があるのは，これら3つのすべてが，孤立指標の計算式に含まれるので，1つの反応が孤立指標の計算に過剰な重みを与えないためである。
　複数の反応内容がある場合，それらはカンマ（,）によって区切られる。最初の反応内容が最も中心的な反応内容を表わしている。通常，主たる反応内容は反応の最初に述べられることが多い。
　たとえば，この絵画は，人が大きな帽子をかぶって，木の隣に立っているところを描いたものです，という反応であれば，$Art,H,Cg,Bt$となる。絵画が主な反応内容で，絵の中身は二次的な反応内容となる。もし反応が，えーっと，これは木だと思います，そしてそこに人が立っています，木の隣に。彼女は大きな帽子をかぶっています，というものであれば，木が最初に述べられていても，中心的な要素は人である。したがって，$H,Bt,Cg$となる。
　すべての反応内容をコードすることは大変重要である。解釈に用いる比率の中には，反応内容の総数に基づくものもあり，反応内容をコーディングし損ねると，間違ったデータを作りあげてしまうことになりかねない。

▲**珍しい反応内容**　表7に示した反応内容のカテゴリーに当てはまらない反応もある。その場合には，個性記述的反応（$Id$，**監訳者注**：idiographic）とする。しかし，個性記述的な反応と決定する前に，表7に示した反応内容のカテゴリーに本当に当てはまらないかどうかを確認する。
　たとえば，試験管は非常に珍しい反応である。一見するとその珍しさのために，個性記述的な

表7　反応内容のコーディングに使用される記号と基準

| カテゴリー | 記号 | 基準 |
|---|---|---|
| 人間の全体<br>Whole Human | H | 人間の全体の姿。もしも，ナポレオン，ジャンヌダルクなど，歴史上実在した人物であれば，二次的コードとして*Ay*を加える。 |
| 想像上か架空の人間の全体<br>Whole Human, Fictional or Mythological | (H) | 想像上か架空の人間の全体の姿。ピエロ，妖精，巨人，魔女，おとぎ話の登場人物，天使，こびと，悪魔，幽霊，SF上の人間に似た創造物，人間に似た怪物，人間のシルエットなど。 |
| 人間の部分<br>Human Detail | Hd | 人間の姿が完全でないもの。腕，頭，脚，指，足，人間の下半身，頭のない人など。 |
| 想像上か架空の人間の部分<br>Human Detail, Fictional or Mythological | (Hd) | 想像上か架空の，人間の姿が完全でないもの。悪魔の頭，魔女の腕，天使の目，SF上の人間に似た創造物の一部，ハロウィンのカボチャ，動物のお面を除くあらゆる種類のお面など。 |
| 人間的体験<br>Human Experience | Hx | 人間の感情や感覚の経験が対象の属性としてはっきりと述べられたとき通常は二次的反応内容としてコードする。愛し合っている2人がお互いを見つめ合っている，とても悲しんでいるネコ，互いに憎んでいる人々，不快な臭いを嗅いでいる女性，とても幸せな人，高揚している人，深い悲しみに沈んでいる人など，感情や感覚の経験が明確で曖昧でない場合。パーティにいる人々，怒ったような顔，陰険な人，疲れた2人の人などは，曖昧なので*Hx*とコードしない。感情や感覚の体験を含む無形態の*M*反応は，*Hx*を一次的反応内容とコードする。愛，憎しみ，抑うつ，幸福，音，臭い，恐怖など。これらの反応は特殊スコアとして*AB*を含むことが多い。 |
| 動物の全体<br>Whole Animal | A | 動物の全体の姿が見られた反応。 |
| 想像上か架空の動物の全体<br>Whole Animal, Fictional or Mythological | (A) | 想像上か架空の動物の全体の姿が見られた反応。ユニコーン，ドラゴン，魔法のカエル，メリーゴーランドのウマ（flying horse：ヒッポグリフ，**監訳者注**：ウマの体にワシの頭で翼をもつ伝説上の生き物のこと），ブラックビューティー（**監訳者注**：黒馬物語の主人公），カモメのジョナサンなど。 |
| 動物の部分<br>Animal Detail | Ad | 動物の姿が完全でないもの。ウマのひづめ，ロブスターのはさみ，イヌの頭，動物の皮など。 |
| 想像上か架空の動物の部分<br>Animal Detail, Fictional or Mythological | (Ad) | 想像上か架空の動物の姿が完全でないもの。ペガサスの翼，ピーターラビットの頭，クマのプーさんの足，さまざまな動物のお面など。 |
| 解剖<br>Anatomy | An | 骨格や筋肉，もしくは内臓を伴う反応内容。骨格の構造，頭蓋骨，肋骨，心臓，肺，胃，肝臓，筋繊維，脊椎，脳など。組織スライドとして見る場合は，*Art*を二次的コードとして加える。 |
| 芸術<br>Art | Art | 抽象か具象かにかかわらず，絵画，描画，イラストなどの芸術作品。彫像，宝石，シャンデリア，燭台，紋章，記章，印章，装飾品など。Ⅶ図版で見られる装飾品としての羽根は，*Art*とコードする。*Art*がコードされた反応には，二次的内容が付くものも多い。たとえば，2匹のイヌの絵は，Art, A。2人の魔女の彫刻は，Art, (H)。2人がお辞儀している戯画は，Art, Hとなる。 |
| 人類学<br>Anthropology | Ay | 特定の文化や歴史の意味をもつ反応。トーテム像，ローマ人のかぶった兜，マグナ・カルタ（**監訳者注**：大憲章のこと），サンタ・マリア（**監訳者注**：コロンブスがアメリカ大陸を発見したときの旗艦），ナポレオンの帽子，クレオパトラの王冠，矢じり，有史以前の斧，インディアンの戦闘帽など。 |
| 血液<br>Blood | Bl | 人間もしくは動物の血液。 |

## 表7 つづき

| | | |
|---|---|---|
| 植物<br>Botany | Bt | 植物反応。やぶ，花，海草，木など。もしくは，植物の一部分，葉，花びら，木の幹，根，鳥の巣など。 |
| 衣服<br>Clothing | Cg | 衣料品。帽子，ブーツ，ベルト，ドレス，ネクタイ，ジャケット，ズボン，スカーフなど。 |
| 雲<br>Clouds | Cl | 雲に限定する。霧や霞はNaとコードする。 |
| 爆発<br>Explosion | Ex | 爆破や爆発など。花火も含む。 |
| 火<br>Fire | Fi | 火や煙の反応。 |
| 食物<br>Food | Fd | 一般に人が食するもの。フライドチキン，アイスクリーム，エビフライ，野菜，綿アメ，チューイングガム，ステーキ，魚の切り身など。または，動物が，その種にとって自然に食べているもの。たとえば，鳥がケムシや虫を食べている。 |
| 地理<br>Geography | Ge | 特定・不特定の地図反応。 |
| 家財道具<br>Household | Hh | 家財道具。ベッド，ナイフ，椅子，料理道具，コップ，庭用ホース，ガラス，ランプ，芝生用椅子，皿，敷物（動物の皮の敷物は$Ad$とコードすべきであり，Hhは二次的反応内容としてコードする），銀製の食器類など。Hhの中には，$Art$がコードされるものもある。たとえば，燭台，シャンデリア，芸術的な花器。 |
| 風景<br>Landscape | Ls | 風景。山，山脈，丘，島，洞窟，岩，砂漠，沼地など。または，珊瑚礁や海底の景色などの海の風景。 |
| 自然<br>Nature | Na | あらゆる種類の自然現象。$Bt$や$Ls$と一緒にコードしない。太陽，月，惑星，空，水，海洋，湖，川，氷，雪，雨，霧，霞，虹，嵐，竜巻，夜，雨だれなど。 |
| 科学<br>Science | Sc | 科学の産物やSFに，直接的あるいは間接的に関連のある反応。飛行機，ビルディング，橋，車，電球，顕微鏡，オートバイ，モーター，楽器，レーダー基地，高速道路，ロケット，船，宇宙船，電車，望遠鏡，テレビアンテナ，武器など。 |
| 性<br>Sex | Sx | 性器や性的行為の反応。ペニス，女性性器，おしり，乳房（人間の性別を特定するために用いるとき以外），睾丸，月経，妊娠中絶，性交など。$Sx$は通常二次的コードとしてスコアする。一次的反応内容の多くは，$H$，$Hd$，あるいは$An$である。 |
| | | ＊監訳者注：「乳房」は，Ⅲ図版で女性像の理由として質問段階でふれた場合などは，$Sx$をコードしない。Ⅲ図版$Dd27$だけを見て「乳房」と答えていれば，$Sx$となる。 |
| エックス線写真<br>X-ray | Xy | エックス線写真に限られる。骨格や臓器が含まれることもあるが，Xyとコードしたときには，$An$は二次的であってもコードしない。 |

反応内容と思うかもしれない。しかし，これは*Sc*のカテゴリーにほぼ当てはまるので，*Sc*とコードする。同様に，回転木馬もかなり珍しい反応内容である。それを科学の産物と考えれば，*Sc*とコードできるが，おそらく*Art*とスコアし，*Sc*を二次的な反応内容とするのがより適切である。

同様に，ブーメランは，武器なので*Sc*とコードすべきという人もあれば，彫られたものなので*Art*を二次的な反応内容としてとるべきであるという人もいる。ブーメランを単に*Id*と記録するよりも，両方のコーディング，特に*Sc*とコードするのが望ましいだろう。

## 平凡反応

著しく高い頻度で出現する反応が13個ある。それらが平凡反応で，3つのプロトコルに1つ以上の頻度で出現する反応という基準によって定義されている。

平凡反応は，*P*とコードする。平凡反応が生じたときは，反応内容欄の次に*P*と記入する。

*P*をコードするかどうかの決定は，二者択一で，平凡反応か，そうでないかである。非常に似かよってはいるが，厳密には平凡反応とぴったり一致しない反応がある。反応内容が多少変更されているとか，反応領域が平凡反応と合致しない場合である。そのようなとき，*P*はコードしない。

このような，*P*に「近い」反応が最も生じやすいのはⅤ図版である。コウモリやチョウと答えるとき，外側の*D10*領域を除くことがある。このような反応は*P*とコードしない。

反応を*P*とコードするかどうかを決定するときには，図版の位置に注意する。*P*とコードするときに，必ずしも図版が正位置である必要はない。しかし，いくつかの平凡反応は，人間や動物の頭が，図版が正位置のときに見られるものと同じ領域でなければならないものがある。このルールは，Ⅰ，Ⅱ，Ⅲ，Ⅳ，Ⅴ，Ⅶ，Ⅷ，Ⅸ図版の平凡反応に適用する。

たとえば，Ⅰ図版とⅤ図版のコウモリとチョウの反応で，図版が逆位置の*W*でも，頭部が正位置の場合と同じであれば，*P*とスコアする。Ⅷ図版の*D1*領域に見られる*P*反応の動物は，逆位置で見られることもあるが，頭は常に図版が正位置のときと同じ領域である。

包括システムで用いられる平凡反応の領域と基準を表8に示す。

**表 8　包括システムで用いられる平凡反応**

| 図版 | 領域 | 基準 |
|---|---|---|
| Ⅰ | W | コウモリ。正位置で，コウモリの頭が上に見られていること。必ず全体反応。 |
| Ⅰ | W | チョウ。正位置で，チョウの頭が上に見られていること。必ず全体反応。 |
| Ⅱ | D1 | 動物。特にクマ，イヌ，ゾウ，ヒツジと見られる。頭部か，体の上部か，動物の全身像である。 |
| Ⅲ | D9 | 人間，または人形や漫画などで人間を表わすもの。D1が2人の人間と見られた場合，Pとするには，D7もしくはDd31が人間の一部であってはならない。 |
| Ⅳ | WかD7 | 人間，もしくは人間類似のもの。たとえば，巨人，モンスター，SF上の人物など。動物の姿はPとコードしない。 |
| Ⅴ | W | コウモリ。正位置で，コウモリの頭が上に見られていること。必ず全体反応。 |
| Ⅴ | W | チョウ。正位置で，チョウの頭が上に見られていること。必ず全体反応。 |
| Ⅵ | WかD1 | 動物の毛皮，皮，動物の敷物。反応の多くは動物の全身である。たとえば，ネコやキツネなどがその動物の自然な姿や自然でない姿で見られる場合もあるが，Pとなるためには，ネコやキツネなどの毛皮や皮について，はっきり説明されていなければならない。 |
| Ⅶ | D9 | 人間の頭か顔。女性，子ども，インディアン，性別が特定されない場合もある。D1，D2，Dd22領域の反応の中に含まれることも多い。D1領域であれば，D5が，通常，髪や羽根などに見られる。D2やDd22領域であれば，D9が頭や顔と見られたときにのみ，Pとコードする。 |
| Ⅷ | D1 | 動物の全身像。通常，イヌ科，ネコ科やげっ歯類。D4に近い領域が動物の頭となる。<br>＊監訳者注：カメレオンなどの爬虫類はP反応ではない。 |
| Ⅸ | D3 | 人間か人間類似のもの。たとえば，魔女，巨人，モンスター，SF上の人物など。 |
| Ⅹ | D1 | カニ。D1領域にすべての足があること。 |
| Ⅹ | D1 | クモ。D1領域にすべての足があること。 |

# 第6章　組織化活動

　反応に起こるかもしれない，もう1つの特徴が組織化活動である。組織化の起きた反応には，Zスコアの数値を付ける。Zスコアそのものは解釈しないが，Zスコアの頻度（*Zf*）とZスコアの合計（*ZSum*）からは，被検者が新しい刺激場面を組織化する傾向がどの程度あるか，その努力が効果的であるかについての重要な情報が得られる。

　刺激野の要素に関連性をもたせたとき，組織化活動が起こったといえる。ロールシャッハ図版では，全体反応をするよりも，図版の普通部分領域に反応する方が容易である。というのは，ほとんどの普通部分領域には，1つ以上の対象が容易に見られるからである。したがって，被検者が全体反応をするには，刺激野全体に行き渡った組織化が必要とされている。

　経済的にすまそうとする被検者であれば，単一のものを言うとか，図版の対称性を利用してペア反応を報告するであろう。このような反応では，対象間や，ブロットの他の部分を関係づける必要はない。刺激野の要素を組織化して意味のある関係を作るときにのみ関係づけが必要となる。たとえば，Ⅷ図版の*D1*領域は動物に見られる。これは平凡反応である。*D1*領域に1匹の動物を見るだけの人もいれば，ブロットの両側に動物を見る人もいる。いずれも単純な反応である。一方，多くの被検者は，動物が木か山を登っていると答えたり，図版を横にして，動物が岩の上を歩いていると答えたりする。これらの反応は，より洗練されたレベルで刺激野を組織化しており，高度な認知活動を反映しているので，Zスコアを付ける。

　　**＊監訳者注**：組織化活動（Organizational Activity）の語源は，ドイツ語のZusammenhafung（＝integration）で，その頭文字をとってZスコアと命名されている。

　Zスコアは**形態があり**，少なくとも次の基準のうちの1つを満たす，すべての反応に与えられる。

1．ZW　発達水準が＋，o，v/＋の全体反応（発達水準がvの反応には決してZスコアは付かない）。
2．ZA　図版の近接した部分領域（接触している領域）に2つ以上の別個の対象が見られ，それらの間に意味ある関係が述べられた反応。
3．ZD　図版の近接していない（離れた）部分領域（接触していない領域）に2つ以上の別個の対象が見られ，それらの間に意味ある関係が述べられた反応。
4．ZS　空白部分が，他の領域に統合されている反応。空白部分のみを使用した反応にはZスコアは付かない。

　ZWとZSの2つの基準は，図版がどのように用いられたかに関係している。Wv以外の全体反応と，空白部分が反応の一部として用いられた場合（空白部分だけを用いた反応を除く）には，常にZスコアが付けられる。

表9　各図版の組織化活動（Z）値

| 図版 | 組織化活動のタイプ | | | |
|---|---|---|---|---|
| | W (DQ:+, v/+, o) | 近接した部分 (ZA) | 離れた部分 (ZD) | 空白部分の統合 (ZS) |
| Ⅰ | 1.0 | 4.0 | 6.0 | 3.5 |
| Ⅱ | 4.5 | 3.0 | 5.5 | 4.5 |
| Ⅲ | 5.5 | 3.0 | 4.0 | 4.5 |
| Ⅳ | 2.0 | 4.0 | 3.5 | 5.0 |
| Ⅴ | 1.0 | 2.5 | 5.0 | 4.0 |
| Ⅵ | 2.5 | 2.5 | 6.0 | 6.5 |
| Ⅶ | 2.5 | 1.0 | 3.0 | 4.0 |
| Ⅷ | 4.5 | 3.0 | 3.0 | 4.0 |
| Ⅸ | 5.5 | 2.5 | 4.5 | 5.0 |
| Ⅹ | 5.5 | 4.0 | 4.5 | 6.0 |

　ZAとZDの基準は，別個の対象間に意味のある関係が述べられていることが必要である。どちらかの基準を満たしていれば，DQのコードは+かv/+で，そこに生じている統合活動を反映している。たとえば，2人の人がお互いに見つめ合っている，動物が小川を渡っている，ロケットから火が出ている，怪物が切り株に座っている，などである。

　Zスコアが付く反応には，形態が常に使用されていなければならない。従って，絵の具のしみ，のように決定因子がCとコードされるDQv反応にはZスコアは付かない。同様に，決定因子がC'となるような，煙，全部灰色というような反応にもZスコアは付かない。Wv反応は特定の形態を必要としないので，Zスコアは付かない。

　空白部分が用いられる反応にZスコアが付くのは，図版の他の領域も使用されている場合である。たとえば，Ⅰ図版の空白部分は，しばしば目や口と見られ，全体が何かのマスクに見えます。ハロウィンのマスクのような。これらが目です，と答えられる。同様にⅡ図版のDS5領域は宇宙船と見られ，赤いD3領域を噴射していると答える。どちらの反応もZスコアの基準を満たしている。逆に，DS5領域だけがロケットと見られ，他の領域が使われていなければ，Zスコアの基準を満たしていない。

　空白部分を他の領域と統合したかどうかについては注意する。反応の領域を示すとき，人によっては空白部分を含む領域を囲みながら，反応に空白部分を用いたことを述べないことがある。このようなときにはZSスコアは付けない。

　ZSのスコアで最も間違いが生じやすいのは，ブロット領域にまとまりのないⅢ図版やⅩ図版である。ブロットのDやDd領域を目，鼻，口，耳，あごひげなどと見て，それらを1つにまとめて顔と答えることがある。被検者がどこを見たかを指摘するときには，いろいろな部分や白地を含む領域を恣意的な線で囲むために，あたかも白い部分もまとめられているかのようである。しかしそうではない。こうした反応は，たいてい単にゲシュタルトの閉鎖の原則（principle of closure）に従って，白い地を無視して答えたに過ぎない。したがってZSはスコアしない。

　Ⅲ図版やⅩ図版には，空白部分が統合された顔反応もある。「ピエロの顔。これが目で鼻で，

白く塗っている」といった反応のように，白い領域が明らかに使用されている場合である。この場合にはZSをスコアする。

　4つの基準のどれかが該当するとなれば，次に，適切な値を選ぶ。値は図版によっても，該当する基準によっても異なる。Z値を表9に示す。Z値は，複雑さや組織化の程度に応じて高くなっている。

　もしある反応にZの基準が2つ以上該当していれば，高い方のZ値を選ぶ。たとえば，Ⅰ図版全体で，真ん中に人がいて（D4），彼女のまわりを2人の人が踊っている（D2），という反応では，ZW（全体反応）とZA（近接した部分反応）の2つの基準を満たしている。Ⅰ図版のZW値は1.0であり，ZA値は4.0である。したがって，この反応にはより高い方のZ値である4.0を選ぶ。

　Z値は反応内容と平凡反応のコードの後に記入する。その例として以下にⅧ図版の全体反応を示す。

　　W+　FM$^a$.FCo　(2)　A,Ls　P　4.5

# 第7章　特殊スコア

　コーディングの最終課題は，その反応に，特殊スコアを付けるかどうかを判断することである。これまで見てきたロールシャッハの語彙（Rorschach lexicon）は反応の特徴を同定するために用いられてきた。特殊スコアとはいうものの，スコアするというより，実際はコードであって，その反応に特異な特徴があることを示している。

　＊監訳者注：包括システムでいう「コード」とはロールシャッハの語彙に従って反応をそのまま記号に当てはめることを意味する。一方，「スコア」とはコードされたものを基に計算して算出する値のことである。

　過去に質的な解釈しかできなかった反応特徴の多くが，特殊スコアを用いることによって数量化して扱うことができる。現在，包括システムには15の特殊スコアがある。そのうち6つは特異な言語表現を同定するためのものである。他には，固執に対して用いられるのが1つ，反応内容の特別な特徴に関係するものが4つ，人間表象を含む反応を区別するためのものが2つ，個人的体験に関するものが1つ，色彩の特殊な現われに用いられるものが1つ，である。

## 特異な言語表現

　特異な言語表現は，認知活動，特に機能障害の問題を調べるにあたって重要な要素である。何らかの形で認知のずれが生じた場合は，それが一時的なものでも，持続するものであろうと，たいていは言葉に表われてくる。認知のずれは大人の言語表現の中にときどき見られ，子どもの場合にはもっと多い。自分のことをいつでも明確かつ正確に表現できる人などほとんどいない。ただし，たいていの人は，論理あるいは判断が一時的に間違っていることに，自分でも気づくのである。

　ロールシャッハをやっているときにも似たような認知活動のずれはときどき生じる。これらをきちんと見分けることによって，被検者の思考を評価する上で有益な情報が得られる。こうした認知の失敗（mishaps）は，ロールシャッハ反応では次の3つのいずれかに表われる。すなわち，（1）逸脱言語表現，（2）不適切な結合，（3）不適切な論理，のどれかである。

　ロールシャッハ反応中に何らかの認知的混乱（disarray）が見られる場合には，次の6つの特殊スコアが用いられる。それらは，逸脱言語表現に関するものが2つ（*DV, DR*），不適切な結合に関するものが3つ（*INCOM, FABCOM, CONTAM*），不適切な論理に関するものが1つ（*ALOG*），である。

　これら6つの特殊スコアのうち，4つのスコアについては，奇妙さの程度でさらに区別し，レベル1かレベル2のどちらかに定める。この4つのスコアに該当するのは，逸脱言語表現に関す

る2つのスコア（*DV，DR*）と，不適切な結合を示す3つのスコアのうちの2つ（*INCOM，FABCOM*）である。これらのどのカテゴリーでも，機能障害の程度を考慮するために，レベル1とレベル2の区別が必要になる。

▲**レベル1とレベル2の区別**　レベル1とレベル2の区別は，より軽度もしくは中等度の認知的失敗（mismanagement）を表わしているような反応と，重大な認知的混乱（disarray）を反映している反応とを見分けるためになされる。これらの区別にはいくらか主観が伴う。しかし，奇怪なのか（bizarreness），単純な間違いなのか，ということを基準にして考えれば，通常，かなり信頼できる程度の区別は可能である。

　これらの区別にあたっては，反応の際に被検者が現実をどの程度無視しているのかを判断する。言い換えるならば，ここで問われるのは，反応に反映されている認知的混乱（disarray）が，思考におけるちょっとした不注意さを示すものなのか，それとも現実から著しくかけ離れた，不自然で混乱した，不適切な思考の結果なのか，ということである。

◆**レベル1の反応**　レベル1の評価は，筋が通らない，移ろいやすい，一風変わった，あるいは偶発的な（circumstantial）思考が，反応の中に比較的軽い程度認められるときに与えられる。レベル1の反応は，特殊スコアの基準を満たしはするが，通常は，自分の表現方法や判断に細かく注意していないときに生じるような認知のすべりと大差ない。

　すなわち，レベル1のスコアは，不適当な言葉の使用，課題から離れてしまった表現，間違った判断などがあるものの，その質はそれほど奇怪（bizarre）ではない，ということを示している。それらは，不注意な言葉の選択，未熟さ，不充分な教育，ただ単にあまりよく考えずにしてしまった判断，などの産物である場合が多い。

◆**レベル2の反応**　レベル2の評価は，ばらばらでまとまりがない，筋が通らない，移ろいやすい，あるいは偶発的な思考が，より重篤な程度認められるときに与えられる。レベル2の反応では，誤った思考が顕著で，課題からもひどく逸れていってしまう。表現方法にも著しい逸脱が認められる。

　レベル2の反応は，その顕著な不適切さもしくは奇怪さゆえにひときわ目立っており，スコアする際に迷うことはまずない。ある反応についてレベル2の基準を満たすかどうか迷いが生じるようなときは，無難な選択をして，レベル1のスコアを付けるのがよい。

　レベル1とレベル2の区別をする際に，年齢，教育レベル，文化的背景といったロールシャッハ・テスト以外の要因を考慮に入れてはいけない。これらの要因は解釈するときに考慮に入れる。コードをするときにこれらの背景要因は入れない。

▲**逸脱言語表現（Deviant Verbalization）**　逸脱言語表現に関する特殊スコアは2つある（*DV，DR*）。ひとつは，認知的失敗（mishaps）が不適切な言葉の選択となった場合である。もうひとつは，反応の中に奇妙な性質があることを示す。両方に特徴的なのは，相手にわかるようにはっきり伝えることが，表現の仕方のせいでうまくできていない，という点である。

◆**1．逸脱言語表現（Deviant Verbalization；*DV*）**　*DV*は不適切な言葉が使われている反

応に付けられる。DVというのは造語と重複という2通りの形で表われるが，両者とも反応に少し変わった（oddity）印象をもたらすものである。不適切な言葉は反応の中では目立つはずなので，DV反応を見つけるのは難しくない。

　a．**造語（Neologism）**　被検者の言語能力に見合った正しい言葉の代わりに，不正確な言葉，すなわち造語を用いる場合が該当する。レベル1とレベル2を区別した例を，いくつかあげる。

| 反応 | スコア |
|---|---|
| クモがお互いにつぶれています。<br>(Spiders trying to squish each other)<br>　＊監訳者注：squishとは言わず，本当はsquashと言う。「押し合っている」の意味。 | DV1 |
| 反致命的な雰囲気の女性。<br>(A woman with a disrethal air about her)<br>　＊監訳者注：disrethalという単語はなく，lethal「致命的な」の反意語か。 | DV2 |
| 望遠鏡で見えるバクテリア。<br>(Some bacteria you might see under a telescope)<br>　＊監訳者注：望遠鏡（telescope）ではなく顕微鏡（microscope）。 | DV2 |
| 誰かの公的な土踏まず。<br>(The public arch of somebody) | DV2 |
| ドボンしたハエ。<br>(A fly plopping)<br>　＊監訳者注：おそらくploppingではなく，falling「落ちてきている」の意味か。 | DV1 |
| 不適切な人。ロシアから来たような。<br>(A misappropriated person, like from Russia)<br>　＊監訳者注：misappropriatedは，misanthropic「人間嫌い」とinappropriate「不穏な」の造語か。 | DV1 |
| この花の真ん中はバタースコッチー色になっている。<br>(These flowers have a butterscotchy center)<br>　＊監訳者注：butterscotchyではなく，butterscotch。 | DV1 |
| この血はきつたない。<br>(This blood is all smushy)<br>　＊監訳者注：smushyは造語で，smudge「汚れ」が正しいと思われる。 | DV1 |
| 聖書に出てくる，イービルの園から来たヘビ。<br>(These are snakes in the Bible, from the garden of evil)<br>　＊監訳者注：evil「邪悪な」は間違いで，eden「エデン」が正しい。 | DV2 |
| この岩の上でぐるってる人たち。<br>(These people are cahooping on this rock) | DV2 |

たとえばチョウを説明するときに触角を触手と言うなど，時として被検者は対象物を指し示すのに間違った言葉を使うかもしれない。しかし，このような場合には*DV*はコードしない。これらは*INCOM*である。

### b．重複（Redunduncy）

反応として述べた対象について，その性質を**だぶって**説明するような，おかしな言葉使いをする場合が該当する。レベル1とレベル2を区別した例を，いくつかあげる。

| 反応 | スコア |
|---|---|
| 対になった2つの（two twin）陰唇。 | DV2 |
| ちっちゃな小さな（tiny little）鳥。 | DV1 |
| ＊監訳注：英語でlittle tinyは通用するが，tiny littleは通用しない。 | |
| 死んでる死体（dead corpse）。 | DV1 |
| 三人の三者（trio of three）。 | DV2 |
| 対のひとそろいの（matched brace）肺。 | DV2 |
| これはからっぽです。空洞の穴（hollow void）みたいに。 | DV1 |
| 質屋のサインのダブルの2つの（double two）ボールみたい。 | DV2 |

## ◆2．逸脱反応（Deviant Response；*DR*）

*DR*は，当面の課題から逸れていったり，課題を歪曲させたりしてしまうような表現が挿入されたために，一風変わった独特な（strange and peculiar）性質をもつ反応に付けられる。*DR*は課題とは関係ない説明を差しはさんだときにコードするときもあるし，不適切にとりとめもなく話された反応に付けられることもある。*DR*反応は必ずしも奇怪な（bizarre）ものとは限らない。しかしその言葉使いは，当面の課題にとっては不適切なものである。なかには*DV*を伴う*DR*反応もあるが，この場合は*DR*だけをコードする。*DR*反応は次の2つのどちらかの形をとる。

### a．不適切な説明（Inappropriate Phrases）

反応あるいは当面の課題にとって不適切，あるいはまったく関係ない説明を含む反応のことである。「これはすごくわかりにくいんですけど」「おや，趣向を変えて色つきになりましたね」「見ようと思えば，いろいろ見えますけれど」というような，短くて，挿入的なコメントと，真の*DR*反応とを区別することが大切である。

不適切な説明に関する*DR*は，反応のなかで起こってくることで，反応に関連して述べられることに限る。*DR*は，通常とは異なるコメントで，課題の本質とは関係がないのに，何らかの理由で反応に関連づけて話してしまう内容である。

ほとんどの*DR*は害がないものである。しかし，*DR2*とコードされるようなものは，適切な思考統制の維持に問題があることを示している。次に，レベル1とレベル2を区別した例をいくつかあげる。

| 反応 | スコア |
|---|---|
| たぶんカキ（牡蠣）でしょう。 | |
| もうシーズンは終わったと思うけど。 | DR1 |
| ネコかもしれない。私の父は昔からネコが嫌いなんです。 | DR1 |
| 何か虫の一種。これを見た者は未だに1人もいないんです。 | DR2 |
| クリントンの顔に見えます。 | |
| 民主党員だったらそう見えるでしょう。 | DR2 |
| 鳥です。でも私が見たかったのはチョウなんです。 | DR2 |
| ヴァギナ。これを作った人は好きなんでしょうね。 | DR1 |

**b．状況反応（Circumstantial Response）**　課題を無視したようなやり方で不適切に詳しく述べた反応や，話が流れていく，もしくは，散漫な反応が，これに該当する。反応にほとんど関係のない言葉が非常に多く語られるので，検査者がこの DR に気づくのは難しくない。DR は，課題から離れていってしまうような思考の乱れを表わしている。また，被検者が対象をはっきりさせたり反応をまとめ上げることに著しい困難を抱えていることを示してもいる。

　状況反応の DR は，必ずしも長い説明のことを言うわけではない。状況反応の DR と，的を射ているが「形式ばって」いたり，課題にそってはいるがひどく詳細に語られる反応とを混同しないよう注意する。

　自分の言いたいことを説明するのに苦労する人もいる。そういう人たちの言葉がぎこちないことはよくある。たとえば被検者はこんなふうに言うかもしれない。「こっち，いや，ちょっと待って。うん，こっちだ。頭みたいだな，たぶん。そう，頭。何の頭かって言うと，ええっと，イヌだと思う。いや，待って，イヌじゃない，キツネの方がいい」。これは長々とした反応である。しかし，状況によって変化しているわけではない。被検者は対象のことを説明しようとし続けているので，これは DR とはコードしない。

　反応の際，あるいは反応について質問段階で説明するときに，かなり詳細に反応が語られることもある。被検者の説明があくまでも対象に向けられていて，反応がどうなっているのかを細かく説明しているだけであれば，これらは適切な反応である。

　状況反応の DR の場合は，被検者は対象から逸れていってしまい，ときにはそのまま反応の対象に戻ってこないこともある。レベル1とレベル2を区別した例を，以下にいくつか示す。

| 反応 | スコア |
|---|---|
| これは何なのかはっきりしないけど，動物の鼻みたい。たぶんウマかウシのような，あの芝居に出てくるやつみたい。その芝居って，恋愛とか心理劇だとかが盛りだくさんなんですよね。私は2回見たんです。そう，ウマの鼻です。 | DR2 |
| トリ肉みたい。ケンタッキーフライドチキンで買ってきたみたいな。うちの母はもっとうまく作るんですよ。私，お腹がすいてきてるんでしょうね。 | DR1 |
| アイルランドの地図みたい。いや，アイルランドじゃないかもしれない。たぶん他のどこか。でもアイルランドの地図かもしれない。アイルランドのことはあまりよく知らない。メキシコのことなら知ってるんですけど。 | DR2 |
| たぶん2匹のヘビ。昔からヘビは嫌いで，兄にはそのことでよくからかわれたものです。 | DR1 |
| ずっと向こうの丘の上に木が何本かあるみたい。すごくのどかに見える。すべてを忘れて，行ってみたくなるような場所ですね。 | DR1 |
| 水に浮いた油，それからゴミ。ただもうゴミで一杯，不道徳な人が投棄した，すごく汚らしいもの。人間って本当に不潔だから，そういう人は抹殺するか，自分たちが捨てたゴミの中に放り込んだらいい，そういう法律を作るべきです。 | DR2 |

▲**不適切な結合（Inappropriate Combinations）** 不適切な結合に関する特殊スコアは3つある。これらは以下のような反応である。すなわち，対象に現実にはない特徴が述べられている（*INCOM*），対象と対象との間にありそうもない関係が述べられたり，ありそうもない行動が属性として付与されている（*FABCOM*），いくつかの印象が現実を損なうようなやり方で圧縮（condensation）されている（*CONTAM*）。この不適切な結合反応3つのうち，2つのタイプ（*INCOM，FABCOM*）は，レベル1とレベル2に区別する。

◆**1．不調和な結合（Incongruous Combination：*INCOM*）** *INCOM*は，ある1つの対象に，とてもあり得ない特徴や行動が付与されている反応である。対象が漫画の中のものであれば，*INCOM*は付けない。漫画の登場人物はどんな形にもなりえるし，現実にはありそうもない行動をとるからである。

*DV*と*DR*の場合と同様，レベル1とレベル2は反応の奇怪さをもとに分けられる。レベル1の*INCOM*反応は，不注意になされた，害のないものであることが多い。一方，レベル2の*INCOM*反応は，風変わりで非現実的なものである。レベル1とレベル2に区分した例は次の通りである。

| 反応 | スコア |
|---|---|
| 睾丸が4つあるカエル。 | INCOM2 |
| コウモリ。ここに羽があって，体で，これとこれは手。 | INCOM1 |
| ニワトリの頭をした女性。 | INCOM2 |
| 赤いクマ。 | INCOM1 |
| 羽のある，すごいペニス。 | INCOM2 |
| 黄色い目をした男の人。 | INCOM1 |
| イヌがいて，声をたてて笑っています。 | INCOM2 |
| 頭が2つある人間。 | INCOM2 |
| 角がいっぱい突き出ているクモ。 | INCOM1 |
| ネコの顔，笑っている。 | INCOM1 |

◆2．作話的結合（Fabulized Combination：*FABCOM*） *FABCOM*は，2つあるいはそれ以上の対象の間に，あり得ない関係が想定されているような反応である。あり得ないのに透き通って見える場合にも*FABCOM*を付ける。透き通って見える場合以外，*FABCOM*反応には必ず2つかそれ以上の対象が含まれている。

*FABCOM*は，奇怪さの程度をガイドラインにして，レベル1とレベル2に区別する。レベル1の*FABCOM*反応は，漫画だと述べられていれば特殊スコアが付かないものである。レベル2の*FABCOM*の方は，現実性を損なうという点でもっと目立っていたり，奇怪だったりする。あり得ないのに透き通って見える場合は，必ずレベル2とスコアする。レベル1とレベル2に区別した例を以下にあげる。

| 反応 | スコア |
|---|---|
| バスケットボールを持った2羽のニワトリ。 | FABCOM1 |
| 潜水艦に襲いかかっている2人の女性。 | FABCOM2 |
| アリが2匹で踊っています。 | FABCOM1 |
| 大きな男が座っていて，心臓が動いているのが見えます。 | FABCOM2 |
| メリーゴーランドに乗っているネズミ。 | FABCOM1 |
| ウサギの頭で，目から煙が出ています。 | FABCOM2 |
| これが2匹の犬で，手を合わせて喜んでいます。 | FABCOM1 |
| パーティをしている虫に見えます。 | FABCOM1 |
| クリスマスツリーに飾り付けをしている2匹のビーバー。 | FABCOM1 |

◆3．混交反応（Contamination：*CONTAM*）　これは不適切な結合の中で最も奇怪な反応

である。*CONTAM*は，2つあるいはそれ以上の印象が，明らかに現実を無視したやり方で1つの反応に融合されていることを示すものである。各印象が別々に述べられていればよいものが，融合が起こってしまうために，その適切さが損なわれてしまう。

*INCOM*は，違った領域に対する印象を1つの対象に結合させてしまう反応だが，*CONTAM*においては，使われている領域は1つだけである。要するに，写真の二重写しのように，ある反応が心理的に別の反応と重なっているのである。

混交反応では，造語やその他の風変わりな言語表現が用いられることが，いつもではないにせよ，よくある。*CONTAM*の造語の典型的な例は，虫の正面像とウシの正面像を「虫ウシの顔」というふうに圧縮したものである。もう1つの例としては，Ⅲ図版を正位置で見てから逆位置にし，中央の赤い領域を，「間違いない，チョウ花です」と結論づけた反応があげられる。これは，明らかに花とチョウの印象を融合させた反応である。

その他，「血のように見えます。島のように見えます。血島に間違いありません」，あるいは「全部が火に見えて，全部が山に見えるから，火の山に違いないです」などが，*CONTAM*を特徴づける無理な論理がはっきりしている例である。

混交反応が，反応段階では，はっきりしていなかったのが，質問段階ではじめて明らかになるという場合もある。このよい例としては，Ⅰ図版の W 反応をあげることができる。

**反応段階**　　　　　　　　　　　　**質問段階**
チョウです。　　　　　　　　　　　E：（被検者の反応を繰り返す）
　　　　　　　　　　　　　　　　　S：これが羽（*D*2）で，体（*D*4）です。ここに目（*DdS*26）があって，口（*DdS*29）があって，耳（*Dd*28）があります。

この反応では，被検者は平凡反応であるチョウと顔反応とを融合してしまっている。チョウも顔も形態水準は「普通」なので，この反応全体についてのコーディングは次のようになる。

　　　　　　　　　*WSo*　*Fo*　*A*　*P*　3.5　*CONTAM*

ある反応が*CONTAM*とコードされると，ほかの特殊言語表現（*DV, DR, INCOM, FABCOM, ALOG*）については，反応中にそれらが存在したとしても，重複してスコアしない。

▲**不適切な論理**（Inappropriate Logic；*ALOG*）　被検者が自分の反応を正当化するために，無理な，普通でない理由づけを，検査者に促されずにした場合は，*ALOG*が付けられる。*ALOG*は，ひどく誤った判断をもたらすような，厳密さを欠いた（loose），単純化された（simplistic）思考の様式を示すものである。

*ALOG*反応では，被検者は自分の出した反応を正当化するために，ただ目に入ったことをそのままあげて「AだからBである」と述べる。それが特徴である。よくあるのは，自分が述べた対象の特徴を正当化するために，非常に非論理的なやり方で，対象の大きさ，空間的要素，色合い，その他の諸特徴を強調する場合である。以下に例をあげる。

> 図版の一番上にあるから，これは北極に間違いありません。
> 真っ黒だから，彼は炭坑夫に違いないです。
> ウサギの隣にあるから，これはレタスに間違いありません。
> こんなに（図版）大きく描かれているから，巨大な鳥です。

　ALOGは，無理な論理が自発的かつ検査者の促しなしに現われたときにのみ，コードする。ALOGは反応段階で明らかになることが多い。しかし，なかには質問段階の開始早々に生じたり，もとの反応に含まれるキーワードを検査者が質問したときに表われるものもある。いくつかの例を以下にあげる。ALOGと認められる表現は太字で示す。

| 反応段階 | 質問段階 |
| --- | --- |
| それは巨人に違いありません | E：（被検者の反応を繰り返す）<br>S：頭と腕があります。これだけ大きな足をしているのは，巨人以外ありません。 |
| それは悪人に見えます | E：（被検者の反応を繰り返す）<br>S：これが頭で，帽子で，脚。<br>E：悪人とおっしゃいましたが。<br>S：間違いありません。黒い帽子をかぶっていますから。 |
| それはネコのようです。 | E：（被検者の反応を繰り返す）<br>S：頭があって，足があります。目が見あたらないから，死んでいるにきまってます。 |
| 悲しげな人の顔に見えます。 | E：（被検者の反応を繰り返す）<br>S：ここに目と鼻と口があって，口ひげをはやしています。<br>E：悲しげな人とおっしゃいましたが。<br>S：絶対そうです。口ひげが垂れ下がっていますから。 |
| 2匹のドラゴンが女の人を食べているところです。 | E：（被検者の反応を繰り返す）<br>S：女の人は真ん中にいて，ドラゴンが両側にいます。<br>E：同じように見たいので教えて下さい。<br>S：ええと，彼女の頭はもうなくなっています。これはすごく大きいからドラゴンです。女の人を食べるのはドラゴンしかいません。 |

　上の例のうちの2つ（悪人，悲しげな人）では，反応段階で述べられたキーワードについて質問した結果，ALOGが確認できた。どちらのALOGもことさら引き出されたものではない。残り

のうち2つは，質問段階で検査者が反応を繰り返した後，自発的にALOGが述べられている。残りの1つは，明確化を求める一般的な問いかけの直後にALOGが出現した。

質問段階で検査者がもとの反応のキーワードと関係ない質問をした結果，それに対する回答の中に誤った論理が出現することもある。この場合は，たとえ誤った論理があったとしても，ALOGをスコアしない。なぜならば，それは検査者の質問によって引き出されたのかもしれないからである。また，質問段階の課題の性質上，反応の説明をしようとして出てきた可能性もある。たとえば次の例を見てみよう。

| 反応段階 | 質問段階 |
|---|---|
| 2人の人が何かしているように見えます。たぶん踊っているんだと思います。 | E：（反応を繰り返す）<br>S：ええ，2人いて，ここに1人と，ここに1人。頭で，脚で，踊っているみたいに腰を曲げている。たぶんアフリカの人だと思う。<br>E：アフリカの人？<br>S：ええ，黒っぽい色，黒で，他のところ（D7を指さす）はドラムに違いないと思う。だって，踊って回るのはドラムのまわりに決まっているからです。彼らはいつもそうするんです。 |

誤った論理（ドラムに違いないと思う。ドラムのまわりを回るから）があるのは明らかである。しかし，問題は，それが引き出されたものかどうかということである。検査者の質問（アフリカの人）が引き出したのかもしれないし，そうでなかったのかもしれない。しかし，確かに言えるのは，もしも検査者がこの質問をしなければ，この誤った論理は出現しなかっただろうということである。したがって，これはALOGとコードすべきではない。この例では，無理な理由づけと杓子定規な思い入れ（いつもそうするんです）が後から付け加えられているので，コーディングにはDRを付けるのが適当である。

## 固執（PERSEVERATION）

PSVの特殊スコアには，次の3種類がある。1つは，ほとんど同じ反応が同一図版内に2つ以上生じる場合。2つ目は，前に出された反応がその後の別の図版で再び言及される場合。3つ目は，被検者が何枚かの図版で同じ反応を繰り返すような場合である。これらの反応には，認知の柔軟性のなさ，認知的機能の低下，著しい心理的とらわれなどによってもたらされる固執の有り様が示されている。

3つのタイプの固執があるが，そのすべてに同じPSVという特殊スコアを付ける。理論的には，認知的機能の低下と心理的とらわれというのは，かなり違ったものであろう。しかし，かといって，それぞれのタイプの固執が別物であることを立証する妥当性のあるデータがない。そのため，

用いるコーディングは1つである。

◆**1．図版内の固執**　図版内のPSV反応というのは，同じ領域，同じDQ，同じ決定因子，同じFQ，同じ反応内容，そしてもし含まれているのならば同じZスコアが，連続して示された反応のことを言う。反応内容については，具体的に特定したものはいくぶん異なっていても，カテゴリーとしては同一である。特殊スコアは同じでなくてもかまわない。

　＊監訳者注：運動反応があればaやpも同一でなくてはいけない。連続して同じ反応が続く場合，PSVをとり続ける。

　図版内のPSV反応の最も一般的な例はV図版にみられるもので，最初に「コウモリ」（Wo Fo A P 1.0）と反応し，次いで平凡反応以外は同一のコードとなる「鳥」（Wo Fo A 1.0）という反応を出した場合である。図版内のPSVをコードするとき，Pのコーディングは繰り返されていなくてもよい。しかし，特殊スコア以外のその他すべてのコードは同じで，反応は続けて出されたものでなければいけない。

◆**2．反応内容の固執**　図版内のPSVに当てはまるのは，1つの図版内で続けて出された反応であった。一方，反応内容のPSVの方は，ふつう，同じ図版内で生じることはない。これは，被検者が対象を以前見たのと同じものだと特定したときの反応のことである。2番目の反応のコードは最初の反応のコードと同じである必要はなく，コーディングがまったく違うということはよくある。

　たとえば，被検者がある図版で2人の人がけんかしていると言い，次に「あれっ，さっきの人たちがまたいる。でも今はけんかしていない」と述べたような場合である。反応内容の固執にとって決定的に重要なのは，被検者が新たな対象を前の反応で述べたのと同じものだと特定することにある。

◆**3．機械的な固執**　3つ目のタイプの固執は，知的障害および神経学的損傷をもつ人に最も多く出現する。通常，この種の固執は短く単純な記録で生じ，被検者は同じ対象を何度も何度も機械的に繰り返し述べる。Ⅰ図版でコウモリ，Ⅱ図版もコウモリ，Ⅲ図版もまたコウモリ，という具合である。

　機械的な固執を示す場合は，反応数13以下，つまり妥当性に欠ける記録であることが多い。この場合，検査者は再検査を試みることにメリットがあるかどうか，慎重に検討しなければいけない。

## 特殊な反応内容

　これまで反応内容の特徴に関する研究がいくつか行われてきたが，その中で特に中心的に取り上げられたのは，特有の認知や，自己に関する投影された特徴，についてであった。これらは，単に反応内容をコーディングするレベルを越えている。そこで，この特徴を示すために考案された特殊スコアが4つある。それらは，思考と自己イメージや対人関係に関するものである。

▲**抽象的内容（Abstract Content：*AB*）**　特殊スコア*AB*は，次の2種類の反応に用いられる。2つとも，はっきりと特定された象徴表現が具体的に述べられている。1つは，該当する反応内容のコードが，人間の情緒や感覚的体験を表わすために用いられる人間的体験（*Hx*）だけ，という反応である。これらは*Mnone*の*DQv*反応であり，たとえば次のようなものである。「これ全体は抑うつを表わしています。真っ黒で，陰気な様子です」（Wv　Mp.C'　Hx　AB），「怒り一色です。強烈な色が一緒に混じり合っています」（Wv　Ma.C.Y　Hx　AB），「これは滅茶苦茶。もの凄く大きな音です」（Wv　Ma　Hx　AB）。

　2つ目は，形態を含む反応で，はっきりと特定された象徴表現が具体的に述べられている反応である。「この像は人生における愛を表わしています」（Do　Fu　Art　AB）のように，象徴的な意味が1つの対象に直接的に付与されている場合もある。あるいは，「恋におちている2人で，お互いを求めあっています。真ん中の赤い部分は2人の愛と希求を示しています」（D+　Ma.Co　2　H, Hx　P　4.0　AB）のように，形のある対象に込められた象徴表現を述べる際に，対象とは別のブロットが用いられることもある。

　もしもはっきりとした表象が含まれていなければ，抽象画は*AB*とはスコアしない。2つ目の種類の*AB*反応の例を以下に示す。

> 共産主義の独裁を表わしている像。
> 森と河を象徴的に表わした州の旗。
> 女性の美を表現するモダンダンスを踊っている人たち。
> ハート。ヴァレンタイン・デイのシンボル。
> 血だらけの動物が2匹。ここを赤くして，動物たちの苦しみを表わそうとしたんです。
> 悪を表わす仮面。
> 人生の苦悩を描いた抽象画。
> 身の潔白を求める男の闘いを描いたブレークの絵。
> 2つの像。これは仲良しを表わしています。
> 手をつないでいる2人の人。2人が青いのは，安らかさを象徴しています。

▲**攻撃的な運動（Aggressive Movement：*AG*）**　*AG*のコードは，戦う，壊す，言い争う，ひどく怒った顔つきをこちらに向けていて，その動きが明らかに攻撃的である運動反応（*M, FM, m*）に用いる。攻撃は現在行われているものでなければいけない。「撃たれたクマ」とか「爆撃された船」などのような，過去に攻撃を受けた対象の反応には*AG*をコードしない。これらは*AG*反応ではない。同様に，爆発はそれ自体では*AG*ではない。しかし，爆発によって何かが今まさに破壊されつつあれば，それは*AG*である。次に例を示す。

第7章 特殊スコア

> 男の人の顔。彼は何かに激怒しています。
> 銃弾が何かを貫通しているように見えます。
> デニムの布地が引き裂かれているところです。
> 何か言い争っている2人の人。
> 昆虫が2匹でこの棒を打ち倒そうとしています。
> 男の人がまっすぐこちらをにらみつけているように見えます。

▲**協力的な運動（Cooperative Movement：COP）** COPは，2つ以上の対象の相互関係が明らかに肯定的もしくは協力的である運動反応（*M，FM，m*）すべてに与えられる。相互関係についての肯定的あるいは協力的な特徴は，明白なものでなくてはいけない。2人の人が何かを見ているとか，2人の人が話をしているという反応にはCOPを付けない。踊っているという反応は，もしも2つ以上の対象が含まれているのなら，常にCOPとコードする。人間もしくは動物が攻撃的な行動を協力して行っていれば，AGとCOPの両方がコードされることもある。次にいくつかの例を示す。

> 男の人が2人で何かを持ち上げています。
> 昆虫が2匹でこの棒を打ち倒そうとしています。
> 2人の人が顔を寄せ合い，内緒話をしています。
> 3人が一緒にダンスをしています。
> 鳥が自分の雛に餌を与えているところです。
> 子どもが2人でシーソーに乗って遊んでいます。
> オオカミが2匹で他の動物を襲っています。

▲**損傷内容（Morbid Content：MOR）** MORは，反応中の対象が次の2つの特徴のうちのどちらかに特定できる場合に用いられる。

1. 対象を，死んだ，破壊された，崩壊した，だめになった，ダメージを受けた，怪我をした，壊れた，などと見なした場合。

　例としては次のようなものがあげられる。割れた鏡，死んだ犬，すり減ったブーツ，傷ついたクマ，怪我，破れたコート，腐った葉，切って実験スライドになっているアメーバ，地面から引き抜かれた根っこ，血を流している顔，倒壊した家屋，変形したチョウ，など。

2. はっきりとした不快な感情や性質が対象に付与されている場合。例としては，陰気な家，悲しげな木，不幸な人，泣いている人，憂うつ，などがあげられる。

## 人間表象反応（HUMAN REPRESENTATIONAL RESPONSES）

　人間表象を含む反応は，ほとんどすべてのプロトコル中に，いくつか見られる。これらの反応は，被検者が他者をどう知覚し，他者とどう対人関係をもつか，ということと何らかの関係がある。人間表象反応は，すでに付けられているコードをもとに同定され，良質（good：*GHR*）もしくは貧質（poor：*PHR*）という2つの特殊スコアに区別される。

　多くの場合，人間表象反応は，*H, (H), Hd, (Hd), Hx*という人間内容のコードを1つ以上含んでいるので，それと同定できる。しかし，なかには反応内容以外に人間様の特徴が表されている反応もある。たとえば，「バレーを踊っているウサギ」という反応には人間様の運動が含まれているので，*M*のコードが付けられる。また，「犬が2匹で遊んでいる」という反応には肯定的な相互関係が認められるので，特殊スコアとして*COP*が付く。

　こうした点からすると，人間表象反応は次の3つの基準のいずれかを満たす反応と定義できる。

1．人間反応内容のコード（*H, (H), Hd, (Hd), Hx*）のいずれかを含む反応
2．*M*決定因子を含む反応
3．特殊スコアとして*COP*もしくは*AG*を含む*FM*反応

　反応をコーディングしながら，その反応が人間表象反応のコーディング基準のいずれかに当てはまるかどうかも，検討していく。そして，もしも基準に当てはまる場合は，2つの特殊スコア，すなわち*GHR*と*PHR*のどちらが適当かを，表10のステップにしたがって確定していく。

　コーディングを確定できるまで，このステップの順に従って検討していく。たとえば，ある反応が*Do Fo H*とコードされていたとしよう。これは，ステップ1に記載されている*GHR*の条件を満たしている。純粋人間反応であり，形態水準はoで，特殊スコアは何も付いていないからである。しかし，もしもコーディングが*Do Fo Hd*だとしたら，反応内容がPure Hではなくて*Hd*なので，ステップ1ではまだ確定できない。この反応は，*Hd*のコーディングゆえに，最終的にはステップ6で*PHR*に区分される。コーディング確定のためのステップの例を以下にあげる。

| 図版 | 反応のコーディング | *GHR*もしくは*PHR*の確定 |
|---|---|---|
| Ⅲ | D+　Ma.FYo　2　H,Cg　P　3.0　FABCOM | ステップ4により*PHR*とコード |
| Ⅸ | DSo　FC'o　(Hd) | ステップ7により*GHR*とコード |
| Ⅷ | W+　FMa.FCo　2　A,Bt　4.5　COP,ALOG | ステップ2により*PHR*とコード |
| Ⅶ | D+　Ma.mpo　2　Hd,Art　P　3.0　DV | ステップ5により*GHR*とコード |

## 表10 人間表象反応の分類のためのステップ

**良質人間表象反応（GHR）と貧質人間表象反応（PHR）**

1．Pure H で，かつ次の条件すべてを満たす反応は GHR とする。
　（a）形態水準が FQ+，FQo，FQu のいずれかである。
　（b）DV を除き，認知に関する特殊スコアは付いていない。
　（c）特殊スコアの AG もしくは MOR が付いていない。

2．次のいずれかを伴う反応は PHR とする。
　（a）FQ- もしくは FQnone（無形態）である。
　（b）FQ+，FQo，FQu であっても，ALOG，CONTAM，レベル2の認知的特殊スコアが付く。

3．残りの人間表象反応のうち，COP が付くが AG は付いていないものは，GHR とする。

4．残りの人間表象反応のうち，次のいずれかに該当するものは PHR とする。
　（a）特殊スコアとして FABCOM もしくは MOR が付く。
　（b）反応内容が An である。

5．残りの人間表象反応のうち，Ⅲ，Ⅳ，Ⅶ，Ⅸ の各図版で P がコードされているものは GHR とする。

6．残りの人間表象反応のうち，次のいずれかは PHR とする。
　（a）特殊スコアとして AG, INCOM, DR のいずれかが付く。
　（b）Hd とコードされるもの（(Hd)は違う）。

7．残りすべての人間表象反応は GHR とする。

## 個人的な反応

　私は，私に，私の，私たちは，というような，一人称の人称代名詞が含まれている反応がある。そのほとんどは，たとえば「私にはコウモリに見えます」とか「私は，それは2人の人だと思います」などのように，反応を述べる中で自然に用いられている。しかし，このような形の自己への言及が，反応の正当化の手段として使われることもある。これは一種の防衛なので，出現した場合には特殊スコアを付ける必要がある。

▲**個人的反応（Personal：PER）**　PER は，被検者が反応を正当化したり説明したりするための根拠の1つとして個人的な知識や体験を引き合いに出す，という反応に与えられる。通常，PER 反応には，私は，私に，私の，私たちは，といった，一人称の人称代名詞が入っている。しかし，一人称の人称代名詞を用いずに個人的な知識や経験が語られることもある。この場合，個人的な知識や経験は単なるコメントとしてではなく自分の反応を正当化する目的で述べられたものだ，と検査者が確信をもてるようでなくてはいけない。たとえば，「昔はよくこんなのを使ってましたよね」，「一度も見たことはありませんが，このようなものだと思います」，「私はこれは好きではありません」といった説明は PER <u>ではない</u>。次に PER の例を示す。

> かつてこれと同じのを持っていたんです。
> 私はこういうのをいつも裏庭で目にしています。
> 私は，以前，これと似たのをよく作っていました。
> 父が一度，こういうのを見せてくれたことがあります。
> 生物学をとったことがあってわかるんですが，こんなふうに見えるんです。
> 私は娘にこういうのを買ってあげました。
> おじいちゃんがこういうのを集めていました。
> 前にこれをテレビで見ました。

## 特殊な色彩現象

　被検者は，赤色を赤，緑色を緑というように，有彩色をたいてい正しく述べる。しかし，まれに色彩の特定が間違っていることがある。この場合，検査者は質問段階でこの点について慎重に確認し，それが言い間違いだったのかどうかを判断する。もしも被検者が正しく訂正すれば，この反応は言葉のすべりと見なされ，*DV*をコードする。しかし，何の訂正もされないようなら，適切な色覚検査を実施すべきである。そして，色覚には異常がなさそうだとの結論が得られたなら，この反応は*DV*ということになる。

　色彩が特殊な形で現わされる場合というのはもう1つあり，こちらには特殊スコアが付けられる。

▲**色彩投影（Color Projection : *CP*）**　*CP*は，被検者が無彩色のブロットや領域に，有彩色を見た場合にコードする。*CP*は稀な反応であるが，これが出現するのはⅣ図版やⅤ図版が多い。ほとんどの場合，もとの反応では「まあ，なんてきれいなチョウでしょう」というように，色彩はほのめかされるだけで，はっきりとは述べられない。そこで質問段階で「きれい」というキーワードを確認することになるが，そうすると，ブロットについて「感じのいい紫色」，「ちょっと変わった黄色と青」などといった色彩を述べる被検者が出てくる。

　こうした反応が色覚の欠損と関係があることを示すデータはないが，研究によれば解釈上特別な意味がある。

　*CP*は，被検者が無彩色のブロット領域に色彩があると見なしたときにだけコードする。*CP*反応を出す被検者の多くは，ブロットの濃淡を使って色彩の説明をする。したがって，この場合は拡散濃淡決定因子（*FY*, *YF*, *Y*）のコードが必要になる。なお，ブロット内に色彩が存在していないので，*CP*反応のスコアに色彩決定因子（*FC*, *CF*, *C*）を入れることはあり得ない。

## 複数の特殊スコア

1つの反応に2つ以上の特殊スコアが該当するのは珍しいことではなく，該当するすべての特殊スコアをコードするのが普通である。しかし，この原則には例外がある。15個の特殊スコアのうち9個（PSV, AB, AG, COP, MOR, GHR, PHR, PER, CP）については，他のスコアに関係なく，出現すれば必ずコーディングに含める。しかし，6つの重要特殊スコアと呼ばれる残りの6個はそれぞれが相互に関係している，あるいは関係している可能性があるので，1つの反応にそれらを複数個付けることには慎重さが求められる。考慮すべき点については，一部，すでに述べた。

もしもCONTAMがスコアされたならば，残りの5個の「重要な」特殊スコア（DV, DR, INCOM, FABCOM, ALOG）はコードしない。CONTAMというのはかなり重大な認知的混乱を表わすもので，DVあるいはDRを含むことはしばしばだし，ALOGの条件を，潜在的にであれ顕在的にであれ，必ず満たしている。しかし，たとえそうであっても，2つ目の重要特殊スコアを付けると，解釈を混乱させてしまう。

残りの5つの重要特殊スコアに関しては，それらを1つの反応に2つ以上コードするかどうかの判断は難しい。判断の拠り所となるのは，特殊スコアが別々に生じているのかどうかという点である。もしも1つの重要なスコアの条件を満たす言語表現と，もう1つの重要なスコアの条件を満たす言語表現が完全に別個のものであれば，両方ともスコアする。しかし，もしもそれらが重なっている場合は，重みづけられた値（WSum6）が高い方のスコアだけを採用する。

たとえば，「2匹のクマがパチンと手を打ち合わせている」という反応には，INCOM（手）とFABCOM（パチンと手を打ち合わせている）の両方が含まれる。しかし，INCOMはFABCOMに組み込まれているので，この場合はFABCOMだけをコードする。同一の表現，同一の認知的混乱に，2つ以上の重要特殊スコアをコードすることは決してない。すでに述べたように，DVはDRの中に現われてくることがあるが，この場合にはDVはスコアしない。

一方，反応中に複数の重要なスコアの条件を満たす別個の言語表現が含まれ，それらに重なりがなければ，両方の重要な特殊スコアを付ける。たとえば，「ピンクのクマが2頭，アイスクリームサンデーを登っている」という反応には，INCOM1（ピンクのクマ）とFABCOM2（アイスクリームサンデーを登っている）の両方が含まれている。これらが表わしているものはそれぞれ異なっており，言葉も重なっていない。クマがピンクであることは，クマがアイスクリームサンデーを登っていることとは関係がない。したがって，この反応には両方の特殊スコアを付ける。

# 第8章　スコアリングの進め方

　スコアリングをするときに、コードに必要な要素を1つずつ確認していくやり方をする人もいる（component approach）。彼らは反応段階と質問段階を検討する際に、まず最初に領域を確認し、次に決定因子を確定し、それから反応内容を確認する。このような手順に陥ってしまうのは、おそらく、記録用紙のスコアの継列（Sequence of Scores）に従って、主な要素をそれぞれ別々に記入するために起こるのであろう。

　このようなやり方は、慎重にコードしようとする人は好むかもしれないが、必要以上にくどくなるために危険をはらんでいる。同じ言葉が繰り返し取り上げられ、スコアが1つの全体としてまとまりあるものとして考えられなくなる。そのために、必要な情報を見落としたり、余分な情報を取り込むような失敗が生じる。

▲**連続的なアプローチ（Continuous Approach）**　より好ましい進め方は、まず反応段階の言語表現を、とりあえずスコアができそうなところまで一回読むことである。このやり方をすると、反応段階で述べられた重要な言葉の意味をつかみ、質問段階でそれらに注意を払い、適切に用いることができる。

◆**9つの質問**　スコアリングの目的は、反応に影響したさまざまな心理的な活動をコードに置き換えることである。あらゆる可能性を考慮することが求められる。したがって、次の9つの質問をいつも意識していなければならない。

> 1．領域はどこか？
> 2．発達水準は何か？
> 3．決定因子は何か？
> 4．形態水準は何か？
> 5．ペア反応かどうか？
> 6．反応内容は何か？
> 7．平凡反応かどうか？
> 8．Zスコアがつくか？
> 9．特殊スコアがつくか？

◆**キーワードに印をつける**　コーディングに関係しそうな言葉に、下線やチェックで印をつけておくと役立つ。スコアの継列は、主要な要素をそれぞれ別々の欄に記入するためにあるので、キーワードに印をつけておくと、目立ってコーディングの助けになる。

◆**反応段階で述べられた反応から始める**　まず反応段階で最初に述べられた言語表現から始め

る。反応段階の最初に述べられた言葉からは反応内容しかわからないこともあるが，スコアリングに関係した情報のほとんどすべてを含むこともある。この場合，質問段階は，単にすでにわかっていることを確かめるだけとなる。質問段階を行う前に，反応段階で何がわかるか，例で示そう。

| 図版 | 反応段階 | 質問段階 |
|---|---|---|
| Ⅲ | 黒い部分は，**男の人が2人で何かを持ち上げている**ところです。 | |

　反応領域と反応内容は，最も確認しやすい。この例では，反応内容は「人と何か」である。また，男の人が2人で何かを持ち上げているという決定因子に関する情報も含まれている。これは$M^a$である。さらに，特殊スコアも必要である。この男の人2人は，協力的な運動（COP）をしている。

　領域についてははっきりしない。被検者は，黒い部分と述べている。Ⅲ図版には色彩領域もあるので，この反応がWでないことは予測できるが，領域を特定することはできない。一方，発達水準は決定できる。関連のある複数の対象（男の人2人と何か）が見られ，少なくとも1つの対象（男の人2人）は特定の形態を有している。したがって，DQのコードは+となる。

　ペア反応（男の人2人）の可能性もあるが，領域がはっきりするまで確定できない。形態水準と平凡反応も同様である。Zスコアも必要だが，領域が不明なので近接した部分なのか離れた部分なのか決定できない。

　このように，最初の段階では，9つの質問のうち5つに関して情報が得られ，スコアのいくつかが埋められた。

| 領域 | 発達水準 | 決定因子 | 形態水準 | ペア反応 | 反応内容 | 平凡反応 | Z | 特殊スコア |
|---|---|---|---|---|---|---|---|---|
| ? | + | $M^a$ | ? | 2? | H,? | ? | Z? | COP |

次に質問段階を見て最終的なスコアを完成させよう。

| 図版 | 反応段階 | 質問段階 |
|---|---|---|
| Ⅲ | 黒い部分は，男の人が2人で何かを持ち上げているところです。 | E：（被検者の反応を繰り返す）<br>S：ええ，こことここ（D9をなぞる）頭と腕と足があります。何か（D7）を持ち上げています。それが**何かはわかりません**。 |

　質問段階で，領域がはっきりした。つまり，D9を男性2人，D7を何かと見ているので，領域はD1となる。ペア反応であることも確かめられた（両側のD9が男性）。頭と足と腕が特定され

ただけで，形態を歪めるような説明はないので形態水準は普通（o）である。これは平凡反応である。2つ目の反応内容は，被検者自身，何かわかりませんと述べているように，不明である。したがって，Idとスコアする。Ⅲ図版の領域図によると，D1領域はすべてつながっている。したがって，Zスコアは近接した部分に与える3.0となる。これで，前に？だった部分がコードでき，9つの質問すべてに答が得られた。最終的なコーディングは次のようになる。

| 領域 | 発達水準 | 決定因子 | 形態水準 | ペア反応 | 反応内容 | 平凡反応 | Z | 特殊スコア |
|---|---|---|---|---|---|---|---|---|
| D | + | M$^a$ | o | (2) | H,Id | P | 3.0 | COP,GHR |

コーディングが反応段階ですべて決定できるような場合もあり得る。その例をあげる。

| 図版 | 反応段階 | 質問段階 |
|---|---|---|
| Ⅰ | **全体**が飛んでいる**コウモリ**のように見えます。**真っ黒**です。**飛んでいる**ように羽が横にのびています。ここのところ。ここが体です。 | |

この反応では領域Wと反応内容Aが最初からはっきりしている。*FC'*（真っ黒です）と*FM$^a$*（飛んでいる）という2つの決定因子も含まれている。形態を用いた全体反応なので，Zスコアが必要となる。図版全体への「コウモリ」という反応の形態水準は普通（o）であり，平凡反応でもある。したがって，このスコアリングは次のようになる。

| 領域 | 発達水準 | 決定因子 | 形態水準 | ペア反応 | 反応内容 | 平凡反応 | Z | 特殊スコア |
|---|---|---|---|---|---|---|---|---|
| W | o | FC'.FM$^a$ | o | | A | P | 1.0 | |

コーディングについての付加的情報が質問段階でもたらされる可能性は常にあるので，反応段階だけで全体的なスコアができてしまうと思える場合でも，この可能性を決して見過ごしてはならない。たとえば，上の例で被検者は次のように言うかもしれない。

| 図版 | 反応段階 | 質問段階 |
|---|---|---|
| Ⅰ | 全体が飛んでいるコウモリのように見えます。真っ黒です。飛んでいるように羽が横にのびています。ここのところ。ここが体です。 | E：（被検者の反応を繰り返す）<br>S：ええそうです。全体です。コウモリみたいに真っ黒です。羽と体で，コウモリにある**触角**です。 |

質問段階で，被検者は不適合な特徴（触角）を自発的に付け加えた。このため，*INCOM*をコードする。

第8章　スコアリングの進め方　87

　反応によっては，コーディングに必要なキーワードが，反応段階ではごくわずかしか見られず，質問段階になってから述べられることがある。
　たとえば以下のようである。

| 図版 | 反応段階 | 質問段階 |
|---|---|---|
| Ⅵ | これはひどい。たぶん**弾丸**だと思います。 | |

　この例では，Sc（弾丸）という反応内容以外はわからない。これはひどいという言葉には特殊スコア*MOR*の可能性があるが，この時点でスコアリングが確定できるのは反応内容だけである。
　したがって，質問段階の情報によって他のすべてのスコアリングを行うことになる。

| 領域 | 発達水準 | 決定因子 | 形態水準 | ペア反応 | 反応内容 | 平凡反応 | Z | 特殊スコア |
|---|---|---|---|---|---|---|---|---|
| | | | | | Sc | | | |

| 図版 | 反応段階 | 質問段階 |
|---|---|---|
| Ⅵ | これはひどい。たぶん弾丸だと思います。 | E：（被検者の反応を繰り返す）<br>S：ええそうです。ほら**ここ**（D6を指す）。<br>E：そう見えたのを説明して下さい。<br>S：ちょうど**動物を貫通している**みたい。<br>E：私にも見えるように教えて下さい。<br>S：ほら，上のここ，この尖端です。下のここがネコ（D1）で，貫通しているみたい。この**線**（Dd22）が貫通の衝撃を表わしているようです。<br>E：ネコって？<br>S：ええそうです。トラネコです。トラネコみたいに**筋**が**濃く**って，足がここで，**頭は見えないので，たぶん吹き飛ばされて，ない**んだと思います。 |

　この例では，被検者の説明がいま１つ明瞭でないために，質問段階が込み入っている。検査者は質問を３回行って，スコアを完成した。
　領域は，*D*のように思われたが*W*であった。被検者は，*D*6を弾丸，*D*1を動物，*Dd*22を衝撃と

して用いている。最初の質問で，決定因子の$m^a$（貫通している）と，反応内容の$A$（動物）が確認できた——これはのちに$Ad$となる（頭は吹き飛ばされて見えない）。また，$AG$と$MOR$の2つの特殊スコアをコードする。

2番目の質問は，単に決定因子を再確認した。3番目の質問によって，$FY$（濃い筋）という2つ目の決定因子が明らかになった。ネコの形態についてほとんどふれていないので，$FY$よりも$YF$が適当と思われるかもしれない。しかし質問段階を通して強調されているのは形態であり，濃淡については説明の最後に述べられたに過ぎないので，ここでは$FY$が適切である。

2つの対象には関係があり，いずれも形態を有している。したがって，発達水準は＋で，Zスコアが必要である。この反応は，Zスコアの，全体（ZW）と近接（ZA）の基準を満たしている。この図版では，どちらのZ値も2.5である。

表Aには，この独特な$W$反応は載っていない。しかし，$D6$の弾丸と$D1$の動物の毛皮や皮の形態水準は普通（o）となっているので，この反応の形態水準はoとする。また，動物の皮は平凡反応である。したがって，スコアを完成させると，次のようになる。

| 領域 | 発達水準 | 決定因子 | 形態水準 | ペア反応 | 反応内容 | 平凡反応 | Z | 特殊スコア |
|---|---|---|---|---|---|---|---|---|
| $W$ | ＋ | $m^a$. FY | o | | Sc, Ad | P | 2.5 | AG, MOR |

ほとんどの場合，反応段階と質問段階のいずれもが，コードを決める上で重要な役割を果たす。次にその例を示す。

| 図版 | 反応段階 | 質問段階 |
|---|---|---|
| Ⅱ | 2人の**魔女**が互いに**体を丸めてちぢこまって**います。**黒いマント**を着て**赤い帽子**をかぶっています。 | |

反応段階に，ほぼすべてのスコアリングが可能な，たくさんの情報がある。領域は明らかではないが，$(H)$（魔女）と$Cg$（マント，帽子）の2つの反応内容が明らかである。消極的な運動$M^p$（体を丸めてちぢこまっている）が述べられている。$FC'$（黒いマント）と$FC$（赤い帽子）の2つの決定因子もある。発達水準は＋で，Zスコアも必要である。おそらくペア反応であろうが，領域がはっきりするまでは，確定できないし形態水準も決められない。ここまでのコーディングは以下のようである。

| 領域 | 発達水準 | 決定因子 | 形態水準 | ペア反応 | 反応内容 | 平凡反応 | Z | 特殊スコア |
|---|---|---|---|---|---|---|---|---|
| ? | ＋ | $M^p$.FC'.FC | ? | ? | (H), Cg | | ? | |

質問段階で，最終的なコーディングを完成させるのに必要な情報が得られ，また，すでに得ら

れている情報がより明確になる。コーディングは，期待したものよりも複雑なものになる場合もある。

| 図版 | 反応段階 | 質問段階 |
|---|---|---|
| Ⅱ | 2人の魔女が互いに体を丸めてちぢこまっている。黒いマントを着て赤い帽子をかぶっています。 | E：（被検者の反応を繰り返す）<br>S：**火の後ろに**2人が座っているか，ひざまずいている。お互いにもたれ合って，**ささやきあっています。**<br>上のここ（D2）に帽子があってここ（D1）が体です。<br>E：火の後ろに2人がいるのを教えて下さい。<br>S：ええ，下の方のここ（D3）の**赤い**のが**火**で，火の粉が**舞い上がっていて**，2人はその後ろにいて暖をとっています。<br>E：火の後ろって？<br>S：火が2人の前にあって，**火に隠れてしまって2人の足がどこにあるのかわかりません。** |

2つの決定因子がコードに加えられる。$FD$（後ろ，足が隠れてしまっている）と$m^a$（火の粉が舞い上がっている）である。そして，前に$FC$（赤い帽子）とコードしていたものを$CF$（赤い火の粉が舞い上がっている）に変更する。2者関係の性質（ささやきあっている）は，特殊スコアの$COP$が該当する。3つ目の反応内容として$Fi$も加える。ペア反応であることも確実である。領域は$W$である。この反応は統合された反応なので$DQ$のコードは+であり，Zスコアは全体のZ値（4.5）と近接部分のZ値（3.0）の基準を満たしている。したがって，高い方のZ値4.5をコードする。表Aによると，2人の人間は普通（o）である。最終的なスコアは以下のようになる。

| 領域 | 発達水準 | 決定因子 | 形態水準 | ペア反応 | 反応内容 | 平凡反応 | Z | 特殊スコア |
|---|---|---|---|---|---|---|---|---|
| W | + | M$^p$.FC'.CF.m$^a$.FD | o | (2) | (H),Cg, Fi | | 4.5 | COP,GHR |

スコアリングにおいて，連続的なアプローチをうまく行うには，練習が必要である。本書の後半に多くの反応例をあげたので，練習に役立ててほしい。

# 第9章　構造一覧表

　反応を正確にコーディングする目的は，構造一覧表（Structural Summary）を完成させることである。構造一覧表は，コードの頻度と，比率・パーセント・数値からなっている。これらのデータから，心理学的な特徴や機能に関する多くの解釈仮説が導き出される。

　構造一覧表記録用紙は，包括システムでプロトコルを要約するために考案された。最初のページには，人口統計学的なデータを記録する。2ページ目には，各反応のコーディングを記入し，スコアの継列を記録する。3ページ目が構造一覧表である。4ページには，6つの特殊指標の布置表がある。5ページ目には，Z値に関する2つの表と，年齢によって修正される3つの変数についての表がある。最後のページは，ロケーション・シート（領域図）であり，被検者が選択した領域を記録する。

　構造一覧表の作成には，3つの手続きがある。(1) 各反応のコーディングを記入し，スコアの継列を作る，(2) 各変数の頻度を求める，(3) 比率・パーセント・数値を求めるための計算をする。以上の手続きを，実際のプロトコルを用いてわかりやすく説明したい。

▲**スコアの継列（Sequence of Scores）**　まず，反応順にコーディングを記入する。図版順に記入し，各反応には通し番号を付ける。ロールシャッハ・テストの施行中は，記録用紙に反応とそのコーディングを直接記入しておき，後でスコアの継列の欄に反応順にコーディングを書き写す。

　コードをスコアの継列にそってまとめると，頻度の計算が容易になると同時に，継列そのものが解釈にとって重要な資料となる。構造一覧表記録用紙のスコアの継列のページには，図版番号，反応番号，主要なカテゴリーを記入する欄がある。また，領域欄の次には，$D3$, $DdS26$ といった領域番号を記入する欄がある。表Aの領域番号にない$Dd$領域を使用している場合には，$Dd99$とする。領域番号は，解釈に役立つし，研究においても有益なものである。

　次のページに19歳の女性のスコアリングを示す。これを使って構造一覧表を作る手順を説明したい。

## 構造一覧表──上の部分

　構造一覧表を作るための次の手続きは，記録用紙の上の部分にある各コードの頻度を計算して，その度数を記入することである。

▲**1．反応領域**　領域について以下の3つの要素を記入する。(1) 組織化活動（Zスコア），(2) 領域の分類，(3) 発達水準（$DQ$）。

　◆**a．組織化活動**　組織化活動については，記録用紙の左上に3つの値を記入をする。まず初め

## スコアの継列

| Card | Resp. No. | Location and DQ | Loc. No. | Determinant(s) and Form Quality | (2) | Content(s) | Pop | Z-Score | Special Scores |
|---|---|---|---|---|---|---|---|---|---|
| I | 1 | Wo | 1 | Fo | | A | P | 1.0 | |
| | 2 | D+ | 4 | Mao | 2 | H,Id | | 4.0 | GHR |
| | 3 | WSo | 1 | Mau | | (Hd) | | 3.5 | GHR |
| II | 4 | WSo | 1 | Mp.CF- | | Hd | | 4.5 | MOR, AB, PHR |
| III | 5 | D+ | 1 | Mao | 2 | H,Hh | P | 3.0 | COP, GHR |
| | 6 | WSo | 1 | F- | | Hd | | 5.5 | PHR |
| IV | 7 | Wo | 1 | FDo | | (A) | | 2.0 | |
| V | 8 | Wo | 1 | Fo | | A | P | 1.0 | |
| | 9 | Do | 7 | Fu | | (A) | | | |
| VI | 10 | Wo | 1 | Fo | | (A) | | 2.5 | MOR, DV |
| VII | 11 | D+ | 9 | Ma.FYo | 2 | Hd | P | 3.0 | AG, GHR |
| VIII | 12 | W+ | 1 | FMa.Fr.FCo | | A,Na | P | 4.5 | INC |
| | 13 | D/ | 4 | FC.FVo | | Ls | | 3.0 | |
| | 14 | DdSo | 99 | FC- | | Ad | | 4.0 | PER |
| IX | 15 | Wv | 1 | Ma.C | | Hx | | | AB, PHR |
| X | 16 | W+ | 1 | Mpu | | (H),Art | | 5.5 | GHR |
| | 17 | DdS+ | 22 | F- | | Hd,Id | | 4.0 | PHR |

## 構造一覧表

| LOCATION FEATURES | | | DETERMINANTS BLENDS | SINGLE | | | CONTENTS | | | APPROACH | |
|---|---|---|---|---|---|---|---|---|---|---|---|
| | | | | | | | H | = 2 | I | W.D.WS | |
| Zf | = | 15 | M.CF | M | = | 4 | (H) | = 1 | II | WS | |
| ZSum | = | 51.0 | M.FY | FM | = | | Hd | = 4 | III | D.WS | |
| ZEst | = | 49.0 | FM.Fr.FC | m | = | | (Hd) | = 1 | IV | W | |
| | | | FC.FV | FC | = | 1 | Hx | = 1 | V | W.D | |
| W | = | 10 | M.C | CF | = | | A | = 3 | VI | W | |
| D | = | 5 | | C | = | | (A) | = 3 | VII | D | |
| W+D | = | 15 | | Cn | = | | Ad | = 1 | VIII | W.D.DdS | |
| Dd | = | 2 | | FC' | = | | (Ad) | = | IX | W | |
| S | = | 5 | | C'F | = | | An | = | X | W.DdS | |
| | | | | C' | = | | Art | = 1 | | | |
| | | | | FT | = | | Ay | = | SPECIAL SCORES | | |
| DQ | | | | TF | = | | Bl | = | | Lv1 | Lv2 |
| + | = | 6 | | T | = | | Bt | = | DV = | 1x1 | x2 |
| o | = | 9 | | FV | = | | Cg | = | INC = | 1x2 | x4 |
| v/+ | = | 1 | | VF | = | | Cl | = | DR = | x3 | x6 |
| v | = | 1 | | V | = | | Ex | = | FAB = | x4 | x7 |
| | | | | FY | = | | Fd | = | ALOG = | x5 | |
| | | | FQRM QUALITY | YF | = | | Fi | = | CON = | x7 | |
| | | | | Y | = | | Ge | = | Raw Sum6 = | 2 | |
| | FQx | MQual | W+D | Fr | = | | Hh | = 1 | Wgtd Sum6 = | 3 | |
| + | = | = | = | rF | = | | Ls | = 1 | | | |
| o | = 9 | = 3 | = 9 | FD | = | 1 | Na | = 1 | AB = 2 | GHR = | 5 |
| u | = 3 | = 2 | = 3 | F | = | 6 | Sc | = | AG = 1 | PHR = | 4 |
| - | = 4 | = 1 | = 2 | | | | Sx | = | COP = 1 | MOR = | 2 |
| none | = 1 | = 1 | = 1 | | | | Xy | = | CP = | PER = | 1 |
| | | | | (2) | = | 3 | Id | = 2 | | PSV = | |

### RATIOS, PERCENTAGES, AND DERIVATIONS

R = 17　　L = 0.55

| | | | | | | | | | |
|---|---|---|---|---|---|---|---|---|---|
| | | | | | FC:CF+C | = 3:2 | COP = | 1 | AG = 1 |
| | | | | | Pure C | = 1 | GHR:PHR | = 5:4 | |
| EB = 7:4.0 | EA | = 11.0 | EBPer = 1.8 | | SumC':WSumC | = 0:4.0 | a:p | = 6:2 | |
| eb = 1:2 | es | = 3 | D | = +3 | Afr | = 0.55 | Food | = 0 | |
| | Adj es | = 3 | AdjD | = +3 | S | = 5 | SumT | = 0 | |
| | | | | | Blends:R | = 5:17 | Human Cont | = 8 | |
| FM = 1 | SumC' = 0 | SumT | = 0 | | CP | = 0 | PureH | = 2 | |
| m = 0 | SumV = 1 | SumY | = 1 | | | | PER | = 1 | |
| | | | | | | | Isol Indx | = 0.18 | |

| | | | | | | | | | | | |
|---|---|---|---|---|---|---|---|---|---|---|---|
| a:p | = 6:2 | Sum6 | = 2 | XA% | = 0.71 | Zf | = 15 | 3r+(2)/R | = 0.35 | | |
| Ma:Mp | = 5:2 | Lv2 | = 0 | WDA% | = 0.80 | W:D:Dd | = 10:5:2 | Fr+rF | = 1 | | |
| 2AB+Art+Ay | = 5 | WSum6 | = 3 | X-% | = 0.24 | W:M | = 10:7 | SumV | = 1 | | |
| MOR | = 2 | M- | = 1 | S- | = 4 | Zd | = +2.0 | FD | = 1 | | |
| | | Mnone | = 1 | P | = 5 | PSV | = 0 | An+Xy | = 0 | | |
| | | | | X+% | = 0.53 | DQ+ | = 6 | MOR | = 2 | | |
| | | | | Xu% | = 0.18 | DQv | = 1 | H:(H)+Hd+(Hd) | = 2:6 | | |

PTI = 0　　DEPI = 5　　CDI = 1　　S-CON = 3　　HVI = YES　　OBS = No

表11　Zfから重みづけられたZSumを導く表

| Zf | Zest | Zf | Zest | Zf | Zest | Zf | Zest |
|---|---|---|---|---|---|---|---|
| 1 | - | 14 | 45.5 | 26 | 88.0 | 39 | 134.0 |
| 2 | 2.5 | 15 | 49.0 | 27 | 91.5 | 40 | 137.5 |
| 3 | 6.0 | 16 | 52.5 | 28 | 95.0 | 41 | 141.0 |
| 4 | 10.0 | 17 | 56.0 | 29 | 98.5 | 42 | 144.5 |
| 5 | 13.5 | 18 | 59.5 | 30 | 102.5 | 43 | 148.0 |
| 6 | 17.0 | 19 | 63.0 | 31 | 105.5 | 44 | 152.0 |
| 7 | 20.5 | 20 | 66.5 | 32 | 109.5 | 45 | 155.5 |
| 8 | 24.0 | 21 | 70.0 | 33 | 112.5 | 46 | 159.0 |
| 9 | 27.5 | 22 | 73.5 | 34 | 116.5 | 47 | 162.5 |
| 10 | 31.0 | 23 | 77.0 | 35 | 120.0 | 48 | 166.0 |
| 11 | 34.5 | 24 | 81.0 | 36 | 123.5 | 49 | 169.5 |
| 12 | 38.0 | 25 | 84.5 | 37 | 127.0 | 50 | 173.0 |
| 13 | 41.5 | | | 38 | 130.5 | | |

は，$Zf$（Zの頻度）で，Zスコアの個数を記入する。2番目は$ZSum$で，Z得点の合計値（全部を足したもの）を記入する。3番目は重みづけした$ZSum$（$Zest$）で，これは表11に示した重みづけ表から導き出す。この例では，$Zf$は15なので，$Zest$は49.0となる。

◆b．**領域の分類**　3つの基本となる領域（$W, D, Dd$）を，別々に計算する。S反応の頻度も記入する。ただし，S反応の頻度は，$W, D, Dd$の3つのコードとは別に計算する。

◆c．**発達水準**　発達水準は，領域に関係なく計算する。

▲2．**決定因子**　まず，ブレンドを全部，記録用紙にブレンド（Blends）と示された欄に抜書きする。そして，ブレンド以外の各決定因子の個数を別々に記入する。その際，ブレンドは数えなおさない。

▲3．**形態水準**　形態水準は記入する部分が3つある。まず初めは**FQx**（全体形態水準）である。これは，すべての反応を対象にしている。4つの形態水準を区別して度数を入れ，形態のない反応の度数を記入する。

　2番目は**MQual**（人間運動反応の形態水準）である。これは，すべての人間運動反応の形態水準の度数を知るためのものである。

　3番目は**W+D**（一般的な領域の形態水準）である。これは，領域が$W$または$D$とされた反応すべての形態水準の頻度を記録する。

▲4．**反応内容**　反応内容には，27の種類がある。その反応内容が示された数を，その反応が一次的なものか二次的なものかにかかわらず，足して記入する。

▲5．**アプローチ**　構造一覧表の上の右側には，領域のアプローチ（location approach）を記入する欄がある。ここには，図版ごとに被検者が見た領域を順に記入する。たとえばこの事例は，Ⅰ図版で3つ反応している。最初は全体反応（$W$）であり，2番目は一般部分反応（$D$），3番目は空白部分を利用した全体反応（$WS$）である。したがって，Ⅰ図版については，$W. D. WS$と記入する。

▲6．特殊スコア　最後は，15の特殊スコアを記入する。2つ計算もする。1つ目は，6つの特殊スコアの粗点の合計 Raw Sum（**Raw Sum6**）である。ここでは，レベル1，2の DV, INCOM, DR, FABCOM と ALOG, CONTAM の合計個数を記入する。

2番目は，これらの6つの特殊スコアを重みづけした合計（**WSum6**）である。6つの特殊スコアは，それぞれ以下のように重みづけする。

$$WSUM6 = (1 \times DV) + (2 \times DV2) + (2 \times INCOM) + (4 \times INCOM2) + \\ (3 \times DR) + (6 \times DR2) + (4 \times FABCOM) + (7 \times FABCOM2) + \\ (5 \times ALOG) + (7 \times CONTAM)$$

## 構造一覧表──下の部分

ここまでデータ頻度が整理できれば，下の部分でさまざまな計算を行って，構造一覧表を完成させることができる。下の部分は，7つのブロックにデータがまとまっている。値によっては，複数のブロックに示されるものもあるが，これはいくつかの特徴と関わるためである。構造一覧表の一番下には，PTI, DEPI, CDI, S-CON, HVI, OBS という6つの特殊指標を示す部分がある。本章の最後に，特殊指標の布置（constellations）の見本を示す。

▲**核となる部分**　核となる部分は，構造一覧表の下の部分の左上にある。ここには，16の値がある。うち，7つは度数で示す。それらは，R（反応総数），FM, m, SumC', SumT, SumV, SumY である。SumC' 以下の4つについては，たとえば，SumC' では FC', C'F, C' が含まれるし，SumT には FT, TF, T が含まれるといった具合に，カテゴリーごとにまとめる。

その他の9つは，比率（ratio）や数値（derivation）を記入する。以下に説明する。

◆**1．ラムダ（L : Lambda）**　ラムダ（L）は，純粋形態反応と，それ以外の反応の頻度を比較した割合である。これは心理的な資質（resources）を経済的に使うことと関連している。

$$L = \frac{F（純粋形態反応の数）}{R - F（総反応数 - 純粋形態反応）}$$

この事例の記録には17の反応があり，6つが純粋形態反応で，その他の決定因子が11個ある。したがって，L =（6／11）= 0.55 となる。

◆**2．体験型（EB : Erlebnistypus）**　これは人間運動反応（M）と，重みづけした色彩反応の合計，という2つの主要な変数の関係をみている。SumM : WSumC を記入する。重みづけした色彩反応の合計（**WSumC**）は，色彩反応のタイプごとに重みづけをしたものから得られる。色彩命名反応（Cn）は WSumC には含めない。

$$WSumC = (0.5 \times FC) + (1.0 \times CF) + (1.5 \times C)$$

この事例のプロトコルには7つの$M$反応，3つの$FC$反応，$CF$が1つ，$C$が1つある。$WSumC = (0.5 \times 3) + (1.0 \times 1) + (1.5 \times 1) = 4.0$となり，したがって**EB**は7：4.0となる。

◆**3．現実体験（*EA : Experience Actual*）** これは，利用可能な心理的資質に関連する数値である。$EB$の両辺の合計，$SumM + WSumC$によって得られる。この事例のプロトコルでは，$7 + 4.0 = 11.0$となる。

◆**4．体験型の固定度（*EBPer : EB Pervasive*）** これは意志決定において優位となる体験型に関する比率である。$EBPer$は，$EB$に明らかなスタイルがみられたときにのみ導き出される。具体的には，3つの基準によって決められる。（1）$EA$が4.0以上で，（2）ラムダは1.0未満で，（3）$EA$が4.0から10.0の範囲の場合には，$EB$の両辺の差が少なくとも2.0以上なければならない。$EA$が10.0以上の場合には，$EB$の両辺の差は少なくとも2.5なければならない。

　＊監訳者注：論文等で体験型を示すのに「N/A」がよく使われるが，これはnot applicableの略で，上記（3）の基準で両辺の差がない不定型（アンビタント）を示す。

以上3つの基準すべてを満たしたとき，$EB$の大きい方の値を小さい方の値で割って$EBPer$を算出する。事例のプロトコルでは，$EA = 11.0$でラムダ$= 0.55$であり，$EB$両辺の差は3.0である。したがって，$EB$の大きい方の値7を小さい方の値4.0で割り，1.8という数値が算出される。

◆**5．基礎体験（*eb : experience base*）** これは，人間以外の運動反応（$FM$と$m$）と，濃淡や無彩色反応を，比較したものである。被検者が経験している要求刺激（stimulus demands）に関する情報を提供するものである。この値は，$FM + m : SumC' + SumT + SumY + SumV$で算出される。

事例のプロトコルでは，$FM$が1つあり，$m$は0個，濃淡立体反応（$SumV$）が1つ，濃淡拡散反応（$SumY$）が1つある。したがって，$eb$は1：2となる。

◆**6．刺激体験（*es : experienced stimulation*）** $eb$から得られる数値である。これは，今の要求刺激と関連する。$eb$両辺の和すなわち$FM + m + SumC' + SumT + SumY + SumV$により導かれる。この事例では$1 + 2$になり，$es = 3$となる。

◆**7．*D*スコア（*D : Difference*）** $D$スコアは，$EA$と$es$の関係を示している。これは，ストレス耐性や，統制力に関するものである。まず$EA - es$という2つの粗点の差を算出する。そして，この粗点の差を，各標準偏差がみな，$SD$2.5になるよう尺度化した別の値に換算する。

つまり，$EA - es$が$+2.5$から$-2.5$の場合，2つの値に有意差はなく，$D$スコアは0となる。$EA - es$が$+2.5$より大きい場合，$D$スコアは2.5増えるごとに$+1$ずつ増加する。$EA - es$が$-2.5$より小さい場合，$D$スコアは2.5減るごとに$-1$ずつ減少する。表12が$D$スコアの換算表である。

この事例では，$EA - es$は$11.0 - 3 = +8.0$となり，$D$スコアは$+3$となる。

◆**8．修正*es*（*Adj es*）** $D$スコアは，ストレス耐性と利用可能な心理的資質についての情報を提供するが，状況による影響を考慮することも大切である。そのために，$es$から状況に関連する要素を引く。その方法は簡単である。$es$から$m$1つと$SumY$1つだけを残して，それ以上ある

表12　EA－esからDスコアへの換算表

| （EA－es）の値 | Dスコア |
|---|---|
| ＋13.0　～　＋15.0 | ＋5 |
| ＋10.5　～　＋12.5 | ＋4 |
| ＋8.0　～　＋10.0 | ＋3 |
| ＋5.5　～　＋7.5 | ＋2 |
| ＋3.0　～　＋5.0 | ＋1 |
| －2.5　～　＋2.5 | 0 |
| －3.0　～　－5.0 | －1 |
| －5.5　～　－7.5 | －2 |
| －8.0　～　－10.0 | －3 |
| －10.5　～　－12.5 | －4 |
| －13.0　～　－15.0 | －5 |

すべての $m$ と $SumY$ を捨てて，$Adj\ es$ を導き出す。この事例に $m$ はなく，$Y$ が1つある。したがって，何も引くものがないため，$Adj\ es$ は $es$ と同じ値の3となる。

◆9．修正Dスコア（$Adj\ D$）　修正Dスコアは，$EA - Adj\ es$ によって得られた結果を，Dスコアへの換算表に照らして求める。この事例では，結果は同じであり，11.0 － 3 ＝ ＋8.0 となる。そこで，$Adj\ D$ は＋3となる。

▲思考に関する部分（*IDEATION*）　ここには，9つ記入する。そのうちの5つは，構造一覧表の上の部分にある度数データを写す。その5つは，$MOR$, $Sum6$, レベル2の特殊スコア，$M-$，無形態の人間運動反応である。6番目のもの（$WSum6$）はすでに計算されており，構造一覧表の上の部分から写す。残りの3つのうち2つは比率，もう1つは指標であり，それらを以下に示す。

◆1．積極的運動：消極的運動の割合（*a：p, active：passive*）　思考と態度の柔軟性に関するものである。積極的運動反応の総数（$Ma + FMa + ma$）を左辺に，消極的運動反応の総数（$Mp + FMp + mp$）を右辺に示す。a-pは，両辺に数える。この事例の $a：p$ は6：2である。

◆2．人間運動反応における積極的運動：消極的運動の割合（*Ma：Mp*）　これは，思考の特徴に関わる変数である。ここには，人間運動反応のみを含める。積極的な人間運動反応の総数を左辺に，消極的な人間運動反応の総和を右辺に示す。$M^{a-p}$ は，両辺に数える。この事例の $Ma：Mp$ は5：2である。

◆3．知性化指標──*2AB ＋（Art ＋ Ay）*　この指標には，特殊スコアの $AB$（抽象的内容）と，反応内容の芸術（$Art$）および人類学（$Ay$）が含まれる。$AB$ は2倍し，$Art$ と $Ay$ の数に加える。この事例では，$AB$ が2つ，$Art$ が1つあるので，この指標は5となる。

▲感情に関する部分（*AFFECT*）　ここには，7つ記入する。そのうちの3つは度数で，それら（$PureC$, $S$, $CP$）は構造一覧表の上の部分より写す。残りの4つは比率で，以下に示す。

◆1．形態－色彩の比率（*FC：CF＋C*）　この比率は，感情の調節と関連している。左辺に $FC$ の総数を，右辺に $CF+C+Cn$ の和を入れる。$EB$ や $EA$ で使用した重みづけした値（*WSumC*）ではなく，ここでの色彩反応は重みづけをしない。この事例のプロトコルには $FC$ が3つ，$CF$ が

1つ，Cが1つあるので，この比率は3：2となる。

◆2．**感情的萎縮の割合**（*SumC' : WSumC, Constriction ratio*）　この比率は，感情を過度に溜め込んでおくこと（internalization）に関係している。C'の総数（*WSumC'*）を左辺に，重みづけした色彩反応の和（*WSumC*）を右辺に入れる。この事例にはC'はなく，*WSumC*は4.0なので，この比率は0：4.0となる。

　　＊監訳者注：通常の場合，*WSumC*の方が多いが，*SumC'*の方が多い場合は，感情を過度に溜め込んでいる（internalization）状態を示す。

◆3．**感情の比率**（*Afr : Affective ratio*）　最後の3枚の図版における反応数と，最初の7枚の図版における反応数の比率である。これは，感情刺激に対する関心と関係がある。この比率は，以下のように算出する。

$$Afr = \frac{Ⅷ+Ⅸ+Ⅹ の反応数}{Ⅰ+Ⅱ+Ⅲ+Ⅳ+Ⅴ+Ⅵ+Ⅶ の反応数}$$

この事例では，最後の3枚の図版で6つの反応を示し，最初の7枚では11の反応を示しているので，*Afr* =（6／11）＝0.55となる。

◆4．**複雑さの指標**（*Blends : R*）　ブレンドの総数を左辺に，反応総数を右辺にそのまま記入して，比とする。この事例には，5つのブレンド反応がある。したがって比は5：17となる。

▲**媒介に関する部分**（*MEDIATION*）　ここには，7つ記入する。そのうち2つはスコアの継列（Sequence of Scores）から度数を数える。1つは平凡反応（*P*）の数を数えて入れる。2番目はS－反応の数を数えて入れる。残りの5つはパーセントで示される。

◆1．**全体適切形態反応**（*Form Appropriate Extended, XA%*）　この変数は形態の特徴を適切に利用した反応の割合を示す。計算式は以下の通りである。

$$XA\% = \frac{形態水準が＋，o，uとコードされた反応の合計数}{反応総数（R）}$$

この事例の反応総数は17であるが，形態水準が＋は1つもなく，oが9つ，uが3つある。計算式は12／17となり，*XA*％は0.71である。

◆2．**一般的な領域における適切形態反応**（*Form Appropriate－common areas, WDA%*）これは，形態の特徴を適切に用いたWとD領域の反応に関する変数である。計算式は以下の通りである。

$$WDA\% = \frac{WとD領域で形態水準が＋，o，u反応の合計数}{WとD領域の合計数}$$

この事例には，WとD領域の反応が15個ある。15のうち12の形態水準はoまたはuである。計算は，12／15で，*WDA*％は0.80となる。

◆**3．歪んだ形態（*X*－%）**　これは，形態の利用の仕方がブロットの特徴と合っていない反応の割合に関する変数である．計算式は以下の通りである．

$$X\text{-}\% = \frac{FQx-\text{の和}}{\text{反応総数（R）}}$$

この事例では，17の反応のうち4つがマイナスの答であり，$X-\%$は0.24となる．

◆**4．良形態反応（*X*＋%）**　これは，対象の形態の特徴が，適切で普通である反応の割合を示す．計算式は以下の通りである．

$$X+\% = \frac{FQx\text{が}+\text{と}o\text{の合計数}}{\text{反応総数（R）}}$$

この事例には＋の反応は1つもなく，o（普通）の反応が9つあり，$X+\%$は0.53となる．

◆**5．稀少な形態の使用（*unusual form use, Xu%*）**　対象の形態の特徴が，適切で稀少な反応の割合を示す．計算式は以下の通りである．

$$Xu\% = \frac{FQxu\text{の合計数}}{\text{反応総数（R）}}$$

この事例にはu（稀少反応）が3つあり，$Xu\%$は0.18となる．

▲**情報処理に関する部分（*PROCESSINIG*）**　ここには，7つ記入する．そのうち4つ（*Zf, PSV, DQ＋, DQv*）は構造一覧表の上の部分から転記する．残り3つのうち2つは比であり，もう1つは差に関する得点である．

◆**1．経済性指標（*W：D：Dd*）**　この比は，*W*反応の総数を左に，*D*反応の総数を中央に，*Dd*反応の総数を右側に記入する．

◆**2．アプローチと能力の比（*W：M*）**　*W*反応の総数を左辺に，*M*反応の総数を右辺に記入する．

◆**3．情報処理の効率（*Zd*）**　*Zd*は*ZSum*－*Zest*によって算出される値であり，＋－も付ける．この事例では，*ZSum*＝51.0で*Zest*＝49.0なので，*Zd*は＋2.0となる．

▲**対人知覚に関する部分（*INTERPERSONAL*）**　ここには，10個記入する．10のうちの5つは，構造一覧表の上の部分から転記する（*COP*の合計，*AG*の合計，食物反応の合計，純粋人間反応の合計，特殊スコア*PER*の合計）である．

6番目は，*GHR：PHR*で，構造一覧表の上の部分の度数データを用い，*GHR*の合計を左辺に，*PHR*の合計を右辺に記してその関係を示す．7番目は*SumT*であり，核となる部分から書き写す．8番目は*a：p*であり，これは思考の部分から書き写す．残りの2つは計算を要する．

◆**1．人に関する関心（*interpersonal interest*）（人間反応*Human Cont*）**　これは，人への関心についての情報を提供する．以下のように計算する．

**人間反応** *human cont* ＝ *H* ＋*(H)* ＋*Hd* ＋*(Hd)* の合計（*Hx* は含めない）

　この事例には *H* が２つ，*(H)* が１つ，*Hd* が４つ，*(Hd)* が１つあるので，人間反応（*Human Cont*）＝８となる。

◆**２．孤立指標（Isolate／R）**　これは，社会的な孤立に関係する。ここには５種類の反応内容（植物，雲，地理，風景，自然）が含まれ，うち２つを２倍して合計する。以下のように計算する。

$$孤立指標 = \frac{Bt + 2Cl + Ge + Ls + 2Na}{反応総数（R）}$$

　この事例には *Ls* が１つ，*Na* が１つ含まれるので，重みづけした合計は３となる。したがって，この指標の値は0.18である。

▲**自己知覚に関する部分（SELF PERCEPTION）**　ここには，７つ記入する。うち４つが度数，あるいは構造一覧表の上の部分に示される度数の合計である。*Fr* ＋*rF*，形態立体反応（*FD*）の数，特殊スコアの損傷反応（*MOR*）の数，解剖反応（*An*）＋エックス線写真反応（*Xy*）の合計，がここに含まれる。

　５つ目は *SumV* で，これは核となる部分から書き写す。

　６つ目は比率で示されるが（*H*：*(H)* ＋*Hd* ＋*(Hd)*），純粋人間反応を左辺に記入し，右辺には *(H)* ＋*Hd* ＋*(Hd)* の合計を記入する。この事例では，純粋人間反応が２つ，その他の人間反応が６つあるので，比率は２：６である。

　７番目は計算を要する。

◆**１．自己中心性指標（3r+(2)/R）**　これは自己価値（self esteem）に関係する指標である。全反応中の反射反応とペア反応の割合を表わすが，反射反応はペア反応の３倍の重みづけをする。以下のように計算する。

$$3r+(2)/R = \frac{3 \times (Fr+rF) ＋ペア反応の合計（Sum(2)）}{反応総数（R）}$$

　この事例には反射反応が１つとペア反応が３つあり，よって自己中心性指標＝（３×１）＋３／17＝0.35となる。

▲**特殊指標（SPECIAL INDICES）**　構造一覧表の一番下の部分には，知覚と思考の指標（*PTI*），抑うつ指標（*DEPI*），対処力不全指標（*CDI*），自殺の可能性（*S-CON*），警戒心過剰指標（*HVI*），強迫的様式指標（*OBS*）という６つの特殊指標がある。

　各指標の変数は，チェックをするための四角（boxes）のある布置記録表に示されている（次ページを参照のこと）。この記録表を用いて，各指標において該当した数を，構造一覧表の一番下の部分にある *PTI*，*DEPI*，*CDI*，*S-CON* のそれぞれの部分に記入する。*HVI* と *OBS* については，*Yes* あるいは *No* で表記する。

子どものプロトコルを処理する際には，4つの変数について年齢に応じた修正のためのカットオフ値（cutoff values）があることに注意する。1つ（WSum6）はPTIにある。2つ目（3r+(2)/R）はDEPIに，3つ目（Afr）はDEPIとCDIにある。それぞれ布置記録表に*印がついている。年齢群により適用されるカットオフ値は以下に示した通りである。

### 年齢による自己中心性指標の修正

| 年齢 | 3r+(2)/R が下記より小さい場合 | 3r+(2)/R が下記より大きい場合 |
|---|---|---|
| 5 | .55 | .83 |
| 6 | .52 | .82 |
| 7 | .52 | .77 |
| 8 | .48 | .74 |
| 9 | .45 | .69 |
| 10 | .45 | .63 |
| 11 | .45 | .58 |
| 12 | .38 | .58 |
| 13 | .38 | .56 |
| 14 | .37 | .54 |
| 15 | .33 | .50 |
| 16 | .33 | .48 |

### 年齢によるWSum6の修正

Rが17以上の場合
| | |
|---|---|
| 5歳〜7歳 | $WSum6 > 20$ |
| 8歳〜10歳 | $WSum6 > 19$ |
| 11歳〜13歳 | $WSum6 > 18$ |

Rが17未満の場合
| | |
|---|---|
| 5歳〜7歳 | $WSum6 > 16$ |
| 8歳〜10歳 | $WSum6 > 15$ |
| 11歳〜13歳 | $WSum6 > 14$ |

### 年齢によるAfrの修正

| | |
|---|---|
| 5歳〜6歳 | $Afr < .57$ |
| 7歳〜9歳 | $Afr < .55$ |
| 10歳〜13歳 | $Afr < .53$ |

## 布置記録表 (CONSTELLATIONS WORKSHEET)

### S-Constellation（自殺の可能性）

☐ 8つ以上該当する場合，チェックする
注意：15歳以上の対象者にのみ適用する

☐ FV+VF+V+FD＞2
☒ Color-shading Blends＞0
☐ 3r+(2)/R＜.31　または　＞.44
☐ MOR＞3
☐ Zd＞＋3.5　または　Zd＜－3.5
☐ es＞EA
☐ CF＋C＞FC
☒ X＋%＜.70
☒ S＞3
☐ P＜3　または　P＞8
☐ Pure H＜2
☐ R＜17

### PTI（知覚と思考の指標）

☐ XA%＜.70　かつ　WDA%＜.75
☐ X－%＞.29
☐ LVL2＞2　かつ　FAB2＞0
*☐ R＜17　かつ　WSUM6＞12
　　または　R＞16　かつ　WSUM6＞17
☐ M－＞1　または　X－%＞.40

　0　 Sum PTI

### DEPI（抑うつ指標）

☒ 5つ以上該当する場合，チェックする

☒ (FV＋VF＋V＞0)　または　(FD＞2)
☒ (Col-Shd Blends＞0)　または　(S＞2)
*☐ (3r+(2)/R＞.44　かつ　Fr＋rF＝0) または
　　(3r+(2)/R＜.33)
*☐ (Afr＜.46)　または　(Blends＜4)
☒ (Sum Shading＞FM＋m) または (SumC'＞2)
☒ (MOR＞2)　または　(2xAB＋Art＋Ay＞3)
☒ (COP＜2)　または
　　([Bt＋2xCl＋Ge＋Ls＋2xNa] /R＞.24)

### CDI（対処力不全指標）

☐ 4つか5つ該当する場合，チェックする

☐ (EA＜6)　または　(AdjD＜0)
☒ (COP＜2)　かつ　(AG＜2)
☐ (Weighted Sum C＜2.5) または *(Afr＜.46)
☐ (Passive＞Active＋1) または (Pure H＜2)
☐ (Sum T＞1)
　 または (Isolate/R＞.24)
　 または (Food＞0)

### HVI（警戒心過剰指標）

☒ 1が該当し，かつ他が少なくとも4つ以上該当する場合，チェックする

☒ (1) FT＋TF＋T＝0

☒ (2) Zf＞12
☐ (3) Zd＞＋3.5
☒ (4) S＞3
☒ (5) H＋(H)＋Hd＋(Hd)＞6
☒ (6) (H)＋(A)＋(Hd)＋(Ad)＞3
☒ (7) H＋A：Hd＋Ad＜4：1
☐ (8) Cg＞3

### OBS（強迫的様式指標）

☐ (1) Dd＞3
☒ (2) Zf＞12
☐ (3) Zd＞＋3.0
☐ (4) Populars＞7
☐ (5) FQ＋＞1

☐ 1つ以上該当する場合，チェックする

☐ Conditions 1 to 5 are all true：
☐ 2 or more of 1 to 4 are true　かつ　FQ＋＞3
☐ 3 or more of 1 to 5 all true　かつ　X＋%＞.89
☐ FQ＋＞3　かつ　X＋%＞.89

***注**：児童の場合は100ページの年齢による修正に従って修正する。

# 第Ⅱ部

# 第10章　表Aと表B

　原著ではここに位置する「表A」は主に2つの理由によって本翻訳では割愛した。表Aは各図版ごとの形態水準表であり，全訳するとかなり膨大な紙面を要するという理由と，この表Aがすでに別本として刊行されているという理由による。表Aの邦訳を入手されたい読者は，「監訳者あとがき」（p.247）を参照していただきたい。

## 表Bについて

　普通よりも形態の特徴について詳しく述べられた反応を，表Bに$FQ+$の例としてあげた。$FQ+$とコードするには判断が必要である。形態が詳細に語られる場合には2通りあって，1つは創造性が豊かである場合，もう1つは単にこだわりが強い場合である。それらは両方ともに$FQ+$とコードする。表Bの反応はどれも，形態について詳細に語られなければ普通（o）反応であろう。表Bの例では，一般の人がする以上に形態が語られているため，反応が豊かで，念入りで，精密なものとなっている。

　+とコードする反応は限られている。形態についてそれほど語っていない反応はoとする。その区別は経験的なものである。形態について普通以上に語る+反応は，oの基準も満たしている。uとコードするものの中には，創造的で形態について特別な指摘があるものもある。そうであっても，uの反応を$FQ+$とコードすることはない。たとえ形態が適切に用いられた反応であっても，その使われ方が通常のものか，あまり一般的でないものかを区別することで，$X+\%$と$Xu\%$の計算が正確になる。

　$FQ$がuで詳しい説明がなされた反応には，u/+という印をつけてその特別な語りをマークしておこうとする検査者もいる。それは解釈に役に立つかもしれない。特にそのような反応が頻発する記録には有用かもしれない。しかしu/+というコードはあくまでもuとして構造一覧表で計算する。

表B　FQ＋とコードされる反応の例

| 図版 | 反応 | 質問段階 |
|---|---|---|
| Ⅰ | これはチョウの一種のように見えます。**まわりがギザギザ**していて，**模様**と，小さな**触角**があります。 | E：（反応を繰り返す）<br>S：ええと，チョウの羽は多分もっとまっすぐなんですけど，珍しいのになると，こんなふうに**ギザギザ**しているんです。三角形の**白い模様**があって，これはすごく小さな**触角**。その先に小さな**丸いもの**がついていて，こっちはチョウの**腹**です。 |
| Ⅰ | 真ん中に女の人が**立っていて**，その**まわり**で人がケープをなびかせながら踊っています。小さな**帽子**をかぶっています。 | E：（反応を繰り返す）<br>S：これが人です。**足**で，**腰**で，上のこれが**手**。頭は見えないんですが，多分この女の人も踊っていて，頭を後ろに反らしているんだと思います。両側にいるのが**他のダンサー**です。<br>E：他のダンサー？<br>S：ここから**長いケープ**をなびかせていて，**頭**がここで，この下の方は，**足**まで全部見えてる感じです。多分，一緒にバランスをとっているか，ダンスを踊っているんでしょう。この上のところは，小さな**帽子**をかぶっているように見えます。 |
| Ⅱ | 魔女が2人います。赤い**帽子**をかぶっていて，手を合わせて，体を前に**かがめて**います。 | E：（反応を繰り返す）<br>S：身体を**丸めて**2人で一緒に魔法をかけているみたい。ここは手を合わせているとこで，手前には**火**があります。とがった赤い帽子をかぶっていて，これが**鼻**で，**手**で，**マント**を着てます。身体にまといついた感じの黒いマント。この下のところは火が燃えていて，炎が**噴き出**ています。 |
| Ⅱ | 宇宙船。翼で，下から噴射が**広がって**います。上のところが司令船の**カプセル**で，細い**脱出口**が上の方へ続いています。 | E：（反応を繰り返す）<br>S：バック・ロジャースに出てくるスペースシップみたいです。司令船の**カプセル**が丸くって，**脱出口**があって，発射するときみたいに，火が**後方へ広がって**噴き出しています。赤いのは噴射炎。この全体が黒い背景の中に浮き上がっていて，夜みたい。 |
| Ⅲ | 原住民の**女性**が2人。ここが**胸**で，真ん中に**大釜**があります。**エプロン**をしていて，**首飾り**をつけています。 | E：（反応を繰り返す）<br>S：これが**大釜**で，**頭**で，**顎**で，**鼻**で，**額**。これが**首飾**りで，**胸**で，**腕**で，**足**。これが**エプロン**のようなものです。2人とも大釜にかがみ込んでいます。 |
| Ⅳ | これは，自転車かオートバイに背中を**丸めて**乗っている男の人に見えます。小さな**ヘルメット**をかぶっていて，足を突き出しています。 | E：（反応を繰り返す）<br>S：これは**大きな足**で，こんなふうに外に出てる。真ん中のところはオートバイの**タイヤ**みたいです。これは**ハンドル**ですが，**先の部分**がどうなっているかと言うと，下の方に曲げられていますね。これが**体**。上のところが**頭**で，たぶん頭を前へ倒しています。**ヘルメット**があって，これは大きな**足**です。 |

## 表B　FQ＋とコードされる反応の例（つづき）

| 図版 | 反応 | 質問段階 |
|---|---|---|
| Ⅳ | 子ども向けのショーに出てくる生き物か怪物みたいです。小さい**腕**で，変な格好の**頭**で，大きな**足**。テレビに出てくるような間抜けな怪物。 | E：（反応を繰り返す）<br>S：**腕，頭，鼻，目**。45度下の**角度**から見上げたような感じです。大きな**足**で，**かかとの部分**が一番大きい。**つま先**も大きいけど。それから，大きな**しっぽ**。 |
| Ⅴ | 人が2人，地面の上に**背中合わせに座って**休んでいます。スキーの帽子を被って，毛布を掛けてます。 | E：（反応を繰り返す）<br>S：**背中合わせ**になってます。これとこれが**頭**で，こっちはスキーヤーなんかが被ってるようなふさの付いた**帽子**に見えます。足はここから出ています。**輪郭**を見ると，**体つき**が丸々しすぎていて，毛布を掛けているようです。**腕**や**膝**のあたりが**出っ張っている**のがわかります。 |
| Ⅴ | トリのようです。 | E：（反応を繰り返す）<br>S：**足**が前方にあって，先の割れた**尾**があって，**ぎざぎざの羽**。羽は後ろの向きに**斜め**の格好になっています。まるで**不揃い**。輪郭は不揃いなんですが，その先に爪があって，トリの羽だと思います。 |
| Ⅵ＜ | 戦っている**潜水艦**みたいです，**司令塔**があって。前方では爆弾が**破裂**しています。 | E：（反応を繰り返す）<br>S：ここが**司令塔**で，**船首**。これが**水の線**で，**船体**で，**船尾**。こっち側は爆発のような感じ。砲撃されているみたいです。この**水しぶき**の感じなんか。 |
| Ⅶ | シーソーに乗ってる2人の小さな**子ども**みたいです。小さな女の子で，**ポニーテール**が跳ね上がってます。 | E：（反応を繰り返す）<br>S：こっちとこっちに一人ずつです。**頭**で，小さな**鼻**と**口**で，これは**ポニーテール**。この棒につかまっていて，ぺたんと座っているみたいです。この下のところは，シーソーのような両端が上向きにカーブしてる乗り物の，土台の部分です。 |
| Ⅷ | これは**メリーゴーラウンド**。たぶん，その絵です。**各部分を違う色で細かく塗り分け**てあって，手がこんでますね。 | E：（反応を繰り返す）<br>S：両側に**動物**が2匹いて，**後ろ足で立っているみたい**です。この青い四角い部分が**機械**で，一番上はテントのようにしてあって。下のところは丸い土台の部分です。 |
| Ⅷ＜ | **動物**が**岩**とか水の上を歩いていて，この岩からこっちの**切り株**の方へ行こうとしているみたいです。全部，下に**映っています**。 | E：（反応を繰り返す）<br>S：ここ，このピンクのところ，**頭**で，**足**で，**しっぽ**で，とがった**鼻**。オレンジのところは大きな丸石で，**動物**はこっちの小さい**岩**の上を歩いています。**切り株**はここから**出ていて**，その上に**前足**が乗っています。青いのは水で，**細かいところまで全部映っています**。 |
| Ⅷ | そうですねえ，2匹のネズミ。 | E：（反応を繰り返す）<br>S：2匹いて，これとこれ（指で示す）。足が四本で，**しっぽ**で，**頭**で，**体**で，**耳**で，**鼻**で，**目**で，小さな前足。 |

表B　FQ＋とコードされる反応の例（つづき）

| 図版 | 反応 | 質問段階 |
|---|---|---|
| Ⅸ　< | **がっしりした体格の人**が，こっちの**丘**の上まで**小さな子ども**を追いかけています。 | E：（反応を繰り返す）<br>S：ここに人がいて，女性のようですが，**大柄な人**。**頭**で，**体**で，これは**腕**。手前にいるのが子ども。**頭**で，**体**。そよ風に吹かれて**髪の毛がなびいている**みたいです。これが丘のようなもので，これを登っているんだけど，オレンジ色だから，たぶん，砂丘ですね。砂の中を走っているところだと思います。 |
| Ⅸ | すごくきれいな**頭飾り**。東南アジアにあるような。 | E：（反応を繰り返す）<br>S：**両側の上に大きなオレンジ色のとがった部分**があって，この**アーチ**で2つがつながってます。その下，それぞれの側に，2匹の動物の**頭**があります。**鼻**で，**顎**で，これは目だと思います。真ん中は**砂時計**のような形をしていて，下のピンクのは頭にはめるための**バンド**です。 |
| Ⅹ | 水族館の中みたいです。 | E：（反応を繰り返す）<br>S：海の中の生き物がたくさんいます。青いのと茶色いのは**カニ**みたいです。**たくさんの足が突き出ています**。緑のは**海草**みたいで，ピンクのは丸太か**珊瑚**。こっちの下の緑は**タツノオトシゴ**が2匹，丸みのある**頭**で。黄色いのは**アメーバ**のようですが，**真ん中が丸くなっていて**，もっと大きいやつです。この茶色いのは**貝**の一種のようです。 |
| Ⅹ | **エッフェル塔**の前にある公園のようです。公園**越しに**エッフェル塔を見た感じです。 | E：（反応を繰り返す）<br>S：これが**エッフェル塔**で（D11），背景に立ってます。高い建物で，白いところが塔に続く**歩道**です。道沿いには**ピンクの花の花壇**があって（D9）。道には小さな**水たまり**が2つあります（D6）。入り口（D10）には**彫像**と**アーチ**があります。2頭の**ライオン**の像で（D2），足で，頭で，お尻をつけて**座っているみたい**です。それから，これ（D3），歩道の先の方には**三角形の彫像**があります。ピンクの外側は入れなくて。 |

# 第11章 記述統計

　ここに示す非患者と患者の資料は，ロールシャッハ・テストを利用し理解するのに助けとなるものである。資料のほとんどは，ワークブックの旧版や，3巻からなる The Rorschach: A Comprehensive System で公表したのと大きく異ならないが，構成を変えたものもある。

　これまで，各標本を下位群に分けることをしてこなかった。前のようなやり方で資料を示すと，ロールシャッハ・テストの解釈には使えても，実際は間違いを導くことになりかねない。なぜならば，変数によっては，分布が双峰性であったり，三峰性であったりするからである。これらの分布は，*EB*（内向型・外拡型・不定型）とラムダ（回避型；avoidant）の反応スタイルの違いから生じるものである。

　たとえば，内向型は色彩反応より人間運動反応を多く答え，外拡型はその逆である。しかし，両群の *M* と *WSumC* を1つにまとめて，この2つの変数の記述統計を求めると，内向型でも外拡型でもない見せかけの値を出すことになってしまう。この2変数だけが関与するのであれば，もしくは2つの反応スタイルだけに関連しているのであれば，この問題はそれほど重要ではないが，内向型と外拡型では，20を超える決定因子，内容，特殊スコアの頻度が本質的に異なっている。不定型の資料が加わると，これらの差はより不明瞭になり，ラムダが加わると問題はさらに複雑になる。

　ラムダは，プロトコルにおける純粋*F*反応の比率である。純粋*F*反応は，経済的な反応で，ほとんどのプロトコルに見られる。純粋*F*反応の頻度が高ければ，ラムダの値は1.0以上となり，他の決定因子やいくつかの変数の出現頻度は低くなる。高いラムダは，検査を受けるときの防衛的な態度を表わしていることもあるが，たいていは反応スタイルを表わしている。この反応スタイルは，体験型で区別される内向型・外拡型よりも優位に働く。それゆえに，ハイラムダのデータを，内向型，不定型，外拡型と一緒にすると，間違った記述統計を得る可能性が高くなる。また，群全体の結果をまとめることになるので，このデータから得られるのは，各群に共通する特徴についてのヒントだけとなってしまう。

　検査結果を解釈する人々を援助することが，このデータ集の主な目的である。反応スタイルが異なれば，ロールシャッハ・テストへのアプローチも異なるので，これらのスタイルと関連させてデータを提示することが最も適切である。本章の表のいくつかは，こうした観点に立って作成した。

　地域分布と社会経済的水準に基づいて一部層化した，600名の成人非患者のプロトコルから得た表が10個ある（表13から表22）。成人非患者群は，300名の男性と300名の女性から成り，ワークブックの旧版に示した非患者の表よりも，それぞれ50名ずつ少なくなっている。人数が減少したのは，層化の基準によって700名の非患者標本を選んだときに，成人非患者の記録の中に

200を超える記録がだぶっていたからである。重複した記録を見つけて，標本から削除し，記録を取り替えて，今回の標本を構成した。

　非患者に関する表の最初の2つは，すべての標本の資料を一緒にしたものである。これらの表は，リサーチのために掲載した。残りの8つの表は，内向型，不定型，外拡型，回避型（ハイラムダ）の反応スタイルで分けた表である。これらの表が，ロールシャッハ・テストの解釈をする人に最も役立つであろう。

　表23と表24は，1390名の児童非患者の資料で，5歳から16歳まで年齢毎に分けてある。これらの群は反応スタイルによって分けていない。なぜならば，反応スタイルによって分けると，得られる標本があまりに小さくなってしまい，意味ある資料を提供できないからである。これらの資料は，次の2つの理由から慎重に用いる必要がある。まず，どの年齢群においても，被検者数が十分ではないということ。第2に，被検者は親に勧められて非患者標本収集のプロジェクトに参加した子どもたちであったということである。つまり，子どもたちの能力に自信をもつ親が，自分の子どもに参加を勧めたであろうことが推測される。したがって，各年齢群のなかにはたいへん良い適応を示している子どもが多く含まれているであろう。

　表25から表34は，535名のさまざまな症状を示す成人外来患者群の資料である。成人非患者の形式と同じく，2つの表は反応スタイルで分けておらず，8つの表は反応スタイルで分けた表である。表35から表42は，279名の大うつ病性障害と診断された入院患者と328名の初回入院の統合失調症のデータである。これらの群は，ラムダによって下位群に分けた（$L<1.0$ と $L>0.99$）。反応スタイルによってさらに分けると標本数が少なくなって意味がない。

　表を検討する際には，変数のデータすべてを考慮することが重要である。平均と標準偏差を単独に見るのでは，多くのロールシャッハ変数，特にJ字型分布の変数で誤りを犯してしまう。中央値と最頻値が各表に示してある。これらの値は，とりわけ標準偏差が［　］で示された変数ではそうであるが，変数についてのより実際的な情報を提供してくれる。［　］付きのSDは，期待される範囲やノーマルレンジを確定するのに標準偏差を用いると重大な過ちを犯すことを示しており，［　］付きのSDを解釈上の拠り所としてはならない。

表13 成人非患者の記述統計（N＝600）

| 変数 | 平均 | 標準偏差 | 最小値 | 最大値 | 頻度 | 中央値 | 最頻値 | 歪度 | 尖度 |
|---|---|---|---|---|---|---|---|---|---|
| 年齢 | 31.73 | 10.69 | 19.00 | 69.00 | 600 | 30.00 | 22.00 | 1.34 | 1.65 |
| 教育年数 | 13.43 | 1.58 | 8.00 | 19.00 | 600 | 13.00 | 12.00 | 0.33 | 0.22 |
| R | 22.32 | 4.40 | 14.00 | 43.00 | 600 | 22.00 | 23.00 | 0.86 | 1.90 |
| W | 8.28 | 2.36 | 3.00 | 24.00 | 600 | 8.00 | 9.00 | 1.67 | 7.82 |
| D | 12.88 | 3.77 | 0.00 | 32.00 | 598 | 13.00 | 14.00 | −0.14 | 1.72 |
| Dd | 1.16 | [1.67] | 0.00 | 15.00 | 370 | 1.00 | 0.00 | 4.00 | 24.01 |
| S | 1.57 | [1.28] | 0.00 | 10.00 | 514 | 1.00 | 1.00 | 1.99 | 7.61 |
| DQ+ | 7.36 | 2.23 | 1.00 | 19.00 | 600 | 7.00 | 6.00 | 0.53 | 1.24 |
| DQo | 13.58 | 3.67 | 5.00 | 36.00 | 600 | 14.00 | 15.00 | 1.26 | 5.69 |
| DQv | 0.98 | [1.26] | 0.00 | 6.00 | 306 | 1.00 | 0.00 | 1.35 | 1.30 |
| DQv/+ | 0.39 | [0.61] | 0.00 | 2.00 | 193 | 0.00 | 0.00 | 1.32 | 0.65 |
| FQx+ | 0.71 | 0.88 | 0.00 | 5.00 | 290 | 0.00 | 0.00 | 1.33 | 2.19 |
| FQxo | 16.44 | 3.34 | 7.00 | 29.00 | 600 | 17.00 | 17.00 | 0.25 | 0.59 |
| FQxu | 3.49 | 2.03 | 0.00 | 16.00 | 580 | 3.00 | 3.00 | 1.50 | 5.33 |
| FQx- | 1.56 | 1.20 | 0.00 | 8.00 | 513 | 1.00 | 1.00 | 1.25 | 2.58 |
| FQxNone | 0.11 | [0.37] | 0.00 | 3.00 | 60 | 0.00 | 0.00 | 3.80 | 17.53 |
| MQ+ | 0.44 | 0.68 | 0.00 | 3.00 | 210 | 0.00 | 0.00 | 1.52 | 1.98 |
| MQo | 3.57 | 1.84 | 0.00 | 8.00 | 595 | 3.00 | 3.00 | 0.42 | −0.62 |
| MQu | 0.21 | 0.51 | 0.00 | 5.00 | 104 | 0.00 | 0.00 | 3.24 | 16.14 |
| MQ- | 0.07 | [0.27] | 0.00 | 2.00 | 35 | 0.00 | 0.00 | 4.48 | 21.40 |
| MQNone | 0.01 | [0.08] | 0.00 | 1.00 | 4 | 0.00 | 0.00 | 12.15 | 146.23 |
| S− | 0.25 | [0.56] | 0.00 | 3.00 | 117 | 0.00 | 0.00 | 2.71 | 8.25 |
| M | 4.30 | 1.95 | 1.00 | 10.00 | 600 | 4.00 | 3.00 | 0.48 | −0.55 |
| FM | 3.74 | 1.31 | 0.00 | 9.00 | 598 | 4.00 | 4.00 | 0.15 | 0.58 |
| m | 1.28 | 0.99 | 0.00 | 6.00 | 458 | 1.00 | 1.00 | 0.62 | 0.61 |
| FM＋m | 5.01 | 1.70 | 0.00 | 12.00 | 599 | 5.00 | 5.00 | 0.20 | 0.25 |
| FC | 3.56 | 1.88 | 0.00 | 9.00 | 580 | 3.00 | 3.00 | 0.38 | −0.24 |
| CF | 2.41 | 1.31 | 0.00 | 7.00 | 564 | 2.00 | 3.00 | 0.29 | −0.17 |
| C | 0.12 | [0.37] | 0.00 | 3.00 | 61 | 0.00 | 0.00 | 3.76 | 17.14 |
| Cn | 0.01 | [0.08] | 0.00 | 1.00 | 4 | 0.00 | 0.00 | 12.15 | 146.23 |
| Sum Color | 6.09 | 2.44 | 0.00 | 12.00 | 599 | 6.00 | 5.00 | 0.11 | −0.66 |
| WSumC | 4.36 | 1.78 | 0.00 | 9.50 | 599 | 4.00 | 3.50 | 0.11 | −0.54 |
| Sum C' | 1.49 | [1.16] | 0.00 | 10.00 | 490 | 1.00 | 1.00 | 1.41 | 5.96 |
| Sum T | 0.95 | [0.61] | 0.00 | 4.00 | 490 | 1.00 | 1.00 | 0.83 | 3.33 |
| Sum V | 0.28 | [0.61] | 0.00 | 5.00 | 124 | 0.00 | 0.00 | 2.71 | 9.58 |
| Sum Y | 0.61 | [0.96] | 0.00 | 10.00 | 262 | 0.00 | 0.00 | 3.53 | 23.46 |
| Sum Shading | 3.32 | 2.09 | 0.00 | 23.00 | 588 | 3.00 | 3.00 | 2.54 | 15.45 |
| Fr＋rF | 0.11 | [0.43] | 0.00 | 4.00 | 48 | 0.00 | 0.00 | 4.98 | 30.45 |
| FD | 1.18 | [0.94] | 0.00 | 5.00 | 456 | 1.00 | 1.00 | 0.84 | 1.35 |
| F | 7.95 | 2.83 | 2.00 | 23.00 | 600 | 8.00 | 7.00 | 0.92 | 2.04 |
| (2) | 8.52 | 2.18 | 1.00 | 21.00 | 600 | 8.00 | 8.00 | 0.29 | 2.11 |
| 3r＋(2)/R | 0.40 | 0.09 | 0.03 | 0.87 | 600 | 0.39 | 0.33 | 0.47 | 3.86 |
| Lambda | 0.60 | 0.31 | 0.11 | 2.33 | 600 | 0.53 | 0.50 | 2.27 | 8.01 |
| EA | 8.66 | 2.38 | 2.00 | 18.00 | 600 | 9.00 | 9.50 | −0.04 | 0.42 |
| es | 8.34 | 2.99 | 3.00 | 31.00 | 600 | 8.00 | 7.00 | 1.43 | 6.58 |
| D Score | −0.03 | 0.97 | −10.00 | 3.00 | 600 | 0.00 | 0.00 | −3.06 | 24.34 |
| Adj D | 0.15 | 0.82 | −5.00 | 3.00 | 600 | 0.00 | 0.00 | −0.88 | 5.89 |
| a (active) | 6.44 | 2.23 | 0.00 | 14.00 | 599 | 6.00 | 6.00 | 0.32 | 0.01 |
| p (passive) | 2.90 | 1.64 | 0.00 | 9.00 | 572 | 3.00 | 2.00 | 0.57 | 0.03 |
| Ma | 2.90 | 1.57 | 0.00 | 8.00 | 583 | 3.00 | 2.00 | 0.52 | −0.26 |
| Mp | 1.42 | 1.03 | 0.00 | 5.00 | 493 | 1.00 | 1.00 | 0.53 | −0.13 |
| Intellect | 1.57 | 1.48 | 0.00 | 9.00 | 449 | 1.00 | 1.00 | 1.27 | 2.16 |
| Zf | 11.84 | 2.78 | 5.00 | 27.00 | 600 | 12.00 | 12.00 | 0.87 | 3.44 |
| Zd | 0.57 | 2.98 | −11.50 | 9.50 | 560 | 0.50 | −1.00 | 0.31 | 0.48 |
| Blends | 5.15 | 2.08 | 0.00 | 12.00 | 598 | 5.00 | 5.00 | 0.00 | −0.26 |
| Blends/R | 0.24 | 0.10 | 0.00 | 0.67 | 598 | 0.24 | 0.26 | 0.35 | 0.65 |
| Col-Shd Blends | 0.45 | [0.68] | 0.00 | 5.00 | 215 | 0.00 | 0.00 | 1.70 | 4.12 |
| Afr | 0.67 | 0.16 | 0.23 | 1.29 | 600 | 0.67 | 0.67 | 0.35 | 0.65 |

表13 成人非患者（N＝600）（つづき）

| 変数 | 平均 | 標準偏差 | 最小値 | 最大値 | 頻度 | 中央値 | 最頻値 | 歪度 | 尖度 |
|---|---|---|---|---|---|---|---|---|---|
| Populars | 6.58 | 1.39 | 3.00 | 10.00 | 600 | 6.00 | 6.00 | −0.09 | −0.47 |
| XA% | 0.92 | 0.06 | 0.57 | 1.00 | 600 | 0.94 | 0.96 | −1.34 | 3.68 |
| WDA% | 0.94 | 0.06 | 0.54 | 1.00 | 600 | 0.95 | 1.00 | −1.42 | 4.93 |
| X+% | 0.77 | 0.09 | 0.35 | 1.00 | 600 | 0.78 | 0.80 | −0.86 | 2.33 |
| X−% | 0.07 | 0.05 | 0.00 | 0.43 | 513 | 0.05 | 0.04 | 1.41 | 4.56 |
| Xu% | 0.15 | 0.07 | 0.00 | 0.45 | 580 | 0.15 | 0.13 | 0.54 | 0.86 |
| Isolate/R | 0.19 | 0.09 | 0.00 | 0.60 | 588 | 0.18 | 0.16 | 0.51 | 0.41 |
| H | 3.21 | 1.71 | 0.00 | 9.00 | 595 | 3.00 | 2.00 | 0.97 | 0.84 |
| (H) | 1.22 | 1.02 | 0.00 | 6.00 | 432 | 1.00 | 1.00 | 0.65 | 0.48 |
| HD | 0.84 | 1.02 | 0.00 | 7.00 | 336 | 1.00 | 0.00 | 1.98 | 6.60 |
| (Hd) | 0.21 | 0.50 | 0.00 | 4.00 | 109 | 0.00 | 0.00 | 2.90 | 11.25 |
| Hx | 0.03 | [0.23] | 0.00 | 4.00 | 14 | 0.00 | 0.00 | 11.29 | 164.54 |
| All H Cont | 5.49 | 1.75 | 1.00 | 15.00 | 600 | 5.00 | 5.00 | 0.59 | 1.24 |
| A | 7.96 | 2.25 | 3.00 | 25.00 | 600 | 8.00 | 7.00 | 1.06 | 5.03 |
| (A) | 0.27 | [0.54] | 0.00 | 3.00 | 137 | 0.00 | 0.00 | 2.31 | 6.38 |
| Ad | 2.30 | [1.20] | 0.00 | 9.00 | 571 | 2.00 | 2.00 | 0.79 | 2.85 |
| (Ad) | 0.10 | [0.34] | 0.00 | 2.00 | 53 | 0.00 | 0.00 | 3.57 | 13.07 |
| An | 0.54 | [0.77] | 0.00 | 4.00 | 243 | 0.00 | 0.00 | 1.59 | 2.81 |
| Art | 0.90 | 0.91 | 0.00 | 5.00 | 363 | 1.00 | 0.00 | 0.98 | 1.20 |
| Ay | 0.35 | [0.52] | 0.00 | 3.00 | 198 | 0.00 | 0.00 | 1.23 | 1.38 |
| Bl | 0.20 | [0.46] | 0.00 | 3.00 | 104 | 0.00 | 0.00 | 2.40 | 5.80 |
| Bt | 2.37 | 1.32 | 0.00 | 6.00 | 551 | 2.00 | 3.00 | 0.17 | −0.29 |
| Cg | 1.41 | 1.09 | 0.00 | 5.00 | 482 | 1.00 | 1.00 | 0.73 | 0.29 |
| Cl | 0.14 | [0.38] | 0.00 | 2.00 | 78 | 0.00 | 0.00 | 2.67 | 6.76 |
| Ex | 0.20 | [0.40] | 0.00 | 2.00 | 119 | 0.00 | 0.00 | 1.57 | 0.74 |
| Fi | 0.56 | [0.77] | 0.00 | 4.00 | 240 | 0.00 | 0.00 | 1.09 | 0.22 |
| Food | 0.21 | [0.47] | 0.00 | 3.00 | 112 | 0.00 | 0.00 | 2.26 | 5.03 |
| Ge | 0.05 | [0.24] | 0.00 | 2.00 | 27 | 0.00 | 0.00 | 5.18 | 28.97 |
| Hh | 0.99 | 0.90 | 0.00 | 4.00 | 407 | 1.00 | 1.00 | 0.85 | 0.57 |
| Ls | 0.86 | 0.79 | 0.00 | 3.00 | 382 | 1.00 | 1.00 | 0.60 | −0.23 |
| Na | 0.36 | [0.63] | 0.00 | 6.00 | 178 | 0.00 | 0.00 | 2.35 | 11.12 |
| Sc | 1.12 | [1.15] | 0.00 | 6.00 | 388 | 1.00 | 0.00 | 1.22 | 1.96 |
| Sx | 0.11 | [0.47] | 0.00 | 5.00 | 46 | 0.00 | 0.00 | 6.16 | 48.09 |
| Xy | 0.05 | [0.24] | 0.00 | 2.00 | 29 | 0.00 | 0.00 | 4.80 | 24.46 |
| Idjo | 1.36 | 1.32 | 0.00 | 7.00 | 404 | 1.00 | 0.00 | 1.03 | 1.43 |
| DV | 0.59 | [0.78] | 0.00 | 4.00 | 266 | 0.00 | 0.00 | 1.36 | 1.77 |
| INCOM | 0.56 | [0.78] | 0.00 | 4.00 | 263 | 0.00 | 0.00 | 1.74 | 3.91 |
| DR | 0.39 | [0.69] | 0.00 | 4.00 | 175 | 0.00 | 0.00 | 1.97 | 4.15 |
| FABCOM | 0.27 | [0.52] | 0.00 | 3.00 | 141 | 0.00 | 0.00 | 1.85 | 3.02 |
| DV2 | 0.00 | [0.06] | 0.00 | 1.00 | 2 | 0.00 | 0.00 | 17.27 | 297.49 |
| INC2 | 0.02 | [0.13] | 0.00 | 1.00 | 10 | 0.00 | 0.00 | 7.57 | 55.49 |
| DR2 | 0.01 | [0.11] | 0.00 | 1.00 | 8 | 0.00 | 0.00 | 8.50 | 70.61 |
| FAB2 | 0.03 | [0.16] | 0.00 | 1.00 | 16 | 0.00 | 0.00 | 5.89 | 32.81 |
| ALOG | 0.04 | [0.20] | 0.00 | 2.00 | 21 | 0.00 | 0.00 | 5.58 | 33.07 |
| CONTAM | 0.00 | 0.00 | 0.00 | 0.00 | 0 | 0.00 | 0.00 | − | − |
| Sum 6 Sp Sc | 1.91 | 1.47 | 0.00 | 7.00 | 496 | 2.00 | 1.00 | 0.80 | 0.56 |
| Lvl 2 Sp Sc | 0.06 | [0.25] | 0.00 | 2.00 | 34 | 0.00 | 0.00 | 4.33 | 19.52 |
| WSum6 | 4.48 | 4.08 | 0.00 | 28.00 | 496 | 4.00 | 0.00 | 1.42 | 3.25 |
| AB | 0.16 | [0.43] | 0.00 | 3.00 | 84 | 0.00 | 0.00 | 2.82 | 8.39 |
| AG | 1.11 | 1.15 | 0.00 | 5.00 | 380 | 1.00 | 0.00 | 1.02 | 0.60 |
| COP | 2.00 | 1.38 | 0.00 | 6.00 | 498 | 2.00 | 2.00 | 0.25 | −0.63 |
| CP | 0.01 | [0.09] | 0.00 | 1.00 | 5 | 0.00 | 0.00 | 10.84 | 115.98 |
| GOODHR | 4.93 | 1.78 | 0.00 | 10.00 | 598 | 5.00 | 5.00 | 0.36 | 0.02 |
| POORHR | 1.53 | 1.46 | 0.00 | 8.00 | 431 | 1.00 | 1.00 | 1.25 | 2.30 |
| MOR | 0.79 | [0.89] | 0.00 | 4.00 | 321 | 1.00 | 0.00 | 1.01 | 0.60 |
| PER | 0.92 | 0.91 | 0.00 | 5.00 | 385 | 1.00 | 1.00 | 1.33 | 3.39 |
| PSV | 0.07 | [0.25] | 0.00 | 2.00 | 38 | 0.00 | 0.00 | 3.84 | 14.28 |

注：［　］で示した標準偏差は，値が信頼できないので，期待域の推定を行ってはならない。これらの変数をパラメトリックな分析に含めてはならない。

**表14　成人非患者での36変数の頻度（N＝600）**

### 人口統計学的変数

| 婚姻状態 | | | 年齢 | | | 人種 | | |
|---|---|---|---|---|---|---|---|---|
| 独身 | 165 | 28％ | 18-25 | 195 | 33％ | 白人 | 493 | 82％ |
| 同棲あるいは同居中 | 49 | 8％ | 26-35 | 240 | 40％ | 黒人 | 60 | 10％ |
| 既婚 | 270 | 45％ | 36-45 | 102 | 17％ | スペイン系 | 36 | 6％ |
| 別居中 | 32 | 5％ | 46-55 | 32 | 5％ | アジア系 | 11 | 2％ |
| 離婚 | 72 | 12％ | 56-65 | 23 | 4％ | | | |
| 寡婦（夫） | 12 | 2％ | 66以上 | 8 | 1％ | | | |

| 性別 | | | | | | 教育年数 | | |
|---|---|---|---|---|---|---|---|---|
| | | | | | | 12年未満 | 32 | 5％ |
| 男 | 300 | 50％ | | | | 12年 | 163 | 27％ |
| 女 | 300 | 50％ | | | | 13-15年 | 318 | 53％ |
| | | | | | | 16年以上 | 87 | 15％ |

### 比率, パーセンテージ, 特殊指標

| スタイル | | | 形態水準 | | |
|---|---|---|---|---|---|
| 内向型 | 199 | 33％ | $XA\% > .89$ | 443 | 74％ |
| 超内向型 | 52 | 9％ | $XA\% < .70$ | 2 | 0％ |
| 不定型 | 116 | 19％ | $WDA\% < .85$ | 29 | 5％ |
| 外拡 | 227 | 38％ | $WDA\% < .75$ | 3 | 1％ |
| 超外拡 | 59 | 10％ | $X+\% < .55$ | 9 | 2％ |
| 回避 | 58 | 10％ | $Xu\% > .20$ | 129 | 22％ |
| | | | $X-\% > .20$ | 15 | 3％ |
| Dスコア | | | $X-\% > .30$ | 2 | 0％ |
| Dスコア＞0 | 100 | 17％ | | | |
| Dスコア＝0 | 420 | 70％ | FC：CF＋Cの比率 | | |
| Dスコア＜0 | 80 | 13％ | $FC > (CF+C) + 2$ | 151 | 25％ |
| Dスコア＜－1 | 29 | 5％ | $FC > (CF+C) + 1$ | 245 | 41％ |
| | | | $(CF+C) > FC + 1$ | 70 | 12％ |
| 修正Dスコア＞0 | 151 | 25％ | $(CF+C) > FC + 2$ | 24 | 4％ |
| 修正Dスコア＝0 | 389 | 65％ | | | |
| 修正Dスコア＜0 | 60 | 10％ | | | |
| 修正Dスコア＜－1 | 21 | 4％ | 自殺の可能性陽性 | 0 | 0％ |
| Zd＞＋3.0（オーバーインコーポレイティブ） 100 | | 17％ | HVI陽性 | 18 | 3％ |
| Zd＜－3.0（アンダーインコーポレイティブ） 39 | | 7％ | OBS陽性 | 8 | 1％ |
| PTI＝5　0　0％ | | | DEPI＝7　2　0％ | CDI＝5 | 2　0％ |
| PTI＝4　0　0％ | | | DEPI＝6　4　1％ | CDI＝4 | 21　4％ |
| PTI＝3　1　0％ | | | DEPI＝5　24　4％ | | |

### その他の変数

| | | | | | |
|---|---|---|---|---|---|
| $R < 17$ | 58 | 10％ | $(2AB + Art + Ay) > 5$ | 12 | 2％ |
| $R > 27$ | 55 | 9％ | Populars $< 4$ | 7 | 1％ |
| $DQv > 2$ | 73 | 12％ | Populars $> 7$ | 184 | 31％ |
| $S > 2$ | 86 | 14％ | $COP = 0$ | 102 | 17％ |
| Sum T $= 0$ | 110 | 18％ | $COP > 2$ | 213 | 36％ |
| Sum T $> 1$ | 65 | 11％ | $AG = 0$ | 220 | 37％ |
| $3r + (2)/R < .33$ | 80 | 13％ | $AG > 2$ | 74 | 12％ |
| $3r + (2)/R > .44$ | 140 | 23％ | $MOR > 2$ | 26 | 4％ |
| $Fr + rF > 0$ | 48 | 8％ | Level 2 Sp.Sc. $> 0$ | 34 | 6％ |
| Pure C $> 0$ | 61 | 10％ | GHR $>$ PHR | 526 | 88％ |
| Pure C $> 1$ | 7 | 1％ | Pure H $< 2$ | 71 | 12％ |
| Afr $< .40$ | 18 | 3％ | Pure H $= 0$ | 5 | 1％ |
| Afr $< .50$ | 66 | 11％ | $p > a + 1$ | 11 | 2％ |
| (FM + m) $<$ Sum Shading | 87 | 15％ | Mp $>$ Ma | 82 | 14％ |

表15　内向型・成人非患者の記述統計（N＝199）

| 変数 | 平均 | 標準偏差 | 最小値 | 最大値 | 頻度 | 中央値 | 最頻値 | 歪度 | 尖度 |
|---|---|---|---|---|---|---|---|---|---|
| 年齢 | 33.23 | 11.39 | 19.00 | 69.00 | 199 | 31.00 | 26.00 | 1.26 | 1.30 |
| 教育年数 | 13.69 | 1.52 | 8.00 | 18.00 | 199 | 14.00 | 14.00 | 0.08 | 0.05 |
| R | 22.90 | 4.84 | 14.00 | 38.00 | 199 | 23.00 | 20.00 | 0.63 | 0.56 |
| W | 8.62 | 2.59 | 3.00 | 20.00 | 199 | 8.00 | 8.00 | 1.58 | 6.26 |
| D | 13.01 | 3.88 | 0.00 | 22.00 | 198 | 13.00 | 14.00 | −0.06 | 0.96 |
| Dd | 1.27 | [1.34] | 0.00 | 9.00 | 137 | 1.00 | 1.00 | 1.97 | 7.36 |
| S | 1.51 | [1.24] | 0.00 | 7.00 | 165 | 1.00 | 1.00 | 1.35 | 2.48 |
| DQ+ | 8.54 | 2.31 | 4.00 | 19.00 | 199 | 9.00 | 9.00 | 0.15 | 1.12 |
| DQo | 12.77 | 3.61 | 5.00 | 26.00 | 199 | 12.00 | 11.00 | 0.68 | 0.40 |
| DQv | 1.20 | [1.41] | 0.00 | 5.00 | 111 | 1.00 | 0.00 | 0.97 | −0.27 |
| DQv/+ | 0.39 | [0.61] | 0.00 | 2.00 | 65 | 0.00 | 0.00 | 1.30 | 0.63 |
| FQx+ | 0.79 | 0.99 | 0.00 | 5.00 | 99 | 0.00 | 0.00 | 1.46 | 2.71 |
| FQxo | 17.00 | 3.68 | 8.00 | 27.00 | 199 | 17.00 | 18.00 | 0.36 | 0.52 |
| FQxu | 3.64 | 1.94 | 0.00 | 14.00 | 196 | 4.00 | 4.00 | 1.50 | 5.39 |
| FQx- | 1.45 | 1.17 | 0.00 | 6.00 | 163 | 1.00 | 1.00 | 0.98 | 0.85 |
| FQxNone | 0.02 | [0.14] | 0.00 | 1.00 | 4 | 0.00 | 0.00 | 6.89 | 45.95 |
| MQ+ | 0.52 | 0.76 | 0.00 | 3.00 | 78 | 0.00 | 0.00 | 1.47 | 1.77 |
| MQo | 5.41 | 1.36 | 1.00 | 8.00 | 199 | 5.00 | 6.00 | −0.33 | 0.12 |
| MQu | 0.39 | 0.69 | 0.00 | 5.00 | 62 | 0.00 | 0.00 | 2.52 | 10.38 |
| MQ- | 0.09 | [0.35] | 0.00 | 2.00 | 13 | 0.00 | 0.00 | 4.33 | 19.06 |
| MQNone | 0.01 | [0.10] | 0.00 | 1.00 | 2 | 0.00 | 0.00 | 9.89 | 96.96 |
| S− | 0.20 | [0.48] | 0.00 | 3.00 | 34 | 0.00 | 0.00 | 3.01 | 11.58 |
| M | 6.42 | 1.26 | 2.00 | 10.00 | 199 | 7.00 | 7.00 | −0.02 | 0.27 |
| FM | 3.72 | 1.21 | 1.00 | 6.00 | 199 | 4.00 | 4.00 | 0.07 | −0.31 |
| m | 1.47 | 0.94 | 0.00 | 4.00 | 164 | 2.00 | 2.00 | 0.06 | −0.40 |
| FM＋m | 5.20 | 1.49 | 1.00 | 9.00 | 199 | 5.00 | 5.00 | 0.17 | −0.32 |
| FC | 3.03 | 1.49 | 0.00 | 7.00 | 193 | 3.00 | 3.00 | 0.31 | −0.13 |
| CF | 1.65 | 0.82 | 0.00 | 5.00 | 185 | 2.00 | 2.00 | 0.17 | 0.66 |
| C | 0.02 | [0.12] | 0.00 | 1.00 | 3 | 0.00 | 0.00 | 8.02 | 62.95 |
| Cn | 0.00 | [0.00] | 0.00 | 0.00 | 0 | 0.00 | 0.00 | − | − |
| Sum Color | 4.70 | 1.65 | 0.00 | 9.00 | 198 | 5.00 | 5.00 | 0.08 | 0.39 |
| WSumC | 3.19 | 1.07 | 0.00 | 6.00 | 198 | 3.50 | 3.50 | −0.18 | 0.36 |
| Sum C' | 1.33 | [1.13] | 0.00 | 8.00 | 146 | 1.00 | 2.00 | 1.21 | 4.89 |
| Sum T | 0.93 | [0.54] | 0.00 | 3.00 | 164 | 1.00 | 1.00 | 0.32 | 2.08 |
| Sum V | 0.31 | [0.53] | 0.00 | 2.00 | 54 | 0.00 | 0.00 | 1.53 | 1.44 |
| Sum Y | 0.45 | [0.83] | 0.00 | 6.00 | 65 | 0.00 | 0.00 | 3.06 | 13.94 |
| Sum Shading | 3.01 | 1.88 | 0.00 | 13.00 | 194 | 3.00 | 3.00 | 1.50 | 4.30 |
| Fr＋rF | 0.11 | [0.49] | 0.00 | 4.00 | 14 | 0.00 | 0.00 | 5.97 | 41.10 |
| FD | 1.30 | [0.95] | 0.00 | 4.00 | 154 | 1.00 | 1.00 | 0.31 | −0.31 |
| F | 7.46 | 2.56 | 2.00 | 15.00 | 199 | 7.00 | 7.00 | 0.48 | −0.39 |
| (2) | 8.99 | 2.06 | 3.00 | 14.00 | 199 | 9.00 | 8.00 | 0.38 | 0.28 |
| 3r＋(2)/R | 0.41 | 0.09 | 0.25 | 0.87 | 199 | 0.40 | 0.38 | 1.81 | 6.56 |
| Lambda | 0.50 | 0.17 | 0.11 | 0.92 | 199 | 0.50 | 0.33 | 0.40 | −0.17 |
| EA | 9.61 | 2.17 | 2.00 | 16.00 | 199 | 9.50 | 9.50 | −0.05 | 0.47 |
| es | 8.21 | 2.72 | 3.00 | 21.00 | 199 | 8.00 | 7.00 | 0.96 | 2.39 |
| D Score | 0.17 | 0.74 | −3.00 | 2.00 | 199 | 0.00 | 0.00 | −0.57 | 4.25 |
| Adj D | 0.41 | 0.73 | −3.00 | 2.00 | 199 | 0.00 | 0.00 | −0.25 | 2.31 |
| a (active) | 7.84 | 2.09 | 2.00 | 14.00 | 199 | 8.00 | 6.00 | 0.29 | −0.30 |
| p (passive) | 3.79 | 1.72 | 0.00 | 9.00 | 192 | 4.00 | 5.00 | −0.08 | −0.29 |
| Ma | 4.41 | 1.27 | 1.00 | 8.00 | 199 | 4.00 | 4.00 | −0.13 | 0.08 |
| Mp | 2.03 | 1.12 | 0.00 | 5.00 | 181 | 2.00 | 3.00 | −0.01 | −0.50 |
| Intellect | 1.35 | 1.47 | 0.00 | 9.00 | 136 | 1.00 | 1.00 | 1.67 | 4.02 |
| Zf | 12.80 | 2.98 | 6.00 | 25.00 | 199 | 13.00 | 13.00 | 0.42 | 2.52 |
| Zd | −0.12 | 3.08 | −6.50 | 8.50 | 190 | −0.50 | −3.00 | 0.39 | −0.28 |
| Blends | 4.83 | 2.11 | 0.00 | 11.00 | 198 | 5.00 | 5.00 | 0.24 | −0.27 |
| Blends/R | 0.22 | 0.10 | 0.00 | 0.57 | 198 | 0.20 | 0.25 | 0.63 | 0.24 |
| Col-Shd Blends | 0.29 | [0.52] | 0.00 | 2.00 | 52 | 0.00 | 0.00 | 1.56 | 1.57 |
| Afr | 0.64 | 0.15 | 0.23 | 1.14 | 199 | 0.67 | 0.67 | 0.33 | 1.03 |

表15 内向型・成人非患者（N＝199）（つづき）

| 変数 | 平均 | 標準偏差 | 最小値 | 最大値 | 頻度 | 中央値 | 最頻値 | 歪度 | 尖度 |
|---|---|---|---|---|---|---|---|---|---|
| Populars | 6.54 | 1.36 | 3.00 | 10.00 | 199 | 6.00 | 6.00 | 0.07 | −0.11 |
| XA％ | 0.94 | 0.05 | 0.69 | 1.00 | 199 | 0.95 | 0.95 | −1.39 | 4.25 |
| WDA％ | 0.95 | 0.05 | 0.69 | 1.00 | 199 | 0.96 | 1.00 | −1.50 | 3.83 |
| X＋％ | 0.78 | 0.09 | 0.35 | 1.00 | 199 | 0.79 | 0.80 | −1.36 | 4.66 |
| X−％ | 0.06 | 0.05 | 0.00 | 0.31 | 163 | 0.05 | 0.05 | 1.43 | 4.47 |
| Xu％ | 0.16 | 0.07 | 0.00 | 0.45 | 196 | 0.15 | 0.15 | 0.87 | 1.92 |
| Isolate/R | 0.19 | 0.10 | 0.00 | 0.60 | 193 | 0.17 | 0.13 | 0.69 | 1.00 |
| H | 4.79 | 1.71 | 1.00 | 9.00 | 199 | 5.00 | 5.00 | 0.30 | −0.09 |
| (H) | 1.27 | 1.19 | 0.00 | 4.00 | 134 | 1.00 | 0.00 | 0.66 | −0.46 |
| HD | 0.48 | 0.85 | 0.00 | 5.00 | 65 | 0.00 | 0.00 | 2.25 | 5.99 |
| (Hd) | 0.15 | 0.40 | 0.00 | 2.00 | 27 | 0.00 | 0.00 | 2.66 | 6.77 |
| Hx | 0.03 | [0.16] | 0.00 | 1.00 | 5 | 0.00 | 0.00 | 6.11 | 35.75 |
| All H Cont | 6.69 | 1.51 | 2.00 | 15.00 | 199 | 7.00 | 7.00 | 0.72 | 4.14 |
| A | 7.91 | 2.07 | 3.00 | 14.00 | 199 | 8.00 | 8.00 | 0.22 | 0.07 |
| (A) | 0.29 | [0.56] | 0.00 | 3.00 | 48 | 0.00 | 0.00 | 2.19 | 5.43 |
| Ad | 2.34 | [1.07] | 0.00 | 5.00 | 189 | 2.00 | 2.00 | −0.13 | −0.17 |
| (Ad) | 0.08 | [0.29] | 0.00 | 2.00 | 15 | 0.00 | 0.00 | 3.71 | 14.19 |
| An | 0.59 | [0.79] | 0.00 | 4.00 | 86 | 0.00 | 0.00 | 1.31 | 1.60 |
| Art | 0.72 | 0.84 | 0.00 | 4.00 | 103 | 1.00 | 0.00 | 1.12 | 1.28 |
| Ay | 0.38 | [0.53] | 0.00 | 3.00 | 73 | 0.00 | 0.00 | 1.11 | 1.47 |
| Bl | 0.06 | [0.27] | 0.00 | 2.00 | 9 | 0.00 | 0.00 | 5.35 | 30.64 |
| Bt | 2.03 | 1.25 | 0.00 | 5.00 | 177 | 2.00 | 3.00 | 0.09 | −0.73 |
| Cg | 1.73 | 1.27 | 0.00 | 5.00 | 163 | 1.00 | 1.00 | 0.32 | −0.79 |
| Cl | 0.18 | [0.45] | 0.00 | 2.00 | 31 | 0.00 | 0.00 | 2.48 | 5.68 |
| Ex | 0.31 | [0.46] | 0.00 | 1.00 | 61 | 0.00 | 0.00 | 0.84 | −1.30 |
| Fi | 0.46 | [0.66] | 0.00 | 2.00 | 72 | 0.00 | 0.00 | 1.15 | 0.10 |
| Food | 0.10 | [0.30] | 0.00 | 1.00 | 20 | 0.00 | 0.00 | 2.67 | 5.22 |
| Ge | 0.03 | [0.16] | 0.00 | 1.00 | 5 | 0.00 | 0.00 | 6.11 | 35.75 |
| Hh | 1.24 | 1.00 | 0.00 | 4.00 | 151 | 1.00 | 1.00 | 0.70 | 0.35 |
| Ls | 1.14 | 0.85 | 0.00 | 3.00 | 148 | 1.00 | 1.00 | 0.13 | −0.86 |
| Na | 0.41 | [0.75] | 0.00 | 6.00 | 60 | 0.00 | 0.00 | 2.88 | 14.66 |
| Sc | 1.09 | [1.09] | 0.00 | 6.00 | 136 | 1.00 | 1.00 | 1.44 | 2.92 |
| Sx | 0.10 | [0.49] | 0.00 | 5.00 | 12 | 0.00 | 0.00 | 6.89 | 57.06 |
| Xy | 0.03 | [0.16] | 0.00 | 1.00 | 5 | 0.00 | 0.00 | 6.11 | 35.75 |
| Idio | 1.42 | 1.22 | 0.00 | 7.00 | 141 | 1.00 | 0.00 | 0.71 | 0.97 |
| DV | 0.70 | [0.89] | 0.00 | 4.00 | 94 | 0.00 | 0.00 | 1.18 | 0.78 |
| INCOM | 0.51 | [0.77] | 0.00 | 4.00 | 76 | 0.00 | 0.00 | 1.77 | 3.46 |
| DR | 0.30 | [0.61] | 0.00 | 3.00 | 45 | 0.00 | 0.00 | 2.17 | 4.52 |
| FABCOM | 0.27 | [0.50] | 0.00 | 3.00 | 49 | 0.00 | 0.00 | 1.92 | 4.47 |
| DV2 | 0.01 | [0.07] | 0.00 | 1.00 | 1 | 0.00 | 0.00 | 14.10 | 199.00 |
| INC2 | 0.01 | [0.10] | 0.00 | 1.00 | 2 | 0.00 | 0.00 | 9.89 | 96.96 |
| DR2 | 0.03 | [0.17] | 0.00 | 1.00 | 6 | 0.00 | 0.00 | 5.53 | 28.95 |
| FAB2 | 0.05 | [0.21] | 0.00 | 1.00 | 9 | 0.00 | 0.00 | 4.41 | 17.63 |
| ALOG | 0.02 | [0.16] | 0.00 | 2.00 | 2 | 0.00 | 0.00 | 11.30 | 133.83 |
| CONTAM | 0.00 | 0.00 | 0.00 | 0.00 | 0 | 0.00 | 0.00 | − | − |
| Sum 6 Sp Sc | 1.88 | 1.54 | 0.00 | 7.00 | 155 | 2.00 | 2.00 | 0.70 | 0.10 |
| Lvl 2 Sp Sc | 0.09 | [0.32] | 0.00 | 2.00 | 16 | 0.00 | 0.00 | 3.76 | 14.75 |
| WSum6 | 4.30 | 4.09 | 0.00 | 28.00 | 155 | 4.00 | 0.00 | 1.56 | 4.97 |
| AB | 0.12 | [0.42] | 0.00 | 2.00 | 17 | 0.00 | 0.00 | 3.61 | 12.41 |
| AG | 1.16 | 1.17 | 0.00 | 5.00 | 132 | 1.00 | 1.00 | 1.09 | 0.81 |
| COP | 2.45 | 1.54 | 0.00 | 6.00 | 170 | 2.00 | 2.00 | 0.04 | −0.76 |
| CP | 0.00 | [0.00] | 0.00 | 0.00 | 0 | 0.00 | 0.00 | − | − |
| GOODHR | 6.24 | 1.69 | 2.00 | 10.00 | 199 | 6.00 | 5.00 | −0.04 | −0.49 |
| POORHR | 1.35 | 1.45 | 0.00 | 7.00 | 126 | 1.00 | 0.00 | 1.15 | 1.12 |
| MOR | 0.93 | [0.98] | 0.00 | 4.00 | 114 | 1.00 | 0.00 | 0.75 | −0.23 |
| PER | 0.98 | 0.87 | 0.00 | 5.00 | 133 | 1.00 | 1.00 | 0.80 | 1.51 |
| PSV | 0.04 | [0.19] | 0.00 | 1.00 | 7 | 0.00 | 0.00 | 5.08 | 24.10 |

注：［ ］で示した標準偏差は，値が信頼できないので，期待域の推定を行ってはならない。これらの変数をパラメトリックな分析に含めてはならない。

### 表16　内向型・成人での36変数の頻度（N＝199）

#### 人口統計学的変数

| 婚姻状態 | | | 年齢 | | | 人種 | | |
|---|---|---|---|---|---|---|---|---|
| 独身 | 47 | 24% | 18-25 | 56 | 28% | 白人 | 172 | 86% |
| 同棲あるいは同居中 | 13 | 7% | 26-35 | 75 | 38% | 黒人 | 16 | 8% |
| 既婚 | 99 | 50% | 36-45 | 43 | 22% | スペイン系 | 5 | 3% |
| 別居中 | 14 | 7% | 46-55 | 11 | 6% | アジア系 | 6 | 3% |
| 離婚 | 21 | 11% | 56-65 | 10 | 5% | | | |
| 寡婦（夫） | 5 | 3% | 66以上 | 4 | 2% | | | |

| 性別 | | | | | | 教育年数 | | |
|---|---|---|---|---|---|---|---|---|
| | | | | | | 12年未満 | 4 | 2% |
| 男 | 104 | 52% | | | | 12年 | 47 | 24% |
| 女 | 95 | 48% | | | | 13-15年 | 112 | 56% |
| | | | | | | 16年以上 | 36 | 18% |

#### 比率，パーセンテージ，特殊指標

| スタイル | | | 形態水準 | | |
|---|---|---|---|---|---|
| 内向型 | 199 | 100% | $XA\% > .89$ | 167 | 84% |
| 超内向型 | 52 | 26% | $XA\% < .70$ | 1 | 1% |
| 不定型 | 0 | 0% | $WDA\% < .85$ | 6 | 3% |
| 外拡 | 0 | 0% | $WDA\% < .75$ | 1 | 1% |
| 超外拡 | 0 | 0% | $X+\% < .55$ | 3 | 2% |
| 回避 | 0 | 0% | $Xu\% > .20$ | 40 | 20% |
| | | | $X-\% > .20$ | 4 | 2% |
| Dスコア | | | $X-\% > .30$ | 1 | 1% |
| Dスコア＞0 | 47 | 24% | | | |
| Dスコア＝0 | 138 | 69% | FC：CF＋Cの比率 | | |
| Dスコア＜0 | 14 | 7% | $FC > (CF+C)+2$ | 53 | 27% |
| Dスコア＜－1 | 6 | 3% | $FC > (CF+C)+1$ | 89 | 45% |
| | | | $(CF+C) > FC+1$ | 9 | 5% |
| 修正Dスコア＞0 | 82 | 41% | $(CF+C) > FC+2$ | 4 | 2% |
| 修正Dスコア＝0 | 108 | 54% | | | |
| 修正Dスコア＜0 | 9 | 5% | | | |
| 修正Dスコア＜－1 | 2 | 1% | | | |
| | | | 自殺の可能性陽性 | 0 | 0% |
| Zd＞＋3.0（オーバーインコーポレイティブ） | 33 | 17% | HVI陽性 | 6 | 3% |
| Zd＜－3.0（アンダーインコーポレイティブ） | 22 | 11% | OBS陽性 | 5 | 3% |

| | | | | | | | | |
|---|---|---|---|---|---|---|---|---|
| PTI＝5 | 0 | 0% | DEPI＝7 | 0 | 0% | CDI＝5 | 0 | 0% |
| PTI＝4 | 0 | 0% | DEPI＝6 | 1 | 1% | CDI＝4 | 1 | 1% |
| PTI＝3 | 1 | 1% | DEPI＝5 | 9 | 5% | | | |

#### その他の変数

| | | | | | |
|---|---|---|---|---|---|
| $R < 17$ | 18 | 9% | $(2AB+Art+Ay) > 5$ | 2 | 1% |
| $R > 27$ | 25 | 13% | $Populars < 4$ | 3 | 2% |
| $DQv > 2$ | 40 | 20% | $Populars > 7$ | 58 | 29% |
| $S > 2$ | 28 | 14% | $COP = 0$ | 29 | 15% |
| $Sum\ T = 0$ | 35 | 18% | $COP > 2$ | 97 | 49% |
| $Sum\ T > 1$ | 18 | 9% | $AG = 0$ | 67 | 34% |
| $3r+(2)/R < .33$ | 20 | 10% | $AG > 2$ | 25 | 13% |
| $3r+(2)/R > .44$ | 52 | 26% | $MOR > 2$ | 13 | 7% |
| $Fr+rF > 0$ | 14 | 7% | Level 2 Sp.Sc. $> 0$ | 16 | 8% |
| Pure C $> 0$ | 3 | 2% | $GHR > PHR$ | 187 | 94% |
| Pure C $> 1$ | 0 | 0% | Pure H $< 2$ | 3 | 2% |
| $Afr < .40$ | 9 | 5% | Pure H $= 0$ | 0 | 0% |
| $Afr < .50$ | 25 | 13% | $p > a+1$ | 3 | 2% |
| $(FM+m) < Sum\ Shading$ | 17 | 9% | $Mp > Ma$ | 16 | 8% |

表17 外拡型・成人の記述統計（N=227）

| 変数 | 平均 | 標準偏差 | 最小値 | 最大値 | 頻度 | 中央値 | 最頻値 | 歪度 | 尖度 |
|---|---|---|---|---|---|---|---|---|---|
| 年齢 | 31.25 | 11.06 | 19.00 | 67.00 | 227 | 29.00 | 22.00 | 1.38 | 1.53 |
| 教育年数 | 13.41 | 1.61 | 9.00 | 19.00 | 227 | 13.00 | 12.00 | 0.40 | 0.22 |
| R | 22.43 | 3.09 | 15.00 | 32.00 | 227 | 22.00 | 21.00 | 0.06 | 0.61 |
| W | 8.68 | 2.11 | 5.00 | 24.00 | 227 | 9.00 | 9.00 | 2.80 | 15.52 |
| D | 12.92 | 3.26 | 1.00 | 23.00 | 227 | 13.00 | 13.00 | −0.59 | 1.50 |
| Dd | 0.82 | [0.84] | 0.00 | 3.00 | 130 | 1.00 | 0.00 | 0.65 | −0.50 |
| S | 1.45 | [0.87] | 0.00 | 4.00 | 205 | 1.00 | 1.00 | 0.62 | 0.45 |
| DQ+ | 7.11 | 1.91 | 3.00 | 17.00 | 227 | 7.00 | 6.00 | 1.21 | 3.33 |
| DQo | 14.00 | 2.44 | 7.00 | 22.00 | 227 | 14.00 | 15.00 | −0.19 | 0.87 |
| DQv | 0.87 | [1.00] | 0.00 | 5.00 | 123 | 1.00 | 0.00 | 1.17 | 1.36 |
| DQv/+ | 0.44 | [0.61] | 0.00 | 2.00 | 86 | 0.00 | 0.00 | 1.05 | 0.09 |
| FQx+ | 0.86 | 0.83 | 0.00 | 4.00 | 138 | 1.00 | 0.00 | 0.65 | −0.04 |
| FQxo | 16.70 | 2.74 | 10.00 | 23.00 | 227 | 17.00 | 17.00 | −0.08 | −0.15 |
| FQxu | 3.22 | 1.73 | 0.00 | 9.00 | 216 | 3.00 | 3.00 | 0.48 | 0.25 |
| FQx- | 1.49 | 1.09 | 0.00 | 7.00 | 198 | 1.00 | 1.00 | 1.49 | 4.28 |
| FQxNone | 0.17 | [0.42] | 0.00 | 3.00 | 35 | 0.00 | 0.00 | 2.85 | 10.50 |
| MQ+ | 0.57 | 0.67 | 0.00 | 3.00 | 107 | 0.00 | 0.00 | 0.85 | −0.02 |
| MQo | 2.36 | 1.02 | 0.00 | 5.00 | 226 | 2.00 | 3.00 | 0.18 | −0.69 |
| MQu | 0.04 | 0.21 | 0.00 | 1.00 | 10 | 0.00 | 0.00 | 4.47 | 18.17 |
| MQ- | 0.02 | [0.13] | 0.00 | 1.00 | 4 | 0.00 | 0.00 | 7.38 | 52.95 |
| MQNone | 0.00 | [0.00] | 0.00 | 0.00 | 0 | 0.00 | 0.00 | − | − |
| S | −0.19 | [0.45] | 0.00 | 3.00 | 40 | 0.00 | 0.00 | 2.56 | 8.09 |
| M | 2.99 | 0.92 | 1.00 | 6.00 | 227 | 3.00 | 3.00 | 0.12 | 0.52 |
| FM | 3.94 | 1.17 | 0.00 | 8.00 | 226 | 4.00 | 4.00 | −0.08 | 0.52 |
| m | 1.13 | 0.96 | 0.00 | 6.00 | 172 | 1.00 | 1.00 | 1.27 | 3.31 |
| FM+m | 5.07 | 1.59 | 1.00 | 9.00 | 227 | 5.00 | 5.00 | 0.19 | −0.15 |
| FC | 4.65 | 1.80 | 0.00 | 9.00 | 224 | 5.00 | 5.00 | 0.04 | −0.11 |
| CF | 3.45 | 1.07 | 0.00 | 7.00 | 226 | 3.00 | 3.00 | 0.18 | 0.59 |
| C | 0.19 | [0.47] | 0.00 | 3.00 | 37 | 0.00 | 0.00 | 3.03 | 11.39 |
| Cn | 0.00 | [0.00] | 0.00 | 0.00 | 0 | 0.00 | 0.00 | − | − |
| Sum Color | 8.28 | 1.65 | 3.00 | 12.00 | 227 | 8.00 | 8.00 | −0.14 | 0.03 |
| WSumC | 6.05 | 1.09 | 4.00 | 9.50 | 227 | 6.00 | 6.00 | 0.26 | 0.09 |
| Sum C' | 1.47 | [1.04] | 0.00 | 5.00 | 194 | 1.00 | 1.00 | 0.83 | 0.93 |
| Sum T | 1.04 | [0.59] | 0.00 | 4.00 | 201 | 1.00 | 1.00 | 1.27 | 4.75 |
| Sum V | 0.23 | [0.61] | 0.00 | 5.00 | 38 | 0.00 | 0.00 | 3.59 | 18.47 |
| Sum Y | 0.71 | [0.77] | 0.00 | 3.00 | 124 | 1.00 | 0.00 | 0.96 | 0.58 |
| Sum Shading | 3.46 | 1.61 | 0.00 | 10.00 | 225 | 3.00 | 3.00 | 1.03 | 1.56 |
| Fr+rF | 0.08 | [0.37] | 0.00 | 3.00 | 12 | 0.00 | 0.00 | 5.25 | 29.80 |
| FD | 1.18 | [0.79] | 0.00 | 5.00 | 191 | 1.00 | 1.00 | 0.92 | 2.44 |
| F | 7.66 | 1.87 | 3.00 | 12.00 | 227 | 8.00 | 8.00 | −0.10 | −0.35 |
| (2) | 8.46 | 1.67 | 5.00 | 12.00 | 227 | 8.00 | 8.00 | 0.20 | −0.65 |
| 3r+(2)/R | 0.39 | 0.07 | 0.27 | 0.61 | 227 | 0.38 | 0.33 | 0.90 | 0.55 |
| Lambda | 0.54 | 0.17 | 0.19 | 0.91 | 227 | 0.53 | 0.53 | 0.10 | −0.51 |
| EA | 9.04 | 1.82 | 5.50 | 15.50 | 227 | 9.00 | 8.50 | 0.26 | 0.49 |
| es | 8.53 | 2.48 | 4.00 | 18.00 | 227 | 8.00 | 7.00 | 0.59 | 0.83 |
| D Score | 0.07 | 0.69 | −3.00 | 2.00 | 227 | 0.00 | 0.00 | −0.08 | 3.88 |
| Adj D | 0.15 | 0.68 | −2.00 | 3.00 | 227 | 0.00 | 0.00 | 0.59 | 3.48 |
| a (active) | 5.73 | 1.81 | 0.00 | 11.00 | 226 | 6.00 | 5.00 | 0.21 | −0.20 |
| p (passive) | 2.37 | 1.31 | 0.00 | 8.00 | 221 | 2.00 | 2.00 | 1.31 | 2.99 |
| Ma | 1.95 | 0.99 | 0.00 | 6.00 | 214 | 2.00 | 2.00 | 0.29 | 0.47 |
| Mp | 1.07 | 0.78 | 0.00 | 4.00 | 179 | 1.00 | 1.00 | 0.65 | 0.70 |
| Intellect | 1.96 | 1.44 | 0.00 | 7.00 | 201 | 2.00 | 1.00 | 1.12 | 1.42 |
| Zf | 11.83 | 2.31 | 8.00 | 27.00 | 227 | 11.00 | 11.00 | 1.92 | 9.10 |
| Zd | 1.57 | 2.74 | −3.50 | 9.50 | 210 | 1.00 | 2.00 | 0.73 | 0.49 |
| Blends | 5.86 | 1.75 | 0.00 | 12.00 | 226 | 6.00 | 6.00 | −0.02 | 0.87 |
| Blends/R | 0.26 | 0.08 | 0.00 | 0.57 | 226 | 0.26 | 0.26 | 0.01 | 2.22 |
| Col-Shd Blends | 0.70 | [0.83] | 0.00 | 5.00 | 116 | 1.00 | 0.00 | 1.33 | 2.75 |
| Afr | 0.71 | 0.16 | 0.27 | 1.09 | 227 | 0.71 | 0.91 | 0.18 | −0.15 |

表17 外拡型・成人非患者（N＝227）（つづき）

| 変数 | 平均 | 標準偏差 | 最小値 | 最大値 | 頻度 | 中央値 | 最頻値 | 歪度 | 尖度 |
|---|---|---|---|---|---|---|---|---|---|
| Populars | 6.77 | 1.36 | 4.00 | 9.00 | 227 | 7.00 | 8.00 | −0.36 | −0.63 |
| XA% | 0.93 | 0.05 | 0.72 | 1.00 | 227 | 0.94 | 0.96 | −1.01 | 1.99 |
| WDA% | 0.93 | 0.05 | 0.72 | 1.00 | 227 | 0.95 | 0.96 | −1.00 | 2.12 |
| X+% | 0.78 | 0.09 | 0.38 | 1.00 | 227 | 0.79 | 0.86 | −0.74 | 2.16 |
| X−% | 0.07 | 0.05 | 0.00 | 0.24 | 198 | 0.05 | 0.04 | 0.88 | 1.32 |
| Xu% | 0.14 | 0.07 | 0.00 | 0.35 | 216 | 0.14 | 0.14 | 0.22 | 0.18 |
| Isolate/R | 0.21 | 0.09 | 0.05 | 0.45 | 227 | 0.19 | 0.16 | 0.57 | −0.37 |
| H | 2.41 | 0.90 | 1.00 | 6.00 | 227 | 2.00 | 2.00 | 0.47 | 0.75 |
| (H) | 1.18 | 0.90 | 0.00 | 6.00 | 170 | 1.00 | 1.00 | 0.69 | 2.50 |
| HD | 0.93 | 0.84 | 0.00 | 4.00 | 153 | 1.00 | 1.00 | 0.81 | 0.78 |
| (Hd) | 0.24 | 0.49 | 0.00 | 3.00 | 49 | 0.00 | 0.00 | 2.42 | 7.80 |
| Hx | 0.01 | [0.13] | 0.00 | 2.00 | 1 | 0.00 | 0.00 | 15.06 | 227.00 |
| All H Cont | 4.76 | 1.43 | 2.00 | 12.00 | 227 | 5.00 | 4.00 | 0.95 | 2.79 |
| A | 8.14 | 2.08 | 4.00 | 14.00 | 227 | 8.00 | 7.00 | 0.75 | −0.17 |
| (A) | 0.21 | [0.49] | 0.00 | 3.00 | 42 | 0.00 | 0.00 | 2.75 | 9.48 |
| Ad | 2.21 | [0.98] | 0.00 | 5.00 | 219 | 2.00 | 2.00 | 0.02 | −0.19 |
| (Ad) | 0.12 | [0.40] | 0.00 | 2.00 | 21 | 0.00 | 0.00 | 3.53 | 12.22 |
| An | 0.44 | [0.67] | 0.00 | 4.00 | 82 | 0.00 | 0.00 | 1.96 | 5.93 |
| Art | 1.15 | 0.87 | 0.00 | 5.00 | 176 | 1.00 | 1.00 | 0.76 | 1.69 |
| Ay | 0.34 | [0.51] | 0.00 | 2.00 | 72 | 0.00 | 0.00 | 1.10 | 0.08 |
| Bl | 0.35 | [0.58] | 0.00 | 3.00 | 68 | 0.00 | 0.00 | 1.58 | 2.22 |
| Bt | 2.97 | 1.30 | 0.00 | 6.00 | 220 | 3.00 | 3.00 | 0.09 | −0.15 |
| Cg | 1.17 | 0.86 | 0.00 | 5.00 | 181 | 1.00 | 1.00 | 0.86 | 1.87 |
| Cl | 0.11 | [0.32] | 0.00 | 2.00 | 23 | 0.00 | 0.00 | 2.97 | 8.33 |
| Ex | 0.10 | [0.30] | 0.00 | 1.00 | 23 | 0.00 | 0.00 | 2.66 | 5.12 |
| Fi | 0.75 | [0.88] | 0.00 | 4.00 | 110 | 0.00 | 0.00 | 0.74 | −0.51 |
| Food | 0.36 | [0.58] | 0.00 | 3.00 | 71 | 0.00 | 0.00 | 1.51 | 1.98 |
| Ge | 0.08 | [0.28] | 0.00 | 2.00 | 16 | 0.00 | 0.00 | 3.84 | 15.22 |
| Hh | 0.88 | 0.75 | 0.00 | 3.00 | 157 | 1.00 | 1.00 | 0.76 | 0.70 |
| Ls | 0.76 | 0.72 | 0.00 | 3.00 | 138 | 1.00 | 1.00 | 0.68 | 0.19 |
| Na | 0.37 | [0.56] | 0.00 | 2.00 | 74 | 0.00 | 0.00 | 1.23 | 0.56 |
| Sc | 1.12 | [1.07] | 0.00 | 6.00 | 150 | 1.00 | 0.00 | 1.08 | 2.29 |
| Sx | 0.05 | [0.24] | 0.00 | 2.00 | 11 | 0.00 | 0.00 | 4.91 | 26.09 |
| Xy | 0.04 | [0.21] | 0.00 | 1.00 | 10 | 0.00 | 0.00 | 4.47 | 18.17 |
| Idio | 1.53 | 1.28 | 0.00 | 5.00 | 170 | 1.00 | 1.00 | 0.59 | −0.30 |
| DV | 0.53 | [0.65] | 0.00 | 3.00 | 102 | 0.00 | 0.00 | 0.93 | 0.20 |
| INCOM | 0.61 | [0.76] | 0.00 | 4.00 | 112 | 0.00 | 0.00 | 1.58 | 3.63 |
| DR | 0.37 | [0.73] | 0.00 | 4.00 | 60 | 0.00 | 0.00 | 2.29 | 6.03 |
| FABCOM | 0.23 | [0.47] | 0.00 | 2.00 | 47 | 0.00 | 0.00 | 1.91 | 2.93 |
| DV2 | 0.00 | [0.00] | 0.00 | 0.00 | 0 | 0.00 | 0.00 | − | − |
| INC2 | 0.00 | [0.07] | 0.00 | 1.00 | 1 | 0.00 | 0.00 | 15.06 | 227.00 |
| DR2 | 0.00 | [0.00] | 0.00 | 0.00 | 0 | 0.00 | 0.00 | − | − |
| FAB2 | 0.02 | [0.15] | 0.00 | 1.00 | 5 | 0.00 | 0.00 | 6.55 | 41.35 |
| ALOG | 0.05 | [0.22] | 0.00 | 1.00 | 11 | 0.00 | 0.00 | 4.23 | 16.06 |
| CONTAM | 0.00 | 0.00 | 0.00 | 0.00 | 0 | 0.00 | 0.00 | − | − |
| Sum 6 Sp Sc | 1.82 | 1.46 | 0.00 | 7.00 | 190 | 2.00 | 1.00 | 1.09 | 1.34 |
| Lvl 2 Sp Sc | 0.03 | [0.16] | 0.00 | 1.00 | 6 | 0.00 | 0.00 | 5.94 | 33.62 |
| WSum6 | 4.21 | 4.23 | 0.00 | 22.00 | 190 | 3.00 | 2.00 | 1.80 | 4.08 |
| AB | 0.23 | [0.47] | 0.00 | 2.00 | 48 | 0.00 | 0.00 | 1.88 | 2.76 |
| AG | 1.15 | 1.19 | 0.00 | 5.00 | 145 | 1.00 | 1.00 | 1.00 | 0.46 |
| COP | 1.83 | 1.23 | 0.00 | 4.00 | 189 | 2.00 | 2.00 | 0.14 | −0.91 |
| CP | 0.02 | [0.15] | 0.00 | 1.00 | 5 | 0.00 | 0.00 | 6.55 | 41.35 |
| GOODHR | 4.32 | 1.33 | 1.00 | 8.00 | 227 | 4.00 | 4.00 | 0.27 | 0.50 |
| POORHR | 1.51 | 1.33 | 0.00 | 8.00 | 168 | 1.00 | 1.00 | 1.02 | 1.89 |
| MOR | 0.71 | [0.78] | 0.00 | 4.00 | 121 | 1.00 | 0.00 | 1.01 | 0.97 |
| PER | 0.99 | 0.94 | 0.00 | 5.00 | 158 | 1.00 | 1.00 | 1.57 | 4.24 |
| PSV | 0.07 | [0.27] | 0.00 | 2.00 | 15 | 0.00 | 0.00 | 4.01 | 16.78 |

注：［　］で示した標準偏差は，値が信頼できないので，期待域の推定を行ってはならない。これらの変数をパラメトリックな分析に含めてはならない。

表18　外拡型・成人での36変数の頻度（N＝227）

### 人口統計学的変数

| 婚姻状態 | | | 年齢 | | | 人種 | | |
|---|---|---|---|---|---|---|---|---|
| 独身 | 73 | 32% | 18-25 | 82 | 36% | 白人 | 176 | 78% |
| 同棲あるいは同居中 | 14 | 6% | 26-35 | 90 | 40% | 黒人 | 27 | 12% |
| 既婚 | 99 | 44% | 36-45 | 26 | 11% | スペイン系 | 19 | 8% |
| 別居中 | 13 | 6% | 46-55 | 18 | 8% | アジア系 | 5 | 2% |
| 離婚 | 24 | 11% | 56-65 | 7 | 3% | | | |
| 寡婦（夫） | 4 | 2% | 66以上 | 4 | 2% | 教育年数 | | |
| | | | | | | 12年未満 | 13 | 6% |
| 性別 | | | | | | 12年 | 65 | 29% |
| 男 | 118 | 52% | | | | 13-15年 | 115 | 51% |
| 女 | 109 | 48% | | | | 16年以上 | 34 | 15% |

### 比率，パーセンテージ，特殊指標

| スタイル | | | | | | 形態水準 | | |
|---|---|---|---|---|---|---|---|---|
| 内向型 | 0 | 0% | | | | XA%＞.89 | 168 | 74% |
| 超内向型 | 0 | 0% | | | | XA%＜.70 | 0 | 0% |
| 不定型 | 0 | 0% | | | | WDA%＜.85 | 7 | 3% |
| 外拡 | 227 | 100% | | | | WDA%＜.75 | 1 | 0% |
| 超外拡 | 59 | 26% | | | | X＋%＜.55 | 2 | 1% |
| 回避 | 0 | 0% | | | | Xu%＞.20 | 41 | 18% |
| | | | | | | X−%＞.20 | 3 | 1% |
| Dスコア | | | | | | X−%＞.30 | 0 | 0% |
| Dスコア＞0 | 36 | 16% | | | | | | |
| Dスコア＝0 | 168 | 74% | | | | FC：CF＋Cの比率 | | |
| Dスコア＜0 | 23 | 10% | | | | FC＞（CF＋C）＋2 | 67 | 30% |
| Dスコア＜−1 | 6 | 3% | | | | FC＞（CF＋C）＋1 | 102 | 45% |
| | | | | | | （CF＋C）＞FC＋1 | 36 | 16% |
| 修正Dスコア＞0 | 44 | 19% | | | | （CF＋C）＞FC＋2 | 11 | 5% |
| 修正Dスコア＝0 | 166 | 73% | | | | | | |
| 修正Dスコア＜0 | 17 | 7% | | | | | | |
| 修正Dスコア＜−1 | 4 | 2% | | | | 自殺の可能性陽性 | 0 | 0% |
| Zd＞＋3.0（オーバーインコーポレイティブ） | | | 45 | 20% | | HVI陽性 | 3 | 1% |
| Zd＜−3.0（アンダーインコーポレイティブ） | | | 3 | 1% | | OBS陽性 | 1 | 0% |
| PTI＝5 | 0 | 0% | DEPI＝7 | 1 | 0% | CDI＝5 | 0 | 0% |
| PTI＝4 | 0 | 0% | DEPI＝6 | 0 | 0% | CDI＝4 | 6 | 3% |
| PTI＝3 | 0 | 0% | DEPI＝5 | 7 | 3% | | | |

### その他の変数

| | | | | | |
|---|---|---|---|---|---|
| R＜17 | 14 | 6% | （2AB＋Art＋Ay）＞5 | 8 | 4% |
| R＞27 | 17 | 7% | Populars＜4 | 0 | 0% |
| DQv＞2 | 13 | 6% | Populars＞7 | 81 | 36% |
| S＞2 | 25 | 11% | COP＝0 | 38 | 17% |
| Sum T＝0 | 26 | 11% | COP＞2 | 68 | 30% |
| Sum T＞1 | 28 | 12% | AG＝0 | 82 | 36% |
| 3r＋(2)/R＜.33 | 36 | 16% | AG＞2 | 36 | 16% |
| 3r＋(2)/R＞.44 | 39 | 17% | MOR＞2 | 5 | 2% |
| Fr＋rF＞0 | 12 | 5% | Level 2 Sp.Sc.＞0 | 6 | 3% |
| Pure C＞0 | 37 | 16% | GHR＞PHR | 195 | 86% |
| Pure C＞1 | 4 | 2% | Pure H＜2 | 34 | 15% |
| Afr＜.40 | 2 | 1% | Pure H＝0 | 0 | 0% |
| Afr＜.50 | 14 | 6% | p＞a＋1 | 7 | 3% |
| （FM＋m）＜Sum Shading | 30 | 13% | Mp＞Ma | 47 | 21% |

表19 不定型・成人の記述統計（N＝116）

| 変数 | 平均 | 標準偏差 | 最小値 | 最大値 | 頻度 | 中央値 | 最頻値 | 歪度 | 尖度 |
| --- | --- | --- | --- | --- | --- | --- | --- | --- | --- |
| 年齢 | 31.13 | 9.36 | 19.00 | 62.00 | 116 | 30.00 | 30.00 | 1.30 | 2.14 |
| 教育年数 | 13.09 | 1.54 | 9.00 | 18.00 | 116 | 13.00 | 12.00 | 0.33 | 0.76 |
| R | 20.84 | 4.99 | 14.00 | 38.00 | 116 | 20.00 | 20.00 | 1.21 | 1.96 |
| W | 7.86 | 2.17 | 3.00 | 18.00 | 116 | 8.00 | 7.00 | 0.95 | 3.74 |
| D | 11.53 | 3.82 | 0.00 | 20.00 | 115 | 12.00 | 14.00 | −0.37 | 0.15 |
| Dd | 1.45 | [2.49] | 0.00 | 15.00 | 70 | 1.00 | 0.00 | 3.75 | 16.62 |
| S | 1.90 | [1.65] | 0.00 | 9.00 | 98 | 2.00 | 2.00 | 1.89 | 5.21 |
| DQ+ | 6.73 | 1.87 | 2.00 | 13.00 | 116 | 7.00 | 8.00 | −0.15 | 0.56 |
| DQo | 12.82 | 4.58 | 5.00 | 34.00 | 116 | 12.00 | 14.00 | 2.18 | 7.93 |
| DQv | 0.88 | [1.25] | 0.00 | 5.00 | 50 | 0.00 | 0.00 | 1.50 | 1.85 |
| DQv/+ | 0.41 | [0.70] | 0.00 | 2.00 | 33 | 0.00 | 0.00 | 1.44 | 0.60 |
| FQx+ | 0.57 | 0.83 | 0.00 | 4.00 | 47 | 0.00 | 0.00 | 1.70 | 3.61 |
| FQxo | 15.27 | 3.54 | 7.00 | 29.00 | 116 | 15.00 | 13.00 | 0.55 | 0.95 |
| FQxu | 3.16 | 2.10 | 0.00 | 13.00 | 110 | 3.00 | 2.00 | 1.93 | 6.78 |
| FQx- | 1.68 | 1.26 | 0.00 | 6.00 | 101 | 1.00 | 1.00 | 1.07 | 1.16 |
| FQxNone | 0.16 | [0.47] | 0.00 | 3.00 | 14 | 0.00 | 0.00 | 3.60 | 14.91 |
| MQ+ | 0.26 | 0.59 | 0.00 | 3.00 | 23 | 0.00 | 0.00 | 2.68 | 7.87 |
| MQo | 3.28 | 1.44 | 0.00 | 8.00 | 114 | 3.00 | 3.00 | 0.54 | 0.86 |
| MQu | 0.25 | 0.51 | 0.00 | 2.00 | 25 | 0.00 | 0.00 | 1.94 | 3.01 |
| MQ- | 0.15 | [0.36] | 0.00 | 1.00 | 17 | 0.00 | 0.00 | 2.02 | 2.14 |
| MQNone | 0.01 | [0.09] | 0.00 | 1.00 | 1 | 0.00 | 0.00 | 10.77 | 116.00 |
| S− | 0.41 | [0.82] | 0.00 | 3.00 | 29 | 0.00 | 0.00 | 2.03 | 3.21 |
| M | 3.95 | 1.36 | 1.00 | 10.00 | 116 | 4.00 | 3.00 | 1.08 | 2.65 |
| FM | 3.85 | 1.33 | 1.00 | 9.00 | 116 | 4.00 | 4.00 | 0.43 | 1.22 |
| m | 1.48 | 1.08 | 0.00 | 4.00 | 90 | 2.00 | 2.00 | 0.31 | −0.29 |
| FM＋m | 5.34 | 1.69 | 2.00 | 10.00 | 116 | 5.00 | 5.00 | 0.19 | 0.18 |
| FC | 3.12 | 1.77 | 0.00 | 8.00 | 111 | 3.00 | 2.00 | 0.53 | 0.05 |
| CF | 1.91 | 1.13 | 0.00 | 5.00 | 105 | 2.00 | 1.00 | 0.20 | −0.54 |
| C | 0.15 | [0.40] | 0.00 | 2.00 | 15 | 0.00 | 0.00 | 2.80 | 7.72 |
| Cn | 0.02 | [0.13] | 0.00 | 1.00 | 2 | 0.00 | 0.00 | 7.51 | 55.43 |
| Sum Color | 5.20 | 2.02 | 1.00 | 9.00 | 116 | 5.00 | 4.00 | 0.11 | −0.59 |
| WSumC | 3.69 | 1.40 | 0.50 | 8.00 | 116 | 3.50 | 3.50 | 0.02 | 0.01 |
| Sum C' | 1.97 | [1.38] | 0.00 | 10.00 | 107 | 2.00 | 1.00 | 1.97 | 8.83 |
| Sum T | 0.94 | [0.64] | 0.00 | 4.00 | 92 | 1.00 | 1.00 | 0.87 | 3.85 |
| Sum V | 0.38 | [0.77] | 0.00 | 3.00 | 28 | 0.00 | 0.00 | 2.07 | 3.55 |
| Sum Y | 0.80 | [1.42] | 0.00 | 10.00 | 55 | 0.00 | 0.00 | 3.92 | 20.18 |
| Sum Shading | 4.09 | 2.95 | 1.00 | 23.00 | 116 | 3.00 | 3.00 | 3.16 | 15.33 |
| Fr＋rF | 0.10 | [0.35] | 0.00 | 2.00 | 9 | 0.00 | 0.00 | 3.96 | 16.24 |
| FD | 1.29 | [1.17] | 0.00 | 5.00 | 84 | 1.00 | 1.00 | 1.08 | 1.39 |
| F | 6.96 | 2.56 | 2.00 | 17.00 | 116 | 7.00 | 7.00 | 0.91 | 2.36 |
| (2) | 7.89 | 2.76 | 1.00 | 13.00 | 116 | 8.00 | 7.00 | −0.07 | 0.22 |
| 3r＋(2)/R | 0.40 | 0.11 | 0.03 | 0.63 | 116 | 0.40 | 0.50 | −0.91 | 2.43 |
| Lambda | 0.52 | 0.19 | 0.13 | 0.92 | 116 | 0.50 | 0.50 | 0.11 | −0.25 |
| EA | 7.64 | 2.53 | 2.00 | 18.00 | 116 | 7.50 | 7.50 | 0.51 | 1.52 |
| es | 9.42 | 3.65 | 4.00 | 31.00 | 116 | 9.00 | 9.00 | 2.60 | 11.17 |
| D Score | −0.53 | 1.51 | −10.00 | 2.00 | 116 | 0.00 | 0.00 | −3.24 | 15.20 |
| Adj D | −0.25 | 1.05 | −5.00 | 2.00 | 116 | 0.00 | 0.00 | −1.75 | 5.49 |
| a(active) | 6.37 | 1.87 | 2.00 | 12.00 | 116 | 6.00 | 6.00 | 0.55 | 0.58 |
| p(passive) | 2.93 | 1.48 | 0.00 | 6.00 | 109 | 3.00 | 2.00 | 0.28 | −0.12 |
| Ma | 2.60 | 1.08 | 1.00 | 7.00 | 116 | 2.00 | 2.00 | 1.29 | 2.78 |
| Mp | 1.37 | 0.87 | 0.00 | 3.00 | 98 | 1.00 | 1.00 | 0.16 | −0.61 |
| Intellect | 1.27 | 1.37 | 0.00 | 6.00 | 72 | 1.00 | 0.00 | 1.04 | 0.47 |
| Zf | 11.29 | 2.66 | 5.00 | 24.00 | 116 | 11.00 | 10.00 | 0.78 | 3.71 |
| Zd | 0.64 | 2.69 | −6.50 | 8.00 | 108 | 0.50 | 1.00 | 0.38 | 0.16 |
| Blends | 5.34 | 2.01 | 1.00 | 10.00 | 116 | 5.00 | 5.00 | −0.03 | −0.55 |
| Blends/R | 0.26 | 0.11 | 0.05 | 0.67 | 116 | 0.26 | 0.26 | 0.69 | 1.14 |
| Col-Shd Blends | 0.33 | [0.54] | 0.00 | 2.00 | 34 | 0.00 | 0.00 | 1.40 | 1.05 |
| Afr | 0.63 | 0.16 | 0.27 | 1.29 | 116 | 0.60 | 0.60 | 0.54 | 1.83 |

表19 不定型・成人非患者（N＝116）（つづき）

| 変数 | 平均 | 標準偏差 | 最小値 | 最大値 | 頻度 | 中央値 | 最頻値 | 歪度 | 尖度 |
|---|---|---|---|---|---|---|---|---|---|
| Populars | 6.43 | 1.53 | 3.00 | 10.00 | 116 | 6.00 | 8.00 | −0.02 | −0.37 |
| XA% | 0.91 | 0.07 | 0.57 | 1.00 | 116 | 0.93 | 0.95 | −1.53 | 4.07 |
| WDA% | 0.92 | 0.07 | 0.54 | 1.00 | 116 | 0.94 | 1.00 | −1.81 | 7.49 |
| X+% | 0.76 | 0.09 | 0.50 | 1.00 | 116 | 0.78 | 0.75 | −0.46 | 1.02 |
| X−% | 0.08 | 0.07 | 0.00 | 0.43 | 101 | 0.06 | 0.04 | 1.76 | 5.67 |
| Xu% | 0.15 | 0.08 | 0.00 | 0.39 | 110 | 0.15 | 0.16 | 0.50 | 0.75 |
| Isolate/R | 0.18 | 0.09 | 0.00 | 0.47 | 111 | 0.17 | 0.13 | 0.25 | 0.07 |
| H | 2.55 | 1.23 | 0.00 | 7.00 | 113 | 3.00 | 3.00 | 0.85 | 2.25 |
| (H) | 1.32 | 0.99 | 0.00 | 4.00 | 87 | 1.00 | 2.00 | 0.29 | −0.24 |
| HD | 0.97 | 1.19 | 0.00 | 7.00 | 71 | 1.00 | 1.00 | 2.61 | 10.41 |
| (Hd) | 0.26 | 0.63 | 0.00 | 4.00 | 22 | 0.00 | 0.00 | 3.26 | 13.10 |
| Hx | 0.02 | [0.13] | 0.00 | 1.00 | 2 | 0.00 | 0.00 | 7.51 | 55.43 |
| All H Cont | 5.09 | 1.75 | 1.00 | 10.00 | 116 | 5.00 | 5.00 | 0.60 | 0.91 |
| A | 7.65 | 2.31 | 3.00 | 14.00 | 116 | 7.00 | 6.00 | 0.24 | −0.51 |
| (A) | 0.27 | [0.53] | 0.00 | 3.00 | 27 | 0.00 | 0.00 | 2.24 | 6.11 |
| Ad | 2.10 | [1.55] | 0.00 | 9.00 | 107 | 2.00 | 2.00 | 1.83 | 5.45 |
| (Ad) | 0.11 | [0.34] | 0.00 | 2.00 | 12 | 0.00 | 0.00 | 3.12 | 9.84 |
| An | 0.57 | [0.87] | 0.00 | 4.00 | 45 | 0.00 | 0.00 | 1.69 | 2.68 |
| Art | 0.76 | 0.98 | 0.00 | 5.00 | 55 | 0.00 | 0.00 | 1.39 | 2.17 |
| Ay | 0.30 | [0.48] | 0.00 | 2.00 | 34 | 0.00 | 0.00 | 1.11 | −0.16 |
| Bl | 0.18 | [0.43] | 0.00 | 2.00 | 19 | 0.00 | 0.00 | 2.32 | 4.91 |
| Bt | 1.94 | 1.14 | 0.00 | 4.00 | 100 | 2.00 | 2.00 | −0.12 | −0.72 |
| Cg | 1.43 | 0.93 | 0.00 | 4.00 | 98 | 1.00 | 1.00 | 0.33 | −0.19 |
| Cl | 0.20 | [0.42] | 0.00 | 2.00 | 22 | 0.00 | 0.00 | 1.88 | 2.53 |
| Ex | 0.23 | [0.44] | 0.00 | 2.00 | 26 | 0.00 | 0.00 | 1.58 | 1.31 |
| Fi | 0.48 | [0.70] | 0.00 | 3.00 | 43 | 0.00 | 0.00 | 1.28 | 0.83 |
| Food | 0.16 | [0.44] | 0.00 | 2.00 | 16 | 0.00 | 0.00 | 2.74 | 7.17 |
| Ge | 0.03 | [0.18] | 0.00 | 1.00 | 4 | 0.00 | 0.00 | 5.17 | 25.16 |
| Hh | 0.76 | 0.87 | 0.00 | 3.00 | 61 | 1.00 | 0.00 | 0.97 | 0.19 |
| Ls | 0.72 | 0.79 | 0.00 | 3.00 | 65 | 1.00 | 0.00 | 1.07 | 1.04 |
| Na | 0.29 | [0.56] | 0.00 | 2.00 | 28 | 0.00 | 0.00 | 1.78 | 2.25 |
| Sc | 1.05 | [1.28] | 0.00 | 5.00 | 63 | 1.00 | 0.00 | 1.37 | 1.70 |
| Sx | 0.17 | [0.58] | 0.00 | 3.00 | 12 | 0.00 | 0.00 | 3.80 | 14.65 |
| Xy | 0.11 | [0.37] | 0.00 | 2.00 | 11 | 0.00 | 0.00 | 3.49 | 12.48 |
| Idio | 1.09 | 1.19 | 0.00 | 5.00 | 67 | 1.00 | 0.00 | 0.96 | 0.50 |
| DV | 0.61 | [0.88] | 0.00 | 4.00 | 49 | 0.00 | 0.00 | 1.62 | 2.41 |
| INCOM | 0.51 | [0.75] | 0.00 | 4.00 | 46 | 0.00 | 0.00 | 1.84 | 4.44 |
| DR | 0.46 | [0.75] | 0.00 | 3.00 | 39 | 0.00 | 0.00 | 1.78 | 2.90 |
| FABCOM | 0.37 | [0.65] | 0.00 | 2.00 | 32 | 0.00 | 0.00 | 1.54 | 1.07 |
| DV2 | 0.01 | [0.09] | 0.00 | 1.00 | 1 | 0.00 | 0.00 | 10.77 | 116.00 |
| INC2 | 0.03 | [0.18] | 0.00 | 1.00 | 4 | 0.00 | 0.00 | 5.17 | 25.16 |
| DR2 | 0.02 | [0.13] | 0.00 | 1.00 | 2 | 0.00 | 0.00 | 7.51 | 55.43 |
| FAB2 | 0.01 | [0.09] | 0.00 | 1.00 | 1 | 0.00 | 0.00 | 10.77 | 116.00 |
| ALOG | 0.03 | [0.18] | 0.00 | 1.00 | 4 | 0.00 | 0.00 | 5.17 | 25.16 |
| CONTAM | 0.00 | 0.00 | 0.00 | 0.00 | 0 | 0.00 | 0.00 | − | − |
| Sum 6 Sp Sc | 2.05 | 1.48 | 0.00 | 6.00 | 96 | 2.00 | 2.00 | 0.45 | −0.31 |
| Lvl 2 Sp Sc | 0.07 | [0.25] | 0.00 | 1.00 | 8 | 0.00 | 0.00 | 3.44 | 10.05 |
| WSum6 | 4.97 | 4.06 | 0.00 | 17.00 | 96 | 4.00 | 0.00 | 0.83 | 0.33 |
| AB | 0.10 | [0.31] | 0.00 | 1.00 | 12 | 0.00 | 0.00 | 2.63 | 5.05 |
| AG | 1.15 | 1.05 | 0.00 | 4.00 | 79 | 1.00 | 1.00 | 0.77 | 0.34 |
| COP | 1.82 | 1.25 | 0.00 | 4.00 | 94 | 2.00 | 2.00 | 0.08 | −0.98 |
| CP | 0.00 | [0.00] | 0.00 | 0.00 | 0 | 0.00 | 0.00 | − | − |
| GOODHR | 4.37 | 1.65 | 0.00 | 10.00 | 115 | 4.00 | 4.00 | 0.32 | 0.92 |
| POORHR | 1.69 | 1.53 | 0.00 | 7.00 | 90 | 1.00 | 1.00 | 1.37 | 2.54 |
| MOR | 0.78 | [0.99] | 0.00 | 4.00 | 55 | 0.00 | 0.00 | 1.18 | 0.80 |
| PER | 0.94 | 0.88 | 0.00 | 5.00 | 77 | 1.00 | 1.00 | 1.14 | 2.85 |
| PSV | 0.04 | [0.20] | 0.00 | 1.00 | 5 | 0.00 | 0.00 | 4.55 | 19.11 |

注： [ ] で示した標準偏差は，値が信頼できないので，期待域の推定を行ってはならない。これらの変数をパラメトリックな分析に含めてはならない。

**表20　不定型・成人での36変数の頻度（N＝116）**

## 人口統計学的変数

| 婚姻状態 | | | 年齢 | | | 人種 | | |
|---|---|---|---|---|---|---|---|---|
| 独身 | 30 | 26% | 18-25 | 35 | 30% | 白人 | 98 | 84% |
| 同棲あるいは同居中 | 12 | 10% | 26-35 | 53 | 46% | 黒人 | 7 | 6% |
| 既婚 | 45 | 39% | 36-45 | 21 | 18% | スペイン系 | 11 | 9% |
| 別居中 | 4 | 3% | 46-55 | 2 | 2% | アジア系 | 0 | 0% |
| 離婚 | 22 | 19% | 56-65 | 5 | 4% | | | |
| 寡婦（夫） | 3 | 3% | 66以上 | 0 | 0% | | | |

| 性別 | | | | | | 教育年数 | | |
|---|---|---|---|---|---|---|---|---|
| 男 | 52 | 45% | | | | 12年未満 | 10 | 9% |
| 女 | 64 | 55% | | | | 12年 | 36 | 31% |
| | | | | | | 13-15年 | 61 | 53% |
| | | | | | | 16年以上 | 9 | 8% |

## 比率，パーセンテージ，特殊指標

| スタイル | | | 形態水準 | | |
|---|---|---|---|---|---|
| 内向型 | 0 | 0% | XA%＞.89 | 76 | 66% |
| 超内向型 | 0 | 0% | XA%＜.70 | 1 | 1% |
| 不定型 | 116 | 100% | WDA%＜.85 | 10 | 9% |
| 外拡 | 0 | 0% | WDA%＜.75 | 1 | 1% |
| 超外拡 | 0 | 0% | X＋%＜.55 | 2 | 2% |
| 回避 | 0 | 0% | Xu%＞.20 | 21 | 18% |
| | | | X－%＞.20 | 8 | 7% |
| Dスコア | | | X－%＞.30 | 1 | 1% |
| Dスコア＞0 | 10 | 9% | | | |
| Dスコア＝0 | 69 | 59% | FC：CF＋Cの比率 | | |
| Dスコア＜0 | 37 | 32% | FC＞（CF＋C）＋2 | 23 | 20% |
| Dスコア＜－1 | 12 | 10% | FC＞（CF＋C）＋1 | 42 | 36% |
| | | | （CF＋C）＞FC＋1 | 13 | 11% |
| 修正Dスコア＞0 | 16 | 14% | （CF＋C）＞FC＋2 | 4 | 3% |
| 修正Dスコア＝0 | 72 | 62% | | | |
| 修正Dスコア＜0 | 28 | 24% | | | |
| 修正Dスコア＜－1 | 11 | 9% | | | |
| | | | 自殺の可能性陽性 | 0 | 0% |
| Zd＞＋3.0（オーバーインコーポレイティブ） | 20 | 17% | HVI陽性 | 8 | 7% |
| Zd＜－3.0（アンダーインコーポレイティブ） | 6 | 5% | OBS陽性 | 2 | 2% |

| PTI＝5 | 0 | 0% | DEPI＝7 | 1 | 1% | CDI＝5 | 2 | 2% |
|---|---|---|---|---|---|---|---|---|
| PTI＝4 | 0 | 0% | DEPI＝6 | 2 | 2% | CDI＝4 | 8 | 7% |
| PTI＝3 | 0 | 0% | DEPI＝5 | 6 | 5% | | | |

## その他の変数

| | | | | | |
|---|---|---|---|---|---|
| R＜17 | 23 | 20% | （2AB＋Art＋Ay）＞5 | 1 | 1% |
| R＞27 | 8 | 7% | Populars＜4 | 4 | 3% |
| DOv＞2 | 11 | 9% | Populars＞7 | 35 | 30% |
| S＞2 | 24 | 21% | COP＝0 | 22 | 19% |
| Sum T＝0 | 24 | 21% | COP＞2 | 36 | 31% |
| Sum T＞1 | 15 | 13% | AG＝0 | 37 | 32% |
| 3r＋(2)/R＜.33 | 17 | 15% | AG＞2 | 9 | 8% |
| 3r＋(2)/R＞.44 | 35 | 30% | MOR＞2 | 7 | 6% |
| Fr＋rF＞0 | 9 | 8% | Level 2 Sp.Sc.＞0 | 8 | 7% |
| Pure C＞0 | 15 | 13% | GHR＞PHR | 95 | 82% |
| Pure C＞1 | 2 | 2% | Pure H＜2 | 20 | 17% |
| Afr＜.40 | 5 | 4% | Pure H＝0 | 3 | 3% |
| Afr＜.50 | 18 | 16% | p＞a＋1 | 1 | 1% |
| （FM＋m）＜Sum Shading | 24 | 21% | Mp＞Ma | 14 | 12% |

表21　ハイラムダ・成人の記述統計（N＝58）

| 変数 | 平均 | 標準偏差 | 最小値 | 最大値 | 頻度 | 中央値 | 最頻値 | 歪度 | 尖度 |
|---|---|---|---|---|---|---|---|---|---|
| 年齢 | 29.64 | 8.66 | 19.00 | 61.00 | 58 | 28.50 | 24.00 | 1.21 | 1.90 |
| 教育年数 | 13.28 | 1.66 | 10.00 | 18.00 | 58 | 13.00 | 13.00 | 0.91 | 0.94 |
| R | 22.83 | 5.34 | 14.00 | 43.00 | 58 | 21.50 | 23.00 | 1.68 | 3.83 |
| W | 6.36 | 1.72 | 4.00 | 12.00 | 58 | 6.00 | 5.00 | 0.85 | 0.61 |
| D | 14.91 | 4.19 | 2.00 | 32.00 | 58 | 15.00 | 16.00 | 0.47 | 5.28 |
| Dd | 1.55 | [2.65] | 0.00 | 11.00 | 33 | 1.00 | 0.00 | 2.54 | 6.11 |
| S | 1.65 | [1.72] | 0.00 | 10.00 | 46 | 1.00 | 1.00 | 2.45 | 8.98 |
| DQ+ | 5.55 | 1.72 | 1.00 | 10.00 | 58 | 6.00 | 6.00 | 0.07 | 0.53 |
| DQo | 16.21 | 4.34 | 6.00 | 36.00 | 58 | 16.00 | 16.00 | 1.90 | 7.78 |
| DQv | 0.91 | [1.57] | 0.00 | 6.00 | 22 | 0.00 | 0.00 | 1.89 | 2.79 |
| DQv/+ | 0.16 | [0.37] | 0.00 | 1.00 | 9 | 0.00 | 0.00 | 1.95 | 1.89 |
| FQx+ | 0.12 | 0.38 | 0.00 | 2.00 | 6 | 0.00 | 0.00 | 3.33 | 11.57 |
| FQxo | 15.88 | 3.24 | 8.00 | 24.00 | 58 | 16.00 | 16.00 | 0.13 | 0.71 |
| FQxu | 4.72 | 2.67 | 1.00 | 16.00 | 58 | 4.00 | 3.00 | 1.78 | 4.95 |
| FQx- | 1.95 | 1.47 | 0.00 | 8.00 | 51 | 2.00 | 1.00 | 1.29 | 3.53 |
| FQxNone | 0.16 | [0.45] | 0.00 | 2.00 | 7 | 0.00 | 0.00 | 3.04 | 8.94 |
| MQ+ | 0.05 | 0.29 | 0.00 | 2.00 | 2 | 0.00 | 0.00 | 6.04 | 37.89 |
| MQo | 2.59 | 1.44 | 0.00 | 7.00 | 56 | 2.00 | 2.00 | 0.80 | 0.74 |
| MQu | 0.16 | 0.45 | 0.00 | 2.00 | 7 | 0.00 | 0.00 | 3.04 | 8.94 |
| MQ- | 0.02 | [0.13] | 0.00 | 1.00 | 1 | 0.00 | 0.00 | 7.61 | 58.00 |
| MQNone | 0.02 | [0.13] | 0.00 | 1.00 | 1 | 0.00 | 0.00 | 7.61 | 58.00 |
| S− | 0.28 | [0.52] | 0.00 | 2.00 | 14 | 0.00 | 0.00 | 1.76 | 2.37 |
| M | 2.83 | 1.49 | 1.00 | 7.00 | 58 | 3.00 | 2.00 | 0.80 | 0.18 |
| FM | 2.78 | 1.64 | 0.00 | 9.00 | 57 | 3.00 | 3.00 | 1.37 | 3.22 |
| m | 0.76 | 0.82 | 0.00 | 3.00 | 32 | 1.00 | 0.00 | 0.87 | 0.15 |
| FM＋m | 3.53 | 2.06 | 0.00 | 12.00 | 57 | 3.00 | 3.00 | 1.67 | 4.75 |
| FC | 1.95 | 1.22 | 0.00 | 5.00 | 52 | 2.00 | 2.00 | 0.70 | 0.87 |
| CF | 1.95 | 1.29 | 0.00 | 4.00 | 48 | 2.00 | 3.00 | −0.05 | −1.08 |
| C | 0.12 | [0.38] | 0.00 | 2.00 | 6 | 0.00 | 0.00 | 3.33 | 11.57 |
| Cn | 0.03 | [0.18] | 0.00 | 1.00 | 2 | 0.00 | 0.00 | 5.23 | 26.35 |
| Sum Color | 4.05 | 1.63 | 1.00 | 7.00 | 58 | 4.00 | 3.00 | 0.16 | −0.64 |
| WSumC | 3.10 | 1.36 | 0.50 | 5.50 | 58 | 2.75 | 4.00 | 0.06 | −0.94 |
| Sum C' | 1.12 | [0.94] | 0.00 | 3.00 | 43 | 1.00 | 1.00 | 0.67 | −0.25 |
| Sum T | 0.67 | [0.71] | 0.00 | 3.00 | 33 | 1.00 | 1.00 | 1.18 | 2.22 |
| Sum V | 0.12 | [0.50] | 0.00 | 3.00 | 4 | 0.00 | 0.00 | 4.66 | 22.88 |
| Sum Y | 0.41 | [0.73] | 0.00 | 3.00 | 18 | 0.00 | 0.00 | 2.01 | 4.19 |
| Sum Shading | 2.33 | 1.78 | 0.00 | 9.00 | 53 | 2.00 | 2.00 | 1.43 | 2.70 |
| Fr＋rF | 0.28 | [0.56] | 0.00 | 2.00 | 13 | 0.00 | 0.00 | 1.93 | 2.88 |
| FD | 0.57 | [0.68] | 0.00 | 2.00 | 27 | 0.00 | 0.00 | 0.78 | −0.48 |
| F | 12.72 | 2.80 | 7.00 | 23.00 | 58 | 12.00 | 11.00 | 1.24 | 3.08 |
| (2) | 8.38 | 2.71 | 3.00 | 21.00 | 58 | 8.00 | 8.00 | 1.74 | 7.27 |
| 3r＋(2)/R | 0.40 | 0.08 | 0.21 | 0.61 | 58 | 0.40 | 0.35 | 0.27 | 0.16 |
| Lambda | 1.33 | 0.38 | 1.00 | 2.33 | 58 | 1.16 | 1.00 | 1.53 | 1.29 |
| EA | 5.93 | 1.92 | 2.00 | 11.00 | 58 | 6.00 | 6.00 | 0.12 | 0.11 |
| es | 5.86 | 2.87 | 3.00 | 14.00 | 58 | 5.00 | 3.00 | 1.40 | 1.62 |
| D Score | −0.07 | 0.90 | −3.00 | 3.00 | 58 | 0.00 | 0.00 | −0.92 | 5.52 |
| Adj D | 0.02 | 0.78 | −2.00 | 3.00 | 58 | 0.00 | 0.00 | −0.03 | 4.86 |
| a(active) | 4.57 | 2.15 | 1.00 | 10.00 | 58 | 4.50 | 5.00 | 0.72 | 0.63 |
| p(passive) | 1.79 | 1.32 | 0.00 | 7.00 | 50 | 2.00 | 1.00 | 1.10 | 2.75 |
| Ma | 2.02 | 1.28 | 0.00 | 6.00 | 54 | 2.00 | 2.00 | 1.11 | 2.02 |
| Mp | 0.81 | 0.81 | 0.00 | 3.00 | 35 | 1.00 | 1.00 | 0.78 | 0.18 |
| Intellect | 1.45 | 1.53 | 0.00 | 8.00 | 40 | 1.00 | 1.00 | 1.66 | 4.53 |
| Zf | 9.62 | 2.42 | 5.00 | 19.00 | 58 | 9.00 | 9.00 | 1.14 | 2.75 |
| Zd | −1.12 | 2.66 | −11.50 | 4.50 | 52 | −1.25 | −3.00 | −0.78 | 2.95 |
| Blends | 3.07 | 1.68 | 1.00 | 7.00 | 58 | 3.00 | 2.00 | 0.48 | −0.66 |
| Blends/R | 0.14 | 0.07 | 0.04 | 0.36 | 58 | 0.13 | 0.05 | 0.74 | 0.26 |
| Col-Shd Blends | 0.24 | [0.47] | 0.00 | 2.00 | 13 | 0.00 | 0.00 | 1.75 | 2.28 |
| Afr | 0.56 | 0.18 | 0.27 | 1.26 | 58 | 0.54 | 0.67 | 0.80 | 1.61 |

表21 ハイラムダ・成人非患者（N＝58）（つづき）

| 変数 | 平均 | 標準偏差 | 最小値 | 最大値 | 頻度 | 中央値 | 最頻値 | 歪度 | 尖度 |
|---|---|---|---|---|---|---|---|---|---|
| Populars | 6.31 | 1.22 | 4.00 | 9.00 | 58 | 6.00 | 5.00 | 0.27 | −0.87 |
| XA% | 0.91 | 0.06 | 0.76 | 1.00 | 58 | 0.90 | 0.96 | −0.39 | −0.55 |
| WDA% | 0.92 | 0.06 | 0.78 | 1.00 | 58 | 0.94 | 0.96 | −0.62 | −0.36 |
| X＋% | 0.71 | 0.09 | 0.40 | 0.85 | 58 | 0.71 | 0.65 | −0.99 | 2.41 |
| X−% | 0.09 | 0.06 | 0.00 | 0.19 | 51 | 0.07 | 0.04 | 0.23 | −1.03 |
| Xu% | 0.20 | 0.08 | 0.05 | 0.40 | 58 | 0.19 | 0.15 | 0.51 | −0.17 |
| Isolate/R | 0.15 | 0.08 | 0.00 | 0.35 | 57 | 0.16 | 0.17 | 0.27 | −0.30 |
| H | 2.29 | 1.18 | 0.00 | 5.00 | 56 | 2.00 | 2.00 | 0.58 | 0.21 |
| (H) | 0.98 | 0.83 | 0.00 | 3.00 | 41 | 1.00 | 1.00 | 0.61 | 0.01 |
| HD | 1.47 | 1.38 | 0.00 | 6.00 | 47 | 1.00 | 1.00 | 1.59 | 2.68 |
| (Hd) | 0.22 | 0.50 | 0.00 | 2.00 | 11 | 0.00 | 0.00 | 2.20 | 4.26 |
| Hx | 0.16 | [0.59] | 0.00 | 4.00 | 6 | 0.00 | 0.00 | 5.37 | 33.27 |
| All H Cont | 4.97 | 1.52 | 2.00 | 9.00 | 58 | 5.00 | 4.00 | 0.89 | 0.94 |
| A | 8.07 | 3.14 | 3.00 | 25.00 | 58 | 8.00 | 6.00 | 2.90 | 14.31 |
| (A) | 0.40 | [0.62] | 0.00 | 3.00 | 20 | 0.00 | 0.00 | 1.78 | 4.23 |
| Ad | 2.95 | [1.43] | 0.00 | 7.00 | 56 | 3.00 | 3.00 | 0.24 | 0.41 |
| (Ad) | 0.09 | [0.28] | 0.00 | 1.00 | 5 | 0.00 | 0.00 | 3.02 | 7.42 |
| An | 0.72 | [0.85] | 0.00 | 3.00 | 30 | 1.00 | 0.00 | 1.09 | 0.65 |
| Art | 0.76 | 0.96 | 0.00 | 3.00 | 29 | 0.50 | 0.00 | 1.24 | 0.68 |
| Ay | 0.38 | [0.62] | 0.00 | 3.00 | 19 | 0.00 | 0.00 | 1.87 | 4.59 |
| Bl | 0.14 | [0.35] | 0.00 | 1.00 | 8 | 0.00 | 0.00 | 2.15 | 2.74 |
| Bt | 1.97 | 1.14 | 0.00 | 5.00 | 54 | 2.00 | 2.00 | 0.43 | −0.17 |
| Cg | 1.24 | 1.26 | 0.00 | 5.00 | 40 | 1.00 | 1.00 | 1.26 | 1.46 |
| Cl | 0.03 | [0.18] | 0.00 | 1.00 | 2 | 0.00 | 0.00 | 5.23 | 26.35 |
| Ex | 0.16 | [0.37] | 0.00 | 2.00 | 9 | 0.00 | 0.00 | 1.95 | 1.89 |
| Fi | 0.31 | [0.57] | 0.00 | 2.00 | 15 | 0.00 | 0.00 | 1.69 | 1.98 |
| Food | 0.12 | [0.42] | 0.00 | 2.00 | 5 | 0.00 | 0.00 | 3.67 | 13.26 |
| Ge | 0.07 | [0.37] | 0.00 | 2.00 | 2 | 0.00 | 0.00 | 5.23 | 26.35 |
| Hh | 1.00 | 0.97 | 0.00 | 3.00 | 38 | 1.00 | 1.00 | 0.82 | −0.17 |
| Ls | 0.57 | 0.57 | 0.00 | 2.00 | 31 | 1.00 | 1.00 | 0.32 | −0.84 |
| Na | 0.29 | [0.50] | 0.00 | 2.00 | 16 | 0.00 | 0.00 | 1.37 | 0.88 |
| Sc | 1.38 | [1.30] | 0.00 | 5.00 | 39 | 1.00 | 0.00 | 0.75 | 0.18 |
| Sx | 0.26 | [0.74] | 0.00 | 5.00 | 11 | 0.00 | 0.00 | 4.94 | 30.09 |
| Xy | 0.05 | [0.22] | 0.00 | 1.00 | 3 | 0.00 | 0.00 | 4.15 | 15.82 |
| Idio | 1.05 | 1.85 | 0.00 | 7.00 | 26 | 0.00 | 0.00 | 2.26 | 4.49 |
| DV | 0.38 | [0.52] | 0.00 | 2.00 | 21 | 0.00 | 0.00 | 0.88 | −0.42 |
| INCOM | 0.67 | [0.91] | 0.00 | 4.00 | 29 | 0.50 | 0.00 | 2.02 | 5.14 |
| DR | 0.64 | [0.67] | 0.00 | 2.00 | 31 | 1.00 | 0.00 | 0.57 | −0.66 |
| FABCOM | 0.22 | [0.42] | 0.00 | 1.00 | 13 | 0.00 | 0.00 | 1.35 | −0.16 |
| DV2 | 0.00 | [0.00] | 0.00 | 0.00 | 0 | 0.00 | 0.00 | — | — |
| INC2 | 0.05 | [0.22] | 0.00 | 1.00 | 3 | 0.00 | 0.00 | 4.15 | 15.82 |
| DR2 | 0.00 | [0.00] | 0.00 | 0.00 | 0 | 0.00 | 0.00 | — | — |
| FAB2 | 0.02 | [0.13] | 0.00 | 1.00 | 1 | 0.00 | 0.00 | 7.61 | 58.00 |
| ALOG | 0.07 | [0.26] | 0.00 | 1.00 | 4 | 0.00 | 0.00 | 3.49 | 10.57 |
| CONTAM | 0.00 | 0.00 | 0.00 | 0.00 | 0 | 0.00 | 0.00 | — | — |
| Sum 6 Sp Sc | 2.05 | 1.26 | 0.00 | 7.00 | 55 | 2.00 | 1.00 | 1.20 | 3.02 |
| Lvl 2 Sp Sc | 0.07 | [0.26] | 0.00 | 1.00 | 4 | 0.00 | 0.00 | 3.49 | 10.57 |
| WSum6 | 5.21 | 3.30 | 0.00 | 15.00 | 55 | 4.50 | 2.00 | 0.45 | −0.16 |
| AB | 0.16 | [0.49] | 0.00 | 3.00 | 7 | 0.00 | 0.00 | 4.12 | 20.31 |
| AG | 0.71 | 1.01 | 0.00 | 4.00 | 24 | 0.00 | 0.00 | 1.37 | 1.19 |
| COP | 1.47 | 1.13 | 0.00 | 4.00 | 45 | 1.00 | 1.00 | 0.35 | −0.75 |
| CP | 0.00 | [0.00] | 0.00 | 0.00 | 0 | 0.00 | 0.00 | — | — |
| GOODHR | 4.00 | 1.34 | 0.00 | 7.00 | 57 | 4.00 | 3.00 | −0.13 | 0.74 |
| POORHR | 1.85 | 1.72 | 0.00 | 8.00 | 47 | 1.00 | 1.00 | 1.67 | 3.98 |
| MOR | 0.62 | [0.67] | 0.00 | 3.00 | 31 | 1.00 | 0.00 | 0.98 | 1.40 |
| PER | 0.40 | 0.82 | 0.00 | 5.00 | 17 | 0.00 | 0.00 | 3.56 | 17.37 |
| PSV | 0.19 | [0.40] | 0.00 | 1.00 | 11 | 0.00 | 0.00 | 1.62 | 0.66 |

注：［ ］で示した標準偏差は，値が信頼できないので，期待域の推定を行ってはならない。これらの変数をパラメトリックな分析に含めてはならない。

表22　ハイラムダ・成人での36変数の頻度（N＝58）

### 人口統計学的変数

| 婚姻状態 | | | 年齢 | | | 人種 | | |
|---|---|---|---|---|---|---|---|---|
| 独身 | 15 | 26% | 18-25 | 22 | 38% | 白人 | 47 | 81% |
| 同棲あるいは同居中 | 10 | 17% | 26-35 | 22 | 38% | 黒人 | 10 | 17% |
| 既婚 | 27 | 47% | 36-45 | 12 | 21% | スペイン系 | 1 | 2% |
| 別居中 | 1 | 2% | 46-55 | 1 | 2% | アジア系 | 0 | 0% |
| 離婚 | 5 | 9% | 56-65 | 1 | 2% | | | |
| 寡婦（夫） | 0 | 0% | 66以上 | 0 | 0% | | | |

| | | | | | | 教育年数 | | |
|---|---|---|---|---|---|---|---|---|
| 性別 | | | | | | 12年未満 | 5 | 9% |
| 男 | 26 | 45% | | | | 12年 | 15 | 26% |
| 女 | 32 | 55% | | | | 13-15年 | 30 | 52% |
| | | | | | | 16年以上 | 8 | 14% |

### 比率，パーセンテージ，特殊指標

| スタイル | | | 形態水準 | | |
|---|---|---|---|---|---|
| 内向型 | 0 | 0% | XA%＞.89 | 32 | 55% |
| 超内向型 | 0 | 0% | XA%＜.70 | 0 | 0% |
| 不定型 | 0 | 0% | WDA%＜.85 | 6 | 10% |
| 外拡 | 0 | 0% | WDA%＜.75 | 0 | 0% |
| 超外拡 | 0 | 0% | X+%＜.55 | 2 | 3% |
| 回避 | 58 | 100% | Xu%＞.20 | 27 | 47% |
| | | | X−%＞.20 | 0 | 0% |
| Dスコア | | | X−%＞.30 | 0 | 0% |
| Dスコア＞0 | 7 | 12% | | | |
| Dスコア＝0 | 45 | 78% | FC：CF＋Cの比率 | | |
| Dスコア＜0 | 6 | 10% | FC＞（CF＋C）＋2 | 8 | 14% |
| Dスコア＜−1 | 5 | 9% | FC＞（CF＋C）＋1 | 12 | 21% |
| | | | （CF＋C）＞FC＋1 | 12 | 21% |
| 修正Dスコア＞0 | 9 | 16% | （CF＋C）＞FC＋2 | 5 | 9% |
| 修正Dスコア＝0 | 43 | 74% | | | |
| 修正Dスコア＜0 | 6 | 10% | | | |
| 修正Dスコア＜−1 | 4 | 7% | | | |
| | | | 自殺の可能性陽性 | 0 | 0% |
| Zd＞+3.0（オーバーインコーポレイティブ） | 2 | 3% | HVI陽性 | 1 | 2% |
| Zd＜−3.0（アンダーインコーポレイティブ） | 8 | 14% | OBS陽性 | 0 | 0% |

| PTI＝5 | 0 | 0% | DEPI＝7 | 0 | 0% | CDI＝5 | 0 | 0% |
|---|---|---|---|---|---|---|---|---|
| PTI＝4 | 0 | 0% | DEPI＝6 | 1 | 2% | CDI＝4 | 6 | 10% |
| PTI＝3 | 0 | 0% | DEPI＝5 | 2 | 3% | | | |

### その他の変数

| R＜17 | 3 | 5% | （2AB＋Art＋Ay）＞5 | 1 | 2% |
|---|---|---|---|---|---|
| R＞27 | 5 | 9% | Populars＜4 | 0 | 0% |
| DOv＞2 | 9 | 16% | Populars＞7 | 10 | 17% |
| S＞2 | 9 | 16% | COP＝0 | 13 | 22% |
| Sum T＝0 | 25 | 43% | COP＞2 | 12 | 21% |
| Sum T＞1 | 4 | 7% | AG＝0 | 34 | 59% |
| 3r＋(2)/R＜.33 | 7 | 12% | AG＞2 | 4 | 7% |
| 3r＋(2)/R＞.44 | 14 | 24% | MOR＞2 | 1 | 2% |
| Fr＋rF＞0 | 13 | 22% | Level 2 Sp.Sc.＞0 | 4 | 7% |
| Pure C＞0 | 6 | 10% | GHR＞PHR | 49 | 84% |
| Pure C＞1 | 1 | 2% | Pure H＜2 | 14 | 24% |
| Afr＜.40 | 2 | 3% | Pure H＝0 | 2 | 3% |
| Afr＜.50 | 9 | 16% | p＞a＋1 | 0 | 0% |
| （FM＋m）＜Sum Shading | 16 | 28% | Mp＞Ma | 5 | 9% |

表23　児童・青年非患者1390名の年齢別記述統計　5歳（N＝90）

| 変数 | 平均 | 標準偏差 | 最小値 | 最大値 | 頻度 | 中央値 | 最頻値 | 歪度 | 尖度 |
|---|---|---|---|---|---|---|---|---|---|
| R | 17.64 | 1.44 | 14.00 | 20.00 | 90 | 18.00 | 18.00 | −0.83 | −0.25 |
| W | 9.97 | 1.65 | 7.00 | 12.00 | 90 | 9.00 | 11.00 | 0.24 | −1.35 |
| D | 7.10 | 2.61 | 3.00 | 12.00 | 90 | 8.00 | 6.00 | −0.83 | −0.24 |
| Dd | 0.58 | [0.65] | 0.00 | 2.00 | 44 | 0.00 | 0.00 | 0.70 | −0.53 |
| S | 1.40 | [1.14] | 0.00 | 3.00 | 64 | 1.00 | 0.00 | 0.14 | −1.39 |
| DQ+ | 5.47 | 1.43 | 2.00 | 8.00 | 90 | 5.50 | 4.00 | 0.35 | −1.29 |
| DQo | 10.72 | 2.07 | 7.00 | 13.00 | 90 | 12.00 | 13.00 | −1.25 | 0.05 |
| DQv | 1.37 | [0.62] | 0.00 | 4.00 | 83 | 1.00 | 1.00 | 0.36 | −0.63 |
| DQv/+ | 0.09 | [0.29] | 0.00 | 1.00 | 8 | 0.00 | 0.00 | 2.94 | 6.78 |
| FQX+ | 0.00 | 0.00 | 0.00 | 0.00 | 0 | 0.00 | 0.00 | − | − |
| FQXo | 11.54 | 2.50 | 6.00 | 15.00 | 90 | 13.00 | 13.00 | −0.70 | −0.52 |
| FQXu | 3.59 | 1.96 | 1.00 | 7.00 | 90 | 4.00 | 1.00 | 0.13 | −1.19 |
| FQX- | 1.46 | 0.64 | 0.00 | 3.00 | 86 | 1.00 | 1.00 | 0.04 | −0.19 |
| FQXNone | 0.87 | [0.62] | 0.00 | 2.00 | 63 | 1.00 | 1.00 | 0.36 | −0.63 |
| MQ+ | 0.00 | 0.00 | 0.00 | 0.00 | 0 | 0.00 | 0.00 | − | − |
| MQo | 1.13 | 0.34 | 1.00 | 2.00 | 90 | 1.00 | 1.00 | 2.19 | 2.88 |
| MQu | 0.38 | 0.66 | 0.00 | 2.00 | 25 | 0.00 | 0.00 | 1.53 | 1.00 |
| MQ- | 0.19 | [0.39] | 0.00 | 1.00 | 17 | 0.00 | 0.00 | 1.62 | 0.63 |
| MQNone | 0.00 | [0.00] | 0.00 | 0.00 | 0 | 0.00 | 0.00 | − | − |
| S− | 0.91 | [0.69] | 0.00 | 3.00 | 62 | 1.00 | 1.00 | 0.45 | −0.83 |
| M | 1.70 | 1.00 | 1.00 | 4.00 | 90 | 1.00 | 1.00 | 1.26 | 0.36 |
| FM | 5.00 | 0.95 | 4.00 | 7.00 | 90 | 5.00 | 4.00 | 0.32 | −1.20 |
| m | 0.78 | 0.80 | 0.00 | 3.00 | 49 | 1.00 | 0.00 | 0.43 | −1.32 |
| FM＋m | 5.78 | 1.19 | 4.00 | 9.00 | 90 | 6.00 | 5.00 | 0.65 | 0.50 |
| FC | 0.71 | 0.46 | 0.00 | 1.00 | 64 | 1.00 | 1.00 | −0.95 | −1.13 |
| CF | 3.02 | 1.41 | 1.00 | 6.00 | 90 | 3.00 | 3.00 | 0.53 | −0.20 |
| C | 0.67 | [0.62] | 0.00 | 2.00 | 63 | 1.00 | 1.00 | 0.36 | −0.63 |
| Cn | 0.00 | [0.00] | 0.00 | 0.00 | 0 | 0.00 | 0.00 | − | − |
| FC+CF+C+Cn | 4.40 | 1.10 | 2.00 | 6.00 | 90 | 4.00 | 4.00 | −0.39 | −0.11 |
| WSum C | 4.38 | 1.09 | 2.50 | 6.50 | 90 | 4.00 | 4.00 | 0.27 | −0.73 |
| Sum C' | 0.63 | [0.48] | 0.00 | 1.00 | 57 | 1.00 | 1.00 | −0.56 | −1.72 |
| Sum T | 0.83 | [0.48] | 0.00 | 2.00 | 57 | 1.00 | 1.00 | 0.42 | 2.42 |
| Sum V | 0.00 | [0.00] | 0.00 | 0.00 | 0 | 0.00 | 0.00 | − | − |
| Sum Y | 0.36 | [0.33] | 0.00 | 2.00 | 20 | 0.00 | 0.00 | −0.65 | 2.71 |
| SumShd | 1.77 | 0.97 | 0.00 | 2.00 | 57 | 2.00 | 2.00 | −0.56 | −1.72 |
| Fr＋rF | 0.38 | [0.45] | 0.00 | 2.00 | 29 | 0.00 | 0.00 | 1.01 | −1.00 |
| FD | 0.28 | [0.63] | 0.00 | 1.00 | 16 | 0.00 | 0.00 | 1.77 | 0.58 |
| F | 6.98 | 1.26 | 4.00 | 9.00 | 90 | 6.00 | 6.00 | 0.19 | −0.35 |
| PAIR | 9.08 | 1.96 | 5.00 | 11.00 | 90 | 9.00 | 11.00 | −0.91 | −0.29 |
| 3r(2)/R | 0.69 | 0.14 | 0.33 | 1.00 | 90 | 0.60 | 0.64 | 0.28 | 0.57 |
| LAMBDA | 0.86 | 0.15 | 0.36 | 1.25 | 90 | 0.75 | 0.60 | 0.76 | −0.52 |
| EA | 5.08 | 1.34 | 2.50 | 8.50 | 90 | 5.50 | 5.00 | −0.24 | −0.75 |
| es | 7.04 | 1.14 | 5.00 | 9.00 | 90 | 7.00 | 7.00 | 0.10 | −0.60 |
| D | −0.24 | 0.43 | −1.00 | 0.00 | 90 | 0.00 | 0.00 | −1.21 | −0.55 |
| Adj D | −0.20 | 0.4 | −1.00 | 0.00 | 90 | 0.00 | 0.00 | −1.53 | 0.33 |
| a (active) | 6.28 | 0.95 | 5.00 | 8.00 | 90 | 6.00 | 6.00 | 0.38 | −0.70 |
| p(passive) | 1.20 | 1.37 | 0.00 | 4.00 | 49 | 1.00 | 0.00 | 0.82 | −0.60 |
| Ma | 1.42 | 0.67 | 1.00 | 3.00 | 90 | 1.00 | 1.00 | 1.32 | 0.47 |
| Mp | 0.28 | 0.45 | 0.00 | 1.00 | 25 | 0.00 | 0.00 | 1.01 | −1.00 |
| Intellect | 0.17 | 0.38 | 0.00 | 1.00 | 90 | 0.00 | 0.00 | 1.82 | 1.34 |
| Zf | 10.08 | 2.18 | 8.00 | 14.00 | 90 | 10.00 | 14.00 | 0.15 | −1.52 |
| Zd | −1.13 | 2.60 | −5.00 | 4.50 | 90 | −1.75 | −2.50 | 0.70 | 0.09 |
| Blends | 2.86 | 1.92 | 0.00 | 5.00 | 77 | 3.00 | 5.00 | −0.21 | −1.56 |
| Col Shd Bl | 0.18 | [0.56] | 0.00 | 1.00 | 5 | 0.00 | 0.00 | 1.81 | −2.37 |
| Afr | 0.88 | 0.13 | 0.50 | 1.00 | 90 | 0.90 | 0.80 | −0.65 | −0.08 |
| Popular | 4.66 | 1.69 | 3.00 | 10.00 | 90 | 4.00 | 4.00 | 0.55 | −0.94 |

表23　5歳（N＝90）（つづき）

| 変数 | 平均 | 標準偏差 | 最小値 | 最大値 | 頻度 | 中央値 | 最頻値 | 歪度 | 尖度 |
|---|---|---|---|---|---|---|---|---|---|
| XA% | 0.88 | 0.05 | 0.78 | 1.00 | 90 | 0.88 | 0.83 | 0.43 | −0.34 |
| WDA% | 0.91 | 0.06 | 0.78 | 1.00 | 90 | 0.91 | 0.94 | −0.08 | −0.73 |
| X＋% | 0.67 | 0.10 | 0.47 | 0.83 | 90 | 0.68 | 0.78 | −0.27 | −0.68 |
| X−% | 0.08 | 0.04 | 0.00 | 0.17 | 86 | 0.07 | 0.11 | −0.02 | −0.16 |
| Xu% | 0.21 | 0.11 | 0.06 | 0.40 | 90 | 0.22 | 0.06 | 0.09 | −1.44 |
| Isolate/R | 0.17 | 0.06 | 0.11 | 0.27 | 90 | 0.17 | 0.11 | 0.57 | −0.88 |
| H | 2.19 | 0.50 | 1.00 | 3.00 | 90 | 2.00 | 2.00 | 0.38 | 0.34 |
| (H) | 1.46 | 0.50 | 1.00 | 2.00 | 90 | 1.00 | 1.00 | 0.18 | −2.01 |
| HD | 0.36 | 0.48 | 0.00 | 1.00 | 32 | 0.00 | 0.00 | 0.61 | −1.66 |
| (Hd) | 0.00 | 0.00 | 0.00 | 0.00 | 0 | 0.00 | 0.00 | − | − |
| Hx | 0.00 | [0.00] | 0.00 | 0.00 | 0 | 0.00 | 0.00 | − | − |
| All H Cont | 4.00 | 1.15 | 2.00 | 6.00 | 90 | 4.00 | 3.00 | 0.40 | −0.90 |
| A | 10.69 | 2.32 | 6.00 | 14.00 | 90 | 11.00 | 12.00 | −0.87 | −0.28 |
| (A) | 0.37 | [0.48] | 0.00 | 1.00 | 33 | 0.00 | 0.00 | 0.56 | −1.72 |
| Ad | 0.71 | [0.60] | 0.00 | 2.00 | 57 | 1.00 | 1.00 | 0.22 | −0.57 |
| (Ad) | 0.00 | [0.00] | 0.00 | 0.00 | 0 | 0.00 | 0.00 | − | − |
| An | 0.00 | [0.00] | 0.00 | 0.00 | 0 | 0.00 | 0.00 | − | − |
| Art | 0.17 | 0.38 | 0.00 | 1.00 | 15 | 0.00 | 0.00 | 1.81 | 1.34 |
| Ay | 0.00 | [0.00] | 0.00 | 0.00 | 0 | 0.00 | 0.00 | − | − |
| Bl | 1.13 | [0.46] | 0.00 | 2.00 | 86 | 1.00 | 1.00 | 0.54 | 1.30 |
| Bt | 0.28 | 0.45 | 0.00 | 1.00 | 25 | 0.00 | 0.00 | 1.00 | −1.00 |
| Cg | 3.73 | 1.35 | 2.00 | 6.00 | 90 | 3.00 | 3.00 | 0.61 | −0.92 |
| Cl | 0.00 | [0.00] | 0.00 | 0.00 | 0 | 0.00 | 0.00 | − | − |
| Ex | 0.00 | [0.00] | 0.00 | 0.00 | 0 | 0.00 | 0.00 | − | − |
| Fi | 0.22 | [0.51] | 0.00 | 2.00 | 16 | 0.00 | 0.00 | 2.30 | 4.54 |
| Food | 0.00 | [0.00] | 0.00 | 0.00 | 0 | 0.00 | 0.00 | − | − |
| Ge | 0.00 | [0.00] | 0.00 | 0.00 | 0 | 0.00 | 0.00 | − | − |
| Hh | 0.00 | 0.00 | 0.00 | 0.00 | 0 | 0.00 | 0.00 | − | − |
| Ls | 2.68 | 0.63 | 2.00 | 4.00 | 90 | 3.00 | 3.00 | 0.38 | −0.65 |
| Na | 0.00 | [0.00] | 0.00 | 0.00 | 0 | 0.00 | 0.00 | − | − |
| Sc | 0.12 | [0.33] | 0.00 | 1.00 | 11 | 0.00 | 0.00 | 2.34 | 3.58 |
| Sx | 0.00 | [0.00] | 0.00 | 0.00 | 0 | 0.00 | 0.00 | − | − |
| Xy | 0.00 | [0.00] | 0.00 | 0.00 | 0 | 0.00 | 0.00 | − | − |
| Idiographic | 0.14 | 0.35 | 0.00 | 1.00 | 13 | 0.00 | 0.00 | 2.05 | 2.28 |
| DV | 0.98 | [1.05] | 0.00 | 4.00 | 53 | 1.00 | 0.00 | 1.00 | 0.57 |
| INCOM | 0.96 | [0.70] | 0.00 | 2.00 | 66 | 1.00 | 1.00 | 0.06 | −0.93 |
| DR | 0.04 | [0.21] | 0.00 | 1.00 | 4 | 0.00 | 0.00 | 4.49 | 18.63 |
| FABCOM | 0.89 | [0.57] | 0.00 | 2.00 | 70 | 1.00 | 1.00 | −0.01 | 0.06 |
| DV2 | 0.00 | [0.00] | 0.00 | 0.00 | 0 | 0.00 | 0.00 | − | − |
| INC2 | 0.09 | [0.29] | 0.00 | 1.00 | 8 | 0.00 | 0.00 | 2.93 | 6.78 |
| DR2 | 0.09 | [0.29] | 0.00 | 1.00 | 8 | 0.00 | 0.00 | 2.93 | 6.78 |
| FAB2 | 0.22 | [0.42] | 0.00 | 1.00 | 20 | 0.00 | 0.00 | 1.35 | −0.16 |
| ALOG | 0.41 | [0.50] | 0.00 | 1.00 | 37 | 0.00 | 0.00 | 0.36 | −1.91 |
| CONTAM | 0.00 | 0.00 | 0.00 | 0.00 | 0 | 0.00 | 0.00 | − | − |
| Sum 6 Sp Sc | 3.68 | 1.92 | 1.00 | 8.00 | 90 | 4.00 | 5.00 | 0.16 | −0.77 |
| Lvl 2 Sp Sc | 0.40 | [0.58] | 0.00 | 2.00 | 32 | 0.00 | 0.00 | 1.12 | 0.30 |
| WSum6 | 11.08 | 4.68 | 4.00 | 19.00 | 90 | 12.00 | 4.00 | −0.10 | −1.05 |
| AB | 0.00 | [0.00] | 0.00 | 0.00 | 0 | 0.00 | 0.00 | − | − |
| AG | 1.23 | 0.67 | 0.00 | 3.00 | 82 | 1.00 | 1.00 | 0.60 | 0.74 |
| COP | 1.08 | 0.52 | 0.00 | 2.00 | 81 | 1.00 | 1.00 | 0.10 | 0.67 |
| CP | 0.00 | [0.00] | 0.00 | 0.00 | 0 | 0.00 | 0.00 | − | − |
| GOODHR | 3.59 | 0.98 | 1.00 | 6.00 | 90 | 3.50 | 3.00 | 0.03 | 1.46 |
| POORHR | 1.50 | 0.80 | 0.00 | 3.00 | 86 | 1.00 | 1.00 | 0.61 | −0.40 |
| MOR | 0.78 | [0.75] | 0.00 | 2.00 | 53 | 1.00 | 0.00 | 0.38 | −1.10 |
| PER | 0.00 | 0.00 | 0.00 | 0.00 | 0 | 0.00 | 0.00 | − | − |
| PSV | 0.63 | [0.48] | 0.00 | 1.00 | 57 | 1.00 | 1.00 | −0.56 | −1.72 |

注：［　］で示した標準偏差は，値が信頼できないので，期待域の推定を行ってはならない。これらの変数をパラメトリックな分析に含めてはならない。

表23　6歳（N＝80）

| 変数 | 平均 | 標準偏差 | 最小値 | 最大値 | 頻度 | 中央値 | 最頻値 | 歪度 | 尖度 |
|---|---|---|---|---|---|---|---|---|---|
| R | 18.91 | 0.98 | 14.00 | 20.00 | 80 | 19.00 | 20.00 | −0.23 | −1.25 |
| W | 10.79 | 1.17 | 7.00 | 10.00 | 80 | 11.00 | 9.00 | −0.56 | −1.16 |
| D | 7.94 | 1.01 | 7.00 | 11.00 | 80 | 7.00 | 8.00 | −1.38 | 2.27 |
| Dd | 0.30 | [0.46] | 0.00 | 1.00 | 24 | 0.00 | 0.00 | 0.89 | −1.24 |
| S | 0.79 | [0.76] | 0.00 | 3.00 | 51 | 1.00 | 1.00 | 1.09 | 1.67 |
| DQ+ | 4.42 | 0.59 | 3.00 | 5.00 | 80 | 4.00 | 4.00 | −0.46 | −0.66 |
| DQo | 11.31 | 1.35 | 9.00 | 13.00 | 80 | 11.00 | 13.00 | 0.11 | −1.45 |
| DQv | 2.54 | [1.19] | 1.00 | 5.00 | 80 | 3.00 | 3.00 | 0.14 | −0.89 |
| DQv/+ | 0.45 | [0.64] | 0.00 | 1.00 | 38 | 1.00 | 1.00 | −1.18 | −0.63 |
| FQX+ | 0.00 | 0.00 | 0.00 | 0.00 | 0 | 0.00 | 0.00 | − | − |
| FQXo | 13.39 | 1.22 | 12.00 | 16.00 | 80 | 14.00 | 14.00 | 0.25 | −0.92 |
| FQXu | 4.01 | 1.29 | 3.00 | 7.00 | 80 | 4.00 | 4.00 | 0.75 | −0.32 |
| FQX- | 0.94 | 0.50 | 0.00 | 6.00 | 66 | 0.00 | 0.00 | 0.21 | −2.01 |
| FQXNone | 0.74 | [0.48] | 0.00 | 2.00 | 68 | 1.00 | 1.00 | −0.58 | −1.70 |
| MQ+ | 0.00 | 0.00 | 0.00 | 0.00 | 0 | 0.00 | 0.00 | − | − |
| MQo | 1.96 | 0.75 | 1.00 | 3.00 | 80 | 2.00 | 2.00 | 0.06 | −1.22 |
| MQu | 0.00 | 0.00 | 0.00 | 0.00 | 0 | 0.00 | 0.00 | − | − |
| MQ- | 0.23 | [0.67] | 0.00 | 1.00 | 6 | 0.00 | 0.00 | 1.24 | 4.12 |
| MQNone | 0.00 | [0.00] | 0.00 | 0.00 | 0 | 0.00 | 0.00 | − | − |
| S− | 0.42 | [0.78] | 0.00 | 0.50 | 11 | 0.00 | 0.00 | 0.98 | 3.15 |
| M | 1.96 | 0.75 | 1.00 | 3.00 | 80 | 2.00 | 2.00 | 0.06 | −1.22 |
| FM | 4.52 | 0.81 | 1.00 | 8.00 | 80 | 5.00 | 4.00 | −1.25 | 2.76 |
| m | 1.40 | 1.48 | 0.00 | 4.00 | 51 | 1.00 | 0.00 | 0.81 | −0.72 |
| FM＋m | 5.92 | 0.99 | 2.00 | 10.00 | 80 | 8.00 | 8.00 | 1.11 | 0.35 |
| FC | 1.11 | 1.09 | 0.00 | 3.00 | 42 | 2.00 | 0.00 | 0.07 | −1.72 |
| CF | 3.51 | 0.94 | 1.00 | 5.00 | 80 | 3.00 | 3.00 | −0.36 | 0.83 |
| C | 0.94 | [0.48] | 0.00 | 2.00 | 68 | 1.00 | 1.00 | −0.58 | −1.70 |
| Cn | 0.06 | [0.09] | 0.00 | 1.00 | 1 | 0.00 | 0.00 | 4.15 | 35.81 |
| FC+CF+C+Cn | 5.56 | 1.63 | 1.00 | 7.00 | 80 | 6.00 | 6.00 | −0.94 | 0.29 |
| WSum C | 5.02 | 1.42 | 1.00 | 6.50 | 80 | 5.50 | 5.50 | −1.23 | 1.26 |
| Sum C' | 0.58 | [0.50] | 0.00 | 1.00 | 46 | 1.00 | 1.00 | −0.31 | −1.95 |
| Sum T | 0.83 | [0.22] | 0.00 | 1.00 | 69 | 1.00 | 1.00 | −1.21 | 6.12 |
| Sum V | 0.00 | [0.00] | 0.00 | 0.00 | 0 | 0.00 | 0.00 | − | − |
| Sum Y | 0.54 | [0.48] | 0.00 | 1.00 | 37 | 0.00 | 0.00 | 0.70 | −1.55 |
| SumShd | 1.95 | 0.88 | 0.00 | 3.00 | 76 | 2.00 | 2.00 | −0.18 | −0.89 |
| Fr＋rF | 0.28 | [0.40] | 0.00 | 2.00 | 17 | 0.00 | 0.00 | 1.83 | 0.35 |
| FD | 0.48 | [0.68] | 0.00 | 1.00 | 29 | 0.00 | 0.00 | 1.49 | 2.34 |
| F | 5.77 | 1.47 | 3.00 | 10.00 | 80 | 4.00 | 4.00 | 3.10 | 10.34 |
| PAIR | 9.61 | 1.79 | 5.00 | 12.00 | 80 | 10.00 | 11.00 | −0.88 | 0.30 |
| 3r(2)/R | 0.67 | 0.15 | 0.25 | 0.90 | 80 | 0.66 | 0.60 | 0.38 | 0.61 |
| LAMBDA | 0.79 | 0.17 | 0.18 | 1.50 | 80 | 0.78 | 0.65 | −1.56 | 0.64 |
| EA | 6.98 | 1.42 | 2.00 | 8.50 | 80 | 6.00 | 5.00 | 0.85 | 1.77 |
| es | 7.87 | 1.00 | 8.00 | 11.00 | 80 | 7.00 | 6.00 | 0.13 | −1.52 |
| D | −0.41 | 0.59 | −2.00 | 0.00 | 80 | 0.00 | 0.00 | −1.11 | 0.28 |
| Adj D | −0.21 | 0.41 | −2.00 | 0.00 | 80 | 0.00 | 0.00 | −1.43 | 0.05 |
| a(active) | 6.03 | 1.27 | 5.00 | 9.00 | 80 | 6.00 | 5.00 | 0.43 | −1.17 |
| p(passive) | 1.85 | 1.90 | 1.00 | 6.00 | 80 | 2.00 | 1.00 | 0.51 | −1.49 |
| Ma | 0.98 | 0.84 | 0.00 | 2.00 | 51 | 1.00 | 0.00 | 0.05 | −1.59 |
| Mp | 0.99 | 1.35 | 0.00 | 3.00 | 29 | 0.00 | 0.00 | 0.70 | −1.44 |
| Intellect | 0.96 | 0.51 | 0.00 | 2.00 | 80 | 1.00 | 1.00 | −0.06 | 0.93 |
| Zf | 10.15 | 1.44 | 6.00 | 12.00 | 80 | 11.00 | 9.00 | −0.45 | −1.21 |
| Zd | −1.38 | 2.20 | −5.00 | 1.00 | 80 | 0.00 | 0.00 | −0.91 | −0.93 |
| Blends | 2.16 | 0.49 | 1.00 | 3.00 | 80 | 2.00 | 2.00 | 0.38 | 0.64 |
| Col Shd Bl | 0.44 | [0.64] | 0.00 | 1.00 | 18 | 0.00 | 0.00 | 2.13 | 4.67 |
| Afr | 0.87 | 0.26 | 0.25 | 1.11 | 80 | 0.82 | 0.78 | −0.76 | −0.36 |
| Popular | 5.02 | 1.43 | 4.00 | 9.00 | 80 | 5.00 | 5.00 | 0.14 | −0.70 |

表23 6歳（N＝80）（つづき）

| 変数 | 平均 | 標準偏差 | 最小値 | 最大値 | 頻度 | 中央値 | 最頻値 | 歪度 | 尖度 |
|---|---|---|---|---|---|---|---|---|---|
| XA％ | 0.93 | 0.04 | 0.84 | 1.00 | 80 | 0.95 | 0.95 | 0.04 | −0.75 |
| WDA％ | 0.93 | 0.04 | 0.84 | 1.00 | 80 | 0.95 | 0.95 | −0.05 | −0.82 |
| X＋％ | 0.70 | 0.06 | 0.60 | 0.80 | 80 | 0.70 | 0.60 | −0.07 | −0.92 |
| X−％ | 0.03 | 0.03 | 0.00 | 0.13 | 45 | 0.05 | 0.00 | 0.42 | −0.32 |
| Xu％ | 0.23 | 0.07 | 0.07 | 0.35 | 80 | 0.22 | 0.22 | 0.43 | −0.22 |
| Isolate/R | 0.23 | 0.09 | 0.06 | 0.39 | 80 | 0.22 | 0.15 | 0.22 | −1.27 |
| H | 2.49 | 1.18 | 1.00 | 4.00 | 80 | 3.00 | 3.00 | −0.18 | −1.51 |
| (H) | 0.66 | 0.50 | 0.00 | 2.00 | 52 | 1.00 | 1.00 | −0.38 | −1.12 |
| HD | 0.58 | 0.63 | 0.00 | 2.00 | 40 | 0.50 | 0.63 | 0.63 | −0.53 |
| (Hd) | 0.04 | 0.19 | 0.00 | 1.00 | 3 | 0.00 | 0.00 | 4.96 | 23.21 |
| Hx | 0.00 | [0.00] | 0.00 | 0.00 | 0 | 0.00 | 0.00 | − | − |
| All H Cont | 3.76 | 0.75 | 2.00 | 5.00 | 80 | 4.00 | 4.00 | 0.23 | −0.83 |
| A | 8.03 | 1.34 | 2.00 | 10.00 | 80 | 8.00 | 8.00 | −1.34 | 4.29 |
| (A) | 0.34 | [0.48] | 0.00 | 1.00 | 27 | 0.00 | 0.00 | 0.70 | −1.55 |
| Ad | 1.11 | [0.60] | 0.00 | 3.00 | 76 | 1.00 | 1.00 | 2.18 | 5.90 |
| (Ad) | 0.01 | [0.11] | 0.00 | 1.00 | 1 | 0.00 | 0.00 | 8.94 | 80.00 |
| An | 0.01 | [0.11] | 0.00 | 1.00 | 1 | 0.00 | 0.00 | 8.94 | 80.00 |
| Art | 0.86 | 0.41 | 0.00 | 2.00 | 67 | 1.00 | 1.00 | −0.96 | 1.83 |
| Ay | 0.00 | [0.00] | 0.00 | 0.00 | 0 | 0.00 | 0.00 | − | − |
| Bl | 0.30 | [0.49] | 0.00 | 2.00 | 23 | 0.00 | 0.00 | 1.22 | 0.28 |
| Bt | 1.52 | 0.64 | 0.00 | 2.00 | 74 | 2.00 | 2.00 | −1.00 | −0.04 |
| Cg | 0.03 | 0.16 | 0.00 | 1.00 | 2 | 0.00 | 0.00 | 6.20 | 37.40 |
| Cl | 0.14 | [0.35] | 0.00 | 1.00 | 11 | 0.00 | 0.00 | 2.14 | 2.67 |
| Ex | 0.25 | [0.44] | 0.00 | 1.00 | 20 | 0.00 | 0.00 | 1.17 | −0.63 |
| Fi | 0.61 | [0.52] | 0.00 | 2.00 | 48 | 1.00 | 1.00 | −0.18 | −1.32 |
| Food | 0.59 | [0.50] | 0.00 | 1.00 | 47 | 1.00 | 1.00 | −0.36 | −1.92 |
| Ge | 0.05 | [0.22] | 0.00 | 1.00 | 4 | 0.00 | 0.00 | 4.20 | 16.12 |
| Hh | 1.17 | 0.65 | 0.00 | 3.00 | 73 | 1.00 | 1.00 | 0.93 | 1.71 |
| Ls | 0.96 | 0.19 | 0.00 | 1.00 | 77 | 1.00 | 1.00 | −4.96 | 23.21 |
| Na | 0.78 | [0.78] | 0.00 | 2.00 | 45 | 1.00 | 0.00 | 0.41 | −1.23 |
| Sc | 0.71 | [0.66] | 0.00 | 3.00 | 49 | 1.00 | 1.00 | 0.65 | 0.64 |
| Sx | 0.00 | [0.00] | 0.00 | 0.00 | 0 | 0.00 | 0.00 | − | − |
| Xy | 0.00 | [0.00] | 0.00 | 0.00 | 0 | 0.00 | 0.00 | − | − |
| Idiographic | 0.15 | 0.36 | 0.00 | 1.00 | 12 | 0.00 | 0.00 | 1.99 | 2.04 |
| DV | 0.06 | [0.24] | 0.00 | 1.00 | 5 | 0.00 | 0.00 | 3.68 | 11.87 |
| INCOM | 2.35 | [0.58] | 0.00 | 3.00 | 79 | 2.00 | 2.00 | −0.60 | 1.86 |
| DR | 0.09 | [0.33] | 0.00 | 2.00 | 6 | 0.00 | 0.00 | 4.03 | 17.30 |
| FABCOM | 0.60 | [0.49] | 0.00 | 1.00 | 48 | 1.00 | 1.00 | −0.41 | −1.87 |
| DV2 | 0.00 | [0.00] | 0.00 | 0.00 | 0 | 0.00 | 0.00 | − | − |
| INC2 | 0.04 | [0.19] | 0.00 | 1.00 | 3 | 0.00 | 0.00 | 4.96 | 23.21 |
| DR2 | 0.00 | [0.00] | 0.00 | 0.00 | 0 | 0.00 | 0.00 | − | − |
| FAB2 | 0.00 | [0.00] | 0.00 | 0.00 | 0 | 0.00 | 0.00 | − | − |
| ALOG | 0.65 | [0.48] | 0.00 | 1.00 | 52 | 1.00 | 1.00 | −0.64 | −1.63 |
| CONTAM | 0.00 | 0.00 | 0.00 | 0.00 | 0 | 0.00 | 0.00 | − | − |
| Sum 6 Sp Sc | 3.79 | 1.35 | 1.00 | 6.00 | 80 | 4.00 | 5.00 | −0.27 | −1.21 |
| Lvl 2 Sp Sc | 0.04 | [0.19] | 0.00 | 1.00 | 3 | 0.00 | 0.00 | 4.96 | 23.21 |
| WSum6 | 10.83 | 4.72 | 3.00 | 18.00 | 80 | 13.00 | 15.00 | −0.55 | −1.36 |
| AB | 0.00 | [0.00] | 0.00 | 0.00 | 0 | 0.00 | 0.00 | − | − |
| AG | 0.36 | 0.60 | 0.00 | 2.00 | 24 | 0.00 | 0.00 | 1.45 | 1.09 |
| COP | 1.84 | 0.56 | 0.00 | 3.00 | 74 | 2.00 | 2.00 | −2.68 | 6.69 |
| CP | 0.00 | [0.00] | 0.00 | 0.00 | 0 | 0.00 | 0.00 | − | − |
| GOODHR | 3.68 | 0.98 | 2.00 | 5.00 | 80 | 3.00 | 3.00 | 0.20 | −1.24 |
| POORHR | 1.14 | 0.73 | 0.00 | 3.00 | 69 | 1.00 | 1.00 | 0.80 | 1.10 |
| MOR | 0.08 | [0.35] | 0.00 | 2.00 | 4 | 0.00 | 0.00 | 4.88 | 23.92 |
| PER | 0.08 | 0.38 | 0.00 | 3.00 | 4 | 0.00 | 0.00 | 6.35 | 45.06 |
| PSV | 0.01 | [0.11] | 0.00 | 1.00 | 1 | 0.00 | 0.00 | 8.94 | 80.00 |

注：［ ］で示した標準偏差は，値が信頼できないので，期待域の推定を行ってはならない。これらの変数をパラメトリックな分析に含めてはならない。

表23 7歳（N＝120）

| 変数 | 平均 | 標準偏差 | 最小値 | 最大値 | 頻度 | 中央値 | 最頻値 | 歪度 | 尖度 |
|---|---|---|---|---|---|---|---|---|---|
| R | 19.93 | 1.25 | 14.00 | 24.00 | 120 | 19.00 | 19.00 | −0.10 | −0.50 |
| W | 10.33 | 2.01 | 5.00 | 12.00 | 120 | 9.00 | 9.00 | 0.02 | −1.34 |
| D | 9.09 | 2.86 | 7.00 | 15.00 | 120 | 9.00 | 7.00 | 0.07 | −1.77 |
| Dd | 0.82 | [0.32] | 0.00 | 3.00 | 74 | 0.00 | 0.00 | 0.42 | 2.91 |
| S | 1.44 | [1.06] | 0.00 | 4.00 | 102 | 2.00 | 2.00 | −0.49 | −0.38 |
| DQ+ | 6.48 | 0.80 | 6.00 | 9.00 | 120 | 6.00 | 6.00 | 0.11 | −0.41 |
| DQo | 11.15 | 0.98 | 10.00 | 13.00 | 120 | 11.00 | 11.00 | 0.36 | −0.92 |
| DQv | 1.63 | [0.58] | 0.00 | 3.00 | 89 | 2.00 | 1.00 | 0.28 | −0.71 |
| DQv/+ | 0.28 | [0.45] | 0.00 | 1.00 | 33 | 0.00 | 0.00 | 1.02 | −0.98 |
| FQX+ | 0.00 | 0.00 | 0.00 | 0.00 | 0 | 0.00 | 0.00 | − | − |
| FQXo | 14.37 | 1.46 | 12.00 | 18.00 | 120 | 15.00 | 14.00 | 0.24 | −1.28 |
| FQXu | 2.08 | 0.69 | 1.00 | 3.00 | 120 | 2.00 | 2.00 | −0.10 | −0.86 |
| FQX- | 1.99 | 1.27 | 0.00 | 4.00 | 117 | 2.00 | 1.00 | 0.36 | −1.18 |
| FQXNone | 1.10 | [0.30] | 0.00 | 3.00 | 72 | 1.00 | 1.00 | 2.70 | 5.38 |
| MQ+ | 0.00 | 0.00 | 0.00 | 0.00 | 0 | 0.00 | 0.00 | − | − |
| MQo | 2.51 | 1.16 | 2.00 | 6.00 | 120 | 3.00 | 2.00 | 1.25 | 0.67 |
| MQu | 0.56 | 0.34 | 0.00 | 1.00 | 13 | 0.00 | 0.00 | 2.20 | 4.96 |
| MQ- | 0.45 | [0.22] | 0.00 | 2.00 | 28 | 0.00 | 0.00 | 2.18 | 11.75 |
| MQNone | 0.00 | [0.00] | 0.00 | 0.00 | 0 | 0.00 | 0.00 | − | − |
| S− | 0.12 | [0.32] | 0.00 | 1.00 | 14 | 0.00 | 0.00 | 2.42 | 3.91 |
| M | 3.02 | 1.22 | 2.00 | 6.00 | 120 | 3.00 | 2.00 | 1.15 | 0.12 |
| FM | 5.92 | 1.20 | 3.00 | 7.00 | 120 | 6.00 | 6.00 | −1.11 | 0.14 |
| m | 1.06 | 0.40 | 0.00 | 2.00 | 114 | 1.00 | 1.00 | 0.52 | 3.35 |
| FM＋m | 6.08 | 1.14 | 5.00 | 8.00 | 120 | 7.00 | 8.00 | −0.80 | −0.79 |
| FC | 2.17 | 0.93 | 1.00 | 4.00 | 120 | 2.00 | 2.00 | 0.27 | −1.82 |
| CF | 3.19 | 0.98 | 1.00 | 6.00 | 120 | 3.00 | 3.00 | −0.71 | 0.47 |
| C | 0.99 | [0.30] | 0.00 | 3.00 | 72 | 0.00 | 0.00 | 2.70 | 5.38 |
| Cn | 0.00 | [0.00] | 0.00 | 0.00 | 0 | 0.00 | 0.00 | − | − |
| FC+CF+C+Cn | 6.15 | 1.39 | 4.00 | 10.00 | 120 | 5.00 | 5.00 | 0.70 | −1.11 |
| WSum C | 4.97 | 1.14 | 3.00 | 7.00 | 120 | 4.00 | 4.00 | 0.16 | −1.17 |
| Sum C' | 1.25 | [0.86] | 0.00 | 2.00 | 87 | 2.00 | 2.00 | −0.51 | −1.47 |
| Sum T | 0.93 | [0.78] | 0.00 | 2.00 | 110 | 1.00 | 1.00 | 0.42 | 4.14 |
| Sum V | 0.00 | [0.00] | 0.00 | 0.00 | 0 | 0.00 | 0.00 | − | − |
| Sum Y | 0.23 | [0.42] | 0.00 | 1.00 | 37 | 0.00 | 0.00 | 1.33 | −0.23 |
| SumShd | 2.48 | 1.12 | 1.00 | 4.00 | 120 | 3.00 | 3.00 | −0.05 | −1.37 |
| Fr＋rF | 0.30 | [0.39] | 0.00 | 2.00 | 22 | 0.00 | 0.00 | 2.70 | 5.38 |
| FD | 0.13 | [0.70] | 0.00 | 1.00 | 14 | 0.00 | 0.00 | 1.31 | −2.94 |
| F | 7.62 | 1.60 | 3.00 | 10.00 | 120 | 7.00 | 8.00 | −0.68 | −0.31 |
| PAIR | 9.73 | 1.94 | 7.00 | 12.00 | 120 | 9.00 | 8.00 | 0.03 | −1.75 |
| 3r(2)/R | 0.65 | 0.12 | 0.33 | 0.90 | 120 | 0.62 | 0.60 | 0.14 | 0.28 |
| LAMBDA | 0.79 | 0.16 | 0.20 | 1.25 | 120 | 0.70 | 0.62 | −0.17 | −0.32 |
| EA | 7.48 | 1.04 | 4.00 | 9.00 | 120 | 8.00 | 7.00 | −0.41 | −1.07 |
| es | 8.56 | 1.67 | 4.00 | 12.00 | 120 | 8.00 | 7.00 | 0.01 | −0.98 |
| D | −0.53 | 0.67 | −2.00 | 0.00 | 120 | 0.00 | 0.00 | −0.92 | −0.32 |
| Adj D | −0.47 | 0.58 | −2.00 | 0.00 | 120 | 0.00 | 0.00 | −0.79 | −0.35 |
| a(active) | 6.97 | 1.24 | 4.00 | 8.00 | 120 | 7.00 | 8.00 | −1.00 | −0.19 |
| p(passive) | 3.03 | 1.28 | 2.00 | 6.00 | 120 | 2.00 | 2.00 | 0.91 | −0.50 |
| Ma | 2.82 | 0.87 | 2.00 | 5.00 | 120 | 3.00 | 2.00 | 0.84 | −0.07 |
| Mp | 0.20 | 0.40 | 0.00 | 1.00 | 24 | 0.00 | 0.00 | 1.52 | 0.31 |
| Intellect | 0.27 | 0.44 | 0.00 | 1.00 | 120 | 0.00 | 0.00 | 1.07 | −0.87 |
| Zf | 11.51 | 1.46 | 10.00 | 15.00 | 120 | 11.00 | 14.00 | −0.08 | −1.14 |
| Zd | −1.04 | 2.41 | −3.50 | 3.00 | 120 | −1.00 | −3.50 | 0.39 | −1.46 |
| Blends | 5.11 | 0.65 | 3.00 | 7.00 | 120 | 4.00 | 5.00 | −0.72 | 0.74 |
| Col Shd Bl | 0.36 | [0.64] | 0.00 | 1.00 | 20 | 0.00 | 0.00 | 2.12 | 8.35 |
| Afr | 0.79 | 0.09 | 0.45 | 0.83 | 120 | 0.67 | 0.75 | 0.02 | −1.21 |
| Popular | 4.75 | 0.79 | 2.00 | 8.00 | 120 | 6.00 | 4.00 | −0.35 | −0.16 |

表23　7歳（N＝120）（つづき）

| 変数 | 平均 | 標準偏差 | 最小値 | 最大値 | 頻度 | 中央値 | 最頻値 | 歪度 | 尖度 |
|---|---|---|---|---|---|---|---|---|---|
| XA% | 0.92 | 0.07 | 0.79 | 1.00 | 120 | 0.94 | 1.00 | −0.31 | −1.26 |
| WDA% | 0.92 | 0.07 | 0.79 | 1.00 | 120 | 0.94 | 1.00 | −0.52 | −0.99 |
| X＋% | 0.81 | 0.05 | 0.70 | 0.89 | 120 | 0.82 | 0.86 | −0.61 | −0.33 |
| X−% | 0.08 | 0.07 | 0.00 | 0.21 | 87 | 0.06 | 0.00 | 0.33 | −1.09 |
| Xu% | 0.11 | 0.03 | 0.05 | 0.15 | 120 | 0.11 | 0.11 | −0.67 | −0.56 |
| Isolate/R | 0.25 | 0.05 | 0.17 | 0.35 | 120 | 0.25 | 0.25 | 0.41 | −1.08 |
| H | 1.67 | 0.79 | 1.00 | 3.00 | 120 | 1.00 | 1.00 | 0.65 | −1.10 |
| (H) | 1.34 | 0.88 | 0.00 | 3.00 | 93 | 2.00 | 2.00 | −0.28 | −1.00 |
| HD | 0.38 | 0.49 | 0.00 | 1.00 | 45 | 0.00 | 0.00 | 0.52 | −1.76 |
| (Hd) | 0.74 | 0.87 | 0.00 | 3.00 | 63 | 1.00 | 0.00 | 1.14 | 0.71 |
| Hx | 0.00 | [0.00] | 0.00 | 0.00 | 0 | 0.00 | 0.00 | − | − |
| All H Cont | 4.13 | 0.89 | 3.00 | 6.00 | 120 | 4.00 | 4.00 | 0.17 | −0.94 |
| A | 9.26 | 0.77 | 8.00 | 10.00 | 120 | 9.00 | 10.00 | −0.48 | −1.16 |
| (A) | 1.18 | [0.81] | 0.00 | 2.00 | 90 | 1.00 | 2.00 | −0.34 | −1.39 |
| Ad | 0.68 | [0.79] | 0.00 | 2.00 | 57 | 0.00 | 0.00 | 0.65 | −1.10 |
| (Ad) | 0.05 | [0.22] | 0.00 | 1.00 | 6 | 0.00 | 0.00 | 4.18 | 15.75 |
| An | 0.37 | [0.48] | 0.00 | 1.00 | 44 | 0.00 | 0.00 | 0.56 | −1.72 |
| Art | 0.10 | 0.30 | 0.00 | 1.00 | 12 | 0.00 | 0.00 | 2.70 | 5.38 |
| Ay | 0.17 | [0.37] | 0.00 | 1.00 | 20 | 0.00 | 0.00 | 1.81 | 1.30 |
| Bl | 0.28 | [0.45] | 0.00 | 1.00 | 33 | 0.00 | 0.00 | 1.02 | −0.98 |
| Bt | 2.11 | 0.56 | 1.00 | 3.00 | 120 | 2.00 | 2.00 | 0.03 | 0.12 |
| Cg | 1.15 | 0.36 | 1.00 | 2.00 | 120 | 1.00 | 1.00 | 1.98 | 1.97 |
| Cl | 0.00 | [0.00] | 0.00 | 0.00 | 0 | 0.00 | 0.00 | − | − |
| Ex | 0.00 | [0.00] | 0.00 | 0.00 | 0 | 0.00 | 0.00 | − | − |
| Fi | 0.48 | [0.50] | 0.00 | 1.00 | 57 | 0.00 | 0.00 | 0.10 | −2.02 |
| Food | 0.20 | [0.40] | 0.00 | 1.00 | 24 | 0.00 | 0.00 | 1.51 | 0.31 |
| Ge | 0.00 | [0.00] | 0.00 | 0.00 | 0 | 0.00 | 0.00 | − | − |
| Hh | 0.00 | 0.00 | 0.00 | 0.00 | 0 | 0.00 | 0.00 | − | − |
| Ls | 1.00 | 0.00 | 1.00 | 1.00 | 120 | 1.00 | 1.00 | − | − |
| Na | 0.96 | [0.77] | 0.00 | 2.00 | 82 | 1.00 | 1.00 | 0.07 | −1.31 |
| Sc | 1.54 | [1.14] | 0.00 | 4.00 | 96 | 1.00 | 1.00 | 0.39 | −0.62 |
| Sx | 0.00 | [0.00] | 0.00 | 0.00 | 0 | 0.00 | 0.00 | − | − |
| Xy | 0.00 | [0.00] | 0.00 | 0.00 | 0 | 0.00 | 0.00 | − | − |
| Idiographic | 0.53 | 0.59 | 0.00 | 2.00 | 57 | 0.00 | 0.00 | 0.63 | −0.53 |
| DV | 1.39 | [0.49] | 1.00 | 2.00 | 120 | 1.00 | 1.00 | 0.45 | −1.83 |
| INCOM | 1.39 | [0.58] | 0.00 | 2.00 | 114 | 1.00 | 1.00 | −0.33 | −0.71 |
| DR | 0.46 | [0.63] | 0.00 | 2.00 | 46 | 0.00 | 0.00 | 1.06 | 0.06 |
| FABCOM | 0.29 | [0.46] | 0.00 | 1.00 | 35 | 0.00 | 0.00 | 0.92 | −1.16 |
| DV2 | 0.00 | [0.00] | 0.00 | 0.00 | 0 | 0.00 | 0.00 | − | − |
| INC2 | 0.00 | [0.00] | 0.00 | 0.00 | 0 | 0.00 | 0.00 | − | − |
| DR2 | 0.00 | [0.00] | 0.00 | 0.00 | 0 | 0.00 | 0.00 | − | − |
| FAB2 | 0.08 | [0.26] | 0.00 | 1.00 | 9 | 0.00 | 0.00 | 3.26 | 8.83 |
| ALOG | 0.38 | [0.49] | 0.00 | 1.00 | 45 | 0.00 | 0.00 | 0.52 | −1.76 |
| CONTAM | 0.01 | 0.09 | 0.00 | 1.00 | 1 | 0.00 | 0.00 | 10.95 | 120.00 |
| Sum 6 Sp Sc | 3.99 | 1.40 | 1.00 | 8.00 | 120 | 4.00 | 5.00 | 0.23 | 0.45 |
| Lvl 2 Sp Sc | 0.08 | [0.26] | 0.00 | 1.00 | 9 | 0.00 | 0.00 | 3.26 | 8.83 |
| WSum6 | 9.18 | 5.66 | 1.00 | 29.00 | 120 | 10.00 | 4.00 | 0.85 | 0.69 |
| AB | 0.00 | [0.00] | 0.00 | 0.00 | 0 | 0.00 | 0.00 | − | − |
| AG | 1.20 | 0.40 | 1.00 | 2.00 | 120 | 1.00 | 1.00 | 1.51 | 0.31 |
| COP | 1.17 | 0.59 | 0.00 | 2.00 | 108 | 1.00 | 1.00 | −0.05 | −0.28 |
| CP | 0.00 | [0.00] | 0.00 | 0.00 | 0 | 0.00 | 0.00 | − | − |
| GOODHR | 3.82 | 1.16 | 2.00 | 5.00 | 120 | 4.00 | 5.00 | −0.52 | −1.19 |
| POORHR | 0.99 | 0.98 | 0.00 | 3.00 | 71 | 1.00 | 0.00 | 0.50 | −0.95 |
| MOR | 1.64 | [0.58] | 1.00 | 3.00 | 120 | 2.00 | 2.00 | 0.22 | −0.70 |
| PER | 1.22 | 0.57 | 1.00 | 3.00 | 120 | 1.00 | 1.00 | 2.51 | 4.94 |
| PSV | 0.54 | [0.50] | 0.00 | 1.00 | 65 | 1.00 | 1.00 | −0.16 | −2.01 |

注：[ ]で示した標準偏差は，値が信頼できないので，期待域の推定を行ってはならない。これらの変数をパラメトリックな分析に含めてはならない。

表23　8歳（N=120）

| 変数 | 平均 | 標準偏差 | 最小値 | 最大値 | 頻度 | 中央値 | 最頻値 | 歪度 | 尖度 |
|---|---|---|---|---|---|---|---|---|---|
| R | 18.73 | 2.46 | 14.00 | 23.00 | 120 | 18.00 | 16.00 | 0.21 | −1.57 |
| W | 10.03 | 1.01 | 6.00 | 11.00 | 120 | 11.00 | 8.00 | 0.55 | −1.05 |
| D | 7.00 | 1.28 | 7.00 | 11.00 | 120 | 7.00 | 7.00 | 0.41 | −1.12 |
| Dd | 1.70 | [0.84] | 0.00 | 3.00 | 104 | 1.00 | 0.00 | 0.40 | −1.47 |
| S | 1.73 | [0.58] | 1.00 | 3.00 | 119 | 2.00 | 2.00 | 0.08 | −0.43 |
| DQ+ | 6.80 | 1.74 | 4.00 | 10.00 | 120 | 6.00 | 6.00 | 0.64 | −0.57 |
| DQo | 11.27 | 1.40 | 9.00 | 14.00 | 120 | 12.00 | 12.00 | −0.04 | −0.68 |
| DQv | 0.90 | [0.62] | 0.00 | 3.00 | 99 | 1.00 | 1.00 | 0.50 | −0.59 |
| DQv/+ | 0.17 | [0.25] | 0.00 | 1.00 | 19 | 0.00 | 0.00 | 3.56 | 11.07 |
| FQX+ | 0.00 | 0.00 | 0.00 | 0.00 | 0 | 0.00 | 0.00 | − | − |
| FQXo | 13.22 | 1.83 | 10.00 | 17.00 | 120 | 13.00 | 12.00 | 0.44 | −0.37 |
| FQXu | 3.47 | 1.37 | 2.00 | 6.00 | 120 | 4.00 | 2.00 | 0.24 | −1.34 |
| FQX- | 1.72 | 0.76 | 1.00 | 4.00 | 120 | 2.00 | 1.00 | 0.53 | −1.07 |
| FQXNone | 0.43 | [0.48] | 0.00 | 1.00 | 43 | 0.00 | 0.00 | 0.73 | −1.53 |
| MQ+ | 0.00 | 0.00 | 0.00 | 0.00 | 0 | 0.00 | 0.00 | − | − |
| MQo | 3.12 | 1.62 | 1.00 | 6.00 | 120 | 2.00 | 2.00 | 0.68 | −0.97 |
| MQu | 0.20 | 0.40 | 0.00 | 1.00 | 24 | 0.00 | 0.00 | 1.54 | 0.38 |
| MQ- | 0.07 | [0.25] | 0.00 | 1.00 | 10 | 0.00 | 0.00 | 3.56 | 11.07 |
| MQNone | 0.00 | [0.00] | 0.00 | 0.00 | 0 | 0.00 | 0.00 | − | − |
| S− | 0.13 | [0.34] | 0.00 | 1.00 | 29 | 0.00 | 0.00 | 2.21 | 3.00 |
| M | 3.38 | 1.85 | 1.00 | 7.00 | 120 | 3.00 | 2.00 | 0.79 | −0.49 |
| FM | 4.72 | 1.37 | 3.00 | 8.00 | 120 | 4.00 | 4.00 | 0.71 | −0.30 |
| m | 0.57 | 0.50 | 0.00 | 3.00 | 57 | 0.00 | 0.00 | 0.14 | −2.05 |
| FM+m | 5.28 | 1.56 | 3.00 | 8.00 | 120 | 5.00 | 4.00 | 0.20 | −1.29 |
| FC | 1.80 | 0.84 | 1.00 | 3.00 | 120 | 2.00 | 1.00 | 0.40 | −1.47 |
| CF | 2.73 | 0.78 | 1.00 | 4.00 | 120 | 3.00 | 3.00 | −0.38 | −0.01 |
| C | 0.43 | [0.48] | 0.00 | 1.00 | 43 | 0.00 | 0.00 | 0.73 | −1.53 |
| Cn | 0.00 | [0.00] | 0.00 | 0.00 | 0 | 0.00 | 0.00 | − | − |
| FC+CF+C+Cn | 4.87 | 0.72 | 3.00 | 6.00 | 120 | 5.00 | 5.00 | −0.90 | 1.37 |
| WSum C | 4.13 | 0.77 | 3.00 | 6.00 | 120 | 4.00 | 3.50 | 0.80 | 0.22 |
| Sum C' | 1.30 | [0.89] | 0.00 | 3.00 | 102 | 1.00 | 1.00 | 0.92 | −0.26 |
| Sum T | 1.08 | [0.60] | 0.00 | 2.00 | 107 | 1.00 | 1.00 | 0.76 | 2.58 |
| Sum V | 0.00 | [0.00] | 0.00 | 0.00 | 0 | 0.00 | 0.00 | − | − |
| Sum Y | 0.92 | [0.85] | 0.00 | 2.00 | 68 | 1.00 | 0.00 | 0.37 | −1.54 |
| SumShd | 2.90 | 1.47 | 1.00 | 5.00 | 120 | 2.00 | 2.00 | 0.18 | −1.46 |
| Fr+rF | 0.33 | [0.48] | 0.00 | 1.00 | 33 | 0.00 | 0.00 | 0.73 | −1.53 |
| FD | 0.53 | [0.34] | 0.00 | 2.00 | 39 | 0.00 | 0.00 | 2.21 | 3.00 |
| F | 6.98 | 1.64 | 5.00 | 10.00 | 120 | 7.00 | 7.00 | 0.67 | −0.58 |
| PAIR | 7.97 | 1.19 | 6.00 | 10.00 | 120 | 8.00 | 8.00 | 0.07 | −0.60 |
| 3r(2)/R | 0.62 | 0.12 | 0.30 | 0.90 | 120 | 0.67 | 0.60 | 0.28 | 0.39 |
| LAMBDA | 0.77 | 0.27 | 0.29 | 1.35 | 120 | 0.65 | 0.70 | 0.91 | −0.21 |
| EA | 7.51 | 1.45 | 4.00 | 11.50 | 120 | 7.00 | 6.50 | 0.48 | −0.31 |
| es | 8.18 | 2.51 | 4.00 | 12.00 | 120 | 7.00 | 6.00 | 0.07 | −1.31 |
| D | −0.22 | 0.64 | −2.00 | 1.00 | 120 | 0.00 | 0.00 | −1.38 | 2.44 |
| Adj D | −0.15 | 0.61 | −2.00 | 1.00 | 120 | 0.00 | 0.00 | −1.82 | 4.40 |
| a(active) | 6.73 | 1.63 | 4.00 | 10.00 | 120 | 6.00 | 6.00 | 0.15 | −0.34 |
| p(passive) | 1.93 | 1.30 | 0.00 | 5.00 | 112 | 2.00 | 1.00 | 0.89 | 0.20 |
| Ma | 3.12 | 1.66 | 1.00 | 6.00 | 120 | 3.00 | 2.00 | 0.52 | −1.01 |
| Mp | 0.37 | 0.45 | 0.00 | 2.00 | 46 | 0.00 | 0.00 | 1.08 | −0.86 |
| Intellect | 0.46 | 0.98 | 0.00 | 1.50 | 120 | 0.00 | 0.00 | 2.46 | 3.15 |
| Zf | 11.27 | 1.49 | 10.00 | 15.00 | 120 | 12.00 | 11.00 | 0.28 | −1.27 |
| Zd | −0.70 | 1.93 | −4.50 | 5.00 | 120 | −1.00 | 0.00 | 1.23 | 3.73 |
| Blends | 4.88 | 1.03 | 3.00 | 6.00 | 120 | 5.00 | 5.00 | −0.54 | −0.82 |
| Col Shd Bl | 0.30 | [0.40] | 0.00 | 1.00 | 34 | 0.00 | 0.00 | 1.54 | 0.38 |
| Afr | 0.69 | 0.09 | 0.36 | 0.90 | 120 | 0.68 | 0.63 | 0.64 | 0.00 |
| Popular | 5.68 | 0.80 | 3.00 | 7.00 | 120 | 6.00 | 6.00 | −0.57 | −1.22 |

表23　8歳（N＝120）（つづき）

| 変数 | 平均 | 標準偏差 | 最小値 | 最大値 | 頻度 | 中央値 | 最頻値 | 歪度 | 尖度 |
|---|---|---|---|---|---|---|---|---|---|
| XA% | 0.89 | 0.06 | 0.75 | 0.95 | 120 | 0.89 | 0.94 | −0.79 | −0.05 |
| WDA% | 0.90 | 0.06 | 0.75 | 0.95 | 120 | 0.93 | 0.95 | −1.29 | 0.86 |
| X+% | 0.71 | 0.07 | 0.58 | 0.81 | 120 | 0.71 | 0.63 | 0.01 | −1.33 |
| X−% | 0.09 | 0.04 | 0.05 | 0.19 | 120 | 0.09 | 0.06 | 0.80 | −0.29 |
| Xu% | 0.18 | 0.06 | 0.12 | 0.32 | 120 | 0.18 | 0.13 | 0.89 | −0.16 |
| Isolate/R | 0.23 | 0.04 | 0.14 | 0.27 | 120 | 0.24 | 0.19 | −0.64 | −0.47 |
| H | 1.87 | 1.03 | 1.00 | 4.00 | 120 | 1.00 | 1.00 | 0.64 | −1.07 |
| (H) | 1.47 | 0.62 | 1.00 | 3.00 | 120 | 1.00 | 1.00 | 0.98 | −0.05 |
| HD | 0.27 | 0.44 | 0.00 | 1.00 | 32 | 0.00 | 0.00 | 1.06 | −0.87 |
| (Hd) | 1.20 | 0.54 | 1.00 | 3.00 | 120 | 1.00 | 1.00 | 2.65 | 5.75 |
| Hx | 0.00 | [0.00] | 0.00 | 0.00 | 0 | 0.00 | 0.00 | − | − |
| H+(H)+Hd+(Hd) | 4.80 | 1.91 | 3.00 | 9.00 | 120 | 4.00 | 3.00 | 0.87 | −0.45 |
| A | 9.27 | 1.44 | 7.00 | 12.00 | 120 | 9.00 | 8.00 | 0.34 | −1.07 |
| (A) | 1.73 | [0.58] | 1.00 | 3.00 | 120 | 2.00 | 2.00 | 0.08 | −0.46 |
| Ad | 0.33 | [0.47] | 0.00 | 1.00 | 40 | 0.00 | 0.00 | 0.71 | −1.51 |
| (Ad) | 0.13 | [0.34] | 0.00 | 1.00 | 16 | 0.00 | 0.00 | 2.18 | 2.82 |
| An | 0.20 | [0.40] | 0.00 | 1.00 | 24 | 0.00 | 0.00 | 1.51 | 0.31 |
| Art | 0.00 | 0.00 | 0.00 | 0.00 | 0 | 0.00 | 0.00 | − | − |
| Ay | 0.00 | [0.00] | 0.00 | 0.00 | 0 | 0.00 | 0.00 | − | − |
| Bl | 0.33 | [0.47] | 0.00 | 1.00 | 40 | 0.00 | 0.00 | 0.71 | −1.51 |
| Bt | 1.45 | 0.65 | 0.00 | 3.00 | 118 | 1.00 | 1.00 | 0.75 | 0.04 |
| Cg | 1.80 | 1.17 | 1.00 | 4.00 | 120 | 1.00 | 1.00 | 0.90 | −0.93 |
| Cl | 0.13 | [0.34] | 0.00 | 1.00 | 16 | 0.00 | 0.00 | 2.18 | 2.82 |
| Ex | 0.00 | [0.00] | 0.00 | 0.00 | 0 | 0.00 | 0.00 | − | − |
| Fi | 0.33 | [0.47] | 0.00 | 1.00 | 40 | 0.00 | 0.00 | 0.71 | −1.51 |
| Food | 0.20 | [0.40] | 0.00 | 1.00 | 24 | 0.00 | 0.00 | 1.51 | 0.31 |
| Ge | 0.00 | [0.00] | 0.00 | 0.00 | 0 | 0.00 | 0.00 | − | − |
| Hh | 0.15 | 0.36 | 0.00 | 1.00 | 18 | 0.00 | 0.00 | 1.98 | 1.97 |
| Ls | 0.93 | 0.25 | 0.00 | 1.00 | 112 | 1.00 | 1.00 | −3.51 | 10.56 |
| Na | 0.80 | [0.40] | 0.00 | 1.00 | 96 | 1.00 | 1.00 | −1.51 | 0.31 |
| Sc | 2.45 | [0.62] | 1.00 | 3.00 | 120 | 3.00 | 3.00 | −0.66 | −0.50 |
| Sx | 0.00 | [0.00] | 0.00 | 0.00 | 0 | 0.00 | 0.00 | − | − |
| Xy | 0.00 | [0.00] | 0.00 | 0.00 | 0 | 0.00 | 0.00 | − | − |
| Idiographic | 0.53 | 0.62 | 0.00 | 2.00 | 56 | 0.00 | 0.00 | 0.72 | −0.43 |
| DV | 1.33 | [0.70] | 0.00 | 2.00 | 104 | 1.00 | 2.00 | −0.57 | −0.82 |
| INCOM | 2.07 | [0.44] | 1.00 | 3.00 | 120 | 2.00 | 2.00 | 0.31 | 2.04 |
| DR | 0.47 | [0.62] | 0.00 | 2.00 | 48 | 0.00 | 0.00 | 0.98 | −0.05 |
| FABCOM | 0.55 | [0.89] | 0.00 | 3.00 | 42 | 0.00 | 0.00 | 1.60 | 1.65 |
| DV2 | 0.07 | [0.25] | 0.00 | 1.00 | 8 | 0.00 | 0.00 | 3.51 | 10.56 |
| INC2 | 0.13 | [0.34] | 0.00 | 1.00 | 16 | 0.00 | 0.00 | 2.18 | 2.82 |
| DR2 | 0.00 | [0.00] | 0.00 | 0.00 | 0 | 0.00 | 0.00 | − | − |
| FAB2 | 0.13 | [0.34] | 0.00 | 1.00 | 16 | 0.00 | 0.00 | 2.18 | 2.82 |
| ALOG | 0.73 | [0.44] | 0.00 | 1.00 | 88 | 1.00 | 1.00 | −1.06 | −0.87 |
| CONTAM | 0.00 | 0.00 | 0.00 | 0.00 | 0 | 0.00 | 0.00 | − | − |
| Sum 6 Sp Sc | 5.48 | 1.70 | 3.00 | 10.00 | 120 | 5.00 | 5.00 | 0.95 | 1.21 |
| Lvl 2 Sp Sc | 0.33 | [0.47] | 0.00 | 1.00 | 40 | 0.00 | 0.00 | 0.71 | −1.51 |
| WSum6 | 14.33 | 5.10 | 5.00 | 28.00 | 120 | 14.00 | 14.00 | 0.71 | 1.74 |
| AB | 0.00 | [0.00] | 0.00 | 0.00 | 0 | 0.00 | 0.00 | − | − |
| AG | 0.93 | 0.58 | 0.00 | 2.00 | 96 | 1.00 | 1.00 | 0.00 | 0.05 |
| COP | 1.93 | 1.00 | 1.00 | 4.00 | 120 | 2.00 | 1.00 | 0.54 | −1.06 |
| CP | 0.00 | [0.00] | 0.00 | 0.00 | 0 | 0.00 | 0.00 | − | − |
| GOODHR | 4.98 | 2.29 | 1.00 | 9.00 | 120 | 4.00 | 4.00 | 0.48 | −0.86 |
| POORHR | 0.68 | 0.83 | 0.00 | 3.00 | 56 | 0.00 | 0.00 | 0.83 | −0.51 |
| MOR | 1.13 | [0.34] | 1.00 | 2.00 | 120 | 1.00 | 1.00 | 2.18 | 2.82 |
| PER | 0.33 | 0.47 | 0.00 | 1.00 | 40 | 0.00 | 0.00 | 0.71 | −1.51 |
| PSV | 0.46 | [0.78] | 0.00 | 2.00 | 18 | 0.00 | 0.00 | 2.74 | 9.86 |

注：[　]で示した標準偏差は，値が信頼できないので，期待域の推定を行ってはならない。これらの変数をパラメトリックな分析に含めてはならない。

表23　9歳（N＝140）

| 変数 | 平均 | 標準偏差 | 最小値 | 最大値 | 頻度 | 中央値 | 最頻値 | 歪度 | 尖度 |
|---|---|---|---|---|---|---|---|---|---|
| R | 20.53 | 2.46 | 14.00 | 26.00 | 140 | 21.00 | 19.00 | 0.41 | 0.57 |
| W | 10.33 | 1.57 | 6.00 | 12.00 | 140 | 11.00 | 9.00 | 0.55 | 0.05 |
| D | 9.00 | 1.28 | 7.00 | 13.00 | 140 | 9.00 | 8.00 | 0.41 | 0.84 |
| Dd | 1.20 | [0.84] | 0.00 | 4.00 | 102 | 1.00 | 0.00 | 0.40 | 3.47 |
| S | 1.73 | [0.58] | 0.00 | 4.00 | 108 | 2.00 | 1.00 | 1.78 | 3.43 |
| DQ+ | 6.40 | 1.94 | 3.00 | 12.00 | 138 | 7.00 | 6.00 | 0.64 | 2.57 |
| DQo | 11.67 | 1.80 | 7.00 | 14.00 | 140 | 11.00 | 10.00 | −0.04 | −0.68 |
| DQv | 1.61 | [0.65] | 0.00 | 4.00 | 72 | 1.00 | 0.00 | 0.50 | −0.59 |
| DQv/+ | 0.45 | [0.65] | 0.00 | 1.00 | 23 | 0.00 | 0.00 | 3.56 | 11.07 |
| FQX+ | 0.26 | 0.31 | 0.00 | 1.00 | 5 | 0.00 | 0.00 | 4.18 | 13.67 |
| FQXo | 14.22 | 1.83 | 10.00 | 18.00 | 140 | 14.00 | 12.00 | 0.44 | −0.37 |
| FQXu | 3.49 | 1.37 | 2.00 | 6.00 | 140 | 4.00 | 2.00 | 0.24 | −1.34 |
| FQX- | 2.04 | 0.76 | 1.00 | 3.00 | 140 | 2.00 | 1.00 | 0.53 | −1.07 |
| FQXNone | 0.38 | [0.48] | 0.00 | 2.00 | 31 | 0.00 | 0.00 | 0.73 | −1.53 |
| MQ+ | 0.00 | 0.00 | 0.00 | 0.00 | 0 | 0.00 | 0.00 | − | − |
| MQo | 3.12 | 1.62 | 1.00 | 6.00 | 140 | 2.00 | 2.00 | 0.68 | −0.97 |
| MQu | 0.20 | 0.40 | 0.00 | 1.00 | 22 | 0.00 | 0.00 | 1.54 | 0.38 |
| MQ- | 0.37 | [0.25] | 0.00 | 2.00 | 7 | 0.00 | 0.00 | 3.27 | 10.61 |
| MQNone | 0.00 | [0.00] | 0.00 | 0.00 | 0 | 0.00 | 0.00 | − | − |
| S− | 0.13 | [0.34] | 0.00 | 1.00 | 29 | 0.00 | 0.00 | 2.21 | 3.00 |
| M | 3.12 | 1.85 | 1.00 | 7.00 | 140 | 3.00 | 2.00 | 0.79 | −0.49 |
| FM | 4.22 | 1.47 | 3.00 | 9.00 | 140 | 4.00 | 4.00 | 0.71 | 0.64 |
| m | 0.67 | 0.58 | 0.00 | 3.00 | 66 | 0.00 | 0.00 | 0.14 | 3.65 |
| FM + m | 5.64 | 1.86 | 2.00 | 9.00 | 140 | 6.00 | 4.00 | 0.20 | 0.59 |
| FC | 1.89 | 0.86 | 0.00 | 3.00 | 131 | 2.00 | 1.00 | 0.40 | 2.47 |
| CF | 2.79 | 0.78 | 1.00 | 4.00 | 140 | 3.00 | 2.00 | −0.38 | 2.01 |
| C | 0.43 | [0.48] | 0.00 | 2.00 | 22 | 0.00 | 0.00 | 0.73 | 2.53 |
| Cn | 0.00 | [0.00] | 0.00 | 0.00 | 0 | 0.00 | 0.00 | − | − |
| FC+CF+C+Cn | 4.15 | 0.72 | 3.00 | 9.00 | 140 | 6.00 | 5.00 | −0.90 | 1.37 |
| WSum C | 5.13 | 1.07 | 2.50 | 7.50 | 140 | 4.00 | 3.50 | 0.80 | 0.22 |
| Sum C' | 1.16 | [0.79] | 0.00 | 4.00 | 104 | 1.00 | 1.00 | 0.92 | 1.66 |
| Sum T | 0.97 | [0.63] | 0.00 | 2.00 | 123 | 1.00 | 1.00 | 0.24 | 3.58 |
| Sum V | 0.00 | [0.00] | 0.00 | 0.00 | 0 | 0.00 | 0.00 | − | − |
| Sum Y | 0.83 | [0.85] | 0.00 | 3.00 | 102 | 1.00 | 1.00 | 0.37 | −1.76 |
| SumShd | 2.96 | 1.27 | 1.00 | 6.00 | 140 | 2.00 | 2.00 | 0.18 | −1.46 |
| Fr + rF | 0.42 | [0.43] | 0.00 | 1.00 | 26 | 0.00 | 0.00 | 0.73 | 2.53 |
| FD | 0.63 | [0.34] | 0.00 | 1.00 | 64 | 0.00 | 0.00 | 2.45 | 3.13 |
| F | 9.14 | 1.84 | 5.00 | 11.00 | 140 | 8.00 | 8.00 | 0.67 | −0.58 |
| PAIR | 8.97 | 1.69 | 5.00 | 12.00 | 140 | 9.00 | 8.00 | 0.07 | −0.60 |
| 3r(2)/R | 0.57 | 0.12 | 0.30 | 0.88 | 140 | 0.60 | 0.55 | 0.18 | 0.54 |
| LAMBDA | 0.81 | 0.37 | 0.29 | 1.45 | 140 | 0.85 | 0.70 | 0.91 | 0.21 |
| EA | 8.25 | 1.95 | 4.00 | 11.50 | 140 | 8.00 | 6.50 | 0.38 | 0.56 |
| es | 8.60 | 2.59 | 4.00 | 13.00 | 140 | 7.00 | 6.00 | 0.07 | 1.31 |
| D | −0.18 | 0.54 | −3.00 | 1.00 | 140 | 0.00 | 0.00 | 1.18 | 1.44 |
| Adj D | −0.10 | 0.41 | −2.00 | 1.00 | 140 | 0.00 | 0.00 | −1.32 | 3.44 |
| a(active) | 6.26 | 1.23 | 3.00 | 11.00 | 140 | 7.00 | 6.00 | 0.12 | 0.30 |
| p(passive) | 2.51 | 1.40 | 0.00 | 5.00 | 76 | 2.00 | 1.00 | 0.89 | 0.70 |
| Ma | 2.72 | 1.36 | 1.00 | 6.00 | 134 | 3.00 | 2.00 | 0.52 | −1.01 |
| Mp | 0.27 | 0.45 | 0.00 | 1.00 | 61 | 0.00 | 0.00 | 1.28 | 1.86 |
| Intellect | 1.03 | 0.98 | 0.00 | 1.00 | 140 | 0.00 | 0.00 | 2.68 | 10.89 |
| Zf | 11.16 | 1.54 | 7.00 | 15.00 | 140 | 11.00 | 11.00 | 0.28 | 0.47 |
| Zd | 0.40 | 2.03 | −4.50 | 6.00 | 140 | 0.00 | 0.00 | 0.23 | 0.73 |
| Blends | 4.38 | 1.23 | 2.00 | 7.00 | 140 | 5.00 | 5.00 | −0.44 | −0.92 |
| Col Shd Bl | 0.90 | [0.56] | 0.00 | 3.00 | 59 | 0.00 | 0.00 | 1.04 | 0.34 |
| Afr | 0.79 | 0.13 | 0.38 | 1.05 | 140 | 0.76 | 0.68 | −0.44 | 0.03 |
| Popular | 5.78 | 0.63 | 4.00 | 7.00 | 140 | 6.00 | 5.00 | −0.52 | −1.02 |

表23　9歳（N＝140）（つづき）

| 変数 | 平均 | 標準偏差 | 最小値 | 最大値 | 頻度 | 中央値 | 最頻値 | 歪度 | 尖度 |
|---|---|---|---|---|---|---|---|---|---|
| XA % | 0.91 | 0.07 | 0.67 | 1.00 | 140 | 0.91 | 0.95 | −2.07 | 7.52 |
| WDA % | 0.92 | 0.05 | 0.71 | 1.00 | 140 | 0.91 | 0.95 | −1.80 | 5.89 |
| X＋% | 0.74 | 0.07 | 0.61 | 0.85 | 140 | 0.77 | 0.79 | −0.90 | −0.22 |
| X−% | 0.09 | 0.06 | 0.05 | 0.25 | 140 | 0.07 | 0.09 | −0.32 | 0.25 |
| Xu % | 0.17 | 0.07 | 0.10 | 0.33 | 140 | 0.18 | 0.15 | 0.81 | −0.15 |
| Isolate | 0.16 | 0.05 | 0.06 | 0.32 | 140 | 0.14 | 0.17 | −0.67 | −0.34 |
| H | 2.87 | 1.03 | 0.00 | 6.00 | 138 | 2.00 | 2.00 | 0.66 | −1.06 |
| (H) | 1.32 | 0.61 | 1.00 | 3.00 | 140 | 1.00 | 1.00 | 0.84 | 1.25 |
| Hd | 0.57 | 0.40 | 0.00 | 2.00 | 46 | 0.00 | 0.00 | 1.58 | 0.36 |
| (Hd) | 0.74 | 0.58 | 0.00 | 2.00 | 62 | 0.00 | 0.00 | 1.60 | 4.06 |
| Hx | 0.00 | [0.00] | 0.00 | 0.00 | 0 | 0.00 | 0.00 | − | − |
| All H Cont | 5.50 | 1.62 | 2.00 | 8.00 | 140 | 5.00 | 4.00 | 0.59 | −0.41 |
| A | 8.28 | 1.59 | 5.00 | 13.00 | 140 | 9.00 | 8.00 | 0.35 | 0.06 |
| (A) | 0.73 | [0.68] | 0.00 | 3.00 | 101 | 1.00 | 1.00 | 0.28 | 1.63 |
| Ad | 0.53 | [0.98] | 0.00 | 2.00 | 80 | 1.00 | 1.00 | −0.63 | 2.73 |
| (Ad) | 0.23 | [0.39] | 0.00 | 1.00 | 13 | 0.00 | 0.00 | 3.27 | 4.00 |
| An | 0.36 | [0.60] | 0.00 | 3.00 | 34 | 0.00 | 0.00 | 2.54 | 2.38 |
| Art | 0.32 | 0.71 | 0.00 | 2.00 | 31 | 0.00 | 0.00 | 1.38 | 3.09 |
| Ay | 0.13 | [0.28] | 0.00 | 1.00 | 11 | 0.00 | 0.00 | 3.94 | 8.28 |
| Bl | 0.33 | [0.48] | 0.00 | 1.00 | 28 | 0.00 | 0.00 | 1.03 | 1.33 |
| Bt | 1.45 | 0.65 | 0.00 | 3.00 | 129 | 1.00 | 1.00 | 0.97 | 1.10 |
| Cg | 1.84 | 1.08 | 1.00 | 4.00 | 133 | 1.00 | 1.00 | 0.92 | 1.92 |
| Cl | 0.16 | [0.39] | 0.00 | 1.00 | 40 | 0.00 | 0.00 | 2.01 | 3.34 |
| Ex | 0.26 | [0.54] | 0.00 | 1.00 | 21 | 0.00 | 0.00 | 1.93 | 4.06 |
| Fi | 0.69 | [0.68] | 0.00 | 1.00 | 68 | 0.00 | 0.00 | 0.33 | 2.73 |
| Fd | 0.18 | [0.46] | 0.00 | 1.00 | 15 | 0.00 | 0.00 | 2.54 | 4.38 |
| Ge | 0.00 | [0.00] | 0.00 | 0.00 | 0 | 0.00 | 0.00 | − | − |
| Hh | 0.59 | 0.36 | 0.00 | 1.00 | 49 | 0.00 | 0.00 | 2.11 | 2.07 |
| Ls | 0.93 | 0.59 | 0.00 | 3.00 | 107 | 1.00 | 1.00 | −0.28 | 0.83 |
| Na | 0.70 | [0.48] | 0.00 | 2.00 | 96 | 1.00 | 1.00 | −0.54 | 1.38 |
| Sc | 1.55 | [0.72] | 0.00 | 3.00 | 102 | 2.00 | 1.00 | 0.68 | 2.46 |
| Sx | 0.00 | [0.00] | 0.00 | 0.00 | 0 | 0.00 | 0.00 | − | − |
| Xy | 0.00 | [0.00] | 0.00 | 0.00 | 0 | 0.00 | 0.00 | − | − |
| Idio | 0.63 | 0.42 | 0.00 | 1.00 | 48 | 0.00 | 0.00 | 0.84 | 1.40 |
| DV | 1.01 | [0.61] | 0.00 | 2.00 | 97 | 1.00 | 1.00 | −0.08 | 2.80 |
| INCOM | 1.37 | [0.75] | 0.00 | 3.00 | 81 | 1.00 | 1.00 | 0.32 | 2.18 |
| DR | 0.67 | [0.72] | 0.00 | 2.00 | 91 | 1.00 | 1.00 | −0.73 | 2.00 |
| FABCOM | 1.05 | [0.89] | 0.00 | 3.00 | 102 | 1.00 | 1.00 | 0.63 | 1.68 |
| DV2 | 0.07 | [0.21] | 0.00 | 1.00 | 6 | 0.00 | 0.00 | 1.56 | 12.07 |
| INC2 | 0.11 | [0.59] | 0.00 | 1.00 | 7 | 0.00 | 0.00 | 1.27 | 11.40 |
| DR2 | 0.00 | [0.00] | 0.00 | 0.00 | 0 | 0.00 | 0.00 | − | − |
| FAB2 | 0.05 | [0.39] | 0.00 | 1.00 | 3 | 0.00 | 0.00 | 0.68 | 13.00 |
| ALOG | 0.61 | [0.49] | 0.00 | 1.00 | 56 | 0.00 | 0.00 | 1.08 | 3.86 |
| CONTAM | 0.00 | 0.00 | 0.00 | 0.00 | 0 | 0.00 | 0.00 | − | − |
| Sum 6 Sp Sc | 5.95 | 2.16 | 1.00 | 9.00 | 140 | 6.00 | 6.00 | 0.74 | 0.52 |
| Sum 6 Sp Sc2 | 0.27 | [0.51] | 0.00 | 2.00 | 14 | 0.00 | 0.00 | 0.63 | 6.53 |
| WSum6 | 13.06 | 4.72 | 3.00 | 26.00 | 140 | 12.00 | 11.00 | 0.92 | 0.86 |
| AB | 0.00 | [0.00] | 0.00 | 0.00 | 0 | 0.00 | 0.00 | − | − |
| AG | 1.37 | 0.78 | 0.00 | 4.00 | 128 | 2.00 | 1.00 | 0.67 | 1.11 |
| COP | 2.03 | 1.14 | 0.00 | 5.00 | 136 | 2.00 | 2.00 | 0.18 | 1.05 |
| CP | 0.00 | [0.00] | 0.00 | 0.00 | 0 | 0.00 | 0.00 | − | − |
| GOODHR | 4.11 | 1.42 | 1.00 | 8.00 | 140 | 4.00 | 4.00 | 0.17 | −0.78 |
| POORHR | 1.86 | 1.02 | 0.00 | 5.00 | 140 | 1.00 | 1.00 | 1.62 | 6.02 |
| MOR | 0.87 | [0.64] | 0.00 | 4.00 | 116 | 1.00 | 1.00 | −0.41 | 1.87 |
| PER | 1.16 | 0.78 | 0.00 | 6.00 | 99 | 1.00 | 1.00 | 0.73 | −1.53 |
| PSV | 0.26 | [0.61] | 0.00 | 2.00 | 29 | 0.00 | 0.00 | 1.04 | 4.14 |

注：[ ] で示した標準偏差は，値が信頼できないので，期待域の推定を行ってはならない。これらの変数をパラメトリックな分析に含めてはならない。

表23 10歳（N＝120）

| 変数 | 平均 | 標準偏差 | 最小値 | 最大値 | 頻度 | 中央値 | 最頻値 | 歪度 | 尖度 |
|---|---|---|---|---|---|---|---|---|---|
| R | 20.97 | 1.92 | 18.00 | 25.00 | 120 | 19.00 | 19.00 | 0.85 | −0.39 |
| W | 9.52 | 0.87 | 9.00 | 12.00 | 120 | 9.00 | 9.00 | 1.59 | 1.46 |
| D | 10.10 | 1.48 | 8.00 | 13.00 | 120 | 10.00 | 9.00 | 0.31 | −1.32 |
| Dd | 1.35 | [0.44] | 0.00 | 3.00 | 119 | 0.00 | 0.00 | 1.17 | −0.64 |
| S | 1.48 | [0.70] | 1.00 | 3.00 | 107 | 1.00 | 1.00 | 1.12 | −0.08 |
| DQ+ | 7.68 | 0.96 | 3.00 | 9.00 | 120 | 8.00 | 7.00 | −0.48 | −0.18 |
| DQo | 12.07 | 1.78 | 9.00 | 17.00 | 120 | 12.00 | 11.00 | 0.08 | 0.01 |
| DQv | 0.53 | [0.50] | 0.00 | 2.00 | 64 | 1.00 | 1.00 | −0.14 | −2.02 |
| DQv/+ | 0.38 | [0.28] | 0.00 | 1.00 | 36 | 0.00 | 0.00 | 3.05 | 7.45 |
| FQX+ | 0.30 | 0.50 | 0.00 | 1.00 | 11 | 0.00 | 0.00 | 4.04 | 9.15 |
| FQXo | 15.80 | 1.98 | 13.00 | 21.00 | 120 | 15.00 | 15.00 | 0.81 | 0.33 |
| FQXu | 2.95 | 0.79 | 1.00 | 4.00 | 120 | 3.00 | 3.00 | −0.54 | 0.12 |
| FQX- | 1.58 | 1.03 | 0.00 | 6.00 | 104 | 2.00 | 2.00 | 1.74 | 6.56 |
| FQXNone | 0.13 | [0.34] | 0.00 | 1.00 | 29 | 0.00 | 0.00 | 2.19 | 2.82 |
| MQ+ | 0.08 | 0.21 | 0.00 | 1.00 | 2 | 0.00 | 0.00 | 4.80 | 13.25 |
| MQo | 3.23 | 1.48 | 1.00 | 6.00 | 120 | 3.00 | 3.00 | 0.22 | −0.78 |
| MQu | 0.25 | 0.44 | 0.00 | 1.00 | 30 | 0.00 | 0.00 | 1.17 | −0.64 |
| MQ- | 0.17 | [0.37] | 0.00 | 2.00 | 21 | 0.00 | 0.00 | 1.81 | 1.30 |
| MQNone | 0.00 | [0.00] | 0.00 | 0.00 | 0 | 0.00 | 0.00 | − | − |
| S− | 0.12 | [0.32] | 0.00 | 1.00 | 14 | 0.00 | 0.00 | 2.42 | 3.91 |
| M | 3.65 | 1.63 | 1.00 | 7.00 | 120 | 4.00 | 3.00 | −0.04 | −0.69 |
| FM | 5.53 | 1.46 | 3.00 | 7.00 | 120 | 6.00 | 7.00 | −0.43 | −1.38 |
| m | 1.08 | 0.28 | 1.00 | 2.00 | 120 | 1.00 | 1.00 | 3.05 | 7.45 |
| FM＋m | 6.62 | 1.40 | 4.00 | 8.00 | 120 | 7.00 | 8.00 | −0.56 | −1.06 |
| FC | 2.55 | 0.96 | 1.00 | 4.00 | 120 | 2.00 | 2.00 | 0.44 | −1.03 |
| CF | 3.68 | 1.29 | 2.00 | 6.00 | 120 | 3.50 | 5.00 | 0.14 | −1.27 |
| C | 0.13 | [0.34] | 0.00 | 2.00 | 29 | 0.00 | 0.00 | 2.19 | 2.82 |
| Cn | 0.00 | [0.00] | 0.00 | 0.00 | 0 | 0.00 | 0.00 | − | − |
| FC+CF+C+Cn | 6.37 | 1.50 | 4.00 | 8.00 | 120 | 7.00 | 8.00 | −0.41 | −1.30 |
| WSum C | 5.16 | 1.25 | 3.00 | 7.00 | 120 | 5.00 | 4.00 | −0.23 | −1.26 |
| Sum C' | 0.79 | [0.85] | 0.00 | 4.00 | 73 | 1.00 | 1.00 | 0.41 | 0.44 |
| Sum T | 0.98 | [0.39] | 0.00 | 2.00 | 106 | 1.00 | 1.00 | −0.16 | 3.86 |
| Sum V | 0.02 | [0.13] | 0.00 | 1.00 | 2 | 0.00 | 0.00 | 7.65 | 57.43 |
| Sum Y | 0.43 | [0.65] | 0.00 | 2.00 | 34 | 0.00 | 0.00 | 0.82 | −0.37 |
| SumShd | 1.83 | 1.32 | 1.00 | 6.00 | 120 | 3.00 | 4.00 | 0.06 | −1.16 |
| Fr＋rF | 0.35 | [0.36] | 0.00 | 1.00 | 36 | 0.00 | 0.00 | 1.98 | 1.97 |
| FD | 0.67 | [0.58] | 0.00 | 2.00 | 78 | 1.00 | 1.00 | 1.33 | 0.81 |
| F | 6.38 | 2.04 | 3.00 | 12.00 | 120 | 5.50 | 5.00 | 0.57 | −0.73 |
| PAIR | 9.62 | 1.36 | 6.00 | 12.00 | 120 | 9.00 | 9.00 | −0.29 | 0.09 |
| 3r(2)/R | 0.54 | 0.07 | 0.29 | 0.68 | 120 | 0.52 | 0.47 | −0.71 | 6.30 |
| LAMBDA | 0.49 | 0.23 | 0.19 | 1.11 | 120 | 0.36 | 0.36 | 0.90 | −0.23 |
| EA | 8.81 | 1.36 | 4.00 | 11.00 | 120 | 9.00 | 7.00 | −0.37 | 1.09 |
| es | 8.45 | 1.90 | 5.00 | 12.00 | 120 | 8.00 | 7.00 | −0.33 | −0.89 |
| D | −0.15 | 0.44 | −2.00 | 1.00 | 120 | 0.00 | 0.00 | −1.89 | 5.07 |
| Adj D | −0.12 | 0.49 | −2.00 | 1.00 | 120 | 0.00 | 0.00 | −1.17 | 3.81 |
| a(active) | 7.15 | 1.37 | 6.00 | 11.00 | 120 | 8.00 | 7.00 | 0.32 | −0.74 |
| p(passive) | 3.27 | 0.66 | 1.00 | 4.00 | 120 | 2.00 | 2.00 | 1.46 | 1.91 |
| Ma | 2.82 | 1.09 | 1.00 | 5.00 | 120 | 3.00 | 3.00 | −0.10 | −0.63 |
| Mp | 0.98 | 0.83 | 0.00 | 3.00 | 88 | 1.00 | 1.00 | 0.93 | 0.76 |
| Intellect | 0.53 | 0.56 | 0.00 | 2.00 | 120 | 0.50 | 0.00 | 0.44 | −0.81 |
| Zf | 13.52 | 1.19 | 11.00 | 16.00 | 120 | 13.50 | 13.00 | −0.19 | −0.27 |
| Zd | −0.13 | 2.32 | −5.00 | 5.00 | 120 | 0.00 | −3.00 | 0.22 | −0.35 |
| Blends | 5.80 | 1.05 | 3.00 | 7.00 | 120 | 6.00 | 7.00 | −0.39 | −0.70 |
| Col Shd Blend | 0.42 | [0.13] | 0.00 | 1.00 | 22 | 0.00 | 0.00 | 7.65 | 57.43 |
| Afr | 0.63 | 0.09 | 0.50 | 0.85 | 120 | 0.58 | 0.58 | 0.94 | −0.05 |
| Popular | 6.07 | 0.84 | 3.00 | 7.00 | 120 | 6.00 | 6.00 | −1.01 | 1.55s |

表23　10歳（N＝120）（つづき）

| 変数 | 平均 | 標準偏差 | 最小値 | 最大値 | 頻度 | 中央値 | 最頻値 | 歪度 | 尖度 |
|---|---|---|---|---|---|---|---|---|---|
| XA% | 0.92 | 0.04 | 0.75 | 1.00 | 120 | 0.91 | 0.95 | −1.44 | 5.47 |
| WDA% | 0.93 | 0.04 | 0.78 | 1.00 | 120 | 0.95 | 0.95 | −1.24 | 3.22 |
| X+% | 0.77 | 0.05 | 0.62 | 0.85 | 120 | 0.79 | 0.79 | −0.85 | 1.39 |
| X−% | 0.07 | 0.05 | 0.00 | 0.25 | 104 | 0.07 | 0.05 | 1.46 | 5.42 |
| Xu% | 0.15 | 0.05 | 0.05 | 0.21 | 120 | 0.16 | 0.16 | −0.43 | −0.53 |
| Isolate/R | 0.19 | 0.03 | 0.14 | 0.26 | 120 | 0.19 | 0.16 | 0.67 | −0.53 |
| H | 2.47 | 1.12 | 1.00 | 5.00 | 120 | 3.00 | 3.00 | 0.01 | −0.83 |
| (H) | 1.48 | 0.74 | 0.00 | 2.00 | 102 | 2.00 | 2.00 | −1.06 | −0.37 |
| HD | 0.25 | 0.47 | 0.00 | 2.00 | 28 | 0.00 | 0.00 | 1.64 | 1.80 |
| (Hd) | 0.85 | 0.36 | 0.00 | 1.00 | 102 | 1.00 | 1.00 | −1.98 | 1.97 |
| Hx | 0.00 | [0.00] | 0.00 | 0.00 | 0 | 0.00 | 0.00 | − | − |
| All H Cont | 5.05 | 1.64 | 2.00 | 8.00 | 120 | 6.00 | 6.00 | −0.58 | −0.59 |
| A | 8.92 | 1.18 | 7.00 | 11.00 | 120 | 9.00 | 9.00 | 0.54 | −0.43 |
| (A) | 1.20 | [0.77] | 0.00 | 3.00 | 96 | 1.00 | 1.00 | −0.14 | −0.88 |
| Ad | 1.35 | [1.08] | 0.00 | 3.00 | 76 | 2.00 | 2.00 | −0.25 | −1.49 |
| (Ad) | 0.07 | [0.25] | 0.00 | 1.00 | 8 | 0.00 | 0.00 | 3.51 | 10.56 |
| An | 0.67 | [0.57] | 0.00 | 2.00 | 74 | 1.00 | 1.00 | 0.14 | −0.66 |
| Art | 0.53 | 0.56 | 0.00 | 2.00 | 60 | 0.50 | 0.00 | 0.43 | −0.81 |
| Ay | 0.00 | [0.00] | 0.00 | 0.00 | 0 | 0.00 | 0.00 | − | − |
| Bl | 0.60 | [0.59] | 0.00 | 2.00 | 66 | 1.00 | 1.00 | 0.36 | −0.70 |
| Bt | 2.17 | 0.74 | 1.00 | 4.00 | 120 | 2.00 | 2.00 | 0.49 | 0.33 |
| Cg | 1.48 | 1.03 | 0.00 | 3.00 | 102 | 1.00 | 1.00 | 0.32 | −1.10 |
| Cl | 0.08 | [0.28] | 0.00 | 1.00 | 10 | 0.00 | 0.00 | 3.05 | 7.45 |
| Ex | 0.08 | [0.28] | 0.00 | 1.00 | 10 | 0.00 | 0.00 | 3.05 | 7.45 |
| Fi | 0.75 | [0.44] | 0.00 | 1.00 | 90 | 1.00 | 1.00 | −1.16 | −0.64 |
| Food | 0.53 | [0.50] | 0.00 | 1.00 | 64 | 1.00 | 1.00 | −0.13 | −2.02 |
| Ge | 0.00 | [0.00] | 0.00 | 0.00 | 0 | 0.00 | 0.00 | − | − |
| Hh | 0.60 | 0.49 | 0.00 | 1.00 | 72 | 1.00 | 1.00 | −0.41 | −1.86 |
| Ls | 1.00 | 0.45 | 0.00 | 2.00 | 108 | 1.00 | 1.00 | 0.00 | 2.14 |
| Na | 0.30 | [0.46] | 0.00 | 1.00 | 36 | 0.00 | 0.00 | 0.88 | −1.24 |
| Sc | 2.85 | [0.40] | 2.00 | 4.00 | 120 | 3.00 | 3.00 | −1.16 | 1.62 |
| Sx | 0.00 | [0.00] | 0.00 | 0.00 | 0 | 0.00 | 0.00 | − | − |
| Xy | 0.00 | [0.00] | 0.00 | 0.00 | 0 | 0.00 | 0.00 | − | − |
| Idiographic | 0.08 | 0.28 | 0.00 | 1.00 | 10 | 0.00 | 0.00 | 3.05 | 7.45 |
| DV | 1.00 | [0.00] | 1.00 | 1.00 | 120 | 1.00 | 1.00 | − | − |
| INCOM | 1.35 | [0.51] | 1.00 | 3.00 | 120 | 1.00 | 1.00 | 1.01 | −0.16 |
| DR | 0.08 | [0.28] | 0.00 | 1.00 | 10 | 0.00 | 0.00 | 3.05 | 7.45 |
| FABCOM | 0.35 | [0.48] | 0.00 | 1.00 | 42 | 0.00 | 0.00 | 0.63 | −1.62 |
| DV2 | 0.00 | [0.00] | 0.00 | 0.00 | 0 | 0.00 | 0.00 | − | − |
| INC2 | 0.23 | [0.43] | 0.00 | 1.00 | 28 | 0.00 | 0.00 | 1.27 | −0.38 |
| DR2 | 0.02 | [0.13] | 0.00 | 1.00 | 2 | 0.00 | 0.00 | 7.64 | 57.43 |
| FAB2 | 0.00 | [0.00] | 0.00 | 0.00 | 0 | 0.00 | 0.00 | − | − |
| ALOG | 0.37 | [0.48] | 0.00 | 1.00 | 44 | 0.00 | 0.00 | 0.56 | −1.72 |
| CONTAM | 0.00 | 0.00 | 0.00 | 0.00 | 0 | 0.00 | 0.00 | − | − |
| Sum 6 Sp Sc | 3.40 | 1.10 | 2.00 | 6.00 | 120 | 3.00 | 3.00 | 1.29 | 0.85 |
| Lvl 2 Sp Sc | 0.25 | [0.44] | 0.00 | 1.00 | 30 | 0.00 | 0.00 | 1.16 | −0.64 |
| WSum6 | 8.22 | 3.79 | 3.00 | 17.00 | 120 | 7.00 | 7.00 | 1.07 | 0.65 |
| AB | 0.00 | [0.00] | 0.00 | 0.00 | 0 | 0.00 | 0.00 | − | − |
| AG | 1.57 | 0.62 | 1.00 | 3.00 | 120 | 1.50 | 1.00 | 0.61 | −0.55 |
| COP | 1.73 | 0.84 | 1.00 | 4.00 | 120 | 2.00 | 2.00 | 1.41 | 1.94 |
| CP | 0.00 | [0.00] | 0.00 | 0.00 | 0 | 0.00 | 0.00 | − | − |
| GOODHR | 5.32 | 1.53 | 2.00 | 8.00 | 120 | 5.00 | 5.00 | 0.02 | −0.72 |
| POORHR | 1.10 | 0.65 | 0.00 | 3.00 | 104 | 1.00 | 1.00 | 0.63 | 1.22 |
| MOR | 0.55 | [0.62] | 0.00 | 2.00 | 58 | 0.00 | 0.00 | 0.66 | −0.50 |
| PER | 0.75 | 0.44 | 0.00 | 1.00 | 90 | 1.00 | 1.00 | −1.16 | −0.64 |
| PSV | 0.05 | [0.22] | 0.00 | 1.00 | 6 | 0.00 | 0.00 | 4.18 | 15.75 |

注：［　］で示した標準偏差は，値が信頼できないので，期待域の推定を行ってはならない。これらの変数をパラメトリックな分析に含めてはならない。

表23　11歳（N＝135）

| 変数 | 平均 | 標準偏差 | 最小値 | 最大値 | 頻度 | 中央値 | 最頻値 | 歪度 | 尖度 |
|---|---|---|---|---|---|---|---|---|---|
| R | 21.29 | 2.43 | 15.00 | 27.00 | 135 | 22.00 | 19.00 | 0.93 | 0.29 |
| W | 9.61 | 0.95 | 9.00 | 12.00 | 135 | 9.00 | 9.00 | 1.49 | 1.06 |
| D | 10.01 | 1.31 | 9.00 | 13.00 | 135 | 11.00 | 11.00 | 0.05 | −1.09 |
| Dd | 1.67 | [1.13] | 0.00 | 4.00 | 128 | 0.00 | 0.00 | 2.12 | 3.75 |
| S | 1.75 | [0.68] | 1.00 | 3.00 | 135 | 2.00 | 2.00 | 0.36 | −0.81 |
| DQ+ | 8.07 | 1.22 | 6.00 | 10.00 | 135 | 8.00 | 7.00 | 0.10 | −1.08 |
| DQo | 12.08 | 2.14 | 9.00 | 17.00 | 135 | 12.00 | 11.00 | 0.73 | 0.25 |
| DQv | 0.64 | [0.88] | 0.00 | 3.00 | 63 | 0.00 | 0.00 | 1.57 | 1.99 |
| DQv/+ | 0.50 | [0.69] | 0.00 | 2.00 | 41 | 0.00 | 0.00 | 1.98 | 2.39 |
| FQX+ | 0.21 | 0.38 | 0.00 | 1.00 | 9 | 0.00 | 0.00 | 3.08 | 11.42 |
| FQXo | 15.83 | 1.40 | 13.00 | 18.00 | 135 | 16.00 | 17.00 | −0.29 | −1.09 |
| FQXu | 3.18 | 1.26 | 1.00 | 6.00 | 135 | 3.00 | 3.00 | 0.52 | 0.49 |
| FQX- | 2.20 | 1.87 | 0.00 | 7.00 | 125 | 2.00 | 2.00 | 1.73 | 2.02 |
| FQXNone | 0.18 | [0.27] | 0.00 | 1.00 | 18 | 0.00 | 0.00 | 3.09 | 7.69 |
| MQ+ | 0.11 | 0.45 | 0.00 | 1.00 | 3 | 0.00 | 0.00 | 4.24 | 13.85 |
| MQo | 3.59 | 1.38 | 1.00 | 6.00 | 135 | 4.00 | 3.00 | −0.15 | −0.69 |
| MQu | 0.33 | 0.47 | 0.00 | 1.00 | 44 | 0.00 | 0.00 | 0.75 | −1.46 |
| MQ- | 0.20 | [0.40] | 0.00 | 1.00 | 27 | 0.00 | 0.00 | 1.52 | 0.30 |
| MQNone | 0.00 | [0.00] | 0.00 | 0.00 | 0 | 0.00 | 0.00 | − | − |
| S− | 0.31 | [0.46] | 0.00 | 1.00 | 52 | 0.00 | 0.00 | 0.82 | −1.34 |
| M | 4.12 | 1.67 | 1.00 | 7.00 | 135 | 4.00 | 3.00 | 0.08 | −0.56 |
| FM | 4.48 | 1.21 | 2.00 | 7.00 | 135 | 6.00 | 4.00 | −0.51 | −0.65 |
| m | 1.00 | 0.89 | 0.00 | 2.00 | 122 | 1.00 | 1.00 | 0.84 | 1.69 |
| FM＋m | 5.48 | 1.21 | 4.00 | 8.00 | 135 | 7.00 | 7.00 | −0.51 | −0.65 |
| FC | 2.93 | 0.95 | 1.00 | 4.00 | 135 | 3.00 | 4.00 | −0.19 | −1.29 |
| CF | 3.43 | 1.13 | 2.00 | 6.00 | 135 | 4.00 | 4.00 | 0.10 | −1.14 |
| C | 0.28 | [0.27] | 0.00 | 1.00 | 17 | 0.00 | 0.00 | 3.09 | 7.69 |
| Cn | 0.00 | [0.00] | 0.00 | 0.00 | 0 | 0.00 | 0.00 | − | − |
| FC+CF+C+Cn | 6.44 | 1.39 | 4.00 | 8.00 | 135 | 7.00 | 7.00 | −0.57 | −0.93 |
| WSum C | 4.02 | 1.15 | 2.50 | 8.00 | 135 | 5.00 | 4.00 | −0.36 | −1.06 |
| Sum C' | 1.06 | [0.71] | 0.00 | 2.00 | 105 | 1.00 | 1.00 | −0.09 | −0.99 |
| Sum T | 0.94 | [0.47] | 0.00 | 2.00 | 116 | 1.00 | 1.00 | −0.20 | 1.55 |
| Sum V | 0.00 | [0.00] | 0.00 | 0.00 | 0 | 0.00 | 0.00 | − | − |
| Sum Y | 0.85 | [0.70] | 0.00 | 2.00 | 91 | 1.00 | 1.00 | 0.21 | −0.92 |
| SumShd | 2.85 | 1.10 | 1.00 | 4.00 | 135 | 3.00 | 4.00 | −0.32 | −1.31 |
| Fr＋rF | 0.21 | [0.41] | 0.00 | 1.00 | 29 | 0.00 | 0.00 | 1.40 | −0.03 |
| FD | 0.91 | [0.84] | 0.00 | 2.00 | 92 | 0.00 | 0.00 | 0.59 | −1.34 |
| F | 6.70 | 2.37 | 4.00 | 12.00 | 135 | 6.00 | 5.00 | 1.12 | 0.09 |
| PAIR | 9.90 | 1.08 | 7.00 | 12.00 | 135 | 10.00 | 10.00 | −0.31 | 0.86 |
| 3r(2)/R | 0.53 | 0.04 | 0.35 | 0.75 | 135 | 0.58 | 0.50 | 0.44 | 0.38 |
| LAMBDA | 0.68 | 0.22 | 0.27 | 1.50 | 135 | 0.69 | 0.60 | 0.89 | −0.62 |
| EA | 8.14 | 1.37 | 7.00 | 12.00 | 135 | 8.00 | 7.00 | 0.57 | −0.53 |
| es | 8.33 | 1.72 | 4.00 | 12.00 | 135 | 9.00 | 7.00 | −0.22 | −1.08 |
| D | −0.09 | 0.29 | −1.00 | 0.00 | 135 | 0.00 | 0.00 | −2.92 | 6.63 |
| Adj D | −0.06 | 0.34 | −1.00 | 1.00 | 135 | 0.00 | 0.00 | −1.00 | 5.32 |
| a(active) | 7.89 | 1.42 | 6.00 | 11.00 | 135 | 8.00 | 7.00 | 0.67 | −0.27 |
| p(passive) | 2.79 | 1.60 | 2.00 | 8.00 | 135 | 2.00 | 2.00 | 2.08 | 3.12 |
| Ma | 2.81 | 1.01 | 1.00 | 5.00 | 135 | 3.00 | 3.00 | 0.29 | −0.01 |
| Mp | 1.38 | 1.33 | 0.00 | 5.00 | 104 | 1.00 | 1.00 | 1.26 | 0.76 |
| Intellect | 0.77 | 0.65 | 0.00 | 2.00 | 135 | 1.00 | 1.00 | 0.26 | −0.67 |
| Zf | 13.70 | 1.22 | 11.00 | 16.00 | 135 | 14.00 | 15.00 | −0.30 | −0.72 |
| Zd | 0.60 | 2.74 | −4.50 | 4.50 | 135 | 1.00 | 4.50 | −0.07 | −1.15 |
| Blends | 6.04 | 1.41 | 3.00 | 8.00 | 135 | 6.00 | 7.00 | −0.28 | −1.05 |
| Col Shd Bl | 0.00 | [0.00] | 0.00 | 0.00 | 0 | 0.00 | 0.00 | − | − |
| Afr | 0.62 | 0.09 | 0.47 | 0.80 | 135 | 0.58 | 0.58 | 0.33 | −0.90 |
| Popular | 6.06 | 0.86 | 4.00 | 9.00 | 135 | 7.00 | 5.00 | −0.76 | −0.78 |

## 表23 11歳（N＝135）（つづき）

| 変数 | 平均 | 標準偏差 | 最小値 | 最大値 | 頻度 | 中央値 | 最頻値 | 歪度 | 尖度 |
|---|---|---|---|---|---|---|---|---|---|
| XA％ | 0.90 | 0.07 | 0.74 | 1.00 | 135 | 0.91 | 0.91 | －1.51 | 1.55 |
| WDA％ | 0.92 | 0.04 | 0.78 | 1.00 | 135 | 0.95 | 0.95 | －1.47 | 2.85 |
| X＋％ | 0.75 | 0.08 | 0.52 | 0.85 | 135 | 0.77 | 0.79 | －1.65 | 2.46 |
| X－％ | 0.10 | 0.07 | 0.00 | 0.26 | 125 | 0.09 | 0.09 | 1.41 | 1.41 |
| Xu％ | 0.15 | 0.05 | 0.05 | 0.24 | 135 | 0.16 | 0.14 | －0.34 | －0.35 |
| Isolate/R | 0.20 | 0.05 | 0.14 | 0.37 | 135 | 0.18 | 0.17 | 2.06 | 4.31 |
| H | 2.80 | 1.27 | 1.00 | 5.00 | 135 | 3.00 | 3.00 | 0.22 | －0.71 |
| (H) | 1.51 | 0.66 | 0.00 | 2.00 | 123 | 2.00 | 2.00 | －1.00 | －0.12 |
| HD | 0.52 | 0.66 | 0.00 | 2.00 | 58 | 0.00 | 0.00 | 0.89 | －0.30 |
| (Hd) | 0.87 | 0.33 | 0.00 | 1.00 | 118 | 1.00 | 1.00 | －2.28 | 3.25 |
| Hx | 0.00 | [0.00] | 0.00 | 0.00 | 0 | 0.00 | 0.00 | － | － |
| All H Cont | 5.70 | 1.80 | 2.00 | 9.00 | 135 | 6.00 | 6.00 | －0.22 | 0.04 |
| A | 8.59 | 1.25 | 7.00 | 11.00 | 135 | 8.00 | 8.00 | 0.83 | －0.19 |
| (A) | 1.00 | [0.83] | 0.00 | 2.00 | 89 | 1.00 | 0.00 | 0.00 | －1.55 |
| Ad | 1.54 | [0.95] | 0.00 | 3.00 | 101 | 2.00 | 2.00 | －0.75 | －0.78 |
| (Ad) | 0.16 | [0.36] | 0.00 | 1.00 | 21 | 0.00 | 0.00 | 1.92 | 1.72 |
| An | 0.73 | [0.64] | 0.00 | 2.00 | 85 | 1.00 | 1.00 | 0.29 | －0.66 |
| Art | 0.56 | 0.50 | 0.00 | 1.00 | 76 | 1.00 | 1.00 | －0.25 | －1.96 |
| Ay | 0.21 | [0.59] | 0.00 | 2.00 | 16 | 0.00 | 0.00 | 2.62 | 5.19 |
| Bl | 0.44 | [0.57] | 0.00 | 2.00 | 54 | 0.00 | 0.00 | 0.87 | －0.24 |
| Bt | 2.10 | 0.67 | 1.00 | 4.00 | 135 | 2.00 | 2.00 | 0.65 | 1.16 |
| Cg | 1.60 | 0.99 | 0.00 | 3.00 | 122 | 1.00 | 1.00 | 0.26 | －1.15 |
| Cl | 0.06 | [0.24] | 0.00 | 1.00 | 8 | 0.00 | 0.00 | 3.77 | 12.44 |
| Ex | 0.03 | [0.17] | 0.00 | 1.00 | 4 | 0.00 | 0.00 | 5.61 | 29.92 |
| Fi | 0.85 | [0.36] | 0.00 | 1.00 | 115 | 1.00 | 1.00 | －2.00 | 2.04 |
| Food | 0.64 | [0.48] | 0.00 | 1.00 | 87 | 1.00 | 1.00 | －0.61 | －1.65 |
| Ge | 0.00 | [0.00] | 0.00 | 0.00 | 0 | 0.00 | 0.00 | － | － |
| Hh | 0.82 | 0.46 | 0.00 | 2.00 | 106 | 1.00 | 1.00 | －0.65 | 0.55 |
| Ls | 1.28 | 0.61 | 0.00 | 2.00 | 124 | 1.00 | 1.00 | －0.22 | －0.58 |
| Na | 0.35 | [0.48] | 0.00 | 1.00 | 47 | 0.00 | 0.00 | 0.64 | －1.61 |
| Sc | 2.96 | [0.36] | 2.00 | 4.00 | 135 | 3.00 | 3.00 | －0.57 | 4.57 |
| Sx | 0.00 | [0.00] | 0.00 | 0.00 | 0 | 0.00 | 0.00 | － | － |
| Xy | 0.09 | [0.29] | 0.00 | 1.00 | 12 | 0.00 | 0.00 | 2.92 | 6.63 |
| Idio | 0.06 | 0.34 | 0.00 | 2.00 | 4 | 0.00 | 0.00 | 5.61 | 29.92 |
| DV | 1.21 | [0.41] | 1.00 | 2.00 | 135 | 1.00 | 1.00 | 1.46 | 0.13 |
| INCOM | 1.44 | [0.63] | 0.00 | 3.00 | 131 | 1.00 | 1.00 | 0.42 | －0.07 |
| DR | 0.12 | [0.32] | 0.00 | 1.00 | 16 | 0.00 | 0.00 | 2.38 | 3.75 |
| FABCOM | 0.36 | [0.48] | 0.00 | 1.00 | 48 | 0.00 | 0.00 | 0.61 | －1.65 |
| DV2 | 0.00 | [0.00] | 0.00 | 0.00 | 0 | 0.00 | 0.00 | － | － |
| INC2 | 0.12 | [0.32] | 0.00 | 1.00 | 16 | 0.00 | 0.00 | 2.38 | 3.75 |
| DR2 | 0.03 | [0.17] | 0.00 | 1.00 | 4 | 0.00 | 0.00 | 5.61 | 29.92 |
| FAB2 | 0.00 | [0.00] | 0.00 | 0.00 | 0 | 0.00 | 0.00 | － | － |
| ALOG | 0.24 | [0.43] | 0.00 | 1.00 | 33 | 0.00 | 0.00 | 1.20 | －0.56 |
| CONTAM | 0.00 | 0.00 | 0.00 | 0.00 | 0 | 0.00 | 0.00 | － | － |
| Sum 6 Sp Sc | 3.51 | 1.09 | 2.00 | 6.00 | 135 | 3.00 | 3.00 | 0.58 | －0.53 |
| Lvl 2 Sp Sc | 0.15 | [0.36] | 0.00 | 1.00 | 20 | 0.00 | 0.00 | 2.00 | 2.04 |
| WSum6 | 7.73 | 3.04 | 3.00 | 16.00 | 135 | 8.00 | 7.00 | 0.77 | 1.10 |
| AB | 0.00 | [0.00] | 0.00 | 0.00 | 0 | 0.00 | 0.00 | － | － |
| AG | 1.42 | 0.57 | 1.00 | 3.00 | 135 | 1.00 | 1.00 | 0.93 | －0.11 |
| COP | 1.56 | 0.50 | 1.00 | 2.00 | 135 | 2.00 | 2.00 | －0.22 | －1.98 |
| CP | 0.00 | [0.00] | 0.00 | 0.00 | 0 | 0.00 | 0.00 | － | － |
| GOODHR | 5.65 | 1.49 | 3.00 | 8.00 | 135 | 5.00 | 5.00 | 0.09 | －0.83 |
| POORHR | 1.12 | 0.53 | 0.00 | 2.00 | 123 | 1.00 | 1.00 | 0.11 | 0.38 |
| MOR | 0.42 | [0.57] | 0.00 | 2.00 | 52 | 0.00 | 0.00 | 0.93 | －0.11 |
| PER | 0.88 | 0.53 | 0.00 | 2.00 | 107 | 1.00 | 1.00 | －0.11 | 0.38 |
| PSV | 0.04 | [0.21] | 0.00 | 1.00 | 6 | 0.00 | 0.00 | 4.47 | 18.26 |

注：［　］で示した標準偏差は，値が信頼できないので，期待域の推定を行ってはならない。これらの変数をパラメトリックな分析に含めてはならない。

表23　12歳（N＝120）

| 変数 | 平均 | 標準偏差 | 最小値 | 最大値 | 頻度 | 中央値 | 最頻値 | 歪度 | 尖度 |
|---|---|---|---|---|---|---|---|---|---|
| R | 21.40 | 2.05 | 14.00 | 23.00 | 120 | 20.00 | 22.00 | −1.03 | 0.96 |
| W | 8.79 | 1.85 | 1.00 | 14.00 | 120 | 9.00 | 9.00 | −1.94 | 7.05 |
| D | 10.85 | 1.96 | 1.00 | 13.00 | 120 | 11.00 | 12.00 | −3.26 | 12.20 |
| Dd | 1.76 | [1.11] | 0.00 | 5.00 | 117 | 1.00 | 1.00 | 3.51 | 16.47 |
| S | 1.92 | [0.76] | 0.00 | 5.00 | 118 | 2.00 | 2.00 | 1.30 | 4.92 |
| DQ+ | 8.16 | 1.90 | 2.00 | 10.00 | 120 | 8.00 | 10.00 | −1.42 | 2.39 |
| DQo | 12.12 | 1.07 | 9.00 | 15.00 | 120 | 12.00 | 12.00 | −0.13 | 1.90 |
| DQv | 1.03 | [0.26] | 0.00 | 2.00 | 72 | 1.00 | 1.00 | 0.65 | 2.43 |
| DQv/+ | 0.38 | [0.38] | 0.00 | 2.00 | 16 | 0.00 | 0.00 | 3.62 | 13.45 |
| FQX+ | 0.30 | 0.54 | 0.00 | 2.00 | 10 | 0.00 | 0.00 | 4.16 | 16.95 |
| FQXo | 15.34 | 2.32 | 5.00 | 17.00 | 120 | 16.00 | 17.00 | −2.40 | 6.80 |
| FQXu | 3.77 | 0.89 | 1.00 | 5.00 | 120 | 4.00 | 3.00 | −0.95 | 1.08 |
| FQX- | 1.95 | 1.04 | 1.00 | 7.00 | 120 | 2.00 | 2.00 | 3.71 | 16.47 |
| FQXNone | 0.43 | [0.26] | 0.00 | 2.00 | 42 | 0.00 | 0.00 | 2.65 | 7.43 |
| MQ+ | 0.10 | 0.30 | 0.00 | 1.00 | 5 | 0.00 | 0.00 | 7.45 | 45.23 |
| MQo | 3.21 | 1.52 | 1.00 | 5.00 | 120 | 3.00 | 5.00 | −0.33 | −1.26 |
| MQu | 0.67 | 0.51 | 0.00 | 2.00 | 78 | 1.00 | 1.00 | −0.32 | −1.01 |
| MQ- | 0.22 | [0.41] | 0.00 | 1.00 | 26 | 0.00 | 0.00 | 1.39 | −0.06 |
| MQNone | 0.02 | [0.13] | 0.00 | 1.00 | 2 | 0.00 | 0.00 | 7.65 | 57.43 |
| S− | 0.57 | [0.62] | 0.00 | 3.00 | 63 | 1.00 | 1.00 | 1.02 | 2.14 |
| M | 4.21 | 2.06 | 1.00 | 7.00 | 120 | 4.00 | 4.00 | −0.22 | −1.07 |
| FM | 5.02 | 1.66 | 0.00 | 9.00 | 118 | 6.00 | 4.00 | −1.34 | 1.64 |
| m | 1.00 | 0.45 | 0.00 | 3.00 | 112 | 1.00 | 1.00 | 2.26 | 12.57 |
| FM＋m | 6.02 | 1.70 | 1.00 | 9.00 | 120 | 7.00 | 7.00 | −1.44 | 1.83 |
| FC | 2.87 | 1.17 | 0.00 | 4.00 | 106 | 3.00 | 3.00 | −1.61 | 1.77 |
| CF | 3.14 | 1.40 | 0.00 | 5.00 | 112 | 3.00 | 3.00 | −0.55 | −0.30 |
| C | 0.39 | [0.13] | 0.00 | 1.00 | 38 | 0.00 | 0.00 | 1.65 | 7.43 |
| Cn | 0.00 | [0.00] | 0.00 | 0.00 | 0 | 0.00 | 0.00 | − | − |
| FC+CF+C+Cn | 6.03 | 2.29 | 0.00 | 8.00 | 119 | 7.00 | 7.00 | −1.49 | 1.26 |
| WSum C | 4.05 | 1.78 | 0.00 | 6.50 | 120 | 5.00 | 6.50 | −1.17 | 0.69 |
| Sum C' | 1.08 | [0.88] | 0.00 | 3.00 | 99 | 1.00 | 1.00 | 0.38 | −0.47 |
| Sum T | 0.88 | [0.32] | 0.00 | 1.00 | 106 | 1.00 | 1.00 | −2.42 | 3.91 |
| Sum V | 0.07 | [0.36] | 0.00 | 2.00 | 4 | 0.00 | 0.00 | 5.27 | 26.16 |
| Sum Y | 1.01 | [0.67] | 0.00 | 2.00 | 108 | 2.00 | 2.00 | −1.04 | −0.13 |
| SumShd | 3.74 | 1.37 | 0.00 | 6.00 | 114 | 4.00 | 4.00 | −0.98 | 1.25 |
| Fr＋rF | 0.20 | [0.13] | 0.00 | 1.00 | 15 | 0.00 | 0.00 | 3.65 | 17.43 |
| FD | 1.48 | [0.83] | 0.00 | 2.00 | 94 | 2.00 | 2.00 | −1.11 | −0.61 |
| F | 5.84 | 1.65 | 5.00 | 13.00 | 120 | 5.00 | 5.00 | 2.75 | 7.47 |
| PAIR | 9.09 | 1.89 | 1.00 | 10.00 | 120 | 10.00 | 10.00 | −2.89 | 9.00 |
| 3r(2)/R | 0.54 | 0.08 | 0.10 | 0.50 | 120 | 0.55 | 0.50 | −3.53 | 16.28 |
| LAMBDA | 0.66 | 0.58 | 0.29 | 4.25 | 120 | 0.70 | 0.50 | 5.18 | 30.28 |
| EA | 8.26 | 2.38 | 1.00 | 12.00 | 120 | 8.50 | 7.00 | −1.38 | 1.99 |
| es | 8.97 | 2.59 | 1.00 | 13.00 | 120 | 8.00 | 6.00 | −2.08 | 3.95 |
| D | −0.21 | 0.53 | −2.00 | 1.00 | 120 | 0.00 | 0.00 | −1.17 | 2.25 |
| Adj D | −0.11 | 0.67 | −2.00 | 2.00 | 120 | 0.00 | 0.00 | −0.04 | 1.74 |
| a(active) | 6.53 | 1.45 | 2.00 | 8.00 | 120 | 7.00 | 6.00 | −1.34 | 2.04 |
| p(passive) | 4.00 | 2.01 | 0.00 | 8.00 | 118 | 3.00 | 2.00 | 0.50 | −0.57 |
| Ma | 2.47 | 0.80 | 0.00 | 4.00 | 118 | 2.00 | 2.00 | 0.32 | 0.24 |
| Mp | 1.73 | 1.60 | 0.00 | 5.00 | 92 | 2.00 | 2.00 | −0.06 | −1.04 |
| Intellect | 1.05 | 0.59 | 0.00 | 4.00 | 120 | 1.00 | 1.00 | 2.96 | 12.69 |
| Zf | 13.14 | 1.96 | 5.00 | 16.00 | 120 | 14.00 | 14.00 | −2.25 | 6.48 |
| Zd | 1.67 | 2.11 | −4.50 | 5.00 | 120 | 1.50 | 1.50 | −0.24 | −0.26 |
| Blends | 6.67 | 2.29 | 0.00 | 9.00 | 118 | 7.00 | 8.00 | −1.79 | 2.12 |
| Col Shd Bl | 0.05 | [0.22] | 0.00 | 1.00 | 6 | 0.00 | 0.00 | 4.18 | 15.75 |
| Afr | 0.65 | 0.11 | 0.21 | 0.67 | 120 | 0.69 | 0.67 | −0.80 | 0.75 |
| Popular | 6.22 | 1.10 | 2.00 | 7.00 | 120 | 7.00 | 6.00 | −1.53 | 2.56 |

表23 12歳（N＝120）（つづき）

| 変数 | 平均 | 標準偏差 | 最小値 | 最大値 | 頻度 | 中央値 | 最頻値 | 歪度 | 尖度 |
|---|---|---|---|---|---|---|---|---|---|
| XA％ | 0.90 | 0.06 | 0.59 | 0.95 | 120 | 0.91 | 0.91 | －4.09 | 18.15 |
| WDA％ | 0.93 | 0.05 | 0.67 | 1.00 | 120 | 0.95 | 0.95 | －3.57 | 14.97 |
| X＋％ | 0.75 | 0.09 | 0.29 | 0.88 | 120 | 0.77 | 0.77 | －3.32 | 14.09 |
| X－％ | 0.10 | 0.06 | 0.05 | 0.41 | 120 | 0.09 | 0.09 | 4.04 | 19.33 |
| Xu％ | 0.15 | 0.05 | 0.05 | 0.29 | 120 | 0.15 | 0.14 | －0.27 | 2.29 |
| Isolate/R | 0.15 | 0.04 | 0.00 | 0.33 | 118 | 0.16 | 0.18 | 0.18 | 5.42 |
| H | 3.38 | 1.64 | 1.00 | 5.00 | 120 | 3.00 | 5.00 | －0.36 | －1.42 |
| (H) | 1.24 | 0.84 | 0.00 | 4.00 | 97 | 1.00 | 1.00 | 0.38 | 0.53 |
| HD | 0.59 | 0.69 | 0.00 | 3.00 | 61 | 1.00 | 0.00 | 1.36 | 2.75 |
| (Hd) | 0.78 | 0.41 | 0.00 | 1.00 | 94 | 1.00 | 1.00 | －1.39 | －0.06 |
| Hx | 0.00 | [0.00] | 0.00 | 0.00 | 0 | 0.00 | 0.00 | － | － |
| All H Cont | 6.00 | 2.56 | 2.00 | 11.00 | 120 | 5.00 | 5.00 | －0.23 | －1.18 |
| A | 7.70 | 1.29 | 4.00 | 13.00 | 120 | 8.00 | 7.00 | 0.65 | 4.48 |
| (A) | 0.48 | [0.50] | 0.00 | 1.00 | 57 | 0.00 | 0.00 | 0.10 | －2.02 |
| Ad | 1.97 | [0.45] | 0.00 | 3.00 | 116 | 2.00 | 2.00 | －2.43 | 11.96 |
| (Ad) | 0.00 | [0.00] | 0.00 | 0.00 | 0 | 0.00 | 0.00 | － | － |
| An | 1.14 | [0.60] | 0.00 | 2.00 | 106 | 1.00 | 1.00 | －0.05 | －0.27 |
| Art | 0.92 | 0.28 | 0.00 | 1.00 | 110 | 1.00 | 1.00 | －3.05 | 7.45 |
| Ay | 0.03 | [0.18] | 0.00 | 1.00 | 4 | 0.00 | 0.00 | 5.26 | 26.16 |
| Bl | 0.26 | [0.44] | 0.00 | 1.00 | 31 | 0.00 | 0.00 | 1.11 | －0.76 |
| Bt | 1.52 | 0.65 | 0.00 | 2.00 | 110 | 2.00 | 2.00 | －1.03 | －0.03 |
| Cg | 1.90 | 1.06 | 0.00 | 4.00 | 116 | 1.00 | 1.00 | 0.11 | －1.63 |
| Cl | 0.02 | [0.13] | 0.00 | 1.00 | 2 | 0.00 | 0.00 | 7.64 | 57.43 |
| Ex | 0.00 | [0.00] | 0.00 | 0.00 | 0 | 0.00 | 0.00 | － | － |
| Fi | 0.97 | [0.26] | 0.00 | 2.00 | 114 | 1.00 | 1.00 | －1.61 | 12.13 |
| Food | 0.87 | [0.34] | 0.00 | 1.00 | 104 | 1.00 | 1.00 | －2.18 | 2.82 |
| Ge | 0.02 | [0.13] | 0.00 | 1.00 | 2 | 0.00 | 0.00 | 7.64 | 57.43 |
| Hh | 0.88 | 0.32 | 0.00 | 1.00 | 106 | 1.00 | 1.00 | －2.41 | 3.91 |
| Ls | 1.36 | 0.61 | 0.00 | 2.00 | 112 | 1.00 | 1.00 | －0.36 | －0.65 |
| Na | 0.10 | [0.35] | 0.00 | 2.00 | 10 | 0.00 | 0.00 | 3.78 | 14.82 |
| Sc | 2.48 | [0.87] | 0.00 | 3.00 | 112 | 3.00 | 3.00 | －1.71 | 2.12 |
| Sx | 0.02 | [0.13] | 0.00 | 1.00 | 2 | 0.00 | 0.00 | 7.64 | 57.43 |
| Xy | 0.00 | [0.00] | 0.00 | 0.00 | 0 | 0.00 | 0.00 | － | － |
| Idio | 0.15 | 0.51 | 0.00 | 3.00 | 12 | 0.00 | 0.00 | 4.02 | 17.31 |
| DV | 1.21 | [0.55] | 0.00 | 2.00 | 112 | 1.00 | 1.00 | 0.08 | －0.13 |
| INCOM | 1.35 | [0.58] | 0.00 | 3.00 | 116 | 1.00 | 1.00 | 0.34 | －0.10 |
| DR | 0.24 | [0.43] | 0.00 | 1.00 | 29 | 0.00 | 0.00 | 1.22 | －0.52 |
| FABCOM | 0.26 | [0.53] | 0.00 | 2.00 | 26 | 0.00 | 0.00 | 1.95 | 2.99 |
| DV2 | 0.03 | [0.16] | 0.00 | 1.00 | 3 | 0.00 | 0.00 | 6.16 | 36.58 |
| INC2 | 0.18 | [0.56] | 0.00 | 3.00 | 13 | 0.00 | 0.00 | 3.54 | 12.65 |
| DR2 | 0.03 | [0.16] | 0.00 | 1.00 | 3 | 0.00 | 0.00 | 6.16 | 36.58 |
| FAB2 | 0.04 | [0.20] | 0.00 | 1.00 | 5 | 0.00 | 0.00 | 4.64 | 19.91 |
| ALOG | 0.00 | [0.00] | 0.00 | 0.00 | 0 | 0.00 | 0.00 | － | － |
| CONTAM | 0.00 | 0.00 | 0.00 | 0.00 | 0 | 0.00 | 0.00 | － | － |
| Sum 6 Sp Sc | 3.33 | 1.11 | 1.00 | 8.00 | 120 | 4.00 | 4.00 | 0.82 | 3.59 |
| Lvl 2 Sp Sc | 0.27 | [0.68] | 0.00 | 4.00 | 22 | 0.00 | 0.00 | 3.47 | 14.41 |
| WSum6 | 6.86 | 3.85 | 2.00 | 26.00 | 120 | 7.00 | 3.00 | 2.32 | 9.04 |
| AB | 0.05 | [0.22] | 0.00 | 1.00 | 6 | 0.00 | 0.00 | 4.18 | 15.75 |
| AG | 1.08 | 0.66 | 0.00 | 2.00 | 99 | 1.00 | 1.00 | －0.08 | －0.65 |
| COP | 1.23 | 0.53 | 0.00 | 2.00 | 114 | 1.00 | 1.00 | 0.17 | －0.19 |
| CP | 0.00 | [0.00] | 0.00 | 0.00 | 0 | 0.00 | 0.00 | － | － |
| GOODHR | 5.77 | 1.84 | 2.00 | 8.00 | 120 | 6.00 | 6.00 | －0.65 | －0.89 |
| POORHR | 1.01 | 0.98 | 0.00 | 7.00 | 97 | 1.00 | 1.00 | 3.97 | 22.18 |
| MOR | 0.17 | [0.37] | 0.00 | 1.00 | 20 | 0.00 | 0.00 | 1.81 | 1.30 |
| PER | 0.93 | 0.36 | 0.00 | 2.00 | 108 | 1.00 | 1.00 | －0.88 | 4.40 |
| PSV | 0.03 | [0.18] | 0.00 | 1.00 | 4 | 0.00 | 0.00 | 5.26 | 26.16 |

注：[ ] で示した標準偏差は，値が信頼できないので，期待域の推定を行ってはならない。これらの変数をパラメトリックな分析に含めてはならない。

表23　13歳（N＝110）

| 変数 | 平均 | 標準偏差 | 最小値 | 最大値 | 頻度 | 中央値 | 最頻値 | 歪度 | 尖度 |
|---|---|---|---|---|---|---|---|---|---|
| R | 21.20 | 3.30 | 14.00 | 33.00 | 110 | 20.00 | 20.00 | 1.07 | 3.51 |
| W | 8.57 | 2.15 | 1.00 | 14.00 | 110 | 9.00 | 9.00 | －1.07 | 3.04 |
| D | 11.15 | 3.09 | 1.00 | 21.00 | 110 | 11.00 | 12.00 | －0.25 | 3.08 |
| Dd | 1.46 | [1.66] | 0.00 | 6.00 | 93 | 1.00 | 1.00 | 2.74 | 7.81 |
| S | 1.33 | [1.16] | 0.00 | 7.00 | 106 | 2.00 | 1.00 | 1.93 | 5.93 |
| DQ+ | 7.70 | 2.54 | 2.00 | 15.00 | 110 | 8.00 | 8.00 | 0.24 | 1.27 |
| DQo | 12.40 | 2.02 | 8.00 | 20.00 | 110 | 12.00 | 12.00 | 0.73 | 2.74 |
| DQv | 0.45 | [0.99] | 0.00 | 4.00 | 24 | 0.00 | 0.00 | 2.31 | 4.70 |
| DQv/+ | 0.24 | [0.57] | 0.00 | 2.00 | 18 | 0.00 | 0.00 | 2.33 | 4.18 |
| FQX+ | 0.20 | 0.59 | 0.00 | 3.00 | 14 | 0.00 | 0.00 | 3.25 | 10.63 |
| FQXo | 15.24 | 3.04 | 5.00 | 23.00 | 110 | 15.00 | 17.00 | －0.70 | 2.09 |
| FQXu | 3.27 | 1.53 | 0.00 | 8.00 | 106 | 3.00 | 3.00 | 0.42 | 1.24 |
| FQX- | 2.00 | 1.42 | 0.00 | 7.00 | 108 | 2.00 | 2.00 | 2.15 | 4.81 |
| FQXNone | 0.07 | [0.32] | 0.00 | 2.00 | 6 | 0.00 | 0.00 | 4.81 | 23.90 |
| MQ+ | 0.13 | 0.43 | 0.00 | 2.00 | 10 | 0.00 | 0.00 | 3.52 | 11.76 |
| MQo | 3.23 | 1.66 | 1.00 | 8.00 | 110 | 3.00 | 5.00 | 0.34 | －0.38 |
| MQu | 0.54 | 0.66 | 0.00 | 3.00 | 51 | 0.00 | 0.00 | 1.23 | 2.00 |
| MQ- | 0.14 | [0.51] | 0.00 | 2.00 | 12 | 0.00 | 0.00 | 2.08 | 3.61 |
| MQNone | 0.02 | [0.13] | 0.00 | 1.00 | 2 | 0.00 | 0.00 | 7.31 | 52.42 |
| S－ | 0.52 | [0.81] | 0.00 | 4.00 | 43 | 0.00 | 0.00 | 2.16 | 5.84 |
| M | 4.14 | 2.24 | 1.00 | 11.00 | 110 | 4.00 | 4.00 | 0.50 | －0.01 |
| FM | 4.42 | 1.94 | 0.00 | 8.00 | 108 | 4.00 | 6.00 | －0.25 | －0.89 |
| m | 1.25 | 0.94 | 0.00 | 5.00 | 98 | 1.00 | 1.00 | 1.88 | 4.46 |
| FM＋m | 5.67 | 2.10 | 1.00 | 11.00 | 110 | 6.00 | 7.00 | －0.28 | －0.34 |
| FC | 2.95 | 1.72 | 0.00 | 9.00 | 96 | 3.00 | 3.00 | 0.42 | 1.72 |
| CF | 2.70 | 1.50 | 0.00 | 5.00 | 102 | 3.00 | 3.00 | －0.07 | －0.98 |
| C | 0.07 | [0.26] | 0.00 | 1.00 | 8 | 0.00 | 0.00 | 3.34 | 9.30 |
| Cn | 0.00 | [0.00] | 0.00 | 0.00 | 0 | 0.00 | 0.00 | － | － |
| FC+CF+C+Cn | 5.73 | 2.61 | 0.00 | 10.00 | 110 | 6.50 | 8.00 | －0.71 | －0.33 |
| WSum C | 4.29 | 1.94 | 0.00 | 7.50 | 110 | 4.75 | 6.50 | －0.61 | －0.49 |
| Sum C' | 1.20 | [0.89] | 0.00 | 3.00 | 87 | 1.00 | 1.00 | 0.48 | －0.37 |
| Sum T | 0.97 | [0.51] | 0.00 | 3.00 | 90 | 1.00 | 1.00 | 0.64 | 4.99 |
| Sum V | 0.14 | [0.48] | 0.00 | 2.00 | 10 | 0.00 | 0.00 | 3.31 | 9.70 |
| Sum Y | 1.02 | [0.81] | 0.00 | 2.00 | 80 | 1.00 | 2.00 | －0.22 | －1.44 |
| SumShd | 3.34 | 1.44 | 0.00 | 6.00 | 104 | 4.00 | 4.00 | －0.55 | －0.07 |
| Fr＋rF | 0.45 | [0.23] | 0.00 | 1.00 | 32 | 0.00 | 0.00 | 2.98 | 4.08 |
| FD | 1.27 | [0.87] | 0.00 | 3.00 | 82 | 2.00 | 2.00 | －0.39 | －1.25 |
| F | 6.90 | 2.52 | 3.00 | 13.00 | 110 | 6.00 | 5.00 | 0.93 | －0.20 |
| PAIR | 8.64 | 2.30 | 1.00 | 14.00 | 110 | 9.50 | 10.00 | －1.18 | 2.59 |
| 3r(2)/R | 0.49 | 0.10 | 0.20 | 0.66 | 110 | 0.48 | 0.50 | －1.84 | 4.97 |
| LAMBDA | 0.67 | 0.61 | 0.20 | 4.33 | 110 | 0.38 | 0.33 | 4.44 | 24.00 |
| EA | 8.43 | 2.69 | 1.00 | 15.00 | 110 | 9.00 | 7.50 | －0.60 | 0.64 |
| es | 9.01 | 3.01 | 1.00 | 14.00 | 110 | 10.00 | 8.00 | －0.83 | －0.02 |
| D | －0.09 | 0.82 | －2.00 | 3.00 | 110 | 0.00 | 0.00 | 0.78 | 3.45 |
| Adj D | 0.10 | 0.84 | －2.00 | 3.00 | 110 | 0.00 | 0.00 | 0.74 | 2.06 |
| a(active) | 6.23 | 1.89 | 2.00 | 11.00 | 110 | 6.00 | 6.00 | －0.34 | 0.13 |
| p(passive) | 3.61 | 2.11 | 0.00 | 8.00 | 104 | 3.00 | 3.00 | 0.45 | －0.49 |
| Ma | 2.49 | 1.30 | 0.00 | 8.00 | 106 | 2.00 | 2.00 | 1.80 | 6.06 |
| Mp | 1.67 | 1.44 | 0.00 | 5.00 | 84 | 2.00 | 2.00 | 0.12 | －0.80 |
| Intellect | 1.22 | 0.95 | 0.00 | 4.00 | 110 | 1.00 | 1.00 | 1.24 | 1.45 |
| Zf | 12.64 | 3.02 | 5.00 | 23.00 | 110 | 13.00 | 11.00 | 0.05 | 2.17 |
| Zd | 1.37 | 2.27 | －4.50 | 5.00 | 110 | 1.50 | －0.50 | －0.35 | －0.40 |
| Blends | 5.81 | 2.43 | 0.00 | 9.00 | 108 | 7.00 | 7.00 | －0.90 | －0.34 |
| Col Shd Blend | 0.16 | [0.37] | 0.00 | 1.00 | 18 | 0.00 | 0.00 | 1.84 | 1.42s |
| Afr | 0.69 | 0.15 | 0.28 | 1.00 | 110 | 0.58 | 0.67 | 0.10 | 0.52 |
| Popular | 6.19 | 1.34 | 2.00 | 9.00 | 110 | 7.00 | 6.00 | －0.59 | 0.79 |

表23 13歳（N＝110）（つづき）

| 変数 | 平均 | 標準偏差 | 最小値 | 最大値 | 頻度 | 中央値 | 最頻値 | 歪度 | 尖度 |
|---|---|---|---|---|---|---|---|---|---|
| XA% | 0.90 | 0.07 | 0.59 | 1.00 | 110 | 0.91 | 0.91 | −2.84 | 9.41 |
| WDA% | 0.92 | 0.06 | 0.67 | 1.00 | 110 | 0.95 | 0.95 | −2.55 | 8.57 |
| X＋% | 0.74 | 0.11 | 0.29 | 1.00 | 110 | 0.77 | 0.77 | −1.86 | 5.39 |
| X−% | 0.10 | 0.07 | 0.00 | 0.41 | 108 | 0.09 | 0.09 | 2.66 | 8.99 |
| Xu% | 0.16 | 0.07 | 0.00 | 0.33 | 106 | 0.15 | 0.14 | −0.02 | 0.76 |
| Isolate/R | 0.16 | 0.06 | 0.00 | 0.33 | 108 | 0.16 | 0.18 | 0.58 | 1.30 |
| H | 3.09 | 1.72 | 1.00 | 8.00 | 110 | 3.00 | 5.00 | 0.41 | −0.57 |
| (H) | 1.25 | 1.02 | 0.00 | 5.00 | 84 | 1.00 | 1.00 | 1.06 | 2.35 |
| HD | 0.68 | 0.83 | 0.00 | 3.00 | 55 | 0.50 | 0.00 | 1.23 | 1.11 |
| (Hd) | 0.56 | 0.53 | 0.00 | 2.00 | 60 | 1.00 | 1.00 | 0.11 | −1.21 |
| Hx | 0.00 | [0.00] | 0.00 | 0.00 | 0 | 0.00 | 0.00 | − | − |
| All H Cont | 5.59 | 2.46 | 2.00 | 11.00 | 110 | 5.00 | 5.00 | 0.12 | −1.03 |
| A | 7.96 | 1.81 | 4.00 | 13.00 | 110 | 8.00 | 7.00 | 0.62 | 0.65 |
| (A) | 0.37 | [0.49] | 0.00 | 1.00 | 41 | 0.00 | 0.00 | 0.53 | −1.75 |
| Ad | 2.00 | [0.81] | 0.00 | 4.00 | 106 | 2.00 | 2.00 | 0.41 | 1.71 |
| (Ad) | 0.00 | [0.00] | 0.00 | 0.00 | 0 | 0.00 | 0.00 | − | − |
| An | 0.84 | [0.69] | 0.00 | 2.00 | 74 | 1.00 | 1.00 | 0.21 | −0.89 |
| Art | 0.86 | 0.48 | 0.00 | 2.00 | 88 | 1.00 | 1.00 | −0.36 | 0.78 |
| Ay | 0.11 | [0.31] | 0.00 | 1.00 | 12 | 0.00 | 0.00 | 2.54 | 4.55 |
| Bl | 0.19 | [0.40] | 0.00 | 1.00 | 21 | 0.00 | 0.00 | 1.59 | 0.55 |
| Bt | 1.74 | 0.98 | 0.00 | 5.00 | 98 | 2.00 | 2.00 | 0.43 | 1.35 |
| Cg | 1.62 | 1.10 | 0.00 | 4.00 | 98 | 1.00 | 1.00 | 0.47 | −0.93 |
| Cl | 0.06 | [0.23] | 0.00 | 1.00 | 6 | 0.00 | 0.00 | 3.97 | 14.08 |
| Ex | 0.09 | [0.29] | 0.00 | 1.00 | 10 | 0.00 | 0.00 | 2.88 | 6.44 |
| Fi | 0.76 | [0.54] | 0.00 | 2.00 | 78 | 1.00 | 1.00 | −0.11 | −0.23 |
| Food | 0.62 | [0.52] | 0.00 | 2.00 | 66 | 1.00 | 1.00 | −0.10 | −1.15 |
| Ge | 0.04 | [0.19] | 0.00 | 1.00 | 4 | 0.00 | 0.00 | 5.02 | 23.65 |
| Hh | 1.07 | 0.81 | 0.00 | 4.00 | 90 | 1.00 | 1.00 | 1.34 | 2.87 |
| Ls | 1.10 | 0.97 | 0.00 | 6.00 | 84 | 1.00 | 1.00 | 2.27 | 10.32 |
| Na | 0.22 | [0.50] | 0.00 | 2.00 | 20 | 0.00 | 0.00 | 2.25 | 4.39 |
| Sc | 1.97 | [1.14] | 0.00 | 5.00 | 96 | 2.00 | 3.00 | −0.17 | −0.48 |
| Sx | 0.07 | [0.42] | 0.00 | 3.00 | 4 | 0.00 | 0.00 | 6.42 | 42.22 |
| Xy | 0.00 | [0.00] | 0.00 | 0.00 | 0 | 0.00 | 0.00 | − | − |
| Idio | 0.78 | 1.14 | 0.00 | 4.00 | 44 | 0.00 | 0.00 | 1.26 | 0.28 |
| DV | 1.01 | [0.70] | 0.00 | 3.00 | 86 | 1.00 | 1.00 | 0.31 | 0.06 |
| INCOM | 1.07 | [0.79] | 0.00 | 3.00 | 84 | 1.00 | 1.00 | 0.33 | −0.33 |
| DR | 0.30 | [0.66] | 0.00 | 4.00 | 27 | 0.00 | 0.00 | 3.54 | 16.72 |
| FABCOM | 0.42 | [0.71] | 0.00 | 3.00 | 34 | 0.00 | 0.00 | 1.71 | 2.45 |
| DV2 | 0.02 | [0.13] | 0.00 | 1.00 | 2 | 0.00 | 0.00 | 7.31 | 52.43 |
| INC2 | 0.22 | [0.60] | 0.00 | 3.00 | 16 | 0.00 | 0.00 | 3.06 | 9.49 |
| DR2 | 0.04 | [0.19] | 0.00 | 1.00 | 4 | 0.00 | 0.00 | 5.02 | 23.65 |
| FAB2 | 0.07 | [0.32] | 0.00 | 2.00 | 6 | 0.00 | 0.00 | 4.81 | 23.91 |
| ALOG | 0.04 | [0.19] | 0.00 | 1.00 | 4 | 0.00 | 0.00 | 5.02 | 23.65 |
| CONTAM | 0.00 | 0.00 | 0.00 | 0.00 | 0 | 0.00 | 0.00 | − | − |
| Sum 6 Sp Sc | 3.18 | 1.86 | 0.00 | 11.00 | 108 | 3.00 | 2.00 | 2.01 | 6.04 |
| Lvl 2 Sp Sc | 0.35 | [0.77] | 0.00 | 4.00 | 24 | 0.00 | 0.00 | 2.73 | 8.42 |
| WSum6 | 7.54 | 6.99 | 0.00 | 40.00 | 108 | 6.00 | 3.00 | 2.88 | 9.56 |
| AB | 0.13 | [0.34] | 0.00 | 1.00 | 14 | 0.00 | 0.00 | 2.26 | 3.20 |
| AG | 1.18 | 0.91 | 0.00 | 4.00 | 85 | 1.00 | 1.00 | 0.66 | 0.48 |
| COP | 1.65 | 1.22 | 0.00 | 6.00 | 100 | 1.00 | 1.00 | 1.58 | 3.11 |
| CP | 0.02 | [0.13] | 0.00 | 1.00 | 2 | 0.00 | 0.00 | 7.31 | 52.43 |
| GOODHR | 5.24 | 1.89 | 1.00 | 8.00 | 110 | 6.00 | 6.00 | −0.25 | −1.04 |
| POORHR | 1.31 | 1.21 | 0.00 | 7.00 | 88 | 1.00 | 1.00 | 2.16 | 7.57 |
| MOR | 0.49 | [0.74] | 0.00 | 3.00 | 40 | 0.00 | 0.00 | 1.42 | 1.38 |
| PER | 1.05 | 0.89 | 0.00 | 5.00 | 90 | 1.00 | 1.00 | 2.30 | 7.82 |
| PSV | 0.06 | [0.23] | 0.00 | 1.00 | 6 | 0.00 | 0.00 | 3.97 | 14.08 |

注：[　]で示した標準偏差は，値が信頼できないので，期待域の推定を行ってはならない。これらの変数をパラメトリックな分析に含めてはならない。

表23　14歳（N＝105）

| 変数 | 平均 | 標準偏差 | 最小値 | 最大値 | 頻度 | 中央値 | 最頻値 | 歪度 | 尖度 |
|---|---|---|---|---|---|---|---|---|---|
| R | 21.72 | 3.36 | 14.00 | 33.00 | 105 | 20.00 | 20.00 | 1.11 | 3.43 |
| W | 8.92 | 2.19 | 4.00 | 14.00 | 105 | 9.00 | 9.00 | －1.01 | 2.83 |
| D | 11.13 | 3.16 | 1.00 | 21.00 | 105 | 11.00 | 10.00 | －0.23 | 2.82 |
| Dd | 1.67 | [1.70] | 0.00 | 6.00 | 98 | 2.00 | 1.00 | 2.67 | 7.31 |
| S | 1.32 | [1.09] | 0.00 | 7.00 | 101 | 2.00 | 2.00 | 1.89 | 5.56 |
| DQ+ | 7.81 | 2.55 | 2.00 | 15.00 | 105 | 8.00 | 8.00 | 0.33 | 1.36 |
| DQo | 12.69 | 2.06 | 8.00 | 20.00 | 105 | 12.00 | 12.00 | 0.73 | 2.58 |
| DQv | 0.58 | [1.01] | 0.00 | 4.00 | 27 | 0.00 | 0.00 | 2.23 | 4.30 |
| DQv/+ | 0.65 | [0.58] | 0.00 | 2.00 | 48 | 0.00 | 0.00 | 2.25 | 3.79 |
| FQX+ | 0.14 | 0.50 | 0.00 | 2.00 | 11 | 0.00 | 0.00 | 3.16 | 9.97 |
| FQXo | 15.17 | 3.09 | 5.00 | 23.00 | 105 | 15.00 | 15.00 | －0.64 | 1.93 |
| FQXu | 3.27 | 1.56 | 0.00 | 8.00 | 101 | 3.00 | 3.00 | 0.42 | 1.10 |
| FQX- | 1.84 | 1.25 | 0.00 | 5.00 | 103 | 2.00 | 2.00 | 2.10 | 4.46 |
| FQXNone | 0.02 | [0.53] | 0.00 | 1.00 | 4 | 0.00 | 0.00 | 4.69 | 22.65 |
| MQ+ | 0.11 | 0.44 | 0.00 | 2.00 | 6 | 0.00 | 0.00 | 3.42 | 11.04 |
| MQo | 3.21 | 1.66 | 1.00 | 8.00 | 105 | 3.00 | 1.00 | 0.43 | －0.26 |
| MQu | 0.51 | 0.67 | 0.00 | 3.00 | 46 | 0.00 | 0.00 | 1.34 | 2.18 |
| MQ- | 0.13 | [0.50] | 0.00 | 2.00 | 11 | 0.00 | 0.00 | 2.18 | 4.01 |
| MQNone | 0.00 | [0.00] | 0.00 | 0.00 | 0 | 0.00 | 0.00 | － | － |
| S－ | 0.39 | [0.82] | 0.00 | 3.00 | 31 | 0.00 | 0.00 | 2.24 | 6.00 |
| M | 4.06 | 2.24 | 1.00 | 11.00 | 105 | 4.00 | 4.00 | 0.59 | 0.16 |
| FM | 4.35 | 1.96 | 0.00 | 8.00 | 103 | 4.00 | 6.00 | －0.17 | －0.92 |
| m | 1.27 | 0.96 | 0.00 | 5.00 | 93 | 1.00 | 1.00 | 1.81 | 4.08 |
| FM＋m | 5.62 | 2.14 | 1.00 | 11.00 | 105 | 6.00 | 7.00 | －0.21 | －0.42 |
| FC | 2.93 | 1.76 | 0.00 | 9.00 | 91 | 3.00 | 3.00 | 0.45 | 1.59 |
| CF | 2.70 | 1.53 | 0.00 | 5.00 | 97 | 3.00 | 3.00 | －0.08 | －1.05 |
| C | 0.10 | [0.27] | 0.00 | 1.00 | 9 | 0.00 | 0.00 | 3.14 | 7.67 |
| Cn | 0.00 | [0.00] | 0.00 | 0.00 | 0 | 0.00 | 0.00 | － | － |
| FC+CF+C+Cn | 5.71 | 2.67 | 1.00 | 10.00 | 105 | 7.00 | 8.00 | －0.69 | －0.44 |
| WSum C | 4.29 | 1.98 | 0.50 | 7.50 | 105 | 5.00 | 6.50 | －0.60 | －0.58 |
| Sum C' | 1.11 | [0.91] | 0.00 | 3.00 | 82 | 1.00 | 1.00 | 0.44 | －0.50 |
| Sum T | 0.99 | [0.52] | 0.00 | 3.00 | 85 | 1.00 | 1.00 | 0.66 | 4.71 |
| Sum V | 0.13 | [0.50] | 0.00 | 2.00 | 8 | 0.00 | 0.00 | 3.21 | 9.06 |
| Sum Y | 0.88 | [0.84] | 0.00 | 2.00 | 75 | 1.00 | 2.00 | －0.14 | －1.44 |
| SumShd | 3.10 | 1.47 | 0.00 | 6.00 | 99 | 4.00 | 4.00 | －0.49 | －0.19 |
| Fr＋rF | 0.38 | [0.43] | 0.00 | 1.00 | 15 | 0.00 | 0.00 | 3.97 | 10.25 |
| FD | 1.24 | [0.87] | 0.00 | 3.00 | 71 | 1.00 | 2.00 | －0.31 | －1.30 |
| F | 6.96 | 2.56 | 3.00 | 13.00 | 105 | 6.00 | 5.00 | 0.87 | －0.35 |
| PAIR | 8.59 | 2.34 | 1.00 | 14.00 | 105 | 9.00 | 10.00 | －1.12 | 2.38 |
| 3r(2)/R | 0.47 | 0.10 | 0.05 | 0.56 | 105 | 0.45 | 0.50 | －1.79 | 4.60 |
| LAMBDA | 0.67 | 0.62 | 0.20 | 4.33 | 105 | 0.38 | 0.33 | 4.34 | 22.96 |
| EA | 8.34 | 2.70 | 1.00 | 15.00 | 105 | 9.00 | 7.50 | －0.55 | 0.60 |
| es | 8.92 | 3.06 | 1.00 | 13.00 | 105 | 9.00 | 9.00 | －0.76 | －0.15 |
| D | －0.09 | 0.84 | －2.00 | 3.00 | 105 | 0.00 | 0.00 | 0.78 | 3.19 |
| Adj D | 0.09 | 0.86 | －2.00 | 3.00 | 105 | 0.00 | 0.00 | 0.74 | 1.95 |
| a(active) | 6.20 | 1.92 | 2.00 | 11.00 | 105 | 6.00 | 7.00 | －0.32 | 0.06 |
| p(passive) | 3.49 | 2.07 | 0.00 | 8.00 | 99 | 3.00 | 3.00 | 0.52 | －0.35 |
| Ma | 2.59 | 1.32 | 0.00 | 8.00 | 101 | 2.00 | 2.00 | 1.81 | 5.93 |
| Mp | 1.49 | 1.36 | 0.00 | 5.00 | 89 | 2.00 | 2.00 | 0.17 | －0.74 |
| Intellect | 1.23 | 0.97 | 0.00 | 4.00 | 105 | 1.00 | 1.00 | 1.18 | 1.22 |
| Zf | 12.56 | 3.06 | 5.00 | 23.00 | 105 | 13.00 | 14.00 | 0.12 | 2.11 |
| Zd | 1.27 | 2.26 | 4.50 | 5.00 | 105 | 1.50 | －0.50 | －0.30 | －0.38 |
| Blends | 5.74 | 2.46 | 0.00 | 9.00 | 103 | 7.00 | 7.00 | －0.84 | －0.47 |
| Col Shd Blend | 0.17 | [0.38] | 0.00 | 1.00 | 18 | 0.00 | 0.00 | 1.77 | 1.15 |
| Afr | 0.69 | 0.16 | 0.31 | 0.89 | 105 | 0.68 | 0.67 | 0.03 | 0.47 |
| Popular | 6.02 | 1.17 | 3.00 | 9.00 | 105 | 7.00 | 6.00 | －0.53 | 0.67 |

表23　14歳（N＝105）（つづき）

| 変数 | 平均 | 標準偏差 | 最小値 | 最大値 | 頻度 | 中央値 | 最頻値 | 歪度 | 尖度 |
|---|---|---|---|---|---|---|---|---|---|
| XA% | 0.90 | 0.07 | 0.59 | 1.00 | 105 | 0.91 | 0.91 | −2.76 | 8.82 |
| WDA% | 0.92 | 0.06 | 0.67 | 1.00 | 105 | 0.94 | 0.95 | −2.48 | 8.09 |
| X＋% | 0.74 | 0.12 | 0.29 | 1.00 | 105 | 0.77 | 0.75 | −1.80 | 5.01 |
| X−% | 0.10 | 0.07 | 0.00 | 0.41 | 103 | 0.09 | 0.05 | 2.59 | 8.43 |
| Xu% | 0.16 | 0.07 | 0.00 | 0.33 | 101 | 0.15 | 0.14 | −0.03 | 0.61 |
| Isolate/R | 0.16 | 0.06 | 0.00 | 0.33 | 103 | 0.16 | 0.16 | 0.59 | 1.15 |
| H | 3.00 | 1.71 | 1.00 | 8.00 | 105 | 3.00 | 1.00 | 0.54 | −0.35 |
| (H) | 1.23 | 1.03 | 0.00 | 5.00 | 79 | 1.00 | 1.00 | 1.13 | 2.44 |
| HD | 0.67 | 0.85 | 0.00 | 3.00 | 50 | 0.00 | 0.00 | 1.27 | 1.07 |
| (Hd) | 0.56 | 0.54 | 0.00 | 2.00 | 57 | 1.00 | 1.00 | 0.13 | −1.19 |
| Hx | 0.00 | [0.00] | 0.00 | 0.00 | 0 | 0.00 | 0.00 | − | − |
| All H Cont | 5.46 | 2.44 | 2.00 | 11.00 | 105 | 5.00 | 5.00 | 0.22 | −0.91 |
| A | 7.97 | 1.85 | 4.00 | 13.00 | 105 | 8.00 | 7.00 | 0.60 | 0.49 |
| (A) | 0.39 | [0.49] | 0.00 | 1.00 | 41 | 0.00 | 0.00 | 0.45 | −1.83 |
| Ad | 2.00 | [0.83] | 0.00 | 4.00 | 101 | 2.00 | 2.00 | 0.40 | 1.50 |
| (Ad) | 0.00 | [0.00] | 0.00 | 0.00 | 0 | 0.00 | 0.00 | − | − |
| An | 0.84 | [0.71] | 0.00 | 2.00 | 69 | 1.00 | 1.00 | 0.24 | −0.97 |
| Art | 0.85 | 0.50 | 0.00 | 2.00 | 83 | 1.00 | 1.00 | −0.31 | 0.62 |
| Ay | 0.11 | [0.32] | 0.00 | 1.00 | 12 | 0.00 | 0.00 | 2.46 | 4.13 |
| Bl | 0.20 | [0.40] | 0.00 | 1.00 | 21 | 0.00 | 0.00 | 1.52 | 0.32 |
| Bt | 1.73 | 1.00 | 0.00 | 5.00 | 93 | 2.00 | 2.00 | 0.44 | 1.22 |
| Cg | 1.55 | 1.08 | 0.00 | 4.00 | 93 | 1.00 | 1.00 | 0.60 | −0.69 |
| Cl | 0.06 | [0.23] | 0.00 | 1.00 | 6 | 0.00 | 0.00 | 3.87 | 13.24 |
| Ex | 0.10 | [0.30] | 0.00 | 1.00 | 10 | 0.00 | 0.00 | 2.79 | 5.94 |
| Fi | 0.75 | [0.55] | 0.00 | 2.00 | 73 | 1.00 | 1.00 | −0.05 | −0.32 |
| Food | 0.60 | [0.53] | 0.00 | 2.00 | 61 | 1.00 | 1.00 | −0.01 | −1.16 |
| Ge | 0.04 | [0.19] | 0.00 | 1.00 | 4 | 0.00 | 0.00 | 4.89 | 22.40 |
| Hh | 1.08 | 0.83 | 0.00 | 4.00 | 85 | 1.00 | 1.00 | 1.30 | 2.59 |
| Ls | 1.06 | 0.97 | 0.00 | 6.00 | 79 | 1.00 | 1.00 | 2.46 | 11.28 |
| Na | 0.23 | [0.51] | 0.00 | 2.00 | 20 | 0.00 | 0.00 | 2.17 | 4.01 |
| Sc | 1.93 | [1.15] | 0.00 | 5.00 | 91 | 2.00 | 3.00 | −0.10 | −0.48 |
| Sx | 0.08 | [0.43] | 0.00 | 3.00 | 4 | 0.00 | 0.00 | 6.27 | 40.17 |
| Xy | 0.00 | [0.00] | 0.00 | 0.00 | 0 | 0.00 | 0.00 | − | − |
| Idio | 0.82 | 1.16 | 0.00 | 4.00 | 44 | 0.00 | 0.00 | 1.19 | 0.11 |
| DV | 0.98 | [0.69] | 0.00 | 3.00 | 81 | 1.00 | 1.00 | 0.37 | 0.22 |
| INCOM | 1.05 | [0.79] | 0.00 | 3.00 | 79 | 1.00 | 1.00 | 0.39 | −0.24 |
| DR | 0.30 | [0.66] | 0.00 | 4.00 | 25 | 0.00 | 0.00 | 3.60 | 16.99 |
| FABCOM | 0.44 | [0.72] | 0.00 | 3.00 | 34 | 0.00 | 0.00 | 1.64 | 2.19 |
| DV2 | 0.02 | [0.14] | 0.00 | 1.00 | 2 | 0.00 | 0.00 | 7.13 | 49.92 |
| INC2 | 0.22 | [0.60] | 0.00 | 3.00 | 15 | 0.00 | 0.00 | 3.06 | 9.40 |
| DR2 | 0.03 | [0.17] | 0.00 | 1.00 | 3 | 0.00 | 0.00 | 5.74 | 31.57 |
| FAB2 | 0.08 | [0.33] | 0.00 | 2.00 | 6 | 0.00 | 0.00 | 4.69 | 22.65 |
| ALOG | 0.04 | [0.19] | 0.00 | 1.00 | 4 | 0.00 | 0.00 | 4.89 | 22.40 |
| CONTAM | 0.00 | 0.00 | 0.00 | 0.00 | 0 | 0.00 | 0.00 | − | − |
| Sum 6 Sp Sc | 3.14 | 1.90 | 0.00 | 11.00 | 103 | 3.00 | 2.00 | 2.06 | 5.97 |
| Lvl 2 Sp Sc | 0.34 | [0.78] | 0.00 | 4.00 | 22 | 0.00 | 0.00 | 2.74 | 8.37 |
| WSum6 | 7.52 | 7.14 | 0.00 | 40.00 | 103 | 6.00 | 3.00 | 2.84 | 9.12 |
| AB | 0.13 | [0.34] | 0.00 | 1.00 | 14 | 0.00 | 0.00 | 2.18 | 2.84 |
| AG | 1.20 | 0.92 | 0.00 | 4.00 | 81 | 1.00 | 1.00 | 0.63 | 0.36 |
| COP | 1.65 | 1.24 | 0.00 | 6.00 | 95 | 1.00 | 1.00 | 1.56 | 2.91 |
| CP | 0.02 | [0.14] | 0.00 | 1.00 | 2 | 0.00 | 0.00 | 7.13 | 49.92 |
| GOODHR | 5.14 | 1.87 | 1.00 | 8.00 | 105 | 6.00 | 6.00 | −0.19 | −1.03 |
| POORHR | 1.32 | 1.24 | 0.00 | 7.00 | 83 | 1.00 | 1.00 | 2.09 | 7.06 |
| MOR | 0.51 | [0.75] | 0.00 | 3.00 | 40 | 0.00 | 0.00 | 1.35 | 1.17 |
| PER | 1.06 | 0.91 | 0.00 | 5.00 | 85 | 1.00 | 1.00 | 2.24 | 7.32 |
| PSV | 0.06 | [0.23] | 0.00 | 1.00 | 6 | 0.00 | 0.00 | 3.87 | 13.24 |

注：[ ]で示した標準偏差は，値が信頼できないので，期待域の推定を行ってはならない。これらの変数をパラメトリックな分析に含めてはならない。

表23 15歳（N＝110）

| 変数 | 平均 | 標準偏差 | 最小値 | 最大値 | 頻度 | 中央値 | 最頻値 | 歪度 | 尖度 |
|---|---|---|---|---|---|---|---|---|---|
| R | 21.94 | 4.21 | 14.00 | 32.00 | 110 | 21.00 | 20.00 | 0.94 | 1.14 |
| W | 8.87 | 2.20 | 3.00 | 20.00 | 110 | 9.00 | 9.00 | 1.57 | 9.58 |
| D | 11.42 | 3.66 | 0.00 | 20.00 | 109 | 12.00 | 12.00 | −0.31 | 1.91 |
| Dd | 1.65 | [1.31] | 0.00 | 7.00 | 91 | 1.00 | 1.00 | 1.31 | 3.76 |
| S | 1.44 | [1.31] | 0.00 | 5.00 | 104 | 2.00 | 1.00 | 2.66 | 12.86 |
| DQ+ | 7.88 | 2.02 | 2.00 | 13.00 | 110 | 8.00 | 8.00 | −0.33 | 0.15 |
| DQo | 12.67 | 3.62 | 5.00 | 29.00 | 110 | 12.00 | 12.00 | 1.49 | 5.43 |
| DQv | 0.75 | [1.29] | 0.00 | 4.00 | 40 | 0.00 | 0.00 | 1.84 | 2.46 |
| DQv/+ | 0.14 | [0.42] | 0.00 | 2.00 | 12 | 0.00 | 0.00 | 3.22 | 10.13 |
| FQX+ | 0.36 | 0.70 | 0.00 | 3.00 | 27 | 0.00 | 0.00 | 1.81 | 2.20 |
| FQXo | 16.35 | 3.34 | 7.00 | 29.00 | 110 | 16.00 | 15.00 | 0.60 | 2.79 |
| FQXu | 3.08 | 1.57 | 0.00 | 11.00 | 108 | 3.00 | 3.00 | 1.37 | 5.75 |
| FQX- | 1.60 | 0.91 | 0.00 | 6.00 | 99 | 2.00 | 2.00 | 0.81 | 3.89 |
| FQXNone | 0.04 | [0.25] | 0.00 | 2.00 | 4 | 0.00 | 0.00 | 6.07 | 39.81 |
| MQ+ | 0.25 | 0.57 | 0.00 | 3.00 | 22 | 0.00 | 0.00 | 2.46 | 6.34 |
| MQo | 3.54 | 2.01 | 0.00 | 8.00 | 108 | 3.00 | 1.00 | 0.20 | −0.91 |
| MQu | 0.44 | 0.52 | 0.00 | 2.00 | 48 | 0.00 | 0.00 | 0.43 | −1.36 |
| MQ- | 0.12 | [0.32] | 0.00 | 1.00 | 13 | 0.00 | 0.00 | 2.40 | 3.82 |
| MQNone | 0.00 | [0.00] | 0.00 | 0.00 | 0 | 0.00 | 0.00 | − | − |
| S− | 0.38 | [0.57] | 0.00 | 2.00 | 37 | 0.00 | 0.00 | 1.22 | 0.52 |
| M | 4.35 | 2.17 | 1.00 | 9.00 | 110 | 4.00 | 4.00 | 0.06 | −0.97 |
| FM | 4.82 | 1.73 | 1.00 | 9.00 | 110 | 5.00 | 6.00 | −0.20 | −0.80 |
| m | 1.17 | 0.78 | 0.00 | 4.00 | 97 | 1.00 | 1.00 | 1.49 | 3.79 |
| FM＋m | 5.99 | 1.78 | 2.00 | 10.00 | 110 | 6.00 | 7.00 | −0.14 | −0.67 |
| FC | 3.14 | 1.14 | 0.00 | 6.00 | 107 | 3.00 | 3.00 | −0.56 | 0.76 |
| CF | 2.85 | 1.53 | 0.00 | 6.00 | 101 | 3.00 | 2.00 | −0.11 | −0.73 |
| C | 0.03 | [0.16] | 0.00 | 1.00 | 3 | 0.00 | 0.00 | 5.88 | 33.24 |
| Cn | 0.02 | [0.13] | 0.00 | 1.00 | 2 | 0.00 | 0.00 | 7.31 | 52.42 |
| FC+CF+C+Cn | 6.04 | 2.01 | 1.00 | 10.00 | 110 | 7.00 | 8.00 | −0.62 | −0.37 |
| WSum C | 4.47 | 1.68 | 0.50 | 8.00 | 110 | 4.50 | 3.50 | −0.33 | −0.64 |
| Sum C' | 1.63 | [1.35] | 0.00 | 10.00 | 94 | 1.00 | 1.00 | 2.49 | 12.61 |
| Sum T | 1.06 | [0.51] | 0.00 | 3.00 | 101 | 1.00 | 1.00 | 2.62 | 13.12 |
| Sum V | 0.18 | [0.49] | 0.00 | 2.00 | 12 | 0.00 | 0.00 | 2.75 | 6.73 |
| Sum Y | 1.30 | [1.27] | 0.00 | 10.00 | 83 | 1.00 | 2.00 | 3.35 | 20.69 |
| SumShd | 4.17 | 2.55 | 0.00 | 23.00 | 109 | 4.00 | 4.00 | 4.04 | 27.31 |
| Fr＋rF | 0.50 | [0.45] | 0.00 | 2.00 | 26 | 0.00 | 0.00 | 6.67 | 53.57 |
| FD | 1.33 | [0.97] | 0.00 | 5.00 | 83 | 1.50 | 2.00 | 0.35 | 0.78 |
| F | 6.48 | 2.71 | 2.00 | 17.00 | 110 | 5.00 | 5.00 | 1.31 | 2.02 |
| PAIR | 9.10 | 2.00 | 1.00 | 14.00 | 110 | 10.00 | 10.00 | −1.37 | 4.47 |
| 3r(2)/R | 0.44 | 0.10 | 0.05 | 0.79 | 110 | 0.45 | 0.50 | −0.58 | 4.63 |
| LAMBDA | 0.65 | 0.22 | 0.14 | 1.71 | 110 | 0.36 | 0.33 | 2.27 | 8.94 |
| EA | 8.82 | 2.34 | 2.00 | 13.50 | 110 | 9.50 | 9.50 | −0.69 | 0.39 |
| es | 9.16 | 3.40 | 4.00 | 17.00 | 110 | 10.00 | 9.00 | 2.13 | 12.31 |
| D | −0.45 | 1.39 | −10.00 | 2.00 | 110 | 0.00 | 0.00 | −3.73 | 20.85 |
| Adj D | −0.25 | 1.07 | −5.00 | 2.00 | 110 | 0.00 | 0.00 | −1.71 | 5.14 |
| a(active) | 6.99 | 1.73 | 3.00 | 12.00 | 110 | 7.00 | 8.00 | 0.18 | 0.32 |
| p(passive) | 3.36 | 1.93 | 0.00 | 9.00 | 106 | 3.00 | 3.00 | 0.75 | 0.31 |
| Ma | 2.58 | 1.44 | 1.00 | 7.00 | 110 | 2.00 | 2.00 | 0.96 | 0.38 |
| Mp | 1.77 | 1.46 | 0.00 | 5.00 | 81 | 2.00 | 2.00 | 0.48 | −0.51 |
| Intellect | 1.04 | 0.83 | 0.00 | 4.00 | 110 | 1.00 | 1.00 | 1.59 | 3.76 |
| Zf | 12.68 | 2.59 | 5.00 | 23.00 | 110 | 13.00 | 13.00 | 0.01 | 2.61 |
| Zd | 1.03 | 2.96 | −6.50 | 9.00 | 110 | 0.50 | −0.50 | 0.17 | 0.11 |
| Blends | 6.34 | 2.16 | 1.00 | 12.00 | 110 | 7.00 | 7.00 | −0.63 | 0.03 |
| Col Shd Blend | 0.22 | [0.51] | 0.00 | 2.00 | 19 | 0.00 | 0.00 | 2.35 | 4.69 |
| Afr | 0.65 | 0.18 | 0.27 | 1.29 | 110 | 0.67 | 0.67 | 0.97 | 1.69 |
| Popular | 6.33 | 1.23 | 3.00 | 9.00 | 110 | 7.00 | 7.00 | −0.59 | 0.22 |

表23　15歳（N＝110）（つづき）

| 変数 | 平均 | 標準偏差 | 最小値 | 最大値 | 頻度 | 中央値 | 最頻値 | 歪度 | 尖度 |
|---|---|---|---|---|---|---|---|---|---|
| XA％ | 0.92 | 0.05 | 0.57 | 1.00 | 110 | 0.91 | 0.95 | －3.35 | 23.67 |
| WDA％ | 0.94 | 0.05 | 0.54 | 1.00 | 110 | 0.95 | 0.95 | －4.34 | 32.40 |
| X＋％ | 0.78 | 0.07 | 0.50 | 1.00 | 110 | 0.77 | 0.75 | －0.45 | 2.72 |
| X－％ | 0.08 | 0.05 | 0.00 | 0.43 | 99 | 0.09 | 0.05 | 3.29 | 23.27 |
| Xu％ | 0.14 | 0.06 | 0.00 | 0.37 | 108 | 0.15 | 0.14 | 0.45 | 1.97 |
| Isolate/R | 0.15 | 0.07 | 0.00 | 0.47 | 108 | 0.15 | 0.16 | 1.76 | 8.19 |
| H | 3.42 | 1.96 | 0.00 | 8.00 | 109 | 3.00 | 5.00 | 0.49 | －0.51 |
| (H) | 1.05 | 0.90 | 0.00 | 4.00 | 75 | 1.00 | 1.00 | 0.52 | －0.16 |
| HD | 0.57 | 0.82 | 0.00 | 4.00 | 48 | 0.00 | 0.00 | 1.96 | 5.02 |
| (Hd) | 0.54 | 0.50 | 0.00 | 1.00 | 59 | 1.00 | 1.00 | －0.14 | －2.01 |
| Hx | 0.00 | [0.00] | 0.00 | 0.00 | 0 | 0.00 | 0.00 | － | － |
| All H Cont | 5.57 | 2.28 | 1.00 | 9.00 | 110 | 5.00 | 5.00 | －0.14 | －0.95 |
| A | 7.98 | 1.96 | 3.00 | 15.00 | 110 | 8.00 | 7.00 | 0.54 | 1.91 |
| (A) | 0.36 | [0.55] | 0.00 | 3.00 | 37 | 0.00 | 0.00 | 1.55 | 3.35 |
| Ad | 2.08 | [1.20] | 0.00 | 9.00 | 102 | 2.00 | 2.00 | 2.25 | 11.70 |
| (Ad) | 0.06 | [0.30] | 0.00 | 2.00 | 4 | 0.00 | 0.00 | 5.79 | 34.15 |
| An | 0.93 | [0.79] | 0.00 | 3.00 | 73 | 1.00 | 1.00 | 0.24 | －1.02 |
| Art | 0.86 | 0.63 | 0.00 | 4.00 | 82 | 1.00 | 1.00 | 1.00 | 4.67 |
| Ay | 0.14 | [0.35] | 0.00 | 1.00 | 15 | 0.00 | 0.00 | 2.14 | 2.67 |
| Bl | 0.22 | [0.42] | 0.00 | 1.00 | 24 | 0.00 | 0.00 | 1.38 | －0.09 |
| Bt | 1.68 | 0.82 | 0.00 | 4.00 | 102 | 2.00 | 2.00 | －0.04 | －0.06 |
| Cg | 1.47 | 1.11 | 0.00 | 4.00 | 93 | 1.00 | 1.00 | 0.58 | －0.80 |
| Cl | 0.09 | [0.35] | 0.00 | 2.00 | 8 | 0.00 | 0.00 | 4.11 | 17.53 |
| Ex | 0.12 | [0.32] | 0.00 | 1.00 | 13 | 0.00 | 0.00 | 2.39 | 3.82 |
| Fi | 0.69 | [0.52] | 0.00 | 2.00 | 73 | 1.00 | 1.00 | －0.22 | －0.72 |
| Food | 0.60 | [0.51] | 0.00 | 2.00 | 65 | 1.00 | 1.00 | －0.20 | －1.47 |
| Ge | 0.01 | [0.10] | 0.00 | 1.00 | 1 | 0.00 | 0.00 | 10.48 | 110.00 |
| Hh | 0.89 | 0.60 | 0.00 | 4.00 | 88 | 1.00 | 1.00 | 1.36 | 7.28 |
| Ls | 1.12 | 0.71 | 0.00 | 2.00 | 88 | 1.00 | 1.00 | －0.17 | －1.00 |
| Na | 0.12 | [0.35] | 0.00 | 2.00 | 12 | 0.00 | 0.00 | 3.02 | 9.12 |
| Sc | 1.70 | [1.34] | 0.00 | 6.00 | 77 | 2.00 | 3.00 | 0.02 | －0.83 |
| Sx | 0.11 | [0.44] | 0.00 | 3.00 | 8 | 0.00 | 0.00 | 4.64 | 23.43 |
| Xy | 0.04 | [0.19] | 0.00 | 1.00 | 4 | 0.00 | 0.00 | 5.02 | 23.65 |
| Idio | 1.09 | 1.47 | 0.00 | 7.00 | 52 | 0.00 | 0.00 | 1.48 | 2.28 |
| DV | 0.98 | [0.70] | 0.00 | 3.00 | 84 | 1.00 | 1.00 | 0.34 | 0.03 |
| INCOM | 0.88 | [0.74] | 0.00 | 4.00 | 76 | 1.00 | 1.00 | 0.74 | 1.58 |
| DR | 0.13 | [0.34] | 0.00 | 1.00 | 14 | 0.00 | 0.00 | 2.26 | 3.20 |
| FABCOM | 0.23 | [0.46] | 0.00 | 2.00 | 23 | 0.00 | 0.00 | 1.87 | 2.73 |
| DV2 | 0.03 | [0.16] | 0.00 | 1.00 | 3 | 0.00 | 0.00 | 5.88 | 33.24 |
| INC2 | 0.01 | [0.10] | 0.00 | 1.00 | 1 | 0.00 | 0.00 | 10.48 | 110.00 |
| DR2 | 0.01 | [0.10] | 0.00 | 1.00 | 1 | 0.00 | 0.00 | 10.48 | 110.00 |
| FAB2 | 0.04 | [0.19] | 0.00 | 1.00 | 4 | 0.00 | 0.00 | 5.02 | 23.65 |
| ALOG | 0.06 | [0.27] | 0.00 | 2.00 | 5 | 0.00 | 0.00 | 5.36 | 31.19 |
| CONTAM | 0.00 | 0.00 | 0.00 | 0.00 | 0 | 0.00 | 0.00 | － | － |
| Sum 6 Sp Sc | 2.35 | 1.38 | 0.00 | 5.00 | 96 | 2.00 | 2.00 | －0.19 | －0.97 |
| Lvl 2 Sp Sc | 0.08 | [0.28] | 0.00 | 1.00 | 9 | 0.00 | 0.00 | 3.09 | 7.71 |
| WSum6 | 4.71 | 3.33 | 0.00 | 15.00 | 96 | 4.00 | 3.00 | 0.60 | 0.27 |
| AB | 0.03 | [0.16] | 0.00 | 1.00 | 3 | 0.00 | 0.00 | 5.88 | 33.24 |
| AG | 1.15 | 0.91 | 0.00 | 4.00 | 82 | 1.00 | 1.00 | 0.53 | －0.05 |
| COP | 1.54 | 0.97 | 0.00 | 5.00 | 98 | 1.00 | 1.00 | 0.74 | 0.98 |
| CP | 0.00 | [0.00] | 0.00 | 0.00 | 0 | 0.00 | 0.00 | － | － |
| GOODHR | 5.01 | 1.91 | 0.00 | 9.00 | 109 | 6.00 | 6.00 | －0.38 | －0.55 |
| POORHR | 1.57 | 1.22 | 0.00 | 6.00 | 75 | 1.00 | 1.00 | 2.00 | 4.33 |
| MOR | 0.54 | [0.83] | 0.00 | 4.00 | 41 | 0.00 | 0.00 | 1.73 | 3.06 |
| PER | 0.92 | 0.65 | 0.00 | 5.00 | 89 | 1.00 | 1.00 | 2.31 | 14.11 |
| PSV | 0.04 | [0.19] | 0.00 | 1.00 | 4 | 0.00 | 0.00 | 5.02 | 23.65 |

注：［　］で示した標準偏差は，値が信頼できないので，期待域の推定を行ってはならない。これらの変数をパラメトリックな分析に含めてはならない。

表23　16歳（N＝140）

| 変数 | 平均 | 標準偏差 | 最小値 | 最大値 | 頻度 | 中央値 | 最頻値 | 歪度 | 尖度 |
|---|---|---|---|---|---|---|---|---|---|
| R | 22.89 | 5.16 | 14.00 | 31.00 | 140 | 21.00 | 20.00 | 0.94 | 1.70 |
| W | 8.96 | 2.37 | 3.00 | 20.00 | 140 | 9.00 | 9.00 | 1.70 | 8.32 |
| D | 11.91 | 3.74 | 0.00 | 21.00 | 139 | 12.00 | 12.00 | −0.23 | 1.41 |
| Dd | 2.02 | [1.82] | 0.00 | 7.00 | 121 | 2.00 | 1.00 | 3.49 | 15.11 |
| S | 1.24 | [1.23] | 0.00 | 5.00 | 132 | 2.00 | 2.00 | 2.70 | 14.04 |
| DQ+ | 7.94 | 2.04 | 2.00 | 13.00 | 140 | 8.00 | 8.00 | −0.28 | −0.13 |
| DQo | 13.12 | 3.47 | 5.00 | 27.00 | 140 | 12.00 | 12.00 | 1.23 | 4.58 |
| DQv | 0.89 | [1.35] | 0.00 | 5.00 | 59 | 0.00 | 0.00 | 1.59 | 1.62 |
| DQv/+ | 0.84 | [0.53] | 0.00 | 2.00 | 46 | 0.00 | 0.00 | 2.21 | 3.98 |
| FQX+ | 0.54 | 0.83 | 0.00 | 3.00 | 48 | 0.00 | 0.00 | 1.26 | 0.31 |
| FQXo | 16.43 | 3.36 | 7.00 | 29.00 | 140 | 16.00 | 15.00 | 0.59 | 2.16 |
| FQXu | 3.19 | 1.56 | 0.00 | 11.00 | 138 | 3.00 | 3.00 | 1.18 | 4.32 |
| FQX- | 1.58 | 0.91 | 0.00 | 5.00 | 126 | 2.00 | 2.00 | 0.70 | 2.97 |
| FQXNone | 0.06 | [0.26] | 0.00 | 2.00 | 7 | 0.00 | 0.00 | 5.01 | 27.20 |
| MQ+ | 0.35 | 0.64 | 0.00 | 3.00 | 38 | 0.00 | 0.00 | 1.96 | 3.75 |
| MQo | 3.50 | 2.01 | 0.00 | 8.00 | 138 | 3.00 | 1.00 | 0.29 | −0.86 |
| MQu | 0.37 | 0.50 | 0.00 | 2.00 | 51 | 0.00 | 0.00 | 0.71 | −1.07 |
| MQ- | 0.09 | [0.29] | 0.00 | 1.00 | 13 | 0.00 | 0.00 | 2.84 | 6.13 |
| MQNone | 0.00 | [0.00] | 0.00 | 0.00 | 0 | 0.00 | 0.00 | − | − |
| S− | 0.34 | [0.55] | 0.00 | 2.00 | 43 | 0.00 | 0.00 | 1.32 | 0.81 |
| M | 4.31 | 2.13 | 1.00 | 9.00 | 140 | 4.00 | 4.00 | 0.20 | −0.88 |
| FM | 4.58 | 1.66 | 1.00 | 9.00 | 140 | 4.00 | 4.00 | 0.04 | −0.73 |
| m | 1.14 | 0.80 | 0.00 | 4.00 | 117 | 1.00 | 1.00 | 1.10 | 2.43 |
| FM＋m | 5.72 | 1.78 | 2.00 | 10.00 | 140 | 6.00 | 7.00 | 0.03 | −0.73 |
| FC | 3.43 | 1.34 | 0.00 | 8.00 | 137 | 3.00 | 3.00 | 0.14 | 1.16 |
| CF | 2.78 | 1.45 | 0.00 | 6.00 | 130 | 3.00 | 3.00 | −0.05 | −0.59 |
| C | 0.04 | [0.20] | 0.00 | 1.00 | 6 | 0.00 | 0.00 | 4.56 | 19.10 |
| Cn | 0.01 | [0.12] | 0.00 | 1.00 | 2 | 0.00 | 0.00 | 8.27 | 67.44 |
| FC+CF+C+Cn | 6.26 | 2.08 | 1.00 | 11.00 | 140 | 7.00 | 8.00 | −0.56 | −0.16 |
| WSum C | 4.56 | 1.66 | 0.50 | 8.00 | 140 | 5.00 | 3.50 | −0.42 | −0.49 |
| Sum C' | 1.15 | [1.27] | 0.00 | 6.00 | 118 | 1.00 | 1.00 | 2.48 | 13.59 |
| Sum T | 1.02 | [0.48] | 0.00 | 3.00 | 128 | 1.00 | 1.00 | 2.44 | 13.39 |
| Sum V | 0.19 | [0.51] | 0.00 | 2.00 | 20 | 0.00 | 0.00 | 2.64 | 6.03 |
| Sum Y | 1.04 | [1.21] | 0.00 | 5.00 | 95 | 2.00 | 1.00 | 3.25 | 20.79 |
| SumShd | 3.44 | 2.35 | 0.00 | 23.00 | 139 | 4.00 | 4.00 | 4.25 | 31.18 |
| Fr＋rF | 0.48 | [0.41] | 0.00 | 3.00 | 32 | 0.00 | 0.00 | 6.27 | 48.14 |
| FD | 1.31 | [0.93] | 0.00 | 5.00 | 108 | 1.00 | 2.00 | 0.33 | 0.77 |
| F | 6.85 | 2.69 | 2.00 | 17.00 | 140 | 6.00 | 5.00 | 0.96 | 0.93 |
| PAIR | 9.04 | 2.00 | 1.00 | 14.00 | 140 | 9.00 | 10.00 | −0.90 | 3.36 |
| 3r(2)/R | 0.43 | 0.09 | 0.05 | 0.79 | 140 | 0.45 | 0.50 | −0.32 | 3.89 |
| LAMBDA | 0.65 | 0.21 | 0.24 | 1.71 | 140 | 0.68 | 0.63 | 1.85 | 7.03 |
| EA | 8.87 | 2.23 | 2.00 | 13.50 | 140 | 9.00 | 8.50 | −0.59 | 0.63 |
| es | 9.21 | 3.29 | 4.00 | 17.00 | 140 | 10.00 | 8.00 | 2.09 | 12.09 |
| D | −0.31 | 1.31 | −10.00 | 2.00 | 140 | 0.00 | 0.00 | −3.70 | 22.64 |
| Adj D | −0.11 | 1.04 | −5.00 | 2.00 | 140 | 0.00 | 0.00 | −1.56 | 5.47 |
| a(active) | 6.82 | 1.71 | 3.00 | 12.00 | 140 | 7.00 | 6.00 | 0.25 | 0.13 |
| p(passive) | 3.22 | 1.89 | 0.00 | 9.00 | 133 | 3.00 | 2.00 | 0.70 | 0.33 |
| Ma | 2.62 | 1.42 | 1.00 | 7.00 | 140 | 2.00 | 2.00 | 0.88 | 0.20 |
| Mp | 1.69 | 1.38 | 0.00 | 5.00 | 106 | 2.00 | 2.00 | 0.55 | −0.32 |
| Intellect | 1.14 | 0.93 | 0.00 | 5.00 | 140 | 1.00 | 1.00 | 1.38 | 2.72 |
| Zf | 12.61 | 2.64 | 5.00 | 23.00 | 140 | 13.00 | 13.00 | 0.37 | 3.18 |
| Zd | 1.12 | 2.96 | −6.50 | 9.00 | 140 | 0.75 | −0.50 | 0.09 | 0.15 |
| Blends | 6.11 | 2.13 | 1.00 | 12.00 | 140 | 7.00 | 7.00 | −0.44 | −0.26 |
| Col Shd Blends | 0.24 | [0.50] | 0.00 | 2.00 | 28 | 0.00 | 0.00 | 2.08 | 3.56 |
| Afr | 0.65 | 0.17 | 0.27 | 1.29 | 140 | 0.67 | 0.67 | 0.80 | 1.61 |
| Popular | 6.46 | 1.27 | 3.00 | 10.00 | 140 | 7.00 | 7.00 | −0.35 | 0.39 |

第11章　記述統計　149

表23　16歳（N＝140）（つづき）

| 変数 | 平均 | 標準偏差 | 最小値 | 最大値 | 頻度 | 中央値 | 最頻値 | 歪度 | 尖度 |
|---|---|---|---|---|---|---|---|---|---|
| XA% | 0.93 | 0.05 | 0.57 | 1.00 | 140 | 0.92 | 0.95 | −3.12 | 22.84 |
| WDA% | 0.94 | 0.05 | 0.54 | 1.00 | 140 | 0.95 | 0.95 | −3.80 | 29.25 |
| X＋% | 0.78 | 0.07 | 0.50 | 1.00 | 140 | 0.78 | 0.75 | −0.41 | 2.27 |
| X−% | 0.07 | 0.05 | 0.00 | 0.43 | 126 | 0.07 | 0.05 | 3.07 | 22.85 |
| Xu% | 0.15 | 0.06 | 0.00 | 0.37 | 138 | 0.15 | 0.15 | 0.45 | 1.42 |
| Isolate/R | 0.16 | 0.07 | 0.00 | 0.47 | 138 | 0.16 | 0.16 | 1.30 | 4.09 |
| H | 3.39 | 1.94 | 0.00 | 8.00 | 139 | 3.00 | 3.00 | 0.62 | −0.28 |
| (H) | 1.07 | 0.89 | 0.00 | 4.00 | 97 | 1.00 | 1.00 | 0.36 | −0.43 |
| HD | 0.59 | 0.81 | 0.00 | 4.00 | 62 | 0.00 | 0.00 | 1.79 | 4.08 |
| (Hd) | 0.46 | 0.50 | 0.00 | 1.00 | 64 | 0.00 | 0.00 | 0.17 | −2.00 |
| Hx | 0.00 | [0.00] | 0.00 | 0.00 | 0 | 0.00 | 0.00 | − | − |
| All H Cont | 5.51 | 2.12 | 1.00 | 9.00 | 140 | 5.00 | 5.00 | −0.06 | −0.76 |
| A | 8.04 | 1.97 | 3.00 | 15.00 | 140 | 8.00 | 7.00 | 0.46 | 1.18 |
| (A) | 0.32 | [0.54] | 0.00 | 3.00 | 41 | 0.00 | 0.00 | 1.72 | 3.69 |
| Ad | 2.11 | [1.15] | 0.00 | 9.00 | 131 | 2.00 | 2.00 | 1.97 | 10.34 |
| (Ad) | 0.07 | [0.33] | 0.00 | 2.00 | 7 | 0.00 | 0.00 | 4.93 | 24.56 |
| An | 0.81 | [0.79] | 0.00 | 3.00 | 82 | 1.00 | 0.00 | 0.44 | −0.97 |
| Art | 0.83 | 0.68 | 0.00 | 4.00 | 97 | 1.00 | 1.00 | 0.78 | 2.33 |
| Ay | 0.19 | [0.41] | 0.00 | 2.00 | 25 | 0.00 | 0.00 | 1.95 | 2.75 |
| Bl | 0.21 | [0.43] | 0.00 | 2.00 | 29 | 0.00 | 0.00 | 1.68 | 1.61 |
| Bt | 1.87 | 1.03 | 0.00 | 6.00 | 130 | 2.00 | 2.00 | 0.62 | 1.27 |
| Cg | 1.39 | 1.06 | 0.00 | 4.00 | 116 | 1.00 | 1.00 | 0.64 | −0.57 |
| Cl | 0.11 | [0.36] | 0.00 | 2.00 | 14 | 0.00 | 0.00 | 3.32 | 11.31 |
| Ex | 0.11 | [0.32] | 0.00 | 1.00 | 16 | 0.00 | 0.00 | 2.45 | 4.06 |
| Fi | 0.63 | [0.57] | 0.00 | 2.00 | 82 | 1.00 | 1.00 | 0.19 | −0.76 |
| Food | 0.51 | [0.52] | 0.00 | 2.00 | 70 | 0.50 | 0.00 | 0.13 | −1.62 |
| Ge | 0.01 | [0.12] | 0.00 | 1.00 | 2 | 0.00 | 0.00 | 8.27 | 67.44 |
| Hh | 0.91 | 0.67 | 0.00 | 4.00 | 108 | 1.00 | 1.00 | 1.14 | 3.97 |
| Ls | 1.07 | 0.74 | 0.00 | 3.00 | 108 | 1.00 | 1.00 | 0.00 | −0.87 |
| Na | 0.17 | [0.42] | 0.00 | 2.00 | 22 | 0.00 | 0.00 | 2.35 | 5.05 |
| Sc | 1.51 | [1.31] | 0.00 | 6.00 | 93 | 2.00 | 0.00 | 0.23 | −0.82 |
| Sx | 0.11 | [0.41] | 0.00 | 3.00 | 11 | 0.00 | 0.00 | 4.57 | 23.67 |
| Xy | 0.04 | [0.19] | 0.00 | 1.00 | 5 | 0.00 | 0.00 | 5.05 | 23.93 |
| Idiographic | 1.31 | 1.45 | 0.00 | 7.00 | 81 | 1.00 | 0.00 | 1.07 | 1.04 |
| DV | 0.99 | [0.71] | 0.00 | 3.00 | 107 | 1.00 | 1.00 | 0.38 | 0.11 |
| INCOM | 0.83 | [0.75] | 0.00 | 4.00 | 91 | 1.00 | 1.00 | 0.81 | 1.34 |
| DR | 0.14 | [0.37] | 0.00 | 2.00 | 19 | 0.00 | 0.00 | 2.48 | 5.51 |
| FABCOM | 0.21 | [0.45] | 0.00 | 2.00 | 28 | 0.00 | 0.00 | 1.89 | 2.75 |
| DV2 | 0.02 | [0.15] | 0.00 | 1.00 | 3 | 0.00 | 0.00 | 6.68 | 43.26 |
| INC2 | 0.01 | [0.12] | 0.00 | 1.00 | 2 | 0.00 | 0.00 | 8.27 | 67.44 |
| DR2 | 0.01 | [0.09] | 0.00 | 1.00 | 1 | 0.00 | 0.00 | 11.83 | 140.00 |
| FAB2 | 0.04 | [0.19] | 0.00 | 1.00 | 5 | 0.00 | 0.00 | 5.05 | 23.93 |
| ALOG | 0.05 | [0.25] | 0.00 | 2.00 | 6 | 0.00 | 0.00 | 5.49 | 32.88 |
| CONTAM | 0.00 | 0.00 | 0.00 | 0.00 | 0 | 0.00 | 0.00 | − | − |
| Sum 6 Sp Sc | 2.30 | 1.34 | 0.00 | 5.00 | 125 | 2.00 | 2.00 | −0.03 | −0.92 |
| Lvl 2 Sp Sc | 0.08 | [0.27] | 0.00 | 1.00 | 11 | 0.00 | 0.00 | 3.16 | 8.14 |
| WSum6 | 4.57 | 3.23 | 0.00 | 15.00 | 125 | 4.00 | 3.00 | 0.67 | 0.32 |
| AB | 0.06 | [0.25] | 0.00 | 1.00 | 9 | 0.00 | 0.00 | 3.59 | 11.06 |
| AG | 1.20 | 0.99 | 0.00 | 5.00 | 106 | 1.00 | 1.00 | 1.02 | 1.98 |
| COP | 1.60 | 1.10 | 0.00 | 5.00 | 120 | 1.00 | 1.00 | 0.68 | 0.45 |
| CP | 0.00 | [0.00] | 0.00 | 0.00 | 0 | 0.00 | 0.00 | − | − |
| GOODHR | 5.29 | 1.80 | 0.00 | 9.00 | 139 | 6.00 | 6.00 | −0.21 | −0.49 |
| POORHR | 1.16 | 1.29 | 0.00 | 6.00 | 96 | 1.00 | 1.00 | 1.67 | 2.67 |
| MOR | 0.58 | [0.81] | 0.00 | 4.00 | 59 | 0.00 | 0.00 | 1.56 | 2.57 |
| PER | 0.96 | 0.72 | 0.00 | 5.00 | 110 | 1.00 | 1.00 | 1.59 | 7.12 |
| PSV | 0.04 | [0.20] | 0.00 | 1.00 | 6 | 0.00 | 0.00 | 4.56 | 19.10 |

注：［　］で示した標準偏差は，値が信頼できないので，期待域の推定を行ってはならない。これらの変数をパラメトリックな分析に含めてはならない。

表24 児童・青年非患者1390名での36変数の年齢別頻度

| | 5歳 (N=90) | | 6歳 (N=80) | | 7歳 (N=120) | | 8歳 (N=120) | | 9歳 (N=140) | | 10歳 (N=120) | |
|---|---|---|---|---|---|---|---|---|---|---|---|---|
| | 頻度 | % | 頻度 | % | 頻度 | % | 頻度 | % | 頻度 | % | 頻度 | % |
| **スタイル** | | | | | | | | | | | | |
| 内向型 | 0 | 0% | 0 | 0% | 6 | 5% | 16 | 13% | 23 | 16% | 24 | 20% |
| 超内向型 | 0 | 0% | 0 | 0% | 0 | 0% | 0 | 0% | 1 | 0% | 0 | 0% |
| 不定型 | 24 | 27% | 20 | 25% | 42 | 35% | 36 | 30% | 48 | 40% | 38 | 32% |
| 外拡型 | 54 | 60% | 51 | 64% | 58 | 48% | 48 | 40% | 49 | 35% | 45 | 38% |
| 超外拡型 | 48 | 53% | 46 | 58% | 40 | 33% | 24 | 20% | 15 | 11% | 26 | 22% |
| 回避 | 12 | 13% | 9 | 11% | 14 | 12% | 20 | 17% | 20 | 14% | 13 | 11% |
| **EA−es：Dスコア** | | | | | | | | | | | | |
| Dスコア>0 | 0 | 0% | 0 | 0% | 0 | 0% | 6 | 5% | 7 | 5% | 2 | 2% |
| Dスコア=0 | 68 | 76% | 51 | 64% | 69 | 58% | 90 | 75% | 117 | 84% | 100 | 83% |
| Dスコア<0 | 22 | 24% | 29 | 36% | 51 | 43% | 24 | 20% | 16 | 11% | 18 | 15% |
| Dスコア<−1 | 4 | 4% | 4 | 5% | 12 | 10% | 8 | 7% | 9 | 6% | 2 | 2% |
| 修正Dスコア>0 | 0 | 0% | 0 | 0% | 0 | 0% | 6 | 5% | 9 | 6% | 6 | 5% |
| 修正Dスコア=0 | 72 | 80% | 63 | 79% | 69 | 58% | 98 | 82% | 121 | 86% | 96 | 80% |
| 修正Dスコア<0 | 18 | 20% | 17 | 21% | 51 | 43% | 16 | 13% | 10 | 7% | 18 | 15% |
| 修正Dスコア<−1 | 3 | 3% | 4 | 5% | 5 | 4% | 8 | 7% | 7 | 5% | 2 | 2% |
| Zd>+3.0 (オーバーインコーポレイティブ) | 3 | 3% | 0 | 0% | 0 | 0% | 8 | 7% | 28 | 20% | 30 | 25% |
| Zd<−3.0 (アンダーインコーポレイティブ) | 23 | 26% | 27 | 34% | 32 | 27% | 19 | 16% | 22 | 16% | 19 | 16% |
| **形態水準** | | | | | | | | | | | | |
| XA%>.89 | 25 | 28% | 41 | 51% | 62 | 52% | 56 | 47% | 61 | 44% | 66 | 47% |
| XA%<.70 | 14 | 16% | 15 | 19% | 12 | 10% | 16 | 13% | 18 | 13% | 9 | 7% |
| WDA%<.85 | 14 | 16% | 8 | 10% | 18 | 15% | 22 | 18% | 24 | 17% | 16 | 13% |
| WDA%<.75 | 4 | 4% | 3 | 4% | 0 | 0% | 0 | 0% | 3 | 2% | 1 | 0% |
| X+%<.55 | 4 | 4% | 0 | 0% | 0 | 0% | 3 | 3% | 4 | 3% | 3 | 3% |
| Xu%>.20 | 49 | 54% | 55 | 69% | 23 | 19% | 32 | 27% | 36 | 26% | 22 | 18% |
| X−%>.20 | 3 | 3% | 2 | 3% | 6 | 5% | 4 | 4% | 4 | 3% | 9 | 8% |
| X−%>.30 | 0 | 0% | 0 | 0% | 0 | 0% | 0 | 0% | 0 | 0% | 0 | 0% |
| **FC：CF+Cの比率** | | | | | | | | | | | | |
| FC>(CF+C)+2 | 0 | 0% | 0 | 0% | 9 | 8% | 1 | 1% | 0 | 0% | 1 | 1% |
| FC>(CF+C)+1 | 0 | 0% | 0 | 0% | 12 | 10% | 9 | 8% | 10 | 7% | 14 | 12% |
| (CF+C)>FC+1 | 87 | 97% | 71 | 89% | 17 | 14% | 48 | 40% | 30 | 21% | 60 | 50% |
| (CF+C)>FC+2 | 43 | 48% | 49 | 61% | 11 | 9% | 32 | 27% | 19 | 14% | 21 | 18% |

第11章 記述統計 151

表24 (つづき)

| | 5歳 (N=90) 頻度 | % | 6歳 (N=80) 頻度 | % | 7歳 (N=120) 頻度 | % | 8歳 (N=120) 頻度 | % | 9歳 (N=140) 頻度 | % | 10歳 (N=120) 頻度 | % |
|---|---|---|---|---|---|---|---|---|---|---|---|---|
| **布置と特殊指標** | | | | | | | | | | | | |
| HVI陽性 | 0 | 0% | 0 | 0% | 0 | 0% | 0 | 0% | 0 | 0% | 0 | 0% |
| OBS陽性 | 0 | 0% | 0 | 0% | 0 | 0% | 0 | 0% | 0 | 0% | 0 | 0% |
| PTI=5 | 0 | 0% | 0 | 0% | 0 | 0% | 0 | 0% | 0 | 0% | 0 | 0% |
| PTI=4 | 0 | 0% | 0 | 0% | 0 | 0% | 0 | 0% | 0 | 0% | 0 | 0% |
| PTI=3 | 0 | 0% | 0 | 0% | 0 | 0% | 0 | 0% | 0 | 0% | 0 | 0% |
| DEPI=7 | 0 | 0% | 0 | 0% | 0 | 0% | 0 | 0% | 0 | 0% | 0 | 0% |
| DEPI=6 | 0 | 0% | 0 | 0% | 0 | 0% | 0 | 0% | 0 | 0% | 0 | 0% |
| DEPI=5 | 0 | 0% | 0 | 0% | 0 | 0% | 0 | 0% | 0 | 0% | 0 | 0% |
| CDI=5 | 1 | 1% | 2 | 2% | 3 | 3% | 3 | 3% | 0 | 0% | 0 | 0% |
| CDI=4 | 11 | 12% | 10 | 13% | 13 | 11% | 8 | 7% | 9 | 6% | 18 | 15% |
| **その他の変数** | | | | | | | | | | | | |
| R<17 | 17 | 19% | 15 | 19% | 14 | 12% | 40 | 33% | 21 | 15% | 13 | 11% |
| R>27 | 0 | 0% | 0 | 0% | 0 | 0% | 0 | 0% | 0 | 0% | 0 | 0% |
| S>2 | 21 | 23% | 4 | 5% | 37 | 31% | 9 | 8% | 12 | 9% | 14 | 12% |
| Sum T=0 | 33 | 37% | 11 | 14% | 10 | 8% | 8 | 7% | 17 | 12% | 14 | 12% |
| Sum T>1 | 0 | 0% | 0 | 0% | 2 | 2% | 8 | 7% | 12 | 9% | 8 | 7% |
| 3r+(2)/R<.33 | 0 | 0% | 6 | 8% | 0 | 0% | 8 | 7% | 7 | 5% | 4 | 3% |
| 3r+(2)/R>.44 | 86 | 96% | 62 | 78% | 82 | 68% | 82 | 68% | 99 | 71% | 110 | 92% |
| Pure C>1 | 53 | 59% | 56 | 70% | 12 | 10% | 40 | 33% | 28 | 20% | 16 | 13% |
| Afr<.40 | 0 | 0% | 12 | 15% | 0 | 0% | 1 | 1% | 8 | 6% | 2 | 2% |
| Afr<.50 | 13 | 14% | 19 | 24% | 9 | 8% | 24 | 20% | 16 | 11% | 16 | 13% |
| (FM+m) < Sum Shading | 0 | 0% | 0 | 0% | 2 | 2% | 10 | 8% | 14 | 10% | 8 | 7% |
| Populars<4 | 6 | 7% | 8 | 10% | 3 | 3% | 4 | 3% | 0 | 0% | 4 | 3% |
| COP=0 | 13 | 14% | 13 | 16% | 12 | 10% | 6 | 5% | 4 | 3% | 6 | 5% |
| COP>2 | 6 | 6% | 5 | 6% | 16 | 13% | 30 | 25% | 37 | 26% | 21 | 18% |
| AG=0 | 8 | 9% | 40 | 50% | 3 | 3% | 24 | 20% | 12 | 9% | 3 | 3% |
| AG>2 | 4 | 4% | 4 | 5% | 3 | 3% | 13 | 11% | 19 | 14% | 18 | 15% |
| MOR>2 | 3 | 3% | 5 | 6% | 6 | 5% | 3 | 3% | 11 | 8% | 13 | 11% |
| Level 2 Sp Sc > 0 | 32 | 36% | 16 | 20% | 19 | 16% | 13 | 11% | 14 | 10% | 10 | 8% |
| GHR>PHR | 79 | 88% | 69 | 77% | 93 | 78% | 101 | 84% | 98 | 70% | 94 | 78% |
| Pure H<2 | 4 | 4% | 24 | 30% | 63 | 52% | 32 | 27% | 31 | 22% | 36 | 30% |
| Pure H=0 | 1 | 1% | 0 | 0% | 0 | 0% | 4 | 3% | 2 | 1% | 4 | 3% |
| p>a+1 | 7 | 8% | 5 | 6% | 16 | 13% | 10 | 8% | 19 | 14% | 12 | 10% |
| Mp>Ma | 9 | 10% | 9 | 11% | 11 | 9% | 14 | 12% | 17 | 12% | 14 | 12% |

表24 児童・青年非患者1390名での36変数の年齢別頻度

| | 11歳 (N=135) | | 12歳 (N=120) | | 13歳 (N=110) | | 14歳 (N=105) | | 15歳 (N=110) | | 16歳 (N=140) | |
|---|---|---|---|---|---|---|---|---|---|---|---|---|
| | 頻度 | % | 頻度 | % | 頻度 | % | 頻度 | % | 頻度 | % | 頻度 | % |
| **スタイル** | | | | | | | | | | | | |
| 内向型 | 27 | 20% | 24 | 20% | 30 | 27% | 28 | 27% | 37 | 34% | 46 | 33% |
| 超内向型 | 0 | 0% | 8 | 6% | 6 | 5% | 6 | 6% | 7 | 6% | 11 | 8% |
| 不定型 | 37 | 27% | 47 | 39% | 35 | 32% | 32 | 30% | 27 | 25% | 28 | 20% |
| 外拡型 | 51 | 38% | 33 | 28% | 35 | 32% | 35 | 33% | 34 | 31% | 52 | 37% |
| 超外拡型 | 14 | 10% | 22 | 18% | 18 | 16% | 18 | 17% | 18 | 16% | 23 | 16% |
| 回避 | 21 | 16% | 16 | 13% | 10 | 9% | 10 | 10% | 12 | 10% | 14 | 12% |
| **EA−es：Dスコア** | | | | | | | | | | | | |
| Dスコア>0 | 0 | 0% | 4 | 3% | 14 | 13% | 10 | 10% | 9 | 8% | 14 | 10% |
| Dスコア=0 | 123 | 91% | 90 | 75% | 70 | 64% | 69 | 66% | 71 | 65% | 110 | 79% |
| Dスコア<0 | 12 | 9% | 26 | 22% | 26 | 24% | 26 | 25% | 30 | 27% | 16 | 11% |
| Dスコア<−1 | 5 | 4% | 3 | 3% | 4 | 4% | 3 | 3% | 10 | 9% | 9 | 6% |
| 修正Dスコア>0 | 4 | 3% | 14 | 12% | 25 | 23% | 21 | 20% | 16 | 15% | 17 | 12% |
| 修正Dスコア=0 | 119 | 88% | 80 | 67% | 65 | 59% | 70 | 67% | 67 | 61% | 86 | 61% |
| 修正Dスコア<0 | 11 | 8% | 26 | 22% | 20 | 18% | 14 | 13% | 27 | 25% | 12 | 9% |
| 修正Dスコア<−1 | 4 | 3% | 2 | 2% | 2 | 2% | 2 | 2% | 6 | 5% | 7 | 5% |
| Zd>+3.0 (オーバーインコーポレイティブ) | 36 | 27% | 34 | 28% | 30 | 27% | 21 | 20% | 25 | 23% | 30 | 21% |
| Zd<−3.0 (アンダーインコーポレイティブ) | 14 | 10% | 20 | 17% | 15 | 14% | 16 | 15% | 16 | 15% | 14 | 10% |
| **形態水準** | | | | | | | | | | | | |
| XA%>.89 | 111 | 82% | 110 | 92% | 86 | 78% | 81 | 77% | 87 | 79% | 114 | 81% |
| XA%<.70 | 0 | 0% | 4 | 3% | 4 | 4% | 4 | 4% | 2 | 2% | 3 | 2% |
| WDA%<.85 | 6 | 4% | 4 | 3% | 8 | 7% | 8 | 8% | 2 | 2% | 2 | 1% |
| WDA%<.75 | 0 | 0% | 4 | 3% | 8 | 4% | 4 | 4% | 1 | 1% | 1 | 1% |
| X+%<.55 | 12 | 9% | 6 | 5% | 8 | 7% | 8 | 8% | 2 | 2% | 3 | 2% |
| Xu%>.20 | 26 | 19% | 16 | 13% | 16 | 15% | 17 | 15% | 9 | 8% | 16 | 11% |
| X−%>.20 | 18 | 13% | 4 | 3% | 6 | 5% | 7 | 6% | 2 | 2% | 2 | 1% |
| X−%>.30 | 0 | 0% | 2 | 2% | 2 | 2% | 2 | 2% | 1 | 1% | 1 | 1% |
| **FC：CF+Cの比率** | | | | | | | | | | | | |
| FC>(CF+C)+2 | 3 | 2% | 8 | 7% | 6 | 5% | 4 | 4% | 10 | 9% | 18 | 13% |
| FC>(CF+C)+1 | 17 | 13% | 12 | 10% | 12 | 11% | 8 | 8% | 20 | 18% | 38 | 27% |
| (CF+C)>FC+1 | 45 | 33% | 24 | 20% | 19 | 17% | 16 | 15% | 23 | 21% | 23 | 16% |
| (CF+C)>FC+2 | 14 | 10% | 0 | 0% | 3 | 3% | 3 | 3% | 2 | 2% | 2 | 1% |

第11章 記述統計 153

表24（つづき）

| | 11歳 (N=135) 頻度 | % | 12歳 (N=120) 頻度 | % | 13歳 (N=110) 頻度 | % | 14歳 (N=105) 頻度 | % | 15歳 (N=110) 頻度 | % | 16歳 (N=140) 頻度 | % |
|---|---|---|---|---|---|---|---|---|---|---|---|---|
| **布置と特殊指標** | | | | | | | | | | | | |
| HVI陽性 | 5 | 4% | 4 | 3% | 3 | 3% | 6 | 6% | 0 | 0% | 1 | 1% |
| OBS陽性 | 0 | 0% | 0 | 0% | 0 | 0% | 0 | 0% | 1 | 1% | 1 | 1% |
| PTI=5 | 0 | 0% | 0 | 0% | 0 | 0% | 0 | 0% | 0 | 0% | 0 | 0% |
| PTI=4 | 0 | 0% | 0 | 0% | 0 | 0% | 0 | 0% | 0 | 0% | 0 | 0% |
| PTI=3 | 0 | 0% | 2 | 2% | 2 | 2% | 2 | 2% | 1 | 1% | 1 | 1% |
| DEPI=7 | 0 | 0% | 0 | 0% | 0 | 0% | 0 | 0% | 0 | 0% | 0 | 0% |
| DEPI=6 | 0 | 0% | 0 | 0% | 0 | 0% | 0 | 0% | 0 | 0% | 0 | 0% |
| DEPI=5 | 0 | 0% | 1 | 1% | 1 | 1% | 0 | 0% | 0 | 0% | 0 | 0% |
| CDI=5 | 0 | 0% | 0 | 0% | 0 | 0% | 0 | 0% | 1 | 1% | 1 | 1% |
| CDI=4 | 12 | 9% | 29 | 24% | 22 | 20% | 13 | 12% | 16 | 15% | 15 | 11% |
| **その他の変数** | | | | | | | | | | | | |
| R<17 | 4 | 3% | 8 | 7% | 10 | 9% | 10 | 10% | 12 | 11% | 13 | 9% |
| R>27 | 0 | 0% | 0 | 0% | 4 | 4% | 5 | 5% | 8 | 7% | 11 | 8% |
| S>2 | 18 | 13% | 10 | 8% | 16 | 15% | 13 | 12% | 17 | 15% | 18 | 13% |
| SumT=0 | 19 | 14% | 14 | 12% | 20 | 18% | 17 | 16% | 6 | 5% | 12 | 9% |
| SumT>1 | 11 | 8% | 0 | 0% | 4 | 4% | 2 | 2% | 9 | 8% | 11 | 8% |
| 3r+(2)/R<.33 | 0 | 0% | 6 | 5% | 18 | 16% | 18 | 17% | 7 | 6% | 10 | 7% |
| 3r+(2)/R.>.44 | 123 | 91% | 85 | 71% | 62 | 56% | 59 | 56% | 49 | 45% | 74 | 53% |
| Pure C>1 | 0 | 0% | 0 | 0% | 0 | 0% | 0 | 0% | 0 | 0% | 0 | 0% |
| Afr<.40 | 0 | 0% | 6 | 5% | 8 | 7% | 6 | 6% | 5 | 5% | 6 | 4% |
| Afr<.50 | 13 | 10% | 45 | 38% | 33 | 30% | 24 | 23% | 19 | 17% | 21 | 15% |
| (FM+m)<Sum Shading | 10 | 7% | 12 | 10% | 11 | 10% | 9 | 9% | 17 | 15% | 20 | 14% |
| Populars<4 | 0 | 0% | 4 | 3% | 4 | 4% | 1 | 1% | 3 | 3% | 4 | 3% |
| COP=0 | 6 | 4% | 6 | 5% | 10 | 9% | 13 | 12% | 12 | 11% | 20 | 14% |
| COP>2 | 13 | 10% | 19 | 16% | 16 | 15% | 18 | 17% | 15 | 14% | 24 | 17% |
| AG=0 | 5 | 4% | 21 | 18% | 25 | 23% | 19 | 18% | 28 | 25% | 34 | 24% |
| AG>2 | 10 | 7% | 15 | 13% | 8 | 7% | 10 | 10% | 8 | 7% | 11 | 8% |
| MOR>2 | 6 | 4% | 6 | 5% | 2 | 2% | 5 | 5% | 4 | 4% | 5 | 4% |
| Level 2 Sp Sc>0 | 20 | 15% | 22 | 18% | 13 | 12% | 9 | 9% | 9 | 8% | 7 | 5% |
| GHR>PHR | 105 | 78% | 109 | 91% | 94 | 85% | 89 | 85% | 84 | 76% | 111 | 79% |
| Pure H<2 | 27 | 20% | 30 | 25% | 28 | 25% | 18 | 17% | 23 | 21% | 14 | 10% |
| Pure H=0 | 4 | 3% | 0 | 0% | 0 | 0% | 0 | 0% | 1 | 1% | 1 | 1% |
| p>a+1 | 12 | 9% | 10 | 8% | 7 | 6% | 13 | 12% | 13 | 12% | 15 | 11% |
| Mp>Ma | 20 | 15% | 18 | 15% | 9 | 8% | 8 | 8% | 16 | 15% | 17 | 12% |

表25　成人外来患者の記述統計（N＝535）

| 変数 | 平均 | 標準偏差 | 最小値 | 最大値 | 頻度 | 中央値 | 最頻値 | 歪度 | 尖度 |
|---|---|---|---|---|---|---|---|---|---|
| 年齢 | 33.81 | 12.06 | 18.00 | 70.00 | 535 | 31.00 | 23.00 | 1.12 | 0.79 |
| 教育年数 | 13.46 | 4.65 | 10.00 | 20.00 | 535 | 14.00 | 13.00 | −0.67 | 1.39 |
| R | 20.25 | 5.49 | 14.00 | 41.00 | 535 | 19.00 | 16.00 | 1.21 | 1.03 |
| W | 7.88 | 3.36 | 1.00 | 24.00 | 535 | 7.00 | 7.00 | 0.60 | 0.82 |
| D | 9.11 | 5.21 | 0.00 | 30.00 | 525 | 8.00 | 4.00 | 0.94 | 0.65 |
| Dd | 3.26 | [2.79] | 0.00 | 16.00 | 465 | 3.00 | 1.00 | 1.39 | 3.04 |
| S | 2.11 | [1.81] | 0.00 | 10.00 | 416 | 2.00 | 0.00 | 0.88 | 0.95 |
| DQ+ | 6.09 | 3.23 | 0.00 | 20.00 | 530 | 6.00 | 5.00 | 0.92 | 1.40 |
| DQo | 12.74 | 5.19 | 4.00 | 32.00 | 535 | 11.00 | 9.00 | 1.14 | 1.44 |
| DQv | 1.23 | [1.50] | 0.00 | 9.00 | 313 | 1.00 | 0.00 | 1.56 | 2.53 |
| DQv/+ | 0.19 | [0.56] | 0.00 | 5.00 | 79 | 0.00 | 0.00 | 4.40 | 26.22 |
| FQx+ | 0.58 | 1.35 | 0.00 | 7.00 | 112 | 0.00 | 0.00 | 2.41 | 4.69 |
| FQxo | 12.20 | 3.82 | 6.00 | 34.00 | 535 | 12.00 | 12.00 | 1.31 | 3.62 |
| FQxu | 3.80 | 2.48 | 0.00 | 12.00 | 512 | 3.00 | 3.00 | 0.91 | 0.43 |
| FQx- | 3.20 | 2.28 | 0.00 | 13.00 | 488 | 3.00 | 1.00 | 0.88 | 1.00 |
| FQxNone | 0.48 | [0.85] | 0.00 | 5.00 | 169 | 0.00 | 0.00 | 2.09 | 4.72 |
| MQ+ | 0.44 | 1.05 | 0.00 | 4.00 | 99 | 0.00 | 0.00 | 2.35 | 4.26 |
| MQo | 2.38 | 1.65 | 0.00 | 9.00 | 486 | 2.00 | 1.00 | 0.79 | 0.63 |
| MQu | 0.58 | 0.80 | 0.00 | 5.00 | 227 | 0.00 | 0.00 | 1.43 | 2.19 |
| MQ- | 0.44 | [0.73] | 0.00 | 4.00 | 171 | 0.00 | 0.00 | 1.79 | 3.39 |
| MQNone | 0.00 | [0.06] | 0.00 | 1.00 | 2 | 0.00 | 0.00 | 16.30 | 264.98 |
| SQual- | 0.79 | [1.00] | 0.00 | 4.00 | 264 | 0.00 | 0.00 | 1.26 | 0.97 |
| M | 3.85 | 2.53 | 0.00 | 11.00 | 498 | 4.00 | 4.00 | 0.82 | 0.62 |
| FM | 2.56 | 1.85 | 0.00 | 13.00 | 477 | 2.00 | 2.00 | 0.96 | 1.71 |
| m | 1.28 | 1.27 | 0.00 | 7.00 | 346 | 1.00 | 1.00 | 1.00 | 1.01 |
| FM＋m | 3.84 | 2.45 | 0.00 | 14.00 | 495 | 4.00 | 4.00 | 0.66 | 1.01 |
| FC | 1.37 | 1.35 | 0.00 | 7.00 | 388 | 1.00 | 1.00 | 1.36 | 1.99 |
| CF | 1.22 | 1.32 | 0.00 | 8.00 | 336 | 1.00 | 0.00 | 1.31 | 2.25 |
| C | 0.53 | [0.88] | 0.00 | 4.00 | 183 | 0.00 | 0.00 | 1.74 | 2.67 |
| Cn | 0.01 | [0.11] | 0.00 | 1.00 | 6 | 0.00 | 0.00 | 9.30 | 84.98 |
| Sum Color | 3.14 | 2.01 | 0.00 | 11.00 | 501 | 3.00 | 2.00 | 0.80 | 0.73 |
| WSumC | 2.71 | 1.91 | 0.00 | 10.00 | 501 | 2.50 | 1.50 | 1.04 | 1.59 |
| Sum C' | 1.01 | [1.25] | 0.00 | 7.00 | 303 | 1.00 | 0.00 | 1.60 | 2.72 |
| Sum T | 0.52 | [0.84] | 0.00 | 3.00 | 191 | 0.00 | 0.00 | 1.70 | 2.23 |
| Sum V | 0.44 | [0.77] | 0.00 | 3.00 | 153 | 0.00 | 0.00 | 1.67 | 1.80 |
| Sum Y | 1.02 | [1.14] | 0.00 | 7.00 | 328 | 1.00 | 0.00 | 1.48 | 3.02 |
| Sum Shading | 2.99 | 2.72 | 0.00 | 12.00 | 463 | 2.00 | 1.00 | 1.10 | 0.55 |
| Fr＋rF | 0.19 | [0.63] | 0.00 | 6.00 | 63 | 0.00 | 0.00 | 5.07 | 33.65 |
| FD | 0.91 | [1.02] | 0.00 | 5.00 | 317 | 1.00 | 0.00 | 1.53 | 3.06 |
| F | 9.22 | 4.90 | 2.00 | 30.00 | 535 | 8.00 | 7.00 | 1.24 | 2.12 |
| (2) | 7.85 | 3.71 | 1.00 | 23.00 | 535 | 7.00 | 5.00 | 1.21 | 1.88 |
| 3r＋(2)/R | 0.41 | 0.14 | 0.12 | 1.25 | 535 | 0.40 | 0.33 | 1.04 | 3.88 |
| Lambda | 1.14 | 1.26 | 0.11 | 7.67 | 535 | 0.78 | 1.00 | 3.21 | 12.06 |
| EA | 6.56 | 3.46 | 0.00 | 19.00 | 533 | 6.00 | 7.50 | 0.99 | 1.23 |
| es | 6.83 | 4.19 | 1.00 | 23.00 | 535 | 6.00 | 5.00 | 0.65 | −0.20 |
| D Score | −0.09 | 1.34 | −4.00 | 5.00 | 535 | 0.00 | 0.00 | −0.20 | 2.26 |
| Adj D | 0.25 | 1.16 | −3.00 | 5.00 | 535 | 0.00 | 0.00 | 0.53 | 2.49 |
| a (active) | 4.22 | 2.69 | 0.00 | 17.00 | 510 | 4.00 | 3.00 | 0.89 | 1.18 |
| p (passive) | 3.48 | 2.46 | 0.00 | 13.00 | 483 | 3.00 | 2.00 | 0.54 | −0.31 |
| Ma | 2.06 | 1.81 | 0.00 | 8.00 | 430 | 2.00 | 2.00 | 1.10 | 0.91 |
| Mp | 1.80 | 1.49 | 0.00 | 8.00 | 409 | 2.00 | 2.00 | 0.88 | 1.32 |
| Intellect | 1.66 | 1.74 | 0.00 | 10.00 | 363 | 1.00 | 0.00 | 1.20 | 1.20 |
| Zf | 11.09 | 3.83 | 2.00 | 26.00 | 535 | 11.00 | 10.00 | 0.53 | 1.48 |
| Zd | 0.27 | 4.54 | −14.00 | 13.00 | 521 | −0.50 | 5.00 | 0.06 | −0.33 |
| Blends | 3.12 | 2.42 | 0.00 | 13.00 | 458 | 3.00 | 1.00 | 0.61 | −0.21 |
| Blends/R | 0.16 | 0.12 | 0.00 | 0.57 | 458 | 0.14 | 0.00 | 0.63 | −0.13 |
| Col-Shd Blends | 0.63 | [0.80] | 0.00 | 4.00 | 247 | 0.00 | 0.00 | 1.24 | 1.28 |
| Afr | 0.58 | 0.19 | 0.13 | 1.25 | 535 | 0.55 | 0.50 | 1.31 | 1.84 |

表25 成人外来患者（N＝535）（つづき）

| 変数 | 平均 | 標準偏差 | 最小値 | 最大値 | 頻度 | 中央値 | 最頻値 | 歪度 | 尖度 |
|---|---|---|---|---|---|---|---|---|---|
| Populars | 5.73 | 2.17 | 0.00 | 10.00 | 529 | 6.00 | 4.00 | −0.09 | −0.61 |
| XA% | 0.82 | 0.11 | 0.50 | 1.00 | 535 | 0.82 | 0.94 | −0.28 | −0.36 |
| WDA% | 0.85 | 0.10 | 0.60 | 1.00 | 535 | 0.85 | 0.83 | −0.46 | −0.14 |
| X＋% | 0.64 | 0.14 | 0.27 | 0.95 | 535 | 0.63 | 0.52 | −0.16 | −0.63 |
| X−% | 0.16 | 0.10 | 0.00 | 0.46 | 488 | 0.15 | 0.00 | 0.45 | −0.30 |
| Xu% | 0.18 | 0.09 | 0.00 | 0.42 | 512 | 0.18 | 0.21 | 0.18 | −0.49 |
| Isolate/R | 0.13 | 0.14 | 0.00 | 0.81 | 415 | 0.11 | 0.00 | 2.43 | 8.87 |
| H | 2.28 | 1.44 | 0.00 | 9.00 | 505 | 2.00 | 1.00 | 0.88 | 1.12 |
| (H) | 1.17 | 1.21 | 0.00 | 6.00 | 332 | 1.00 | 0.00 | 0.90 | 0.25 |
| HD | 1.45 | 1.53 | 0.00 | 8.00 | 393 | 1.00 | 1.00 | 1.97 | 4.82 |
| (Hd) | 0.55 | 0.86 | 0.00 | 5.00 | 189 | 0.00 | 0.00 | 1.62 | 2.83 |
| Hx | 0.03 | [0.21] | 0.00 | 2.00 | 11 | 0.00 | 0.00 | 8.01 | 67.67 |
| All H Cont | 5.44 | 2.79 | 0.00 | 16.00 | 519 | 5.00 | 4.00 | 0.62 | 0.36 |
| A | 7.62 | 2.70 | 2.00 | 20.00 | 535 | 7.00 | 5.00 | 0.68 | 0.24 |
| (A) | 0.32 | [0.64] | 0.00 | 3.00 | 134 | 0.00 | 0.00 | 2.40 | 6.30 |
| Ad | 1.94 | [1.89] | 0.00 | 11.00 | 431 | 2.00 | 1.00 | 1.75 | 3.68 |
| (Ad) | 0.11 | [0.33] | 0.00 | 2.00 | 52 | 0.00 | 0.00 | 3.19 | 10.17 |
| An | 0.78 | [1.21] | 0.00 | 11.00 | 238 | 0.00 | 0.00 | 2.66 | 11.95 |
| Art | 1.06 | 1.13 | 0.00 | 5.00 | 318 | 1.00 | 0.00 | 0.86 | −0.01 |
| Ay | 0.18 | [0.41] | 0.00 | 2.00 | 93 | 0.00 | 0.00 | 1.99 | 2.94 |
| Bl | 0.22 | [0.55] | 0.00 | 3.00 | 89 | 0.00 | 0.00 | 2.91 | 9.13 |
| Bt | 1.09 | 1.21 | 0.00 | 5.00 | 321 | 1.00 | 0.00 | 1.11 | 0.50 |
| Cg | 1.68 | 1.70 | 0.00 | 8.00 | 359 | 1.00 | 0.00 | 1.00 | 0.57 |
| Cl | 0.16 | [0.44] | 0.00 | 2.00 | 67 | 0.00 | 0.00 | 2.90 | 7.88 |
| Ex | 0.15 | [0.40] | 0.00 | 2.00 | 73 | 0.00 | 0.00 | 2.63 | 6.56 |
| Fi | 0.29 | [0.51] | 0.00 | 2.00 | 142 | 0.00 | 0.00 | 1.48 | 1.26 |
| Food | 0.25 | [0.50] | 0.00 | 2.00 | 116 | 0.00 | 0.00 | 1.88 | 2.77 |
| Ge | 0.07 | [0.37] | 0.00 | 4.00 | 24 | 0.00 | 0.00 | 7.95 | 74.77 |
| Hh | 0.64 | 0.93 | 0.00 | 4.00 | 204 | 0.00 | 0.00 | 1.33 | 1.15 |
| Ls | 0.68 | 1.09 | 0.00 | 6.00 | 205 | 0.00 | 0.00 | 2.12 | 5.55 |
| Na | 0.22 | [0.67] | 0.00 | 4.00 | 79 | 0.00 | 0.00 | 4.09 | 18.61 |
| Sc | 0.51 | [0.78] | 0.00 | 5.00 | 201 | 0.00 | 0.00 | 2.17 | 7.50 |
| Sx | 0.58 | [0.99] | 0.00 | 5.00 | 188 | 0.00 | 0.00 | 2.06 | 4.40 |
| Xy | 0.12 | [0.33] | 0.00 | 1.00 | 66 | 0.00 | 0.00 | 2.29 | 3.29 |
| Idio | 1.09 | 1.24 | 0.00 | 6.00 | 309 | 1.00 | 0.00 | 1.16 | 1.04 |
| DV | 0.80 | [1.04] | 0.00 | 5.00 | 272 | 1.00 | 0.00 | 1.81 | 4.40 |
| INCOM | 0.98 | [1.11] | 0.00 | 6.00 | 310 | 1.00 | 0.00 | 1.23 | 1.34 |
| DR | 0.26 | [0.77] | 0.00 | 5.00 | 74 | 0.00 | 0.00 | 3.55 | 13.47 |
| FABCOM | 0.41 | [0.66] | 0.00 | 3.00 | 173 | 0.00 | 0.00 | 1.49 | 1.56 |
| DV2 | 0.09 | [0.30] | 0.00 | 2.00 | 45 | 0.00 | 0.00 | 3.34 | 10.88 |
| INC2 | 0.17 | [0.47] | 0.00 | 2.00 | 69 | 0.00 | 0.00 | 2.83 | 7.26 |
| DR2 | 0.14 | [0.74] | 0.00 | 10.00 | 45 | 0.00 | 0.00 | 9.94 | 121.29 |
| FAB2 | 0.26 | [0.64] | 0.00 | 3.00 | 94 | 0.00 | 0.00 | 2.70 | 7.03 |
| ALOG | 0.13 | [0.42] | 0.00 | 3.00 | 52 | 0.00 | 0.00 | 3.77 | 15.59 |
| CONTAM | 0.00 | 0.00 | 0.00 | 0.00 | 0 | | | — | — |
| Sum 6 Sp Sc | 3.24 | 2.91 | 0.00 | 21.00 | 484 | 3.00 | 1.00 | 1.83 | 5.74 |
| Lvl 2 Sp Sc | 0.66 | [1.29] | 0.00 | 11.00 | 200 | 0.00 | 0.00 | 4.07 | 24.14 |
| WSum6 | 9.36 | 10.84 | 0.00 | 97.00 | 484 | 7.00 | 1.00 | 3.23 | 17.78 |
| AB | 0.21 | [0.47] | 0.00 | 3.00 | 98 | 0.00 | 0.00 | 2.43 | 6.75 |
| AG | 0.89 | 1.22 | 0.00 | 8.00 | 257 | 0.00 | 0.00 | 2.25 | 8.70 |
| COP | 0.97 | 1.10 | 0.00 | 6.00 | 304 | 1.00 | 0.00 | 1.38 | 2.76 |
| CP | 0.01 | [0.09] | 0.00 | 1.00 | 4 | 0.00 | 0.00 | 11.46 | 129.98 |
| GOODHR | 3.46 | 1.75 | 0.00 | 10.00 | 509 | 4.00 | 4.00 | 0.31 | 0.59 |
| POORHR | 2.58 | 2.15 | 0.00 | 12.00 | 466 | 2.00 | 2.00 | 1.44 | 2.83 |
| MOR | 1.06 | [1.33] | 0.00 | 7.00 | 314 | 1.00 | 0.00 | 1.69 | 2.70 |
| PER | 1.04 | 1.65 | 0.00 | 11.00 | 235 | 0.00 | 0.00 | 2.51 | 9.21 |
| PSV | 0.20 | [0.58] | 0.00 | 3.00 | 74 | 0.00 | 0.00 | 3.39 | 12.00 |

注：［　］で示した標準偏差は，値が信頼できないので，期待域の推定を行ってはならない。これらの変数をパラメトリックな分析に含めてはならない。

**表26　成人外来患者での36変数の頻度（N＝535）**

### 人口統計学的変数

| 婚姻状態 | | | 年齢 | | | 人種 | | |
|---|---|---|---|---|---|---|---|---|
| 独身 | 170 | 32% | 18-25 | 154 | 29% | 白人 | 453 | 85% |
| 同棲あるいは同居中 | 32 | 6% | 26-35 | 194 | 36% | 黒人 | 43 | 8% |
| 既婚 | 264 | 49% | 36-45 | 102 | 19% | スペイン系 | 27 | 5% |
| 別居中 | 28 | 5% | 46-55 | 35 | 7% | アジア系 | 12 | 2% |
| 離婚 | 37 | 7% | 56-65 | 36 | 7% | | | |
| 寡婦（夫） | 4 | 1% | 66以上 | 14 | 3% | | | |
| | | | | | | 教育年数 | | |
| 性別 | | | | | | 12年未満 | 58 | 11% |
| 男 | 208 | 39% | | | | 12年 | 148 | 28% |
| 女 | 327 | 61% | | | | 13-15年 | 224 | 42% |
| | | | | | | 16年以上 | 105 | 20% |

### 比率，パーセンテージ，特殊指標

| スタイル | | | | | | 形態水準 | | |
|---|---|---|---|---|---|---|---|---|
| 内向型 | 151 | 28% | | | | XA%＞.89 | 127 | 24% |
| 超内向型 | 113 | 21% | | | | XA%＜.70 | 62 | 12% |
| 不定型 | 110 | 21% | | | | WDA%＜.85 | 249 | 47% |
| 外拡 | 73 | 14% | | | | WDA%＜.75 | 79 | 15% |
| 超外拡 | 45 | 8% | | | | X＋%＜.55 | 146 | 27% |
| 回避 | 201 | 38% | | | | Xu%＞.20 | 211 | 39% |
| | | | | | | X−%＞.20 | 164 | 31% |
| Dスコア | | | | | | X−%＞.30 | 42 | 8% |
| Dスコア＞0 | 125 | 23% | | | | | | |
| Dスコア＝0 | 262 | 49% | | | | FC：CF＋Cの比率 | | |
| Dスコア＜0 | 148 | 28% | | | | FC＞（CF＋C）＋2 | 37 | 7% |
| Dスコア＜−1 | 55 | 10% | | | | FC＞（CF＋C）＋1 | 87 | 16% |
| | | | | | | （CF＋C）＞FC＋1 | 140 | 26% |
| 修正Dスコア＞0 | 168 | 31% | | | | （CF＋C）＞FC＋2 | 71 | 13% |
| 修正Dスコア＝0 | 277 | 52% | | | | | | |
| 修正Dスコア＜0 | 90 | 17% | | | | | | |
| 修正Dスコア＜−1 | 27 | 5% | | | | | | |
| | | | | | | 自殺の可能性陽性 | 1 | 0% |
| Zd＞＋3.0（オーバーインコーポレイティブ） | | | 159 | 30% | | HVI陽性 | 61 | 11% |
| Zd＜−3.0（アンダーインコーポレイティブ） | | | 134 | 25% | | OBS陽性 | 44 | 8% |
| PTI＝5 | 3 | 1% | DEPI＝7 | 2 | 0% | CDI＝5 | 42 | 8% |
| PTI＝4 | 3 | 1% | DEPI＝6 | 24 | 4% | CDI＝4 | 123 | 23% |
| PTI＝3 | 7 | 1% | DEPI＝5 | 82 | 15% | | | |

### その他の変数

| | | | | | |
|---|---|---|---|---|---|
| R＜17 | 165 | 31% | （2AB＋Art＋Ay）＞5 | 22 | 4% |
| R＞27 | 65 | 12% | Populars＜4 | 76 | 14% |
| DQv＞2 | 89 | 17% | Populars＞7 | 131 | 24% |
| S＞2 | 206 | 39% | COP＝0 | 231 | 43% |
| Sum T＝0 | 344 | 64% | COP＞2 | 40 | 7% |
| Sum T＞1 | 56 | 10% | AG＝0 | 278 | 52% |
| 3r＋(2)/R＜.33 | 141 | 26% | AG＞2 | 19 | 4% |
| 3r＋(2)/R＞.44 | 166 | 31% | MOR＞2 | 70 | 13% |
| Fr＋rF＞0 | 63 | 12% | Level 2 Sp.Sc.＞0 | 200 | 37% |
| Pure C＞0 | 183 | 34% | GHR＞PHR | 328 | 61% |
| Pure C＞1 | 74 | 14% | Pure H＜2 | 188 | 35% |
| Afr＜.40 | 109 | 20% | Pure H＝0 | 30 | 6% |
| Afr＜.50 | 258 | 48% | p＞a＋1 | 158 | 30% |
| （FM＋m）＜Sum Shading | 164 | 31% | Mp＞Ma | 170 | 32% |

表27　内向型・外来患者の記述統計（N＝151）

| 変数 | 平均 | 標準偏差 | 最小値 | 最大値 | 頻度 | 中央値 | 最頻値 | 歪度 | 尖度 |
|---|---|---|---|---|---|---|---|---|---|
| 年齢 | 30.81 | 8.62 | 18.00 | 57.00 | 151 | 29.00 | 29.00 | 0.65 | −0.02 |
| 教育年数 | 14.19 | 3.70 | 11.00 | 20.00 | 151 | 14.00 | 14.00 | 0.92 | 1.31 |
| R | 20.64 | 5.81 | 14.00 | 38.00 | 151 | 18.00 | 16.00 | 1.15 | 0.32 |
| W | 7.95 | 2.71 | 4.00 | 15.00 | 151 | 7.00 | 7.00 | 0.96 | 0.27 |
| D | 9.46 | 5.58 | 2.00 | 30.00 | 151 | 7.00 | 7.00 | 1.47 | 1.35 |
| Dd | 3.23 | [2.23] | 0.00 | 12.00 | 127 | 4.00 | 4.00 | 0.39 | 0.51 |
| S | 2.31 | [1.59] | 0.00 | 7.00 | 138 | 2.00 | 1.00 | 0.87 | 0.69 |
| DQ+ | 8.62 | 3.44 | 3.00 | 20.00 | 151 | 8.00 | 8.00 | 0.94 | 0.15 |
| DQo | 11.31 | 3.94 | 5.00 | 30.00 | 151 | 11.00 | 11.00 | 1.63 | 5.61 |
| DQv | 0.52 | [1.10] | 0.00 | 7.00 | 40 | 0.00 | 0.00 | 2.83 | 9.91 |
| DQv/+ | 0.19 | [0.67] | 0.00 | 5.00 | 18 | 0.00 | 0.00 | 5.49 | 35.51 |
| FQx+ | 1.56 | 2.03 | 0.00 | 7.00 | 65 | 0.00 | 0.00 | 0.79 | −1.02 |
| FQxo | 12.31 | 3.79 | 7.00 | 34.00 | 151 | 11.00 | 10.00 | 2.60 | 9.84 |
| FQxu | 3.87 | 3.01 | 0.00 | 11.00 | 139 | 3.00 | 2.00 | 0.81 | −0.49 |
| FQx- | 2.72 | 2.00 | 0.00 | 13.00 | 141 | 3.00 | 1.00 | 1.54 | 4.65 |
| FQxNone | 0.18 | [0.60] | 0.00 | 5.00 | 17 | 0.00 | 0.00 | 4.76 | 29.44 |
| MQ+ | 1.25 | 1.59 | 0.00 | 4.00 | 64 | 0.00 | 0.00 | 0.68 | −1.26 |
| MQo | 3.37 | 1.63 | 1.00 | 9.00 | 151 | 3.00 | 2.00 | 0.71 | 0.22 |
| MQu | 0.93 | 0.99 | 0.00 | 3.00 | 87 | 1.00 | 0.00 | 0.75 | −0.52 |
| MQ- | 0.79 | [1.01] | 0.00 | 4.00 | 68 | 0.00 | 0.00 | 1.06 | 0.40 |
| MQNone | 0.01 | [0.11] | 0.00 | 1.00 | 2 | 0.00 | 0.00 | 8.60 | 72.95 |
| S− | 0.99 | [0.92] | 0.00 | 4.00 | 107 | 1.00 | 1.00 | 1.31 | 2.01 |
| M | 6.36 | 2.30 | 4.00 | 11.00 | 151 | 6.00 | 6.00 | 0.78 | −0.76 |
| FM | 2.95 | 1.95 | 0.00 | 13.00 | 147 | 3.00 | 2.00 | 1.60 | 4.20 |
| m | 1.60 | 1.30 | 0.00 | 5.00 | 106 | 2.00 | 2.00 | 0.36 | −0.33 |
| FM＋m | 4.55 | 2.35 | 1.00 | 13.00 | 151 | 4.00 | 4.00 | 1.21 | 2.41 |
| FC | 1.66 | 1.39 | 0.00 | 6.00 | 128 | 1.00 | 1.00 | 1.33 | 1.64 |
| CF | 1.02 | 0.76 | 0.00 | 3.00 | 117 | 1.00 | 1.00 | 0.70 | 0.64 |
| C | 0.22 | [0.54] | 0.00 | 3.00 | 25 | 0.00 | 0.00 | 2.68 | 7.30 |
| Cn | 0.01 | [0.11] | 0.00 | 1.00 | 2 | 0.00 | 0.00 | 8.60 | 72.95 |
| Sum Color | 2.91 | 1.81 | 0.00 | 8.00 | 139 | 2.00 | 2.00 | 0.71 | 0.38 |
| WSumC | 2.17 | 1.43 | 0.00 | 6.50 | 139 | 1.50 | 1.50 | 0.72 | 0.13 |
| Sum C' | 0.89 | [1.09] | 0.00 | 4.00 | 81 | 1.00 | 0.00 | 1.24 | 0.80 |
| Sum T | 0.72 | [0.95] | 0.00 | 3.00 | 72 | 0.00 | 0.00 | 1.36 | 0.96 |
| Sum V | 0.62 | [0.89] | 0.00 | 3.00 | 61 | 0.00 | 0.00 | 1.28 | 0.68 |
| Sum Y | 1.20 | [1.00] | 0.00 | 7.00 | 125 | 1.00 | 1.00 | 2.07 | 7.90 |
| Sum Shading | 3.44 | 2.59 | 0.00 | 12.00 | 146 | 2.00 | 2.00 | 0.86 | −0.15 |
| Fr＋rF | 0.18 | [0.75] | 0.00 | 6.00 | 16 | 0.00 | 0.00 | 6.54 | 47.92 |
| FD | 1.09 | [0.90] | 0.00 | 4.00 | 114 | 1.00 | 1.00 | 0.93 | 0.83 |
| F | 7.30 | 2.97 | 2.00 | 15.00 | 151 | 7.00 | 7.00 | 0.50 | −0.36 |
| (2) | 9.07 | 4.44 | 3.00 | 23.00 | 151 | 8.00 | 6.00 | 1.33 | 1.21 |
| 3r＋(2)/R | 0.46 | 0.16 | 0.12 | 1.25 | 151 | 0.44 | 0.28 | 1.47 | 6.26 |
| Lambda | 0.57 | 0.21 | 0.11 | 0.92 | 151 | 0.63 | 0.33 | −0.35 | −0.89 |
| EA | 8.53 | 3.47 | 4.00 | 16.50 | 151 | 7.50 | 5.50 | 0.74 | −0.54 |
| es | 7.99 | 3.56 | 2.00 | 18.00 | 151 | 7.00 | 5.00 | 0.61 | −0.54 |
| D Score | 0.03 | 1.40 | −4.00 | 5.00 | 151 | 0.00 | 0.00 | 1.08 | 3.50 |
| Adj D | 0.40 | 1.20 | −3.00 | 5.00 | 151 | 0.00 | 0.00 | 1.67 | 4.63 |
| a (active) | 5.37 | 2.70 | 3.00 | 17.00 | 151 | 5.00 | 3.00 | 1.14 | 1.25 |
| p (passive) | 5.54 | 2.24 | 1.00 | 13.00 | 151 | 6.00 | 7.00 | 0.13 | 0.42 |
| Ma | 3.22 | 1.94 | 0.00 | 8.00 | 149 | 2.00 | 2.00 | 0.85 | −0.23 |
| Mp | 3.15 | 1.43 | 1.00 | 8.00 | 151 | 3.00 | 4.00 | 1.05 | 2.18 |
| Intellect | 1.56 | 1.35 | 0.00 | 7.00 | 117 | 2.00 | 2.00 | 1.34 | 2.92 |
| Zf | 13.11 | 3.70 | 7.00 | 26.00 | 151 | 12.00 | 12.00 | 0.95 | 0.72 |
| Zd | 2.62 | 4.73 | −12.00 | 10.00 | 151 | 3.50 | 5.00 | −0.53 | −0.12 |
| Blends | 4.15 | 2.29 | 0.00 | 8.00 | 139 | 4.00 | 3.00 | 0.02 | −0.90 |
| Blends/R | 0.20 | 0.11 | 0.00 | 0.50 | 139 | 0.21 | 0.23 | 0.40 | 0.56 |
| Col-Shd Blends | 1.01 | [0.92] | 0.00 | 3.00 | 102 | 1.00 | 1.00 | 0.71 | −0.23 |
| Afr | 0.53 | 0.19 | 0.13 | 1.25 | 151 | 0.48 | 0.50 | 1.59 | 4.20 |

表27　内向型・外来患者（N＝151）（つづき）

| 変数 | 平均 | 標準偏差 | 最小値 | 最大値 | 頻度 | 中央値 | 最頻値 | 歪度 | 尖度 |
|---|---|---|---|---|---|---|---|---|---|
| Populars | 7.09 | 1.90 | 2.00 | 10.00 | 151 | 8.00 | 8.00 | −0.72 | −0.38 |
| XA% | 0.87 | 0.08 | 0.54 | 1.00 | 151 | 0.85 | 0.84 | −0.97 | 1.79 |
| WDA% | 0.88 | 0.07 | 0.63 | 1.00 | 151 | 0.88 | 0.85 | −0.81 | 1.59 |
| X+% | 0.69 | 0.13 | 0.27 | 0.89 | 151 | 0.73 | 0.52 | −0.84 | 0.20 |
| X−% | 0.13 | 0.08 | 0.00 | 0.46 | 141 | 0.12 | 0.16 | 0.93 | 2.18 |
| Xu% | 0.18 | 0.11 | 0.00 | 0.35 | 139 | 0.14 | 0.11 | 0.13 | −1.15 |
| Isolate/R | 0.14 | 0.10 | 0.00 | 0.50 | 138 | 0.12 | 0.11 | 1.21 | 1.79 |
| H | 3.02 | 1.46 | 1.00 | 8.00 | 151 | 3.00 | 2.00 | 0.97 | 0.86 |
| (H) | 1.64 | 1.12 | 0.00 | 6.00 | 131 | 2.00 | 2.00 | 1.06 | 2.32 |
| HD | 1.74 | 1.90 | 0.00 | 8.00 | 106 | 2.00 | 2.00 | 1.66 | 2.55 |
| (Hd) | 0.44 | 0.68 | 0.00 | 2.00 | 51 | 0.00 | 0.00 | 1.24 | 0.23 |
| Hx | 0.00 | [0.00] | 0.00 | 0.00 | 0 | 0.00 | 0.00 | − | − |
| All H Cont | 6.84 | 2.65 | 3.00 | 14.00 | 151 | 7.00 | 7.00 | 0.58 | −0.32 |
| A | 7.52 | 2.46 | 3.00 | 20.00 | 151 | 7.00 | 6.00 | 1.02 | 3.57 |
| (A) | 0.51 | [0.95] | 0.00 | 3.00 | 42 | 0.00 | 0.00 | 1.78 | 1.86 |
| Ad | 1.63 | [1.17] | 0.00 | 7.00 | 126 | 2.00 | 2.00 | 1.16 | 3.46 |
| (Ad) | 0.06 | [0.29] | 0.00 | 2.00 | 7 | 0.00 | 0.00 | 5.28 | 29.37 |
| An | 0.43 | [0.79] | 0.00 | 4.00 | 44 | 0.00 | 0.00 | 2.14 | 5.13 |
| Art | 0.99 | 0.91 | 0.00 | 3.00 | 93 | 1.00 | 0.00 | 0.23 | −1.29 |
| Ay | 0.24 | [0.44] | 0.00 | 2.00 | 35 | 0.00 | 0.00 | 1.47 | 0.81 |
| Bl | 0.13 | [0.44] | 0.00 | 2.00 | 13 | 0.00 | 0.00 | 3.56 | 11.85 |
| Bt | 1.41 | 1.18 | 0.00 | 4.00 | 109 | 1.00 | 2.00 | 0.54 | −0.35 |
| Cg | 2.29 | 1.80 | 0.00 | 8.00 | 117 | 2.00 | 2.00 | 0.52 | −0.13 |
| Cl | 0.11 | [0.39] | 0.00 | 2.00 | 13 | 0.00 | 0.00 | 3.69 | 13.45 |
| Ex | 0.17 | [0.38] | 0.00 | 1.00 | 26 | 0.00 | 0.00 | 1.75 | 1.09 |
| Fi | 0.36 | [0.53] | 0.00 | 2.00 | 51 | 0.00 | 0.00 | 1.09 | 0.16 |
| Food | 0.11 | [0.32] | 0.00 | 1.00 | 17 | 0.00 | 0.00 | 2.47 | 4.19 |
| Ge | 0.05 | [0.23] | 0.00 | 1.00 | 8 | 0.00 | 0.00 | 4.03 | 14.44 |
| Hh | 0.99 | 1.02 | 0.00 | 3.00 | 80 | 1.00 | 0.00 | 0.31 | −1.45 |
| Ls | 0.93 | 1.44 | 0.00 | 6.00 | 64 | 0.00 | 0.00 | 1.80 | 2.96 |
| Na | 0.13 | [0.44] | 0.00 | 3.00 | 16 | 0.00 | 0.00 | 4.37 | 22.89 |
| Sc | 0.85 | [1.02] | 0.00 | 5.00 | 83 | 1.00 | 0.00 | 1.81 | 4.97 |
| Sx | 0.58 | [1.01] | 0.00 | 4.00 | 48 | 0.00 | 0.00 | 1.86 | 3.09 |
| Xy | 0.28 | [0.45] | 0.00 | 1.00 | 42 | 0.00 | 0.00 | 1.00 | −1.01 |
| Idio | 1.38 | 1.46 | 0.00 | 6.00 | 87 | 1.00 | 0.00 | 0.82 | −0.06 |
| DV | 0.66 | [0.77] | 0.00 | 4.00 | 79 | 1.00 | 0.00 | 1.45 | 3.42 |
| INCOM | 1.25 | [1.26] | 0.00 | 4.00 | 94 | 1.00 | 0.00 | 0.70 | −0.60 |
| DR | 0.19 | [0.65] | 0.00 | 3.00 | 15 | 0.00 | 0.00 | 3.62 | 12.37 |
| FABCOM | 0.51 | [0.77] | 0.00 | 3.00 | 56 | 0.00 | 0.00 | 1.46 | 1.53 |
| DV2 | 0.03 | [0.18] | 0.00 | 1.00 | 5 | 0.00 | 0.00 | 5.27 | 26.13 |
| INC2 | 0.25 | [0.56] | 0.00 | 2.00 | 29 | 0.00 | 0.00 | 2.13 | 3.52 |
| DR2 | 0.33 | [1.29] | 0.00 | 10.00 | 23 | 0.00 | 0.00 | 6.16 | 42.17 |
| FAB2 | 0.32 | [0.57] | 0.00 | 2.00 | 40 | 0.00 | 0.00 | 1.62 | 1.68 |
| ALOG | 0.10 | [0.41] | 0.00 | 3.00 | 11 | 0.00 | 0.00 | 5.32 | 32.33 |
| CONTAM | 0.00 | 0.00 | 0.00 | 0.00 | 0 | 0.00 | 0.00 | − | − |
| Sum 6 Sp Sc | 3.64 | 3.60 | 0.00 | 21.00 | 147 | 3.00 | 1.00 | 2.21 | 6.79 |
| Lvl 2 Sp Sc | 0.93 | [1.90] | 0.00 | 11.00 | 68 | 0.00 | 0.00 | 3.68 | 14.92 |
| WSum6 | 11.55 | 15.06 | 0.00 | 97.00 | 147 | 8.00 | 1.00 | 3.09 | 13.40 |
| AB | 0.17 | [0.51] | 0.00 | 3.00 | 18 | 0.00 | 0.00 | 3.63 | 14.46 |
| AG | 1.48 | 1.50 | 0.00 | 8.00 | 112 | 1.00 | 2.00 | 2.31 | 7.91 |
| COP | 1.23 | 1.33 | 0.00 | 6.00 | 90 | 1.00 | 0.00 | 1.25 | 2.28 |
| CP | 0.00 | [0.00] | 0.00 | 0.00 | 0 | 0.00 | 0.00 | − | − |
| GOODHR | 4.37 | 1.57 | 0.00 | 10.00 | 149 | 4.00 | 3.00 | 0.48 | 1.08 |
| POORHR | 3.36 | 2.42 | 0.00 | 12.00 | 150 | 2.00 | 2.00 | 1.59 | 2.65 |
| MOR | 1.00 | [1.05] | 0.00 | 5.00 | 106 | 1.00 | 1.00 | 2.02 | 5.22 |
| PER | 0.82 | 1.17 | 0.00 | 4.00 | 62 | 0.00 | 0.00 | 1.33 | 0.84 |
| PSV | 0.05 | [0.23] | 0.00 | 1.00 | 8 | 0.00 | 0.00 | 4.03 | 14.44 |

注：［　］で示した標準偏差は，値が信頼できないので，期待域の推定を行ってはならない。これらの変数をパラメトリックな分析に含めてはならない。

### 表28　内向型・外来患者での36変数の頻度（N＝151）

#### 人口統計学的変数

| 婚姻状態 | | | 年齢 | | | 人種 | | |
|---|---|---|---|---|---|---|---|---|
| 独身 | 56 | 37% | 18-25 | 44 | 29% | 白人 | 129 | 85% |
| 同棲あるいは同居中 | 8 | 5% | 26-35 | 67 | 44% | 黒人 | 9 | 6% |
| 既婚 | 72 | 48% | 36-45 | 31 | 21% | スペイン系 | 4 | 3% |
| 別居中 | 6 | 4% | 46-55 | 7 | 5% | アジア系 | 9 | 6% |
| 離婚 | 9 | 6% | 56-65 | 2 | 1% | | | |
| 寡婦（夫） | 0 | 0% | 66以上 | 0 | 0% | | | |
| | | | | | | 教育年数 | | |
| | | | | | | 12年未満 | 8 | 5% |
| 性別 | | | | | | 12年 | 23 | 15% |
| 男 | 75 | 50% | | | | 13-15年 | 83 | 55% |
| 女 | 76 | 50% | | | | 16年以上 | 37 | 25% |

#### 比率，パーセンテージ，特殊指標

| スタイル | | | | | | 形態水準 | | |
|---|---|---|---|---|---|---|---|---|
| 内向型 | 151 | 100% | | | | XA%＞.89 | 64 | 42% |
| 超内向型 | 113 | 75% | | | | XA%＜.70 | 5 | 3% |
| 不定型 | 0 | 0% | | | | WDA%＜.85 | 33 | 22% |
| 外拡 | 0 | 0% | | | | WDA%＜.75 | 5 | 3% |
| 超外拡 | 0 | 0% | | | | X＋%＜.55 | 29 | 19% |
| 回避 | 0 | 0% | | | | Xu%＞.20 | 55 | 36% |
| | | | | | | X−%＞.20 | 14 | 9% |
| Dスコア | | | | | | X−%＞.30 | 5 | 3% |
| Dスコア＞0 | 30 | 20% | | | | | | |
| Dスコア＝0 | 82 | 54% | | | | FC：CF＋Cの比率 | | |
| Dスコア＜0 | 39 | 26% | | | | FC＞（CF＋C）＋2 | 21 | 14% |
| Dスコア＜−1 | 15 | 10% | | | | FC＞（CF＋C）＋1 | 27 | 18% |
| | | | | | | （CF＋C）＞FC＋1 | 7 | 5% |
| 修正Dスコア＞0 | 46 | 30% | | | | （CF＋C）＞FC＋2 | 4 | 3% |
| 修正Dスコア＝0 | 85 | 56% | | | | | | |
| 修正Dスコア＜0 | 20 | 13% | | | | | | |
| 修正Dスコア＜−1 | 1 | 1% | | | | | | |
| | | | | | | 自殺の可能性陽性 | 0 | 0% |
| Zd＞＋3.0（オーバーインコーポレイティブ） | | | 89 | 59% | | HVI陽性 | 20 | 13% |
| Zd＜−3.0（アンダーインコーポレイティブ） | | | 24 | 16% | | OBS陽性 | 35 | 23% |
| PTI＝5 | 0 | 0% | DEPI＝7 | 2 | 1% | CDI＝5 | 0 | 0% |
| PTI＝4 | 3 | 2% | DEPI＝6 | 10 | 7% | CDI＝4 | 24 | 16% |
| PTI＝3 | 3 | 2% | DEPI＝5 | 10 | 7% | | | |

#### その他の変数

| | | | | | |
|---|---|---|---|---|---|
| R＜17 | 44 | 29% | （2AB＋Art＋Ay）＞5 | 2 | 1% |
| R＞27 | 24 | 16% | Populars＜4 | 8 | 5% |
| DQv＞2 | 10 | 7% | Populars＞7 | 85 | 56% |
| S＞2 | 60 | 40% | COP＝0 | 61 | 40% |
| Sum T＝0 | 79 | 52% | COP＞2 | 22 | 15% |
| Sum T＞1 | 20 | 13% | AG＝0 | 39 | 26% |
| 3r＋(2)/R＜.33 | 40 | 26% | AG＞2 | 12 | 8% |
| 3r＋(2)/R＞.44 | 75 | 50% | MOR＞2 | 13 | 9% |
| Fr＋rF＞0 | 16 | 11% | Level 2 Sp.Sc.＞0 | 68 | 45% |
| Pure C＞0 | 25 | 17% | GHR＞PHR | 108 | 72% |
| Pure C＞1 | 7 | 5% | Pure H＜2 | 15 | 10% |
| Afr＜.40 | 22 | 15% | Pure H＝0 | 0 | 0% |
| Afr＜.50 | 79 | 52% | p＞a＋1 | 75 | 50% |
| （FM＋m）＜Sum Shading | 48 | 32% | Mp＞Ma | 62 | 41% |

**表29 外拡型・外来患者の記述統計（N＝73）**

| 変数 | 平均 | 標準偏差 | 最小値 | 最大値 | 頻度 | 中央値 | 最頻値 | 歪度 | 尖度 |
|---|---|---|---|---|---|---|---|---|---|
| 年齢 | 33.60 | 10.47 | 22.00 | 56.00 | 73 | 29.00 | 28.00 | 1.25 | 0.27 |
| 教育年数 | 12.89 | 3.22 | 10.00 | 19.00 | 73 | 13.00 | 13.00 | 0.81 | −0.64 |
| R | 20.49 | 5.92 | 14.00 | 40.00 | 73 | 19.00 | 16.00 | 0.84 | 0.05 |
| W | 9.97 | 3.64 | 4.00 | 19.00 | 73 | 10.00 | 13.00 | −0.20 | −0.70 |
| D | 7.22 | 5.27 | 0.00 | 22.00 | 63 | 6.00 | 14.00 | 0.41 | −0.78 |
| Dd | 3.30 | [3.74] | 0.00 | 11.00 | 61 | 2.00 | 1.00 | 1.34 | 0.35 |
| S | 2.51 | [2.02] | 0.00 | 7.00 | 56 | 4.00 | 4.00 | 0.16 | −1.09 |
| DQ+ | 5.19 | 2.29 | 1.00 | 12.00 | 73 | 5.00 | 3.00 | 0.44 | −0.72 |
| DQo | 12.36 | 5.36 | 5.00 | 31.00 | 73 | 11.00 | 9.00 | 0.95 | 0.52 |
| DQv | 2.59 | [1.82] | 0.00 | 6.00 | 67 | 2.00 | 1.00 | 0.32 | −1.31 |
| DQv/+ | 0.36 | [0.63] | 0.00 | 3.00 | 22 | 0.00 | 0.00 | 2.26 | 6.53 |
| FQx+ | 0.01 | 0.12 | 0.00 | 1.00 | 1 | 0.00 | 0.00 | 8.54 | 73.00 |
| FQxo | 12.69 | 3.61 | 7.00 | 24.00 | 73 | 12.00 | 11.00 | 0.65 | 0.92 |
| FQxu | 3.36 | 2.29 | 0.00 | 11.00 | 72 | 3.00 | 1.00 | 0.80 | 0.32 |
| FQx- | 3.27 | 2.07 | 0.00 | 6.00 | 71 | 2.00 | 2.00 | 0.34 | −1.51 |
| FQxNone | 1.16 | [1.17] | 0.00 | 5.00 | 47 | 1.00 | 0.00 | 0.85 | 0.17 |
| MQ+ | 0.01 | 0.12 | 0.00 | 1.00 | 1 | 0.00 | 0.00 | 8.54 | 73.00 |
| MQo | 1.80 | 1.80 | 0.00 | 7.00 | 61 | 1.00 | 1.00 | 1.91 | 3.50 |
| MQu | 0.30 | 0.46 | 0.00 | 1.00 | 22 | 0.00 | 0.00 | 0.88 | −1.25 |
| MQ- | 0.00 | [0.00] | 0.00 | 0.00 | 0 | 0.00 | 0.00 | — | — |
| MQNone | 0.00 | [0.00] | 0.00 | 0.00 | 0 | 0.00 | 0.00 | — | — |
| S− | 0.55 | [0.60] | 0.00 | 2.00 | 36 | 0.00 | 0.00 | 0.59 | −0.55 |
| M | 2.11 | 1.78 | 0.00 | 7.00 | 61 | 2.00 | 2.00 | 1.49 | 2.50 |
| FM | 2.77 | 1.30 | 1.00 | 7.00 | 73 | 2.00 | 2.00 | 0.48 | −0.19 |
| m | 1.70 | 1.15 | 0.00 | 7.00 | 67 | 1.00 | 1.00 | 1.63 | 5.50 |
| FM＋m | 4.47 | 2.06 | 1.00 | 14.00 | 73 | 5.00 | 5.00 | 1.19 | 5.01 |
| FC | 0.99 | 0.92 | 0.00 | 4.00 | 52 | 1.00 | 1.00 | 1.34 | 2.28 |
| CF | 2.60 | 1.68 | 0.00 | 6.00 | 62 | 3.00 | 2.00 | 0.33 | −0.17 |
| C | 1.30 | [1.23] | 0.00 | 4.00 | 49 | 1.00 | 0.00 | 0.68 | −0.48 |
| Cn | 0.00 | [0.00] | 0.00 | 0.00 | 0 | 0.00 | 0.00 | — | — |
| Sum Color | 4.89 | 1.74 | 3.00 | 9.00 | 73 | 4.00 | 4.00 | 1.22 | 0.56 |
| WSumC | 5.05 | 1.93 | 3.00 | 9.50 | 73 | 4.50 | 3.00 | 1.05 | 0.23 |
| Sum C' | 1.88 | [1.62] | 0.00 | 7.00 | 58 | 1.00 | 1.00 | 0.96 | 0.94 |
| Sum T | 0.47 | [0.58] | 0.00 | 2.00 | 31 | 0.00 | 0.00 | 0.79 | −0.33 |
| Sum V | 0.64 | [0.77] | 0.00 | 2.00 | 34 | 0.00 | 0.00 | 0.71 | −0.94 |
| Sum Y | 1.18 | [1.21] | 0.00 | 5.00 | 47 | 1.00 | 0.00 | 0.91 | 0.18 |
| Sum Shading | 4.16 | 2.52 | 1.00 | 12.00 | 73 | 4.00 | 5.00 | 1.05 | 1.12 |
| Fr＋rF | 0.27 | [0.73] | 0.00 | 4.00 | 11 | 0.00 | 0.00 | 3.02 | 9.92 |
| FD | 1.20 | [1.17] | 0.00 | 5.00 | 50 | 1.00 | 1.00 | 0.88 | 0.16 |
| F | 7.86 | 3.47 | 3.00 | 19.00 | 73 | 7.00 | 6.00 | 1.21 | 0.56 |
| (2) | 6.84 | 3.39 | 1.00 | 13.00 | 73 | 8.00 | 8.00 | 0.05 | −1.12 |
| 3r＋(2)/R | 0.36 | 0.14 | 0.13 | 0.75 | 73 | 0.38 | 0.38 | −0.09 | 0.21 |
| Lambda | 0.64 | 0.22 | 0.23 | 0.93 | 73 | 0.60 | 0.93 | −0.30 | −0.93 |
| EA | 7.16 | 3.60 | 3.00 | 16.50 | 73 | 6.50 | 6.00 | 1.31 | 1.47 |
| es | 8.63 | 3.41 | 3.00 | 23.00 | 73 | 9.00 | 11.00 | 0.88 | 3.35 |
| D Score | −0.30 | 1.44 | −4.00 | 2.00 | 73 | 0.00 | −1.00 | −0.48 | 0.66 |
| Adj D | 0.04 | 1.34 | −2.00 | 3.00 | 73 | 0.00 | −1.00 | 0.78 | −0.03 |
| a (active) | 4.03 | 1.62 | 2.00 | 8.00 | 73 | 3.00 | 5.00 | 0.58 | −0.39 |
| p (passive) | 2.55 | 2.14 | 0.00 | 9.00 | 62 | 2.00 | 1.00 | 0.77 | −0.21 |
| Ma | 1.07 | 1.42 | 0.00 | 5.00 | 40 | 1.00 | 0.00 | 1.71 | 2.48 |
| Mp | 1.04 | 0.89 | 0.00 | 3.00 | 47 | 1.00 | 2.00 | 0.04 | −1.48 |
| Intellect | 2.29 | 2.26 | 0.00 | 7.00 | 50 | 1.00 | 0.00 | 0.50 | −1.32 |
| Zf | 11.08 | 2.19 | 9.00 | 21.00 | 73 | 10.00 | 10.00 | 1.97 | 5.04 |
| Zd | −0.74 | 3.73 | −14.00 | 8.50 | 71 | −0.50 | −0.50 | −0.22 | 2.50 |
| Blends | 3.77 | 1.96 | 0.00 | 11.00 | 72 | 4.00 | 4.00 | 0.77 | 1.48 |
| Blends/R | 0.19 | 0.10 | 0.00 | 0.44 | 72 | 0.14 | 0.14 | 0.56 | −0.34 |
| Col-Shd Blends | 0.75 | [0.81] | 0.00 | 2.00 | 38 | 1.00 | 0.00 | 0.48 | −1.32 |
| Afr | 0.66 | 0.13 | 0.32 | 0.92 | 73 | 0.64 | 0.64 | 1.41 | 2.55 |

## 表29 外拡型・外来患者（N＝73）（つづき）

| 変数 | 平均 | 標準偏差 | 最小値 | 最大値 | 頻度 | 中央値 | 最頻値 | 歪度 | 尖度 |
|---|---|---|---|---|---|---|---|---|---|
| Populars | 5.19 | 1.88 | 2.00 | 10.00 | 73 | 5.00 | 5.00 | −0.06 | −0.63 |
| XA% | 0.78 | 0.10 | 0.60 | 1.00 | 73 | 0.76 | 0.76 | −0.10 | −0.65 |
| WDA% | 0.79 | 0.11 | 0.60 | 1.00 | 73 | 0.83 | 0.83 | −0.44 | −0.92 |
| X＋% | 0.63 | 0.09 | 0.41 | 0.80 | 73 | 0.63 | 0.63 | 0.10 | −0.36 |
| X−% | 0.16 | 0.10 | 0.00 | 0.40 | 71 | 0.13 | 0.21 | 1.12 | 1.17 |
| Xu% | 0.16 | 0.08 | 0.00 | 0.35 | 72 | 0.19 | 0.21 | 0.04 | −0.76 |
| Isolate/R | 0.23 | 0.25 | 0.04 | 0.81 | 73 | 0.14 | 0.07 | 1.73 | 1.58 |
| H | 1.29 | 0.91 | 0.00 | 5.00 | 60 | 1.00 | 1.00 | 1.00 | 3.33 |
| (H) | 1.14 | 1.25 | 0.00 | 3.00 | 40 | 1.00 | 0.00 | 0.56 | −1.36 |
| HD | 0.81 | 0.74 | 0.00 | 2.00 | 45 | 1.00 | 1.00 | 0.32 | −1.09 |
| (Hd) | 0.36 | 0.56 | 0.00 | 2.00 | 23 | 0.00 | 0.00 | 1.32 | 0.83 |
| Hx | 0.06 | [0.23] | 0.00 | 1.00 | 4 | 0.00 | 0.00 | 3.99 | 14.35 |
| All H Cont | 3.59 | 2.01 | 0.00 | 7.00 | 63 | 4.00 | 4.00 | −0.18 | −0.39 |
| A | 7.04 | 2.14 | 4.00 | 14.00 | 73 | 6.00 | 6.00 | 0.70 | 0.20 |
| (A) | 0.37 | [0.49] | 0.00 | 1.00 | 27 | 0.00 | 0.00 | 0.55 | −1.75 |
| Ad | 2.16 | [2.72] | 0.00 | 8.00 | 55 | 1.00 | 1.00 | 1.53 | 0.82 |
| (Ad) | 0.37 | [0.54] | 0.00 | 2.00 | 25 | 0.00 | 0.00 | 1.08 | 0.18 |
| An | 0.64 | [1.12] | 0.00 | 4.00 | 24 | 0.00 | 0.00 | 1.84 | 2.59 |
| Art | 1.52 | 1.41 | 0.00 | 5.00 | 50 | 1.00 | 0.00 | 0.51 | −0.88 |
| Ay | 0.11 | [0.36] | 0.00 | 2.00 | 7 | 0.00 | 0.00 | 3.45 | 12.43 |
| Bl | 0.49 | [0.90] | 0.00 | 3.00 | 22 | 0.00 | 0.00 | 1.90 | 2.67 |
| Bt | 1.36 | 1.17 | 0.00 | 4.00 | 59 | 1.00 | 1.00 | 1.13 | 0.58 |
| Cg | 1.99 | 2.37 | 0.00 | 6.00 | 38 | 1.00 | 0.00 | 0.71 | −1.14 |
| Cl | 0.21 | [0.41] | 0.00 | 1.00 | 15 | 0.00 | 0.00 | 1.48 | 0.22 |
| Ex | 0.30 | [0.49] | 0.00 | 2.00 | 21 | 0.00 | 0.00 | 1.24 | 0.38 |
| Fi | 0.23 | [0.43] | 0.00 | 1.00 | 17 | 0.00 | 0.00 | 1.29 | −0.34 |
| Food | 0.26 | [0.60] | 0.00 | 2.00 | 13 | 0.00 | 0.00 | 2.18 | 3.48 |
| Ge | 0.04 | [0.20] | 0.00 | 1.00 | 3 | 0.00 | 0.00 | 4.72 | 20.86 |
| Hh | 0.88 | 1.26 | 0.00 | 4.00 | 30 | 0.00 | 0.00 | 1.31 | 0.73 |
| Ls | 0.81 | 1.01 | 0.00 | 6.00 | 40 | 1.00 | 0.00 | 2.23 | 8.62 |
| Na | 0.80 | [1.37] | 0.00 | 4.00 | 26 | 0.00 | 0.00 | 1.70 | 1.44 |
| Sc | 0.58 | [0.80] | 0.00 | 3.00 | 29 | 0.00 | 0.00 | 1.09 | 0.05 |
| Sx | 0.62 | [0.86] | 0.00 | 4.00 | 30 | 0.00 | 0.00 | 1.37 | 1.88 |
| Xy | 0.10 | [0.30] | 0.00 | 1.00 | 7 | 0.00 | 0.00 | 2.80 | 6.02 |
| Idio | 0.59 | 1.09 | 0.00 | 6.00 | 25 | 0.00 | 0.00 | 2.67 | 8.77 |
| DV | 1.78 | [1.50] | 0.00 | 5.00 | 60 | 2.00 | 2.00 | 1.06 | 0.48 |
| INCOM | 0.89 | 0.57 | 0.00 | 2.00 | 57 | 1.00 | 1.00 | −0.02 | 0.12 |
| DR | 0.38 | [0.83] | 0.00 | 3.00 | 14 | 0.00 | 0.00 | 1.89 | 2.15 |
| FABCOM | 0.59 | [0.70] | 0.00 | 2.00 | 34 | 0.00 | 0.00 | 0.78 | −0.60 |
| DV2 | 0.14 | [0.35] | 0.00 | 1.00 | 10 | 0.00 | 0.00 | 2.15 | 2.72 |
| INC2 | 0.06 | [0.23] | 0.00 | 1.00 | 4 | 0.00 | 0.00 | 3.99 | 14.35 |
| DR2 | 0.10 | [0.38] | 0.00 | 2.00 | 5 | 0.00 | 0.00 | 4.19 | 17.63 |
| FAB2 | 0.00 | [0.00] | 0.00 | 0.00 | 0 | 0.00 | 0.00 | − | − |
| ALOG | 0.32 | [0.66] | 0.00 | 2.00 | 15 | 0.00 | 0.00 | 1.88 | 2.04 |
| CONTAM | 0.00 | 0.00 | 0.00 | 0.00 | 0 | 0.00 | 0.00 | − | − |
| Sum 6 Sp Sc | 4.25 | 2.37 | 0.00 | 9.00 | 71 | 4.00 | 4.00 | 0.65 | 0.18 |
| Lvl 2 Sp Sc | 0.29 | [0.61] | 0.00 | 3.00 | 17 | 0.00 | 0.00 | 2.74 | 8.98 |
| WSum6 | 9.71 | 4.68 | 0.00 | 20.00 | 71 | 11.00 | 12.00 | −0.31 | −0.36 |
| AB | 0.33 | [0.47] | 0.00 | 1.00 | 24 | 0.00 | 0.00 | 0.74 | −1.49 |
| AG | 0.49 | 0.71 | 0.00 | 2.00 | 27 | 0.00 | 0.00 | 1.10 | −0.13 |
| COP | 0.51 | 0.71 | 0.00 | 2.00 | 28 | 0.00 | 0.00 | 1.05 | −0.22 |
| CP | 0.06 | [0.23] | 0.00 | 1.00 | 4 | 0.00 | 0.00 | 3.99 | 14.35 |
| GOODHR | 2.69 | 1.49 | 0.00 | 8.00 | 63 | 3.00 | 3.00 | 0.20 | 1.68 |
| POORHR | 1.27 | 1.23 | 0.00 | 4.00 | 47 | 1.00 | 0.00 | 0.75 | −0.06 |
| MOR | 1.25 | [1.48] | 0.00 | 5.00 | 49 | 1.00 | 1.00 | 1.54 | 1.44 |
| PER | 1.63 | 1.51 | 0.00 | 4.00 | 50 | 1.00 | 0.00 | 0.38 | −1.41 |
| PSV | 0.37 | [0.57] | 0.00 | 2.00 | 24 | 0.00 | 0.00 | 1.24 | 0.63 |

注：[ ] で示した標準偏差は，値が信頼できないので，期待域の推定を行ってはならない。これらの変数をパラメトリックな分析に含めてはならない。

### 表30 外拡型・外来患者での36変数の頻度 (N=73)

#### 人口統計学的変数

| 婚姻状態 | | | 年齢 | | | 人種 | | |
|---|---|---|---|---|---|---|---|---|
| 独身 | 36 | 49% | 18-25 | 16 | 22% | 白人 | 58 | 79% |
| 同棲あるいは同居中 | 2 | 3% | 26-35 | 39 | 53% | 黒人 | 8 | 11% |
| 既婚 | 21 | 29% | 36-45 | 4 | 6% | スペイン系 | 6 | 8% |
| 別居中 | 4 | 5% | 46-55 | 6 | 8% | アジア系 | 1 | 1% |
| 離婚 | 10 | 14% | 56-65 | 8 | 11% | | | |
| 寡婦(夫) | 0 | 0% | 66以上 | 0 | 0% | | | |
| | | | | | | 教育年数 | | |
| 性別 | | | | | | 12年未満 | 13 | 18% |
| 男 | 21 | 29% | | | | 12年 | 15 | 21% |
| 女 | 52 | 71% | | | | 13-15年 | 29 | 40% |
| | | | | | | 16年以上 | 16 | 22% |

#### 比率,パーセンテージ,特殊指標

| スタイル | | | 形態水準 | | |
|---|---|---|---|---|---|
| 内向型 | 0 | 0% | XA%>.89 | 8 | 11% |
| 超内向型 | 0 | 0% | XA%<.70 | 12 | 16% |
| 不定型 | 0 | 0% | WDA%<.85 | 48 | 66% |
| 外拡 | 73 | 100% | WDA%<.75 | 27 | 37% |
| 超外拡 | 45 | 62% | X+%<.55 | 12 | 16% |
| 回避 | 0 | 0% | Xu%>.20 | 29 | 40% |
| | | | X−%>.20 | 24 | 33% |
| Dスコア | | | X−%>.30 | 6 | 8% |
| Dスコア>0 | 17 | 23% | | | |
| Dスコア=0 | 24 | 33% | FC:CF+Cの比率 | | |
| Dスコア<0 | 32 | 44% | FC>(CF+C)+2 | 0 | 0% |
| Dスコア<−1 | 7 | 10% | FC>(CF+C)+1 | 0 | 0% |
| | | | (CF+C)>FC+1 | 65 | 89% |
| 修正Dスコア>0 | 21 | 29% | (CF+C)>FC+2 | 36 | 49% |
| 修正Dスコア=0 | 22 | 30% | | | |
| 修正Dスコア<0 | 30 | 41% | | | |
| 修正Dスコア<−1 | 5 | 7% | 自殺の可能性陽性 | 1 | 1% |
| Zd>+3.0 (オーバーインコーポレイティブ) | 11 | 15% | HVI陽性 | 11 | 15% |
| Zd<−3.0 (アンダーインコーポレイティブ) | 16 | 22% | OBS陽性 | 2 | 3% |

| PTI=5 | 0 | 0% | DEPI=7 | 0 | 0% | CDI=5 | 12 | 16% |
|---|---|---|---|---|---|---|---|---|
| PTI=4 | 0 | 0% | DEPI=6 | 3 | 4% | CDI=4 | 14 | 19% |
| PTI=3 | 0 | 0% | DEPI=5 | 33 | 45% | | | |

#### その他の変数

| | | | | | |
|---|---|---|---|---|---|
| R<17 | 28 | 38% | (2AB+Art+Ay)>5 | 4 | 5% |
| R>27 | 14 | 19% | Populars<4 | 19 | 26% |
| DQv>2 | 35 | 48% | Populars>7 | 4 | 5% |
| S>2 | 39 | 53% | COP=0 | 45 | 62% |
| Sum T=0 | 42 | 58% | COP>2 | 0 | 0% |
| Sum T>1 | 3 | 4% | AG=0 | 46 | 63% |
| 3r+(2)/R<.33 | 20 | 27% | AG>2 | 0 | 0% |
| 3r+(2)/R>.44 | 13 | 18% | MOR>2 | 12 | 16% |
| Fr+rF>0 | 11 | 15% | Level 2 Sp.Sc.>0 | 17 | 23% |
| Pure C>0 | 49 | 67% | GHR>PHR | 54 | 74% |
| Pure C>1 | 28 | 38% | Pure H<2 | 44 | 60% |
| Afr<.40 | 13 | 18% | Pure H=0 | 13 | 18% |
| Afr<.50 | 33 | 45% | p>a+1 | 12 | 16% |
| (FM+m)<Sum Shading | 19 | 26% | Mp>Ma | 21 | 29% |

表31 不定型・外来患者の記述統計 (N=110)

| 変数 | 平均 | 標準偏差 | 最小値 | 最大値 | 頻度 | 中央値 | 最頻値 | 歪度 | 尖度 |
|---|---|---|---|---|---|---|---|---|---|
| 年齢 | 37.08 | 15.22 | 18.00 | 70.00 | 110 | 34.00 | 23.00 | 1.01 | −0.02 |
| 教育年数 | 13.41 | 2.72 | 10.00 | 17.00 | 110 | 13.00 | 13.00 | −1.85 | 10.69 |
| R | 18.91 | 4.44 | 14.00 | 35.00 | 110 | 18.00 | 16.00 | 1.19 | 1.01 |
| W | 8.80 | 3.19 | 4.00 | 24.00 | 110 | 9.00 | 7.00 | 1.60 | 5.53 |
| D | 7.03 | 3.89 | 2.00 | 19.00 | 110 | 7.00 | 4.00 | 0.98 | 0.32 |
| Dd | 3.08 | [2.00] | 0.00 | 11.00 | 100 | 3.00 | 4.00 | 0.66 | 1.26 |
| S | 2.08 | [1.82] | 0.00 | 9.00 | 79 | 2.00 | 0.00 | 0.77 | 0.77 |
| DQ+ | 6.91 | 2.34 | 2.00 | 15.00 | 110 | 7.00 | 7.00 | 0.35 | 1.70 |
| DQo | 10.63 | 3.78 | 4.00 | 21.00 | 110 | 10.00 | 11.00 | 1.19 | 1.15 |
| DQv | 1.19 | [1.25] | 0.00 | 9.00 | 81 | 1.00 | 1.00 | 2.88 | 14.35 |
| DQv/+ | 0.18 | [0.39] | 0.00 | 1.00 | 20 | 0.00 | 0.00 | 1.67 | 0.81 |
| FQx+ | 0.48 | 0.80 | 0.00 | 4.00 | 39 | 0.00 | 0.00 | 2.20 | 6.09 |
| FQxo | 11.39 | 3.83 | 6.00 | 22.00 | 110 | 11.00 | 13.00 | 0.60 | 0.07 |
| FQxu | 3.51 | 2.02 | 0.00 | 12.00 | 107 | 3.00 | 2.00 | 1.17 | 2.82 |
| FQx- | 3.03 | 1.94 | 0.00 | 9.00 | 100 | 4.00 | 4.00 | 0.39 | 0.58 |
| FQxNone | 0.50 | [0.65] | 0.00 | 4.00 | 50 | 0.00 | 0.00 | 1.97 | 7.81 |
| MQ+ | 0.28 | 0.54 | 0.00 | 3.00 | 27 | 0.00 | 0.00 | 2.16 | 5.65 |
| MQo | 2.79 | 1.22 | 0.00 | 7.00 | 108 | 3.00 | 3.00 | 0.07 | 0.29 |
| MQu | 0.56 | 0.89 | 0.00 | 5.00 | 37 | 0.00 | 0.00 | 1.79 | 4.27 |
| MQ- | 0.30 | [0.53] | 0.00 | 2.00 | 29 | 0.00 | 0.00 | 1.59 | 1.69 |
| MQNone | 0.00 | [0.00] | 0.00 | 0.00 | 0 | 0.00 | 0.00 | − | − |
| S− | 0.93 | [1.20] | 0.00 | 4.00 | 48 | 0.00 | 0.00 | 0.95 | −0.29 |
| M | 3.93 | 1.51 | 0.00 | 10.00 | 108 | 4.00 | 4.00 | 1.00 | 4.36 |
| FM | 3.93 | 1.74 | 0.00 | 8.00 | 108 | 4.00 | 5.00 | 0.14 | −0.34 |
| m | 1.58 | 1.32 | 0.00 | 6.00 | 82 | 2.00 | 2.00 | 0.78 | 0.74 |
| FM+m | 5.51 | 1.92 | 2.00 | 13.00 | 110 | 6.00 | 6.00 | 0.72 | 1.64 |
| FC | 1.98 | 1.66 | 0.00 | 7.00 | 87 | 2.00 | 2.00 | 0.84 | 0.35 |
| CF | 1.63 | 1.37 | 0.00 | 8.00 | 85 | 1.00 | 1.00 | 1.09 | 2.95 |
| C | 0.54 | [0.77] | 0.00 | 4.00 | 44 | 0.00 | 0.00 | 1.62 | 3.21 |
| Cn | 0.00 | [0.00] | 0.00 | 0.00 | 0 | 0.00 | 0.00 | − | − |
| Sum Color | 4.14 | 2.09 | 1.00 | 11.00 | 110 | 4.00 | 4.00 | 0.69 | 0.71 |
| WSumC | 3.42 | 1.66 | 1.50 | 10.00 | 110 | 3.50 | 3.50 | 1.44 | 3.39 |
| Sum C' | 1.47 | [1.46] | 0.00 | 5.00 | 82 | 1.00 | 1.00 | 1.19 | 0.60 |
| Sum T | 0.84 | [1.06] | 0.00 | 3.00 | 51 | 0.00 | 0.00 | 0.94 | −0.49 |
| Sum V | 0.60 | [0.94] | 0.00 | 3.00 | 36 | 0.00 | 0.00 | 1.22 | 0.05 |
| Sum Y | 1.28 | [1.20] | 0.00 | 5.00 | 71 | 1.00 | 0.00 | 0.55 | −0.51 |
| Sum Shading | 4.19 | 3.30 | 0.00 | 11.00 | 96 | 3.00 | 3.00 | 0.58 | −0.77 |
| Fr+rF | 0.16 | [0.43] | 0.00 | 3.00 | 15 | 0.00 | 0.00 | 3.60 | 17.11 |
| FD | 1.18 | [1.32] | 0.00 | 5.00 | 75 | 1.00 | 1.00 | 1.69 | 2.70 |
| F | 5.53 | 2.42 | 2.00 | 12.00 | 110 | 5.00 | 4.00 | 1.22 | 0.50 |
| (2) | 6.81 | 2.70 | 4.00 | 16.00 | 110 | 5.00 | 5.00 | 0.98 | 0.41 |
| 3r+(2)/R | 0.38 | 0.11 | 0.24 | 0.93 | 110 | 0.34 | 0.33 | 1.64 | 5.66 |
| Lambda | 0.43 | 0.20 | 0.15 | 0.92 | 110 | 0.36 | 0.36 | 0.97 | 0.08 |
| EA | 7.35 | 3.03 | 1.50 | 19.00 | 110 | 7.50 | 7.50 | 1.42 | 4.44 |
| es | 9.70 | 4.13 | 2.00 | 17.00 | 110 | 9.00 | 12.00 | 0.29 | −1.10 |
| D Score | −0.66 | 1.38 | −4.00 | 2.00 | 110 | 0.00 | 0.00 | −0.75 | −0.01 |
| Adj D | −0.11 | 1.31 | −3.00 | 4.00 | 110 | 0.00 | 0.00 | −0.27 | 1.01 |
| a (active) | 5.99 | 2.43 | 2.00 | 14.00 | 110 | 6.00 | 5.00 | 0.61 | 1.58 |
| p (passive) | 3.45 | 2.18 | 0.00 | 7.00 | 105 | 3.00 | 2.00 | 0.34 | −1.10 |
| Ma | 2.56 | 1.71 | 0.00 | 7.00 | 95 | 2.00 | 2.00 | 0.48 | −0.08 |
| Mp | 1.36 | 1.12 | 0.00 | 4.00 | 75 | 1.50 | 2.00 | 0.11 | −1.23 |
| Intellect | 1.74 | 1.97 | 0.00 | 10.00 | 72 | 1.00 | 0.00 | 1.37 | 2.00 |
| Zf | 12.26 | 3.31 | 5.00 | 26.00 | 110 | 12.50 | 10.00 | 1.32 | 4.54 |
| Zd | 0.53 | 4.52 | −6.50 | 13.00 | 106 | −0.25 | −3.50 | 0.37 | −0.72 |
| Blends | 4.30 | 2.47 | 1.00 | 13.00 | 110 | 4.00 | 1.00 | 0.54 | 0.10 |
| Blends/R | 0.23 | 0.13 | 0.05 | 0.57 | 110 | 0.24 | 0.07 | 0.32 | −0.77 |
| Col-Shd Blends | 0.69 | [0.85] | 0.00 | 4.00 | 54 | 0.00 | 0.00 | 1.36 | 2.38 |
| Afr | 0.56 | 0.21 | 0.18 | 1.10 | 110 | 0.58 | 0.48 | 1.24 | 0.71 |

表31 不定型・外来患者（N＝110）（つづき）

| 変数 | 平均 | 標準偏差 | 最小値 | 最大値 | 頻度 | 中央値 | 最頻値 | 歪度 | 尖度 |
|---|---|---|---|---|---|---|---|---|---|
| Populars | 5.14 | 2.50 | 0.00 | 10.00 | 104 | 5.00 | 5.00 | −0.05 | −0.57 |
| XA％ | 0.81 | 0.12 | 0.60 | 1.00 | 110 | 0.83 | 0.89 | −0.27 | −0.87 |
| WDA％ | 0.85 | 0.09 | 0.67 | 1.00 | 110 | 0.85 | 0.94 | −0.17 | −0.92 |
| X＋％ | 0.63 | 0.15 | 0.28 | 0.95 | 110 | 0.65 | 0.68 | −0.03 | −0.74 |
| X－％ | 0.16 | 0.11 | 0.00 | 0.36 | 100 | 0.15 | 0.27 | 0.16 | −1.25 |
| Xu％ | 0.18 | 0.09 | 0.00 | 0.41 | 107 | 0.18 | 0.21 | 0.24 | −0.52 |
| Isolate/R | 0.12 | 0.09 | 0.00 | 0.38 | 90 | 0.11 | 0.00 | 0.69 | 0.09 |
| H | 2.36 | 1.40 | 0.00 | 9.00 | 108 | 2.00 | 1.00 | 1.14 | 3.32 |
| (H) | 1.44 | 1.24 | 0.00 | 4.00 | 86 | 1.00 | 1.00 | 0.74 | −0.50 |
| HD | 1.41 | 0.88 | 0.00 | 5.00 | 96 | 1.00 | 1.00 | 0.73 | 1.92 |
| (Hd) | 0.56 | 0.83 | 0.00 | 4.00 | 40 | 0.00 | 0.00 | 1.39 | 1.54 |
| Hx | 0.01 | [0.10] | 0.00 | 1.00 | 1 | 0.00 | 0.00 | 10.48 | 110.00 |
| All H Cont | 5.77 | 2.71 | 0.00 | 16.00 | 108 | 5.00 | 5.00 | 0.85 | 0.89 |
| A | 6.85 | 2.46 | 4.00 | 13.00 | 110 | 6.50 | 5.00 | 1.30 | 1.00 |
| (A) | 0.16 | [0.37] | 0.00 | 1.00 | 18 | 0.00 | 0.00 | 1.84 | 1.42 |
| Ad | 1.93 | [1.58] | 0.00 | 6.00 | 91 | 1.00 | 1.00 | 0.70 | −0.27 |
| (Ad) | 0.06 | [0.25] | 0.00 | 1.00 | 7 | 0.00 | 0.00 | 3.62 | 11.35 |
| An | 0.74 | [0.96] | 0.00 | 5.00 | 57 | 1.00 | 0.00 | 2.05 | 5.91 |
| Art | 1.02 | 1.09 | 0.00 | 5.00 | 69 | 1.00 | 1.00 | 1.21 | 1.24 |
| Ay | 0.16 | [0.36] | 0.00 | 1.00 | 17 | 0.00 | 0.00 | 1.93 | 1.79 |
| Bl | 0.24 | [0.45] | 0.00 | 2.00 | 25 | 0.00 | 0.00 | 1.56 | 1.28 |
| Bt | 0.89 | 0.90 | 0.00 | 3.00 | 68 | 1.00 | 1.00 | 0.90 | 0.18 |
| Cg | 1.39 | 1.40 | 0.00 | 7.00 | 74 | 1.00 | 0.00 | 1.29 | 2.86 |
| Cl | 0.16 | [0.36] | 0.00 | 1.00 | 17 | 0.00 | 0.00 | 1.93 | 1.79 |
| Ex | 0.21 | [0.53] | 0.00 | 2.00 | 17 | 0.00 | 0.00 | 2.50 | 5.28 |
| Fi | 0.34 | [0.53] | 0.00 | 2.00 | 34 | 0.00 | 0.00 | 1.25 | 0.61 |
| Food | 0.23 | [0.42] | 0.00 | 1.00 | 25 | 0.00 | 0.00 | 1.32 | −0.26 |
| Ge | 0.14 | [0.68] | 0.00 | 4.00 | 5 | 0.00 | 0.00 | 5.25 | 27.13 |
| Hh | 0.46 | 0.71 | 0.00 | 2.00 | 37 | 0.00 | 0.00 | 1.21 | 0.05 |
| Ls | 0.74 | 0.91 | 0.00 | 5.00 | 55 | 0.50 | 0.00 | 1.45 | 3.34 |
| Na | 0.15 | [0.43] | 0.00 | 3.00 | 14 | 0.00 | 0.00 | 3.78 | 18.75 |
| Sc | 0.11 | [0.46] | 0.00 | 4.00 | 9 | 0.00 | 0.00 | 6.33 | 49.31 |
| Sx | 0.62 | [0.90] | 0.00 | 3.00 | 47 | 0.00 | 0.00 | 1.61 | 1.91 |
| Xy | 0.05 | [0.21] | 0.00 | 1.00 | 5 | 0.00 | 0.00 | 4.42 | 17.90 |
| Idio | 1.25 | 1.01 | 0.00 | 6.00 | 93 | 1.00 | 1.00 | 1.59 | 3.92 |
| DV | 0.70 | [1.04] | 0.00 | 5.00 | 48 | 0.00 | 0.00 | 2.04 | 5.14 |
| INCOM | 0.66 | [0.85] | 0.00 | 3.00 | 53 | 0.00 | 0.00 | 1.46 | 1.78 |
| DR | 0.29 | [0.88] | 0.00 | 4.00 | 16 | 0.00 | 0.00 | 3.56 | 12.30 |
| FABCOM | 0.46 | [0.70] | 0.00 | 2.00 | 37 | 0.00 | 0.00 | 1.23 | 0.14 |
| DV2 | 0.12 | [0.38] | 0.00 | 2.00 | 11 | 0.00 | 0.00 | 3.38 | 11.63 |
| INC2 | 0.13 | [0.41] | 0.00 | 2.00 | 11 | 0.00 | 0.00 | 3.39 | 11.34 |
| DR2 | 0.01 | [0.10] | 0.00 | 1.00 | 1 | 0.00 | 0.00 | 10.48 | 110.00 |
| FAB2 | 0.13 | [0.47] | 0.00 | 2.00 | 8 | 0.00 | 0.00 | 3.61 | 11.64 |
| ALOG | 0.04 | [0.19] | 0.00 | 1.00 | 4 | 0.00 | 0.00 | 5.02 | 23.65 |
| CONTAM | 0.00 | 0.00 | 0.00 | 0.00 | 0 | 0.00 | 0.00 | − | − |
| Sum 6 Sp Sc | 2.52 | 2.83 | 0.00 | 11.00 | 81 | 1.00 | 0.00 | 1.67 | 2.78 |
| Lvl 2 Sp Sc | 0.38 | [0.85] | 0.00 | 4.00 | 25 | 0.00 | 0.00 | 2.69 | 7.77 |
| WSum6 | 6.57 | 9.72 | 0.00 | 40.00 | 81 | 3.50 | 0.00 | 2.46 | 5.89 |
| AB | 0.28 | [0.47] | 0.00 | 2.00 | 30 | 0.00 | 0.00 | 1.24 | 0.23 |
| AG | 1.14 | 1.30 | 0.00 | 6.00 | 60 | 1.00 | 0.00 | 1.31 | 2.32 |
| COP | 1.45 | 1.33 | 0.00 | 5.00 | 70 | 2.00 | 2.00 | 0.51 | −0.35 |
| CP | 0.00 | [0.00] | 0.00 | 0.00 | 0 | 0.00 | 0.00 | − | − |
| GOODHR | 3.93 | 1.62 | 0.00 | 10.00 | 108 | 4.00 | 5.00 | 0.12 | 1.13 |
| POORHR | 2.56 | 1.95 | 0.00 | 10.00 | 98 | 2.00 | 2.00 | 1.06 | 1.40 |
| MOR | 1.18 | [1.38] | 0.00 | 4.00 | 62 | 1.00 | 0.00 | 0.98 | −0.30 |
| PER | 0.70 | 1.46 | 0.00 | 11.00 | 35 | 0.00 | 0.00 | 3.91 | 22.61 |
| PSV | 0.13 | [0.43] | 0.00 | 2.00 | 10 | 0.00 | 0.00 | 3.51 | 11.76 |

注：[ ]で示した標準偏差は，値が信頼できないので，期待域の推定を行ってはならない。これらの変数をパラメトリックな分析に含めてはならない。

**表32　不定型・外来患者での36変数の頻度（N＝110）**

### 人口統計学的変数

| 婚姻状態 | | | 年齢 | | | 人種 | | |
|---|---|---|---|---|---|---|---|---|
| 独身 | 33 | 30％ | 18-25 | 31 | 28％ | 白人 | 93 | 85％ |
| 同棲あるいは同居中 | 12 | 11％ | 26-35 | 33 | 30％ | 黒人 | 11 | 10％ |
| 既婚 | 49 | 45％ | 36-45 | 22 | 20％ | スペイン系 | 6 | 5％ |
| 別居中 | 5 | 5％ | 46-55 | 4 | 4％ | アジア系 | 0 | 0％ |
| 離婚 | 11 | 10％ | 56-65 | 8 | 7％ | | | |
| 寡婦（夫） | 0 | 0％ | 66以上 | 12 | 11％ | | | |
| | | | | | | 教育年数 | | |
| | | | | | | 12年未満 | 9 | 8％ |
| 性別 | | | | | | 12年 | 38 | 35％ |
| 男 | 38 | 35％ | | | | 13-15年 | 46 | 42％ |
| 女 | 72 | 65％ | | | | 16年以上 | 17 | 15％ |

### 比率，パーセンテージ，特殊指標

| スタイル | | | | 形態水準 | | |
|---|---|---|---|---|---|---|
| 内向型 | 0 | 0％ | | XA％＞.89 | 22 | 20％ |
| 超内向型 | 0 | 0％ | | XA％＜.70 | 19 | 17％ |
| 不定型 | 110 | 100％ | | WDA％＜.85 | 52 | 47％ |
| 外拡 | 0 | 0％ | | WDA％＜.75 | 20 | 18％ |
| 超外拡 | 0 | 0％ | | X＋％＜.55 | 35 | 32％ |
| 回避 | 0 | 0％ | | Xu％＞.20 | 46 | 42％ |
| | | | | X－％＞.20 | 43 | 39％ |
| Dスコア | | | | X－％＞.30 | 15 | 14％ |
| Dスコア＞0 | 21 | 19％ | | | | |
| Dスコア＝0 | 39 | 35％ | | FC：CF＋Cの比率 | | |
| Dスコア＜0 | 50 | 45％ | | FC＞（CF＋C）＋2 | 12 | 11％ |
| Dスコア＜－1 | 25 | 23％ | | FC＞（CF＋C）＋1 | 22 | 20％ |
| | | | | （CF＋C）＞FC＋1 | 28 | 25％ |
| 修正Dスコア＞0 | 31 | 28％ | | （CF＋C）＞FC＋2 | 8 | 7％ |
| 修正Dスコア＝0 | 50 | 45％ | | | | |
| 修正Dスコア＜0 | 29 | 26％ | | | | |
| 修正Dスコア＜－1 | 16 | 15％ | | 自殺の可能性陽性 | 0 | 0％ |
| Zd＞＋3.0（オーバーインコーポレイティブ） | 31 | 28％ | | HVI陽性 | 22 | 20％ |
| Zd＜－3.0（アンダーインコーポレイティブ） | 36 | 33％ | | OBS陽性 | 6 | 5％ |

| PTI＝5 | 3 | 3％ | DEPI＝7 | 0 | 0％ | CDI＝5 | 2 | 2％ |
|---|---|---|---|---|---|---|---|---|
| PTI＝4 | 0 | 0％ | DEPI＝6 | 3 | 3％ | CDI＝4 | 21 | 19％ |
| PTI＝3 | 0 | 0％ | DEPI＝5 | 13 | 12％ | | | |

### その他の変数

| R＜17 | 38 | 35％ | （2AB＋Art＋Ay）＞5 | 8 | 7％ |
|---|---|---|---|---|---|
| R＞27 | 6 | 5％ | Populars＜4 | 26 | 24％ |
| DQv＞2 | 12 | 11％ | Populars＞7 | 21 | 19％ |
| S＞2 | 46 | 42％ | COP＝0 | 40 | 36％ |
| Sum T＝0 | 59 | 54％ | COP＞2 | 16 | 15％ |
| Sum T＞1 | 28 | 25％ | AG＝0 | 50 | 45％ |
| 3r＋(2)/R＜.33 | 24 | 22％ | AG＞2 | 6 | 5％ |
| 3r＋(2)/R＞.44 | 25 | 23％ | MOR＞2 | 20 | 18％ |
| Fr＋rF＞0 | 15 | 14％ | Level 2 Sp.Sc.＞0 | 25 | 23％ |
| Pure C＞0 | 44 | 40％ | GHR＞PHR | 74 | 67％ |
| Pure C＞1 | 12 | 11％ | Pure H＜2 | 40 | 36％ |
| Afr＜.40 | 34 | 31％ | Pure H＝0 | 2 | 2％ |
| Afr＜.50 | 51 | 46％ | p＞a＋1 | 16 | 15％ |
| （FM＋m）＜Sum Shading | 26 | 24％ | Mp＞Ma | 21 | 19％ |

表33　ハイラムダ・外来患者の記述統計（N＝201）

| 変数 | 平均 | 標準偏差 | 最小値 | 最大値 | 頻度 | 中央値 | 最頻値 | 歪度 | 尖度 |
|---|---|---|---|---|---|---|---|---|---|
| 年齢 | 34.35 | 12.40 | 18.00 | 66.00 | 201 | 31.00 | 23.00 | 0.83 | −0.15 |
| 教育年数 | 12.88 | 4.13 | 10.00 | 20.00 | 201 | 12.00 | 12.00 | −1.53 | 2.15 |
| R | 20.61 | 5.52 | 14.00 | 41.00 | 201 | 19.00 | 16.00 | 1.32 | 1.74 |
| W | 6.58 | 3.25 | 1.00 | 18.00 | 201 | 6.00 | 4.00 | 0.46 | −0.35 |
| D | 10.66 | 4.97 | 4.00 | 25.00 | 201 | 10.00 | 14.00 | 0.68 | 0.09 |
| Dd | 3.38 | [3.13] | 0.00 | 16.00 | 177 | 2.00 | 1.00 | 1.56 | 3.59 |
| S | 1.84 | [1.85] | 0.00 | 10.00 | 143 | 1.00 | 0.00 | 1.36 | 2.75 |
| DQ+ | 4.08 | 2.13 | 0.00 | 10.00 | 196 | 4.00 | 5.00 | 0.40 | 0.52 |
| DQo | 15.11 | 5.70 | 7.00 | 32.00 | 201 | 16.00 | 16.00 | 0.76 | 0.42 |
| DQv | 1.28 | [1.42] | 0.00 | 6.00 | 125 | 1.00 | 0.00 | 1.33 | 1.65 |
| DQv/+ | 0.14 | [0.51] | 0.00 | 3.00 | 19 | 0.00 | 0.00 | 4.22 | 18.88 |
| FQx+ | 0.10 | 0.58 | 0.00 | 4.00 | 7 | 0.00 | 0.00 | 6.25 | 38.85 |
| FQxo | 12.37 | 3.89 | 6.00 | 29.00 | 201 | 12.00 | 12.00 | 1.07 | 2.21 |
| FQxu | 4.06 | 2.30 | 0.00 | 12.00 | 194 | 3.00 | 3.00 | 0.87 | 0.59 |
| FQx- | 3.64 | 2.62 | 0.00 | 11.00 | 176 | 3.00 | 4.00 | 0.68 | 0.11 |
| FQxNone | 0.44 | [0.83] | 0.00 | 3.00 | 55 | 0.00 | 0.00 | 1.88 | 2.60 |
| MQ+ | 0.08 | 0.45 | 0.00 | 3.00 | 7 | 0.00 | 0.00 | 5.94 | 34.98 |
| MQo | 1.63 | 1.35 | 0.00 | 8.00 | 166 | 1.00 | 1.00 | 0.97 | 1.21 |
| MQu | 0.44 | 0.57 | 0.00 | 2.00 | 81 | 0.00 | 0.00 | 0.87 | −0.23 |
| MQ- | 0.41 | [0.57] | 0.00 | 2.00 | 74 | 0.00 | 0.00 | 1.02 | 0.07 |
| MQNone | 0.00 | [0.00] | 0.00 | 0.00 | 0 | 0.00 | 0.00 | − | − |
| S− | 0.66 | [1.02] | 0.00 | 4.00 | 73 | 0.00 | 0.00 | 1.42 | 0.91 |
| M | 2.56 | 1.79 | 0.00 | 11.00 | 178 | 2.00 | 2.00 | 0.76 | 1.23 |
| FM | 1.44 | 1.26 | 0.00 | 5.00 | 149 | 1.00 | 1.00 | 0.67 | −0.44 |
| m | 0.72 | 1.07 | 0.00 | 5.00 | 91 | 0.00 | 0.00 | 2.01 | 4.38 |
| FM + m | 2.16 | 1.86 | 0.00 | 8.00 | 161 | 2.00 | 1.00 | 0.87 | 0.20 |
| FC | 0.96 | 1.05 | 0.00 | 5.00 | 121 | 1.00 | 0.00 | 1.27 | 1.70 |
| CF | 0.65 | 1.01 | 0.00 | 4.00 | 72 | 0.00 | 0.00 | 1.42 | 1.07 |
| C | 0.49 | [0.81] | 0.00 | 3.00 | 65 | 0.00 | 0.00 | 1.57 | 1.56 |
| Cn | 0.02 | [0.14] | 0.00 | 1.00 | 4 | 0.00 | 0.00 | 6.92 | 46.45 |
| Sum Color | 2.12 | 1.44 | 0.00 | 6.00 | 179 | 2.00 | 1.00 | 0.70 | 0.38 |
| WSumC | 1.87 | 1.46 | 0.00 | 7.00 | 179 | 1.50 | 1.00 | 0.84 | 0.48 |
| Sum C' | 0.53 | [0.74] | 0.00 | 3.00 | 82 | 0.00 | 0.00 | 1.46 | 1.94 |
| Sum T | 0.22 | [0.53] | 0.00 | 3.00 | 37 | 0.00 | 0.00 | 2.94 | 10.32 |
| Sum V | 0.13 | [0.41] | 0.00 | 2.00 | 22 | 0.00 | 0.00 | 3.19 | 9.94 |
| Sum Y | 0.69 | [1.10] | 0.00 | 6.00 | 85 | 0.00 | 0.00 | 2.40 | 7.17 |
| Sum Shading | 1.58 | 1.72 | 0.00 | 8.00 | 148 | 1.00 | 1.00 | 1.57 | 2.21 |
| Fr + rF | 0.17 | [0.58] | 0.00 | 3.00 | 21 | 0.00 | 0.00 | 3.73 | 13.95 |
| FD | 0.51 | [0.70] | 0.00 | 2.00 | 78 | 0.00 | 0.00 | 1.02 | −0.26 |
| F | 13.18 | 4.82 | 7.00 | 30.00 | 201 | 12.00 | 11.00 | 1.24 | 1.81 |
| (2) | 7.88 | 3.43 | 3.00 | 21.00 | 201 | 7.00 | 6.00 | 0.94 | 0.70 |
| 3r + (2)/R | 0.41 | 0.14 | 0.14 | 0.79 | 201 | 0.39 | 0.39 | 0.57 | 0.15 |
| Lambda | 2.14 | 1.59 | 1.00 | 7.67 | 201 | 1.75 | 1.00 | 2.23 | 4.58 |
| EA | 4.43 | 2.29 | 0.00 | 14.50 | 199 | 4.00 | 2.50 | 0.59 | 0.66 |
| es | 3.74 | 2.77 | 1.00 | 14.00 | 201 | 3.00 | 2.00 | 1.62 | 3.05 |
| D Score | 0.20 | 1.11 | −4.00 | 2.00 | 201 | 0.00 | 0.00 | −0.94 | 3.68 |
| Adj D | 0.42 | 0.89 | −2.00 | 4.00 | 201 | 0.00 | 0.00 | 0.47 | 1.37 |
| a (active) | 2.45 | 1.94 | 0.00 | 13.00 | 176 | 2.00 | 2.00 | 1.37 | 3.63 |
| p (passive) | 2.28 | 1.79 | 0.00 | 7.00 | 165 | 2.00 | 2.00 | 0.74 | −0.14 |
| Ma | 1.27 | 1.22 | 0.00 | 8.00 | 146 | 1.00 | 1.00 | 1.54 | 4.48 |
| Mp | 1.29 | 1.23 | 0.00 | 4.00 | 136 | 1.00 | 0.00 | 0.81 | −0.08 |
| Intellect | 1.45 | 1.59 | 0.00 | 6.00 | 124 | 1.00 | 0.00 | 1.13 | 0.81 |
| Zf | 8.95 | 3.59 | 2.00 | 21.00 | 201 | 9.00 | 11.00 | 0.30 | 0.37 |
| Zd | −1.26 | 3.92 | −11.50 | 9.50 | 193 | −1.00 | −1.00 | −0.06 | −0.40 |
| Blends | 1.46 | 1.57 | 0.00 | 7.00 | 137 | 1.00 | 1.00 | 1.20 | 0.86 |
| Blends/R | 0.07 | 0.08 | 0.00 | 0.29 | 137 | 0.05 | 0.00 | 1.11 | 0.40 |
| Col-Shd Blends | 0.27 | [0.46] | 0.00 | 2.00 | 53 | 0.00 | 0.00 | 1.21 | −0.10 |
| Afr | 0.48 | 0.20 | 0.23 | 1.13 | 201 | 0.50 | 0.46 | 1.07 | 0.73 |

表33　ハイラムダ・外来患者（N＝201）（つづき）

| 変数 | 平均 | 標準偏差 | 最小値 | 最大値 | 頻度 | 中央値 | 最頻値 | 歪度 | 尖度 |
|---|---|---|---|---|---|---|---|---|---|
| Populars | 5.21 | 1.78 | 1.00 | 10.00 | 201 | 5.00 | 4.00 | 0.33 | −0.06 |
| XA% | 0.80 | 0.11 | 0.50 | 1.00 | 201 | 0.80 | 1.00 | 0.14 | −0.11 |
| WDA% | 0.85 | 0.10 | 0.64 | 1.00 | 201 | 0.83 | 1.00 | — | −0.76 |
| X+% | 0.61 | 0.13 | 0.33 | 0.89 | 201 | 0.60 | 0.52 | 0.11 | −0.56 |
| X−% | 0.17 | 0.11 | 0.00 | 0.44 | 176 | 0.19 | 0.00 | 0.07 | −0.66 |
| Xu% | 0.19 | 0.09 | 0.00 | 0.42 | 194 | 0.19 | 0.14 | 0.31 | 0.22 |
| Isolate/R | 0.09 | 0.11 | 0.00 | 0.36 | 114 | 0.06 | 0.00 | 1.10 | 0.24 |
| H | 2.03 | 1.33 | 0.00 | 5.00 | 186 | 2.00 | 1.00 | 0.55 | −0.70 |
| (H) | 0.68 | 1.07 | 0.00 | 4.00 | 75 | 0.00 | 0.00 | 1.51 | 1.23 |
| HD | 1.49 | 1.66 | 0.00 | 8.00 | 146 | 1.00 | 1.00 | 1.78 | 3.46 |
| (Hd) | 0.69 | 1.04 | 0.00 | 5.00 | 75 | 0.00 | 0.00 | 1.46 | 1.90 |
| Hx | 0.05 | [0.30] | 0.00 | 2.00 | 6 | 0.00 | 0.00 | 6.11 | 36.98 |
| All H Cont | 4.89 | 2.64 | 0.00 | 15.00 | 197 | 4.00 | 3.00 | 0.74 | 0.63 |
| A | 8.33 | 3.00 | 2.00 | 16.00 | 201 | 8.00 | 7.00 | 0.16 | −0.90 |
| (A) | 0.24 | [0.45] | 0.00 | 2.00 | 47 | 0.00 | 0.00 | 1.52 | 1.15 |
| Ad | 2.09 | [2.09] | 0.00 | 11.00 | 159 | 2.00 | 2.00 | 1.66 | 3.26 |
| (Ad) | 0.07 | [0.25] | 0.00 | 1.00 | 13 | 0.00 | 0.00 | 3.56 | 10.83 |
| An | 1.10 | [1.50] | 0.00 | 11.00 | 113 | 1.00 | 0.00 | 2.46 | 9.77 |
| Art | 0.98 | 1.14 | 0.00 | 4.00 | 106 | 1.00 | 0.00 | 0.90 | −0.36 |
| Ay | 0.18 | [0.41] | 0.00 | 2.00 | 34 | 0.00 | 0.00 | 2.11 | 3.67 |
| Bl | 0.18 | [0.48] | 0.00 | 3.00 | 29 | 0.00 | 0.00 | 2.99 | 9.76 |
| Bt | 0.87 | 1.33 | 0.00 | 5.00 | 85 | 0.00 | 0.00 | 1.59 | 1.41 |
| Cg | 1.28 | 1.28 | 0.00 | 6.00 | 130 | 1.00 | 0.00 | 1.03 | 1.19 |
| Cl | 0.17 | [0.52] | 0.00 | 2.00 | 22 | 0.00 | 0.00 | 2.92 | 7.13 |
| Ex | 0.05 | [0.24] | 0.00 | 2.00 | 9 | 0.00 | 0.00 | 5.22 | 29.65 |
| Fi | 0.23 | [0.49] | 0.00 | 2.00 | 40 | 0.00 | 0.00 | 2.05 | 3.49 |
| Food | 0.35 | [0.57] | 0.00 | 2.00 | 61 | 0.00 | 0.00 | 1.39 | 0.97 |
| Ge | 0.05 | [0.23] | 0.00 | 2.00 | 8 | 0.00 | 0.00 | 5.61 | 34.47 |
| Hh | 0.39 | 0.71 | 0.00 | 4.00 | 57 | 0.00 | 0.00 | 2.19 | 5.93 |
| Ls | 0.40 | 0.82 | 0.00 | 3.00 | 46 | 0.00 | 0.00 | 1.93 | 2.59 |
| Na | 0.12 | [0.36] | 0.00 | 2.00 | 23 | 0.00 | 0.00 | 2.92 | 8.37 |
| Sc | 0.44 | [0.57] | 0.00 | 2.00 | 80 | 0.00 | 0.00 | 0.89 | −0.20 |
| Sx | 0.55 | [1.06] | 0.00 | 5.00 | 63 | 0.00 | 0.00 | 2.50 | 6.37 |
| Xy | 0.06 | [0.24] | 0.00 | 1.00 | 12 | 0.00 | 0.00 | 3.74 | 12.14 |
| Idio | 0.98 | 1.17 | 0.00 | 4.00 | 104 | 1.00 | 0.00 | 0.95 | −0.15 |
| DV | 0.61 | [0.78] | 0.00 | 2.00 | 85 | 0.00 | 0.00 | 0.81 | −0.88 |
| INCOM | 0.99 | [1.23] | 0.00 | 6.00 | 106 | 1.00 | 0.00 | 1.33 | 1.75 |
| DR | 0.25 | [0.76] | 0.00 | 5.00 | 29 | 0.00 | 0.00 | 4.17 | 19.91 |
| FABCOM | 0.25 | [0.48] | 0.00 | 2.00 | 46 | 0.00 | 0.00 | 1.71 | 2.08 |
| DV2 | 0.10 | [0.29] | 0.00 | 1.00 | 19 | 0.00 | 0.00 | 2.79 | 5.86 |
| INC2 | 0.17 | [0.48] | 0.00 | 2.00 | 25 | 0.00 | 0.00 | 2.88 | 7.45 |
| DR2 | 0.10 | [0.34] | 0.00 | 2.00 | 16 | 0.00 | 0.00 | 3.86 | 15.44 |
| FAB2 | 0.39 | [0.82] | 0.00 | 3.00 | 46 | 0.00 | 0.00 | 2.20 | 3.89 |
| ALOG | 0.12 | [0.37] | 0.00 | 2.00 | 22 | 0.00 | 0.00 | 3.12 | 9.76 |
| CONTAM | 0.00 | 0.00 | 0.00 | 0.00 | 0 | 0.00 | 0.00 | — | — |
| Sum 6 Sp Sc | 2.97 | 2.39 | 0.00 | 11.00 | 185 | 2.00 | 1.00 | 1.27 | 1.76 |
| Lvl 2 Sp Sc | 0.75 | [1.02] | 0.00 | 4.00 | 90 | 0.00 | 0.00 | 1.37 | 1.13 |
| WSum6 | 9.10 | 8.74 | 0.00 | 48.00 | 185 | 7.00 | 8.00 | 1.96 | 4.96 |
| AB | 0.15 | [0.41] | 0.00 | 2.00 | 26 | 0.00 | 0.00 | 2.82 | 7.69 |
| AG | 0.47 | 0.80 | 0.00 | 4.00 | 58 | 0.00 | 0.00 | 1.49 | 1.31 |
| COP | 0.68 | 0.67 | 0.00 | 3.00 | 116 | 1.00 | 1.00 | 0.67 | 0.25 |
| CP | 0.00 | [0.00] | 0.00 | 0.00 | 0 | 0.00 | 0.00 | — | — |
| GOODHR | 2.81 | 1.65 | 0.00 | 9.00 | 189 | 3.00 | 4.00 | 0.58 | 0.95 |
| POORHR | 2.48 | 2.06 | 0.00 | 11.00 | 171 | 2.00 | 2.00 | 1.22 | 1.82 |
| MOR | 0.96 | [1.43] | 0.00 | 7.00 | 97 | 0.00 | 0.00 | 1.95 | 3.80 |
| PER | 1.18 | 2.01 | 0.00 | 10.00 | 88 | 0.00 | 0.00 | 2.52 | 7.54 |
| PSV | 0.29 | [0.78] | 0.00 | 3.00 | 32 | 0.00 | 0.00 | 2.81 | 6.86 |

注：[ ] で示した標準偏差は，値が信頼できないので，期待域の推定を行ってはならない。これらの変数をパラメトリックな分析に含めてはならない。

### 表34　ハイラムダ・外来患者での36変数の頻度（N＝201）

#### 人口統計学的変数

| 婚姻状態 | | | 年齢 | | | 人種 | | |
|---|---|---|---|---|---|---|---|---|
| 独身 | 45 | 22％ | 18-25 | 63 | 31％ | 白人 | 173 | 86％ |
| 同棲あるいは同居中 | 10 | 5％ | 26-35 | 51 | 25％ | 黒人 | 15 | 7％ |
| 既婚 | 122 | 61％ | 36-45 | 49 | 24％ | スペイン系 | 11 | 5％ |
| 別居中 | 13 | 6％ | 46-55 | 18 | 9％ | アジア系 | 2 | 1％ |
| 離婚 | 7 | 3％ | 56-65 | 18 | 9％ | | | |
| 寡婦（夫） | 4 | 2％ | 66以上 | 2 | 1％ | | | |

| 性別 | | | | | | 教育年数 | | |
|---|---|---|---|---|---|---|---|---|
| | | | | | | 12年未満 | 28 | 14％ |
| 男 | 74 | 37％ | | | | 12年 | 72 | 36％ |
| 女 | 127 | 63％ | | | | 13-15年 | 66 | 33％ |
| | | | | | | 16年以上 | 35 | 17％ |

#### 比率，パーセンテージ，特殊指標

| スタイル | | | | 形態水準 | | |
|---|---|---|---|---|---|---|
| 内向型 | 0 | 0％ | | XA％＞.89 | 33 | 16％ |
| 超内向型 | 0 | 0％ | | XA％＜.70 | 26 | 13％ |
| 不定型 | 0 | 0％ | | WDA％＜.85 | 116 | 58％ |
| 外拡 | 0 | 0％ | | WDA％＜.75 | 27 | 13％ |
| 超外拡 | 0 | 0％ | | X＋％＜.55 | 70 | 35％ |
| 回避 | 201 | 100％ | | Xu％＞.20 | 81 | 40％ |
| | | | | X－％＞.20 | 83 | 41％ |
| Dスコア | | | | X－％＞.30 | 16 | 8％ |
| Dスコア＞0 | 57 | 28％ | | | | |
| Dスコア＝0 | 117 | 58％ | | FC：CF＋Cの比率 | | |
| Dスコア＜0 | 27 | 13％ | | FC＞（CF＋C）＋2 | 4 | 2％ |
| Dスコア＜－1 | 8 | 4％ | | FC＞（CF＋C）＋1 | 38 | 19％ |
| | | | | （CF＋C）＞FC＋1 | 40 | 20％ |
| 修正Dスコア＞0 | 70 | 35％ | | （CF＋C）＞FC＋2 | 23 | 11％ |
| 修正Dスコア＝0 | 120 | 60％ | | | | |
| 修正Dスコア＜0 | 11 | 5％ | | | | |
| 修正Dスコア＜－1 | 5 | 2％ | | 自殺の可能性陽性 | 0 | 0％ |
| Zd＞＋3.0（オーバーインコーポレイティブ） | 28 | 14％ | | HVI陽性 | 8 | 4％ |
| Zd＜－3.0（アンダーインコーポレイティブ） | 58 | 29％ | | OBS陽性 | 1 | 0％ |

| | | | | | | | | |
|---|---|---|---|---|---|---|---|---|
| PTI＝5 | 0 | 0％ | DEPI＝7 | 0 | 0％ | CDI＝5 | 28 | 14％ |
| PTI＝4 | 0 | 0％ | DEPI＝6 | 8 | 4％ | CDI＝4 | 64 | 32％ |
| PTI＝3 | 4 | 2％ | DEPI＝5 | 26 | 13％ | | | |

#### その他の変数

| | | | | | |
|---|---|---|---|---|---|
| R＜17 | 55 | 27％ | （2AB＋Art＋Ay）＞5 | 8 | 4％ |
| R＞27 | 21 | 10％ | Populars＜4 | 23 | 11％ |
| DQv＞2 | 32 | 16％ | Populars＞7 | 21 | 10％ |
| S＞2 | 61 | 30％ | COP＝0 | 85 | 42％ |
| Sum T＝0 | 164 | 82％ | COP＞2 | 2 | 1％ |
| Sum T＞1 | 5 | 2％ | AG＝0 | 143 | 71％ |
| 3r＋(2)/R＜.33 | 5 | 28％ | AG＞2 | 1 | 0％ |
| 3r＋(2)/R＞.44 | 53 | 26％ | MOR＞2 | 25 | 12％ |
| Fr＋rF＞0 | 21 | 10％ | Level 2 Sp.Sc.＞0 | 90 | 45％ |
| Pure C＞0 | 65 | 32％ | GHR＞PHR | 92 | 46％ |
| Pure C＞1 | 27 | 13％ | Pure H＜2 | 89 | 44％ |
| Afr＜.40 | 49 | 24％ | Pure H＝0 | 15 | 7％ |
| Afr＜.50 | 98 | 49％ | p＞a＋1 | 55 | 27％ |
| (FM＋m)＜Sum Shading | 71 | 35％ | Mp＞Ma | 66 | 33％ |

表35　うつ病入院患者の記述統計　L＜1.0　（N＝193）

| 変数 | 平均 | 標準偏差 | 最小値 | 最大値 | 頻度 | 中央値 | 最頻値 | 歪度 | 尖度 |
|---|---|---|---|---|---|---|---|---|---|
| 年齢 | 40.02 | 13.01 | 18.00 | 71.00 | 193 | 40.00 | 46.00 | 0.19 | −0.80 |
| 教育年数 | 11.83 | 6.02 | 10.00 | 20.00 | 193 | 12.50 | 12.00 | −1.09 | 0.04 |
| R | 22.56 | 7.20 | 14.00 | 43.00 | 193 | 21.00 | 17.00 | 0.99 | 0.52 |
| W | 9.33 | 4.27 | 0.00 | 18.00 | 184 | 10.00 | 11.00 | −0.52 | −0.52 |
| D | 9.75 | 5.94 | 1.00 | 27.00 | 193 | 8.00 | 4.00 | 0.95 | 0.76 |
| Dd | 3.49 | [3.88] | 0.00 | 14.00 | 157 | 2.00 | 0.00 | 1.67 | 2.07 |
| S | 2.24 | [2.07] | 0.00 | 9.00 | 148 | 2.00 | 0.00 | 0.97 | 0.74 |
| DQ+ | 6.83 | 3.33 | 1.00 | 18.00 | 193 | 6.00 | 4.00 | 0.77 | 0.71 |
| DQo | 12.82 | 6.15 | 4.00 | 33.00 | 193 | 11.00 | 11.00 | 1.44 | 2.25 |
| DQv | 2.60 | [2.10] | 0.00 | 7.00 | 155 | 2.00 | 0.00 | 0.57 | −0.52 |
| DQv/+ | 0.31 | [0.65] | 0.00 | 3.00 | 42 | 0.00 | 0.00 | 2.10 | 3.71 |
| FQx+ | 0.04 | 0.27 | 0.00 | 3.00 | 6 | 0.00 | 0.00 | 8.39 | 82.67 |
| FQxo | 11.65 | 3.79 | 5.00 | 20.00 | 193 | 11.00 | 11.00 | 0.21 | −0.61 |
| FQxu | 5.49 | 3.20 | 1.00 | 13.00 | 193 | 6.00 | 2.00 | 0.51 | −0.32 |
| FQx- | 4.35 | 2.82 | 0.00 | 11.00 | 180 | 4.00 | 2.00 | 0.53 | −0.41 |
| FQxNone | 1.03 | [1.31] | 0.00 | 4.00 | 103 | 1.00 | 0.00 | 1.26 | 0.44 |
| MQ+ | 0.03 | 0.19 | 0.00 | 2.00 | 4 | 0.00 | 0.00 | 8.13 | 72.02 |
| MQo | 2.65 | 1.50 | 0.00 | 6.00 | 185 | 2.00 | 2.00 | 0.55 | −0.26 |
| MQu | 0.73 | 1.04 | 0.00 | 5.00 | 88 | 0.00 | 0.00 | 2.00 | 5.35 |
| MQ- | 0.52 | [0.83] | 0.00 | 4.00 | 67 | 0.00 | 0.00 | 1.76 | 3.39 |
| MQNone | 0.05 | [0.22] | 0.00 | 1.00 | 10 | 0.00 | 0.00 | 4.07 | 14.77 |
| S− | 0.84 | [1.05] | 0.00 | 4.00 | 96 | 0.00 | 0.00 | 1.19 | 0.84 |
| M | 3.98 | 2.10 | 1.00 | 9.00 | 193 | 4.00 | 4.00 | 0.59 | −0.17 |
| FM | 3.97 | 2.92 | 0.00 | 14.00 | 187 | 3.00 | 2.00 | 1.82 | 4.11 |
| m | 1.89 | 2.15 | 0.00 | 11.00 | 139 | 1.00 | 0.00 | 2.14 | 6.29 |
| FM＋m | 5.86 | 3.76 | 0.00 | 15.00 | 190 | 5.00 | 3.00 | 0.92 | 0.35 |
| FC | 1.75 | 1.98 | 0.00 | 11.00 | 124 | 1.00 | 0.00 | 1.59 | 3.73 |
| CF | 1.79 | 1.42 | 0.00 | 8.00 | 156 | 2.00 | 1.00 | 0.87 | 1.19 |
| C | 0.73 | [1.01] | 0.00 | 4.00 | 85 | 0.00 | 0.00 | 1.50 | 2.02 |
| Cn | 0.03 | [0.16] | 0.00 | 1.00 | 5 | 0.00 | 0.00 | 6.01 | 34.55 |
| Sum Color | 4.29 | 2.53 | 0.00 | 12.00 | 181 | 4.00 | 2.00 | 0.28 | −0.33 |
| WSumC | 3.76 | 2.19 | 0.00 | 9.00 | 181 | 4.00 | 2.00 | 0.22 | −0.78 |
| Sum C' | 2.44 | [1.92] | 0.00 | 8.00 | 158 | 2.00 | 1.00 | 0.61 | −0.12 |
| Sum T | 0.90 | [1.50] | 0.00 | 7.00 | 84 | 0.00 | 0.00 | 2.43 | 6.34 |
| Sum V | 1.27 | [1.29] | 0.00 | 5.00 | 121 | 1.00 | 0.00 | 0.82 | −0.04 |
| Sum Y | 2.03 | [1.22] | 0.00 | 4.00 | 170 | 2.00 | 3.00 | −0.18 | −1.20 |
| Sum Shading | 6.64 | 3.76 | 1.00 | 18.00 | 193 | 6.00 | 4.00 | 0.90 | 0.08 |
| Fr＋rF | 0.12 | [0.36] | 0.00 | 2.00 | 21 | 0.00 | 0.00 | 3.04 | 9.24 |
| FD | 1.04 | [1.14] | 0.00 | 4.00 | 114 | 1.00 | 0.00 | 0.99 | 0.15 |
| F | 7.56 | 3.85 | 2.00 | 21.00 | 193 | 7.00 | 4.00 | 1.56 | 3.34 |
| (2) | 7.49 | 3.39 | 3.00 | 18.00 | 193 | 7.00 | 5.00 | 0.86 | 0.11 |
| 3r＋(2)/R | 0.36 | 0.14 | 0.16 | 0.67 | 193 | 0.33 | 0.21 | 0.56 | −0.59 |
| Lambda | 0.52 | 0.21 | 0.15 | 0.95 | 193 | 0.50 | 0.50 | 0.14 | −1.05 |
| EA | 7.74 | 3.64 | 2.00 | 18.00 | 193 | 6.50 | 5.00 | 0.80 | 0.26 |
| es | 12.51 | 5.08 | 4.00 | 27.00 | 193 | 12.00 | 9.00 | 0.52 | 0.31 |
| D Score | −1.54 | 1.87 | −6.00 | 3.00 | 193 | −2.00 | −2.00 | −0.41 | 0.04 |
| Adj D | −0.81 | 1.74 | −6.00 | 3.00 | 193 | −1.00 | −1.00 | −0.90 | 1.81 |
| a (active) | 5.80 | 3.05 | 0.00 | 14.00 | 186 | 6.00 | 6.00 | 0.22 | −0.20 |
| p (passive) | 4.11 | 2.48 | 0.00 | 11.00 | 188 | 3.00 | 3.00 | 0.96 | 0.77 |
| Ma | 2.29 | 1.66 | 0.00 | 7.00 | 160 | 2.00 | 2.00 | 0.74 | 0.61 |
| Mp | 1.71 | 1.25 | 0.00 | 5.00 | 159 | 2.00 | 1.00 | 0.53 | −0.15 |
| Intellect | 2.47 | 2.01 | 0.00 | 10.00 | 150 | 2.00 | 0.00 | 0.64 | 0.16 |
| Zf | 12.45 | 4.31 | 4.00 | 25.00 | 193 | 13.00 | 14.00 | −0.02 | −0.28 |
| Zd | −1.16 | 5.05 | −12.00 | 13.00 | 180 | −0.50 | −2.50 | −0.08 | −0.12 |
| Blends | 5.46 | 3.09 | 1.00 | 15.00 | 193 | 6.00 | 6.00 | 0.59 | 0.14 |
| Blends/R | 0.25 | 0.14 | 0.04 | 0.61 | 193 | 0.27 | 0.32 | 0.28 | −0.37 |
| Col-Shd Blends | 1.19 | [1.23] | 0.00 | 5.00 | 127 | 1.00 | 1.00 | 1.21 | 1.21 |
| Afr | 0.46 | 0.16 | 0.16 | 0.94 | 193 | 0.40 | 0.36 | 0.65 | 0.04 |

表35 うつ病入院患者 L＜1.0 （N＝193）（つづき）

| 変数 | 平均 | 標準偏差 | 最小値 | 最大値 | 頻度 | 中央値 | 最頻値 | 歪度 | 尖度 |
|---|---|---|---|---|---|---|---|---|---|
| Populars | 5.42 | 2.00 | 2.00 | 8.00 | 193 | 5.00 | 8.00 | −0.06 | −1.26 |
| XA% | 0.76 | 0.10 | 0.59 | 1.00 | 193 | 0.77 | 0.71 | 0.25 | −0.39 |
| WDA% | 0.80 | 0.10 | 0.57 | 1.00 | 193 | 0.79 | 0.71 | 0.22 | −0.19 |
| X+% | 0.53 | 0.12 | 0.28 | 0.80 | 193 | 0.53 | 0.47 | 0.00 | −0.51 |
| X−% | 0.19 | 0.10 | 0.00 | 0.41 | 180 | 0.17 | 0.13 | 0.13 | −0.73 |
| Xu% | 0.24 | 0.11 | 0.04 | 0.47 | 193 | 0.25 | 0.32 | −0.10 | −0.75 |
| Isolate/R | 0.19 | 0.11 | 0.00 | 0.52 | 178 | 0.17 | 0.32 | 0.26 | −0.41 |
| H | 1.96 | 1.34 | 0.00 | 7.00 | 179 | 2.00 | 1.00 | 1.13 | 1.75 |
| (H) | 1.10 | 0.91 | 0.00 | 3.00 | 144 | 1.00 | 1.00 | 0.68 | −0.17 |
| HD | 1.23 | 1.38 | 0.00 | 6.00 | 115 | 1.00 | 0.00 | 1.17 | 1.15 |
| (Hd) | 0.71 | 0.90 | 0.00 | 4.00 | 93 | 0.00 | 0.00 | 1.43 | 2.24 |
| Hx | 0.03 | [0.17] | 0.00 | 1.00 | 6 | 0.00 | 0.00 | 5.44 | 27.95 |
| All H Cont | 5.00 | 2.50 | 1.00 | 15.00 | 193 | 5.00 | 7.00 | 0.96 | 1.52 |
| A | 7.91 | 3.06 | 3.00 | 14.00 | 193 | 8.00 | 8.00 | 0.37 | −0.81 |
| (A) | 0.61 | [1.16] | 0.00 | 5.00 | 65 | 0.00 | 0.00 | 2.63 | 7.16 |
| Ad | 1.97 | [1.65] | 0.00 | 6.00 | 156 | 2.00 | 1.00 | 0.72 | −0.41 |
| (Ad) | 0.25 | [0.48] | 0.00 | 2.00 | 44 | 0.00 | 0.00 | 1.73 | 2.15 |
| An | 0.84 | [1.15] | 0.00 | 5.00 | 92 | 0.00 | 0.00 | 1.65 | 2.73 |
| Art | 1.73 | 1.64 | 0.00 | 5.00 | 130 | 1.00 | 0.00 | 0.49 | −1.13 |
| Ay | 0.29 | [0.45] | 0.00 | 1.00 | 55 | 0.00 | 0.00 | 0.96 | −1.09 |
| Bl | 0.57 | [1.19] | 0.00 | 6.00 | 51 | 0.00 | 0.00 | 2.84 | 9.28 |
| Bt | 1.13 | 1.25 | 0.00 | 4.00 | 110 | 1.00 | 0.00 | 0.82 | −0.53 |
| Cg | 1.79 | 1.48 | 0.00 | 8.00 | 161 | 1.00 | 1.00 | 1.18 | 2.10 |
| Cl | 0.35 | [0.60] | 0.00 | 2.00 | 54 | 0.00 | 0.00 | 1.54 | 1.29 |
| Ex | 0.11 | [0.39] | 0.00 | 2.00 | 16 | 0.00 | 0.00 | 3.76 | 13.99 |
| Fi | 0.64 | [0.73] | 0.00 | 3.00 | 100 | 1.00 | 0.00 | 1.07 | 1.10 |
| Food | 0.37 | [0.63] | 0.00 | 3.00 | 58 | 0.00 | 0.00 | 1.88 | 3.78 |
| Ge | 0.11 | [0.33] | 0.00 | 2.00 | 20 | 0.00 | 0.00 | 2.96 | 8.40 |
| Hh | 0.48 | 0.64 | 0.00 | 2.00 | 78 | 0.00 | 0.00 | 0.98 | −0.12 |
| Ls | 1.18 | 1.21 | 0.00 | 5.00 | 118 | 1.00 | 0.00 | 0.88 | 0.27 |
| Na | 0.50 | [0.73] | 0.00 | 3.00 | 71 | 0.00 | 0.00 | 1.16 | 0.18 |
| Sc | 0.78 | [1.23] | 0.00 | 5.00 | 73 | 0.00 | 0.00 | 1.73 | 2.65 |
| Sx | 0.91 | [1.41] | 0.00 | 5.00 | 74 | 0.00 | 0.00 | 1.41 | 0.84 |
| Xy | 0.16 | [0.41] | 0.00 | 2.00 | 28 | 0.00 | 0.00 | 2.53 | 6.01 |
| Idio | 2.08 | 1.69 | 0.00 | 7.00 | 162 | 2.00 | 1.00 | 0.99 | 0.81 |
| DV | 0.78 | [1.07] | 0.00 | 6.00 | 91 | 0.00 | 0.00 | 2.11 | 7.02 |
| INCOM | 1.25 | [1.18] | 0.00 | 4.00 | 127 | 1.00 | 0.00 | 0.63 | −0.55 |
| DR | 1.15 | [1.63] | 0.00 | 5.00 | 78 | 0.00 | 0.00 | 1.01 | −0.59 |
| FABCOM | 0.61 | [1.20] | 0.00 | 5.00 | 59 | 0.00 | 0.00 | 2.52 | 6.25 |
| DV2 | 0.29 | [0.69] | 0.00 | 4.00 | 38 | 0.00 | 0.00 | 3.21 | 12.36 |
| INC2 | 0.74 | [1.08] | 0.00 | 5.00 | 88 | 0.00 | 0.00 | 1.81 | 3.19 |
| DR2 | 0.84 | [1.53] | 0.00 | 6.00 | 66 | 0.00 | 0.00 | 2.02 | 3.23 |
| FAB2 | 0.58 | [0.90] | 0.00 | 5.00 | 78 | 0.00 | 0.00 | 2.12 | 5.22 |
| ALOG | 0.17 | [0.39] | 0.00 | 2.00 | 32 | 0.00 | 0.00 | 2.02 | 2.92 |
| CONTAM | 0.00 | 0.00 | 0.00 | 0.00 | 0 | 0.00 | 0.00 | − | − |
| Sum 6 Sp Sc | 6.40 | 2.73 | 1.00 | 13.00 | 193 | 7.00 | 4.00 | 0.15 | −0.60 |
| Lvl 2 Sp Sc | 2.44 | [2.40] | 0.00 | 12.00 | 159 | 2.00 | 1.00 | 1.41 | 2.02 |
| WSum6 | 22.62 | 13.65 | 2.00 | 65.00 | 193 | 22.00 | 39.00 | 0.65 | −0.14 |
| AB | 0.23 | [0.62] | 0.00 | 3.00 | 26 | 0.00 | 0.00 | 2.71 | 6.37 |
| AG | 0.71 | 1.06 | 0.00 | 4.00 | 75 | 0.00 | 0.00 | 1.44 | 1.24 |
| COP | 0.86 | 0.92 | 0.00 | 3.00 | 105 | 1.00 | 0.00 | 0.66 | −0.71 |
| CP | 0.07 | [0.25] | 0.00 | 1.00 | 13 | 0.00 | 0.00 | 3.47 | 10.21 |
| GOODHR | 2.56 | 1.38 | 0.00 | 8.00 | 190 | 2.00 | 3.00 | 0.98 | 1.64 |
| POORHR | 3.35 | 2.20 | 0.00 | 8.00 | 176 | 3.00 | 5.00 | 0.37 | −0.63 |
| MOR | 1.80 | [2.00] | 0.00 | 7.00 | 135 | 1.00 | 1.00 | 1.28 | 0.74 |
| PER | 1.98 | 2.09 | 0.00 | 8.00 | 133 | 1.00 | 0.00 | 0.90 | −0.38 |
| PSV | 0.28 | [0.66] | 0.00 | 2.00 | 32 | 0.00 | 0.00 | 2.08 | 2.61 |

注：[ ] で示した標準偏差は，値が信頼できないので，期待域の推定を行ってはならない。これらの変数をパラメトリックな分析に含めてはならない。

表36 うつ病入院患者での36変数の頻度 L＜1.0 (N＝193)

### 人口統計学的変数

| 婚姻状態 | | | 年齢 | | | 人種 | | |
|---|---|---|---|---|---|---|---|---|
| 独身 | 67 | 35% | 18-25 | 37 | 19% | 白人 | 154 | 80% |
| 同棲あるいは同居中 | 0 | 0% | 26-35 | 34 | 18% | 黒人 | 16 | 8% |
| 既婚 | 95 | 49% | 36-45 | 42 | 22% | スペイン系 | 13 | 7% |
| 別居中 | 12 | 6% | 46-55 | 56 | 29% | アジア系 | 10 | 5% |
| 離婚 | 16 | 8% | 56-65 | 18 | 9% | | | |
| 寡婦（夫） | 3 | 2% | 66以上 | 6 | 3% | | | |
| | | | | | | 教育年数 | | |
| 性別 | | | | | | 12年未満 | 4 | 2% |
| 男 | 94 | 49% | | | | 12年 | 57 | 30% |
| 女 | 99 | 51% | | | | 13-15年 | 66 | 34% |
| | | | | | | 16年以上 | 66 | 34% |

### 比率, パーセンテージ, 特殊指標

| スタイル | | | | | | 形態水準 | | |
|---|---|---|---|---|---|---|---|---|
| 内向型 | 53 | 27% | | | | XA％＞.89 | 15 | 8% |
| 超内向型 | 21 | 11% | | | | XA％＜.70 | 39 | 20% |
| 不定型 | 104 | 54% | | | | WDA％＜.85 | 129 | 67% |
| 外拡 | 36 | 19% | | | | WDA％＜.75 | 55 | 28% |
| 超外拡 | 17 | 9% | | | | X＋％＜.55 | 102 | 53% |
| 回避 | 0 | 0% | | | | Xu％＞.20 | 129 | 67% |
| | | | | | | X－％＞.20 | 80 | 41% |
| Dスコア | | | | | | X－％＞.30 | 24 | 12% |
| Dスコア＞0 | 25 | 13% | | | | | | |
| Dスコア＝0 | 41 | 21% | | | | FC：CF＋Cの比率 | | |
| Dスコア＜0 | 127 | 66% | | | | FC＞(CF＋C)＋2 | 25 | 13% |
| Dスコア＜－1 | 107 | 55% | | | | FC＞(CF＋C)＋1 | 37 | 19% |
| | | | | | | (CF＋C)＞FC＋1 | 75 | 39% |
| 修正Dスコア＞0 | 39 | 20% | | | | (CF＋C)＞FC＋2 | 36 | 19% |
| 修正Dスコア＝0 | 48 | 25% | | | | | | |
| 修正Dスコア＜0 | 106 | 55% | | | | | | |
| 修正Dスコア＜－1 | 55 | 28% | | | | 自殺の可能性陽性 | 0 | 0% |
| Zd＞＋3.0 (オーバーインコーポレイティブ) | | | 46 | 24% | | HVI陽性 | 18 | 9% |
| Zd＜－3.0 (アンダーインコーポレイティブ) | | | 57 | 30% | | OBS陽性 | 0 | 0% |
| PTI＝5 | 1 | 1% | DEPI＝7 | 19 | 9% | CDI＝5 | 29 | 15% |
| PTI＝4 | 5 | 3% | DEPI＝6 | 54 | 28% | CDI＝4 | 62 | 32% |
| PTI＝3 | 12 | 6% | DEPI＝5 | 66 | 34% | | | |

### その他の変数

| | | | | | |
|---|---|---|---|---|---|
| R＜17 | 41 | 21% | (2AB＋Art＋Ay)＞5 | 13 | 7% |
| R＞27 | 49 | 25% | Populars＜4 | 35 | 18% |
| DQv＞2 | 90 | 47% | Populars＞7 | 51 | 26% |
| S＞2 | 72 | 37% | COP＝0 | 88 | 46% |
| Sum T＝0 | 109 | 56% | COP＞2 | 9 | 5% |
| Sum T＞1 | 39 | 20% | AG＝0 | 118 | 61% |
| 3r＋(2)/R＜.33 | 84 | 44% | AG＞2 | 16 | 8% |
| 3r＋(2)/R＞.44 | 54 | 28% | MOR＞2 | 53 | 27% |
| Fr＋rF＞0 | 21 | 11% | Level 2 Sp.Sc.＞0 | 159 | 82% |
| Pure C＞0 | 85 | 44% | GHR＞PHR | 60 | 31% |
| Pure C＞1 | 39 | 20% | Pure H＜2 | 86 | 45% |
| Afr＜.40 | 79 | 41% | Pure H＝0 | 14 | 7% |
| Afr＜.50 | 114 | 59% | p＞a＋1 | 48 | 25% |
| (FM＋m)＜Sum Shading | 110 | 57% | Mp＞Ma | 57 | 30% |

表37　うつ病入院患者の記述統計　L＞0.99　（N＝86）

| 変数 | 平均 | 標準偏差 | 最小値 | 最大値 | 頻度 | 中央値 | 最頻値 | 歪度 | 尖度 |
|---|---|---|---|---|---|---|---|---|---|
| 年齢 | 38.30 | 11.64 | 18.00 | 63.00 | 86 | 37.00 | 33.00 | 0.11 | −0.68 |
| 教育年数 | 12.95 | 4.93 | 11.00 | 16.00 | 86 | 13.00 | 16.00 | −1.79 | 2.18 |
| R | 24.55 | 11.21 | 14.00 | 55.00 | 86 | 21.50 | 16.00 | 1.49 | 1.39 |
| W | 6.39 | 2.91 | 1.00 | 14.00 | 86 | 6.00 | 7.00 | 0.74 | 0.89 |
| D | 11.57 | 6.16 | 4.00 | 30.00 | 86 | 10.00 | 7.00 | 1.15 | 1.09 |
| Dd | 6.58 | [7.48] | 0.00 | 30.00 | 83 | 4.00 | 4.00 | 1.96 | 3.36 |
| S | 2.93 | [2.80] | 0.00 | 10.00 | 78 | 2.00 | 1.00 | 1.61 | 1.77 |
| DQ+ | 3.38 | 1.95 | 0.00 | 8.00 | 79 | 3.00 | 2.00 | 0.23 | −0.47 |
| DQo | 18.61 | 9.85 | 7.00 | 46.00 | 86 | 14.50 | 13.00 | 1.36 | 1.41 |
| DQv | 2.34 | [1.85] | 0.00 | 8.00 | 74 | 2.00 | 1.00 | 0.98 | 1.14 |
| DQv/+ | 0.22 | [0.54] | 0.00 | 2.00 | 14 | 0.00 | 0.00 | 2.41 | 4.84 |
| FQx+ | 0.04 | 0.19 | 0.00 | 1.00 | 3 | 0.00 | 0.00 | 5.16 | 25.21 |
| FQxo | 12.87 | 5.27 | 4.00 | 28.00 | 86 | 11.00 | 17.00 | 1.02 | 0.90 |
| FQxu | 4.95 | 3.44 | 1.00 | 14.00 | 86 | 4.00 | 3.00 | 1.00 | 0.57 |
| FQx- | 5.87 | 4.31 | 1.00 | 18.00 | 86 | 5.00 | 2.00 | 1.42 | 1.64 |
| FQxNone | 0.81 | [1.23] | 0.00 | 6.00 | 42 | 0.00 | 0.00 | 2.68 | 9.03 |
| MQ+ | 0.04 | 0.19 | 0.00 | 1.00 | 3 | 0.00 | 0.00 | 5.16 | 25.21 |
| MQo | 1.48 | 1.11 | 0.00 | 5.00 | 71 | 1.00 | 1.00 | 0.79 | 0.69 |
| MQu | 0.28 | 0.64 | 0.00 | 2.00 | 15 | 0.00 | 0.00 | 2.09 | 2.82 |
| MQ- | 0.58 | [0.73] | 0.00 | 2.00 | 38 | 0.00 | 0.00 | 0.83 | −0.63 |
| MQNone | 0.00 | [0.00] | 0.00 | 0.00 | 0 | 0.00 | 0.00 | − | − |
| S− | 1.51 | [1.55] | 0.00 | 5.00 | 58 | 1.00 | 0.00 | 0.88 | −0.33 |
| M | 2.37 | 1.70 | 0.00 | 6.00 | 74 | 2.00 | 2.00 | 0.56 | −0.23 |
| FM | 1.64 | 2.03 | 0.00 | 8.00 | 55 | 1.00 | 0.00 | 1.78 | 3.24 |
| m | 0.92 | 1.05 | 0.00 | 3.00 | 45 | 1.00 | 0.00 | 0.78 | −0.69 |
| FM＋m | 2.56 | 2.73 | 0.00 | 11.00 | 68 | 1.00 | 1.00 | 1.67 | 3.03 |
| FC | 1.28 | 1.55 | 0.00 | 6.00 | 49 | 1.00 | 0.00 | 1.29 | 1.16 |
| CF | 0.94 | 1.06 | 0.00 | 3.00 | 46 | 1.00 | 0.00 | 0.73 | −0.77 |
| C | 0.66 | [1.00] | 0.00 | 4.00 | 38 | 0.00 | 0.00 | 1.95 | 3.56 |
| Cn | 0.05 | [0.21] | 0.00 | 1.00 | 4 | 0.00 | 0.00 | 4.38 | 17.63 |
| Sum Color | 2.93 | 2.10 | 0.00 | 8.00 | 76 | 2.00 | 2.00 | 0.44 | −0.59 |
| WSumC | 2.58 | 1.83 | 0.00 | 6.00 | 76 | 2.00 | 4.00 | 0.18 | −1.24 |
| Sum C' | 1.31 | [1.29] | 0.00 | 4.00 | 54 | 1.00 | 0.00 | 0.47 | −1.19 |
| Sum T | 0.81 | [1.08] | 0.00 | 4.00 | 39 | 0.00 | 0.00 | 1.24 | 0.89 |
| Sum V | 0.57 | [0.91] | 0.00 | 3.00 | 32 | 0.00 | 0.00 | 1.72 | 2.12 |
| Sum Y | 1.40 | [1.77] | 0.00 | 8.00 | 50 | 1.00 | 0.00 | 1.97 | 4.87 |
| Sum Shading | 4.09 | 3.30 | 0.00 | 16.00 | 83 | 3.00 | 2.00 | 1.67 | 3.86 |
| Fr＋rF | 0.04 | [0.19] | 0.00 | 1.00 | 3 | 0.00 | 0.00 | 5.16 | 25.21 |
| FD | 0.36 | [0.59] | 0.00 | 2.00 | 26 | 0.00 | 0.00 | 1.43 | 1.06 |
| F | 14.43 | 6.28 | 7.00 | 33.00 | 86 | 12.00 | 9.00 | 1.51 | 2.24 |
| (2) | 6.71 | 4.85 | 1.00 | 21.00 | 86 | 6.00 | 7.00 | 1.63 | 2.54 |
| 3r＋(2)/R | 0.27 | 0.12 | 0.06 | 0.63 | 86 | 0.27 | 0.19 | 0.28 | −0.35 |
| Lambda | 2.09 | 2.91 | 1.00 | 15.00 | 86 | 1.34 | 1.18 | 4.19 | 16.50 |
| EA | 4.95 | 2.19 | 0.00 | 9.00 | 82 | 5.50 | 6.00 | −0.44 | −0.52 |
| es | 6.65 | 4.72 | 1.00 | 17.00 | 86 | 4.00 | 4.00 | 0.81 | −0.55 |
| D Score | −0.67 | 1.39 | −4.00 | 1.00 | 86 | 0.00 | −1.00 | − | − |
| Adj D | −0.22 | 0.91 | −3.00 | 1.00 | 86 | 0.00 | 0.00 | −1.15 | 1.72 |
| a (active) | 2.49 | 2.01 | 0.00 | 6.00 | 70 | 2.00 | 2.00 | 0.49 | −1.04 |
| p (passive) | 2.50 | 2.15 | 0.00 | 7.00 | 69 | 2.00 | 2.00 | 0.74 | −0.55 |
| Ma | 1.24 | 1.33 | 0.00 | 5.00 | 61 | 1.00 | 1.00 | 1.63 | 2.47 |
| Mp | 1.19 | 1.07 | 0.00 | 4.00 | 56 | 1.00 | 2.00 | 0.50 | −0.26 |
| Intellect | 1.95 | 2.02 | 0.00 | 9.00 | 65 | 1.00 | 1.00 | 1.60 | 3.23 |
| Zf | 8.51 | 3.09 | 1.00 | 16.00 | 86 | 9.00 | 9.00 | −0.23 | 0.93 |
| Zd | 0.04 | 3.91 | −12.50 | 5.00 | 80 | 1.75 | 3.00 | −1.34 | 1.83 |
| Blends | 1.90 | 1.65 | 0.00 | 6.00 | 63 | 2.00 | 0.00 | 0.51 | −0.59 |
| Blends/R | 0.08 | 0.07 | 0.00 | 0.19 | 63 | 0.09 | 0.00 | 0.14 | −1.30 |
| Col-Shd Blends | 0.45 | [0.50] | 0.00 | 1.00 | 39 | 0.00 | 0.00 | 0.19 | −2.01 |
| Afr | 0.49 | 0.17 | 0.27 | 1.00 | 86 | 0.45 | 0.45 | 1.54 | 3.06 |

表37　うつ病入院患者　L＞0.99　(N＝86) (つづき)

| 変数 | 平均 | 標準偏差 | 最小値 | 最大値 | 頻度 | 中央値 | 最頻値 | 歪度 | 尖度 |
|---|---|---|---|---|---|---|---|---|---|
| Populars | 5.13 | 1.86 | 2.00 | 10.00 | 86 | 5.00 | 4.00 | 0.47 | −0.21 |
| XA％ | 0.73 | 0.11 | 0.47 | 0.90 | 86 | 0.73 | 0.73 | −0.45 | −0.30 |
| WDA％ | 0.81 | 0.11 | 0.50 | 1.00 | 86 | 0.81 | 0.81 | −0.81 | 1.11 |
| X＋％ | 0.54 | 0.11 | 0.27 | 0.81 | 86 | 0.50 | 0.65 | −0.20 | −0.08 |
| X−％ | 0.23 | 0.09 | 0.06 | 0.44 | 86 | 0.23 | 0.13 | 0.28 | −0.67 |
| Xu％ | 0.20 | 0.09 | 0.04 | 0.38 | 86 | 0.21 | 0.24 | −0.10 | −0.72 |
| Isolate/R | 0.10 | 0.10 | 0.00 | 0.29 | 55 | 0.09 | 0.00 | 0.41 | −1.11 |
| H | 1.87 | 1.41 | 0.00 | 5.00 | 81 | 1.00 | 1.00 | 1.15 | 0.26 |
| (H) | 0.98 | 1.25 | 0.00 | 6.00 | 52 | 1.00 | 1.00 | 2.39 | 7.39 |
| HD | 1.55 | 1.61 | 0.00 | 6.00 | 61 | 1.00 | 0.00 | 1.37 | 1.46 |
| (Hd) | 1.09 | 1.51 | 0.00 | 5.00 | 47 | 1.00 | 0.00 | 1.73 | 2.17 |
| Hx | 0.00 | [0.00] | 0.00 | 0.00 | 0 | 0.00 | 0.00 | − | − |
| All H Cont | 5.49 | 3.60 | 1.00 | 15.00 | 86 | 4.00 | 4.00 | 0.77 | −0.15 |
| A | 7.41 | 3.75 | 3.00 | 17.00 | 86 | 6.00 | 5.00 | 1.49 | 1.13 |
| (A) | 0.29 | [0.46] | 0.00 | 1.00 | 25 | 0.00 | 0.00 | 0.93 | −1.15 |
| Ad | 3.44 | [4.27] | 0.00 | 19.00 | 70 | 3.00 | 3.00 | 2.79 | 8.11 |
| (Ad) | 0.06 | [0.24] | 0.00 | 1.00 | 5 | 0.00 | 0.00 | 3.84 | 13.08 |
| An | 1.74 | [2.26] | 0.00 | 7.00 | 45 | 1.00 | 0.00 | 1.15 | 0.06 |
| Art | 1.40 | 1.80 | 0.00 | 9.00 | 62 | 1.00 | 1.00 | 2.79 | 9.28 |
| Ay | 0.30 | [0.65] | 0.00 | 2.00 | 17 | 0.00 | 0.00 | 1.94 | 2.29 |
| Bl | 0.38 | [0.90] | 0.00 | 3.00 | 14 | 0.00 | 0.00 | 2.06 | 2.70 |
| Bt | 0.74 | 1.27 | 0.00 | 5.00 | 34 | 0.00 | 0.00 | 2.27 | 5.14 |
| Cg | 1.59 | 1.29 | 0.00 | 5.00 | 71 | 1.00 | 1.00 | 1.11 | 1.24 |
| Cl | 0.09 | [0.29] | 0.00 | 1.00 | 8 | 0.00 | 0.00 | 2.85 | 6.28 |
| Ex | 0.22 | [0.50] | 0.00 | 2.00 | 16 | 0.00 | 0.00 | 2.21 | 4.27 |
| Fi | 0.20 | [0.40] | 0.00 | 1.00 | 17 | 0.00 | 0.00 | 1.54 | 0.40 |
| Food | 0.41 | [0.66] | 0.00 | 2.00 | 27 | 0.00 | 0.00 | 1.36 | 0.64 |
| Ge | 0.30 | [0.70] | 0.00 | 4.00 | 20 | 0.00 | 0.00 | 3.63 | 16.35 |
| Hh | 0.78 | 1.28 | 0.00 | 4.00 | 32 | 0.00 | 0.00 | 1.67 | 1.66 |
| Ls | 0.42 | 0.58 | 0.00 | 2.00 | 32 | 0.00 | 0.00 | 1.05 | 0.15 |
| Na | 0.35 | [0.55] | 0.00 | 2.00 | 27 | 0.00 | 0.00 | 1.28 | 0.74 |
| Sc | 0.40 | [0.56] | 0.00 | 2.00 | 31 | 0.00 | 0.00 | 1.04 | 0.12 |
| Sx | 0.48 | [0.73] | 0.00 | 2.00 | 29 | 0.00 | 0.00 | 1.19 | −0.07 |
| Xy | 0.22 | [0.60] | 0.00 | 2.00 | 11 | 0.00 | 0.00 | 2.52 | 4.72 |
| Idio | 1.07 | 1.01 | 0.00 | 3.00 | 56 | 1.00 | 1.00 | 0.61 | −0.70 |
| DV | 0.24 | [0.55] | 0.00 | 2.00 | 16 | 0.00 | 0.00 | 2.20 | 3.89 |
| INCOM | 0.98 | [1.31] | 0.00 | 6.00 | 47 | 1.00 | 0.00 | 2.13 | 5.64 |
| DR | 0.49 | [0.66] | 0.00 | 2.00 | 34 | 0.00 | 0.00 | 1.03 | −0.09 |
| FABCOM | 0.28 | [0.52] | 0.00 | 2.00 | 21 | 0.00 | 0.00 | 1.73 | 2.19 |
| DV2 | 0.09 | [0.29] | 0.00 | 1.00 | 8 | 0.00 | 0.00 | 2.85 | 6.28 |
| INC2 | 0.40 | [0.67] | 0.00 | 2.00 | 25 | 0.00 | 0.00 | 1.45 | 0.78 |
| DR2 | 0.07 | [0.26] | 0.00 | 1.00 | 6 | 0.00 | 0.00 | 3.43 | 10.05 |
| FAB2 | 0.22 | [0.54] | 0.00 | 2.00 | 14 | 0.00 | 0.00 | 2.41 | 4.84 |
| ALOG | 0.06 | [0.24] | 0.00 | 1.00 | 5 | 0.00 | 0.00 | 3.84 | 13.08 |
| CONTAM | 0.00 | 0.00 | 0.00 | 0.00 | 0 | 0.00 | 0.00 | − | − |
| Sum 6 Sp Sc | 2.83 | 2.48 | 0.00 | 11.00 | 75 | 2.00 | 2.00 | 1.65 | 2.91 |
| Lvl 2 Sp Sc | 0.78 | [1.08] | 0.00 | 4.00 | 40 | 0.00 | 0.00 | 1.60 | 2.33 |
| WSum6 | 8.80 | 9.02 | 0.00 | 34.00 | 75 | 6.00 | 6.00 | 1.60 | 1.96 |
| AB | 0.13 | [0.43] | 0.00 | 2.00 | 8 | 0.00 | 0.00 | 3.50 | 11.81 |
| AG | 0.17 | 0.54 | 0.00 | 3.00 | 11 | 0.00 | 0.00 | 3.90 | 17.10 |
| COP | 0.45 | 0.50 | 0.00 | 1.00 | 39 | 0.00 | 0.00 | 0.19 | −2.01 |
| CP | 0.00 | [0.00] | 0.00 | 0.00 | 0 | 0.00 | 0.00 | − | − |
| GOODHR | 3.16 | 1.77 | 1.00 | 9.00 | 86 | 3.00 | 2.00 | 1.17 | 2.08 |
| POORHR | 2.69 | 2.43 | 0.00 | 7.00 | 62 | 2.00 | 0.00 | 0.38 | −1.28 |
| MOR | 0.99 | [0.73] | 0.00 | 2.00 | 63 | 1.00 | 1.00 | 0.01 | −1.08 |
| PER | 1.87 | 3.05 | 0.00 | 9.00 | 35 | 1.00 | 0.00 | 1.56 | 1.02 |
| PSV | 0.55 | [0.76] | 0.00 | 2.00 | 33 | 0.00 | 0.00 | 0.98 | −0.56 |

注： [  ] で示した標準偏差は，値が信頼できないので，期待域の推定を行ってはならない。これらの変数をパラメトリックな分析に含めてはならない。

### 表38 うつ病入院患者での36変数の頻度　L＞0.99　（N＝86）

#### 人口統計学的変数

| 婚姻状態 | | | 年齢 | | | 人種 | | |
|---|---|---|---|---|---|---|---|---|
| 独身 | 14 | 16％ | 18-25 | 18 | 21％ | 白人 | 75 | 87％ |
| 同棲あるいは同居中 | 0 | 0％ | 26-35 | 22 | 26％ | 黒人 | 6 | 7％ |
| 既婚 | 60 | 70％ | 36-45 | 26 | 30％ | スペイン系 | 5 | 6％ |
| 別居中 | 1 | 1％ | 46-55 | 15 | 17％ | アジア系 | 0 | 0％ |
| 離婚 | 6 | 7％ | 56-65 | 5 | 6％ | | | |
| 寡婦（夫） | 5 | 6％ | 66以上 | 0 | 0％ | | | |
| | | | | | | 教育年数 | | |
| 性別 | | | | | | 12年未満 | 3 | 3％ |
| 男 | 10 | 12％ | | | | 12年 | 24 | 28％ |
| 女 | 76 | 88％ | | | | 13-15年 | 26 | 30％ |
| | | | | | | 16年以上 | 33 | 38％ |

#### 比率，パーセンテージ，特殊指標

| スタイル | | | | | | 形態水準 | | |
|---|---|---|---|---|---|---|---|---|
| 内向型 | 0 | 0％ | | | | XA％＞.89 | 1 | 1％ |
| 超内向型 | 0 | 0％ | | | | XA％＜.70 | 26 | 30％ |
| 不定型 | 0 | 0％ | | | | WDA％＜.85 | 47 | 55％ |
| 外拡 | 0 | 0％ | | | | WDA％＜.75 | 14 | 16％ |
| 超外拡 | 0 | 0％ | | | | X＋％＜.55 | 44 | 51％ |
| 回避 | 86 | 100％ | | | | Xu％＞.20 | 43 | 50％ |
| | | | | | | X－％＞.20 | 46 | 53％ |
| Dスコア | | | | | | X－％＞.30 | 20 | 23％ |
| Dスコア＞0 | 11 | 13％ | | | | | | |
| Dスコア＝0 | 47 | 55％ | | | | FC：CF＋Cの比率 | | |
| Dスコア＜0 | 28 | 33％ | | | | FC＞（CF＋C）＋2 | 3 | 3％ |
| Dスコア＜－1 | 25 | 29％ | | | | FC＞（CF＋C）＋1 | 14 | 16％ |
| | | | | | | （CF＋C）＞FC＋1 | 24 | 28％ |
| 修正Dスコア＞0 | 14 | 16％ | | | | （CF＋C）＞FC＋2 | 13 | 15％ |
| 修正Dスコア＝0 | 50 | 58％ | | | | | | |
| 修正Dスコア＜0 | 22 | 26％ | | | | | | |
| 修正Dスコア＜－1 | 8 | 9％ | | | | 自殺の可能性陽性 | 0 | 0％ |
| Zd＞＋3.0（オーバーインコーポレイティブ） | | 9 | 10％ | | | HVI陽性 | 5 | 6％ |
| Zd＜－3.0（アンダーインコーポレイティブ） | | 18 | 21％ | | | OBS陽性 | 0 | 0％ |
| PTI＝5 | 0 | 0％ | DEPI＝7 | 0 | 0％ | CDI＝5 | 16 | 19％ |
| PTI＝4 | 0 | 0％ | DEPI＝6 | 8 | 9％ | CDI＝4 | 41 | 48％ |
| PTI＝3 | 0 | 0％ | DEPI＝5 | 48 | 56％ | | | |

#### その他の変数

| | | | | | |
|---|---|---|---|---|---|
| R＜17 | 24 | 28％ | （2AB＋Art＋Ay）＞5 | 3 | 3％ |
| R＞27 | 20 | 23％ | Populars＜4 | 20 | 23％ |
| DQv＞2 | 33 | 38％ | Populars＞7 | 6 | 7％ |
| S＞2 | 37 | 43％ | COP＝0 | 47 | 55％ |
| Sum T＝0 | 47 | 55％ | COP＞2 | 0 | 0％ |
| Sum T＞1 | 22 | 26％ | AG＝0 | 75 | 87％ |
| 3r＋(2)/R＜.33 | 60 | 70％ | AG＞2 | 2 | 2％ |
| 3r＋(2)/R＞.44 | 7 | 8％ | MOR＞2 | 0 | 0％ |
| Fr＋rF＞0 | 3 | 3％ | Level 2 Sp.Sc.＞0 | 40 | 47％ |
| Pure C＞0 | 38 | 44％ | GHR＞PHR | 42 | 49％ |
| Pure C＞1 | 8 | 9％ | Pure H＜2 | 49 | 57％ |
| Afr＜.40 | 18 | 21％ | Pure H＝0 | 5 | 6％ |
| Afr＜.50 | 50 | 58％ | p＞a＋1 | 12 | 14％ |
| （FM＋m）＜Sum Shading | 59 | 69％ | Mp＞Ma | 33 | 38％ |

表39 統合失調症入院患者の記述統計　L＜1.0　（N＝200）

| 変数 | 平均 | 標準偏差 | 最小値 | 最大値 | 頻度 | 中央値 | 最頻値 | 歪度 | 尖度 |
|---|---|---|---|---|---|---|---|---|---|
| 年齢 | 29.15 | 11.02 | 18.00 | 66.00 | 200 | 25.00 | 21.00 | 1.37 | 1.22 |
| 教育年数 | 12.86 | 4.16 | 11.00 | 19.00 | 200 | 14.00 | 12.00 | －1.90 | 3.72 |
| R | 24.80 | 9.46 | 14.00 | 55.00 | 200 | 22.00 | 28.00 | 1.20 | 1.10 |
| W | 10.11 | 5.38 | 2.00 | 22.00 | 200 | 10.00 | 10.00 | 0.52 | －0.33 |
| D | 9.62 | 6.91 | 0.00 | 32.00 | 196 | 9.00 | 4.00 | 1.08 | 1.22 |
| Dd | 5.07 | [5.50] | 0.00 | 21.00 | 192 | 3.00 | 2.00 | 1.97 | 3.07 |
| S | 2.99 | [2.35] | 0.00 | 10.00 | 176 | 2.00 | 1.00 | 0.83 | 0.12 |
| DQ+ | 8.76 | 3.85 | 1.00 | 19.00 | 200 | 9.00 | 7.00 | 0.22 | －0.26 |
| DQo | 14.35 | 8.42 | 3.00 | 42.00 | 200 | 12.00 | 13.00 | 1.74 | 2.45 |
| DQv | 1.49 | [2.04] | 0.00 | 8.00 | 128 | 1.00 | 0.00 | 2.05 | 3.69 |
| DQv/+ | 0.20 | [0.47] | 0.00 | 2.00 | 34 | 0.00 | 0.00 | 2.34 | 4.87 |
| FQx+ | 0.07 | 0.33 | 0.00 | 2.00 | 10 | 0.00 | 0.00 | 4.95 | 24.80 |
| FQxo | 9.32 | 3.72 | 2.00 | 20.00 | 200 | 9.00 | 8.00 | 0.31 | －0.09 |
| FQxu | 5.37 | 3.37 | 1.00 | 14.00 | 200 | 4.00 | 3.00 | 0.70 | －0.44 |
| FQx- | 9.35 | 5.79 | 1.00 | 27.00 | 200 | 7.00 | 7.00 | 1.26 | 1.15 |
| FQxNone | 0.69 | [1.06] | 0.00 | 4.00 | 86 | 0.00 | 0.00 | 1.93 | 3.40 |
| MQ+ | 0.06 | 0.31 | 0.00 | 2.00 | 8 | 0.00 | 0.00 | 5.46 | 29.94 |
| MQo | 3.29 | 1.98 | 0.00 | 7.00 | 194 | 3.00 | 1.00 | 0.28 | －0.98 |
| MQu | 1.34 | 1.26 | 0.00 | 5.00 | 148 | 1.00 | 1.00 | 1.24 | 1.46 |
| MQ- | 2.88 | [2.67] | 0.00 | 10.00 | 180 | 2.00 | 1.00 | 1.21 | 0.35 |
| MQNone | 0.12 | [0.41] | 0.00 | 3.00 | 20 | 0.00 | 0.00 | 4.46 | 24.71 |
| S－ | 1.57 | [1.69] | 0.00 | 6.00 | 126 | 1.00 | 0.00 | 1.03 | 0.34 |
| M | 7.69 | 4.10 | 0.00 | 19.00 | 198 | 7.00 | 8.00 | 0.44 | －0.05 |
| FM | 3.23 | 2.85 | 0.00 | 13.00 | 174 | 2.00 | 1.00 | 1.20 | 1.37 |
| m | 1.39 | 1.17 | 0.00 | 5.00 | 146 | 1.00 | 2.00 | 0.65 | 0.08 |
| FM＋m | 4.62 | 3.26 | 0.00 | 15.00 | 188 | 4.00 | 3.00 | 1.01 | 0.78 |
| FC | 2.07 | 1.73 | 0.00 | 7.00 | 164 | 1.50 | 1.00 | 0.72 | －0.25 |
| CF | 1.63 | 1.52 | 0.00 | 5.00 | 144 | 1.00 | 0.00 | 0.75 | －0.47 |
| C | 0.44 | [0.78] | 0.00 | 3.00 | 62 | 0.00 | 0.00 | 1.99 | 3.57 |
| Cn | 0.02 | [0.14] | 0.00 | 1.00 | 4 | 0.00 | 0.00 | 6.90 | 46.20 |
| Sum Color | 4.16 | 2.73 | 0.00 | 11.00 | 186 | 4.00 | 4.00 | 0.59 | －0.03 |
| WSumC | 3.33 | 2.45 | 0.00 | 10.50 | 186 | 3.00 | 2.00 | 0.82 | 0.38 |
| Sum C' | 2.03 | [1.82] | 0.00 | 7.00 | 162 | 1.50 | 1.00 | 0.92 | －0.14 |
| Sum T | 0.66 | [1.29] | 0.00 | 7.00 | 76 | 0.00 | 0.00 | 3.32 | 12.74 |
| Sum V | 0.69 | [1.19] | 0.00 | 7.00 | 78 | 0.00 | 0.00 | 2.81 | 10.33 |
| Sum Y | 2.78 | [2.87] | 0.00 | 9.00 | 130 | 2.00 | 0.00 | 0.69 | －0.81 |
| Sum Shading | 6.16 | 4.80 | 0.00 | 23.00 | 180 | 6.00 | 6.00 | 1.27 | 2.29 |
| Fr＋rF | 0.27 | [0.62] | 0.00 | 2.00 | 36 | 0.00 | 0.00 | 2.11 | 2.98 |
| FD | 0.79 | [1.07] | 0.00 | 6.00 | 94 | 0.00 | 0.00 | 1.75 | 4.39 |
| F | 8.19 | 5.78 | 1.00 | 27.00 | 200 | 6.50 | 5.00 | 1.58 | 2.07 |
| (2) | 9.73 | 5.12 | 0.00 | 29.00 | 196 | 9.00 | 9.00 | 0.90 | 2.42 |
| 3r＋(2)/R | 0.42 | 0.17 | 0.00 | 0.75 | 196 | 0.41 | 0.33 | －0.25 | －0.24 |
| Lambda | 0.49 | 0.28 | 0.05 | 0.96 | 200 | 0.41 | 0.96 | 0.33 | －1.25 |
| EA | 11.02 | 4.93 | 0.50 | 26.00 | 200 | 10.50 | 8.00 | 0.63 | 0.86 |
| es | 10.78 | 5.95 | 2.00 | 28.00 | 200 | 9.00 | 8.00 | 0.59 | －0.40 |
| D Score | 0.12 | 2.10 | －7.00 | 7.00 | 200 | 0.00 | 0.00 | －0.39 | 2.56 |
| Adj D | 0.91 | 1.77 | －4.00 | 7.00 | 200 | 0.00 | 0.00 | 0.42 | 0.94 |
| a (active) | 7.27 | 3.72 | 1.00 | 20.00 | 200 | 6.50 | 6.00 | 0.90 | 0.88 |
| p (passive) | 5.26 | 3.50 | 0.00 | 14.00 | 196 | 4.00 | 4.00 | 0.76 | －0.33 |
| Ma | 4.61 | 2.86 | 0.00 | 19.00 | 194 | 4.00 | 6.00 | 1.40 | 4.93 |
| Mp | 3.26 | 2.67 | 0.00 | 9.00 | 172 | 2.00 | 1.00 | 0.66 | －0.61 |
| Intellect | 1.84 | 3.32 | 0.00 | 28.00 | 112 | 1.00 | 0.00 | 5.22 | 37.55 |
| Zf | 14.70 | 4.91 | 6.00 | 26.00 | 200 | 13.00 | 13.00 | 0.87 | －0.14 |
| Zd | 1.38 | 4.83 | －9.00 | 13.50 | 196 | 2.00 | 0.50 | 0.06 | －0.17 |
| Blends | 5.68 | 3.57 | 0.00 | 19.00 | 196 | 5.00 | 3.00 | 1.18 | 1.55 |
| Blends/R | 0.23 | 0.13 | 0.00 | 0.61 | 196 | 0.20 | 0.14 | 1.10 | 1.43 |
| Col-Shd Blends | 0.81 | [1.25] | 0.00 | 7.00 | 86 | 0.00 | 0.00 | 2.11 | 5.63 |
| Afr | 0.53 | 0.20 | 0.18 | 1.00 | 200 | 0.50 | 0.33 | 0.52 | －0.54 |

表39　統合失調症入院患者　L＜1.0　（N＝200）（つづき）

| 変数 | 平均 | 標準偏差 | 最小値 | 最大値 | 頻度 | 中央値 | 最頻値 | 歪度 | 尖度 |
|---|---|---|---|---|---|---|---|---|---|
| Populars | 4.96 | 2.04 | 1.00 | 10.00 | 200 | 5.00 | 6.00 | 0.21 | −0.11 |
| XA% | 0.61 | 0.14 | 0.30 | 0.95 | 200 | 0.61 | 0.73 | −0.17 | −0.43 |
| WDA% | 0.67 | 0.13 | 0.38 | 1.00 | 200 | 0.70 | 0.71 | −0.47 | 0.15 |
| X+% | 0.40 | 0.15 | 0.13 | 0.74 | 200 | 0.40 | 0.25 | 0.26 | −0.68 |
| X−% | 0.36 | 0.13 | 0.05 | 0.67 | 200 | 0.33 | 0.25 | 0.17 | −0.54 |
| Xu% | 0.21 | 0.10 | 0.05 | 0.43 | 200 | 0.21 | 0.27 | 0.28 | −0.57 |
| Isolate/R | 0.18 | 0.14 | 0.00 | 0.54 | 176 | 0.14 | 0.11 | 0.99 | 0.46 |
| H | 3.81 | 2.45 | 0.00 | 9.00 | 176 | 4.00 | 5.00 | 0.27 | −0.58 |
| (H) | 1.90 | 1.53 | 0.00 | 8.00 | 188 | 1.00 | 1.00 | 1.90 | 4.13 |
| HD | 1.62 | 2.09 | 0.00 | 8.00 | 124 | 1.00 | 0.00 | 1.81 | 2.96 |
| (Hd) | 0.88 | 0.98 | 0.00 | 4.00 | 114 | 1.00 | 0.00 | 1.16 | 1.30 |
| Hx | 0.27 | [0.71] | 0.00 | 4.00 | 32 | 0.00 | 0.00 | 3.01 | 9.64 |
| All H Cont | 8.21 | 3.94 | 2.00 | 21.00 | 200 | 8.00 | 8.00 | 0.66 | 0.84 |
| A | 8.51 | 4.15 | 2.00 | 27.00 | 200 | 7.00 | 7.00 | 2.02 | 6.22 |
| (A) | 0.62 | [0.91] | 0.00 | 3.00 | 78 | 0.00 | 0.00 | 1.32 | 0.68 |
| Ad | 2.42 | [1.96] | 0.00 | 8.00 | 156 | 2.00 | 0.00 | 0.50 | −0.40 |
| (Ad) | 0.23 | [0.57] | 0.00 | 2.00 | 32 | 0.00 | 0.00 | 2.36 | 4.31 |
| An | 1.08 | [1.39] | 0.00 | 8.00 | 104 | 1.00 | 0.00 | 1.76 | 4.79 |
| Art | 0.83 | 1.52 | 0.00 | 7.00 | 72 | 0.00 | 0.00 | 2.42 | 5.94 |
| Ay | 0.21 | [0.43] | 0.00 | 2.00 | 40 | 0.00 | 0.00 | 1.80 | 2.24 |
| Bl | 0.34 | [0.73] | 0.00 | 5.00 | 50 | 0.00 | 0.00 | 3.35 | 16.13 |
| Bt | 0.87 | 1.11 | 0.00 | 4.00 | 100 | 0.50 | 0.00 | 1.31 | 1.09 |
| Cg | 2.31 | 1.89 | 0.00 | 9.00 | 174 | 2.00 | 1.00 | 1.22 | 1.74 |
| Cl | 0.41 | [0.89] | 0.00 | 4.00 | 46 | 0.00 | 0.00 | 2.50 | 6.34 |
| Ex | 0.08 | [0.27] | 0.00 | 1.00 | 16 | 0.00 | 0.00 | 3.12 | 7.81 |
| Fi | 0.44 | [0.59] | 0.00 | 2.00 | 78 | 0.00 | 0.00 | 0.97 | −0.03 |
| Food | 0.25 | [0.57] | 0.00 | 3.00 | 40 | 0.00 | 0.00 | 2.84 | 9.33 |
| Ge | 0.24 | [0.59] | 0.00 | 2.00 | 32 | 0.00 | 0.00 | 2.31 | 3.93 |
| Hh | 0.39 | 0.83 | 0.00 | 3.00 | 48 | 0.00 | 0.00 | 2.30 | 4.44 |
| Ls | 0.65 | 0.99 | 0.00 | 4.00 | 78 | 0.00 | 0.00 | 1.57 | 1.87 |
| Na | 0.89 | [1.11] | 0.00 | 4.00 | 100 | 0.50 | 0.00 | 1.14 | 0.36 |
| Sc | 0.56 | [0.77] | 0.00 | 3.00 | 84 | 0.00 | 0.00 | 1.34 | 1.36 |
| Sx | 1.51 | [2.24] | 0.00 | 8.00 | 102 | 1.00 | 0.00 | 1.76 | 2.27 |
| Xy | 0.20 | [0.55] | 0.00 | 3.00 | 28 | 0.00 | 0.00 | 3.01 | 9.18 |
| Idio | 3.02 | 2.46 | 0.00 | 10.00 | 172 | 3.00 | 1.00 | 1.09 | 1.30 |
| DV | 1.00 | [1.44] | 0.00 | 7.00 | 98 | 0.00 | 0.00 | 2.12 | 5.40 |
| INCOM | 1.56 | [1.54] | 0.00 | 6.00 | 134 | 1.00 | 0.00 | 0.88 | 0.25 |
| DR | 1.11 | [1.61] | 0.00 | 7.00 | 102 | 1.00 | 0.00 | 2.02 | 4.15 |
| FABCOM | 0.69 | [1.16] | 0.00 | 5.00 | 70 | 0.00 | 0.00 | 1.80 | 2.62 |
| DV2 | 0.38 | [0.88] | 0.00 | 5.00 | 48 | 0.00 | 0.00 | 3.42 | 13.83 |
| INC2 | 1.48 | [1.82] | 0.00 | 7.00 | 118 | 1.00 | 0.00 | 1.43 | 1.42 |
| DR2 | 1.92 | [2.65] | 0.00 | 10.00 | 124 | 1.00 | 0.00 | 1.67 | 1.89 |
| FAB2 | 2.38 | [2.13] | 0.00 | 9.00 | 152 | 2.00 | 2.00 | 0.91 | 0.38 |
| ALOG | 1.21 | [2.00] | 0.00 | 14.00 | 94 | 0.00 | 0.00 | 3.27 | 16.04 |
| CONTAM | 0.17 | 0.43 | 0.00 | 2.00 | 30 | 0.00 | 0.00 | 2.52 | 5.92 |
| Sum 6 Sp Sc | 11.90 | 7.44 | 2.00 | 32.00 | 200 | 11.00 | 8.00 | 0.88 | 0.31 |
| Lvl 2 Sp Sc | 6.16 | [5.48] | 0.00 | 25.00 | 184 | 4.00 | 3.00 | 1.25 | 1.41 |
| WSum6 | 52.31 | 38.94 | 4.00 | 173.00 | 200 | 35.00 | 23.00 | 1.16 | 0.92 |
| AB | 0.40 | [1.47] | 0.00 | 14.00 | 46 | 0.00 | 0.00 | 8.14 | 73.63 |
| AG | 1.62 | 2.00 | 0.00 | 9.00 | 122 | 1.00 | 0.00 | 1.67 | 2.97 |
| COP | 1.12 | 1.00 | 0.00 | 4.00 | 142 | 1.00 | 1.00 | 0.89 | 0.51 |
| CP | 0.05 | [0.22] | 0.00 | 1.00 | 10 | 0.00 | 0.00 | 4.16 | 15.47 |
| GOODHR | 3.14 | 2.00 | 0.00 | 9.00 | 188 | 3.00 | 3.00 | 0.81 | 0.83 |
| POORHR | 6.79 | 4.38 | 0.00 | 18.00 | 194 | 6.00 | 6.00 | 0.88 | 0.25 |
| MOR | 1.77 | [1.82] | 0.00 | 7.00 | 128 | 2.00 | 0.00 | 1.04 | 0.80 |
| PER | 1.69 | 2.61 | 0.00 | 15.00 | 120 | 1.00 | 0.00 | 3.10 | 12.14 |
| PSV | 0.08 | [0.34] | 0.00 | 2.00 | 12 | 0.00 | 0.00 | 4.53 | 20.83 |

注：[　]で示した標準偏差は，値が信頼できないので，期待域の推定を行ってはならない。これらの変数をパラメトリックな分析に含めてはならない。

**表40　統合失調症入院患者での36変数の頻度　L＜1.0　（N＝200）**

### 人口統計学的変数

| 婚姻状態 | | | 年齢 | | | 人種 | | |
|---|---|---|---|---|---|---|---|---|
| 独身 | 136 | 68％ | 18-25 | 102 | 51％ | 白人 | 190 | 95％ |
| 同棲あるいは同居中 | 0 | 0％ | 26-35 | 54 | 27％ | 黒人 | 8 | 4％ |
| 既婚 | 54 | 27％ | 36-45 | 22 | 11％ | スペイン系 | 2 | 1％ |
| 別居中 | 4 | 2％ | 46-55 | 12 | 6％ | アジア系 | 0 | 0％ |
| 離婚 | 4 | 2％ | 56-65 | 8 | 4％ | | | |
| 寡婦（夫） | 2 | 1％ | 66以上 | 2 | 1％ | 教育年数 | | |
| | | | | | | 12年未満 | 8 | 4％ |
| 性別 | | | | | | 12年 | 98 | 49％ |
| 男 | 96 | 48％ | | | | 13-15年 | 51 | 26％ |
| 女 | 104 | 52％ | | | | 16年以上 | 43 | 22％ |

### 比率，パーセンテージ，特殊指標

| スタイル | | | 形態水準 | | |
|---|---|---|---|---|---|
| 内向型 | 142 | 71％ | XA％＞.89 | 2 | 1％ |
| 超内向型 | 90 | 45％ | XA％＜.70 | 134 | 67％ |
| 不定型 | 38 | 19％ | WDA％＜.85 | 184 | 92％ |
| 外拡 | 20 | 10％ | WDA％＜.75 | 142 | 71％ |
| 超外拡 | 16 | 8％ | X＋％＜.55 | 168 | 84％ |
| 回避 | 0 | 0％ | Xu％＞.20 | 100 | 50％ |
| | | | X－％＞.20 | 180 | 90％ |
| Dスコア | | | X－％＞.30 | 118 | 59％ |
| Dスコア＞0 | 68 | 34％ | | | |
| Dスコア＝0 | 78 | 39％ | FC：CF＋Cの比率 | | |
| Dスコア＜0 | 54 | 27％ | FC＞（CF＋C）＋2 | 34 | 17％ |
| Dスコア＜－1 | 24 | 12％ | FC＞（CF＋C）＋1 | 52 | 26％ |
| | | | （CF＋C）＞FC＋1 | 52 | 26％ |
| 修正Dスコア＞0 | 94 | 47％ | （CF＋C）＞FC＋2 | 38 | 19％ |
| 修正Dスコア＝0 | 82 | 41％ | | | |
| 修正Dスコア＜0 | 24 | 12％ | | | |
| 修正Dスコア＜－1 | 10 | 5％ | | | |
| | | | 自殺の可能性陽性 | 2 | 1％ |
| Zd＞＋3.0（オーバーインコーポレイティブ） | 76 | 38％ | HVI陽性 | 44 | 22％ |
| Zd＜－3.0（アンダーインコーポレイティブ） | 50 | 25％ | OBS陽性 | 0 | 0％ |

| | | | | | | | | |
|---|---|---|---|---|---|---|---|---|
| PTI＝5 | 74 | 37％ | DEPI＝7 | 6 | 3％ | CDI＝5 | 6 | 3％ |
| PTI＝4 | 49 | 25％ | DEPI＝6 | 20 | 10％ | CDI＝4 | 22 | 11％ |
| PTI＝3 | 24 | 12％ | DEPI＝5 | 34 | 17％ | | | |

### その他の変数

| | | | | | |
|---|---|---|---|---|---|
| R＜17 | 42 | 21％ | (2AB＋Art＋Ay)＞5 | 14 | 7％ |
| R＞27 | 68 | 34％ | Populars＜4 | 50 | 25％ |
| DQv＞2 | 30 | 15％ | Populars＞7 | 14 | 7％ |
| S＞2 | 96 | 48％ | COP＝0 | 58 | 29％ |
| Sum T＝0 | 124 | 62％ | COP＞2 | 20 | 10％ |
| Sum T＞1 | 22 | 11％ | AG＝0 | 78 | 39％ |
| 3r＋(2)/R＜.33 | 48 | 24％ | AG＞2 | 52 | 26％ |
| 3r＋(2)/R＞.44 | 84 | 42％ | MOR＞2 | 60 | 30％ |
| Fr＋rF＞0 | 36 | 18％ | Level 2 Sp.Sc.＞0 | 184 | 92％ |
| Pure C＞0 | 62 | 31％ | GHR＞PHR | 32 | 16％ |
| Pure C＞1 | 16 | 8％ | Pure H＜2 | 34 | 17％ |
| Afr＜.40 | 62 | 31％ | Pure H＝0 | 24 | 12％ |
| Afr＜.50 | 90 | 45％ | p＞a＋1 | 36 | 18％ |
| (FM＋m)＜Sum Shading | 100 | 50％ | Mp＞Ma | 70 | 35％ |

表41　統合失調症入院患者の記述統計　L＞0.99　（N＝128）

| 変数 | 平均 | 標準偏差 | 最小値 | 最大値 | 頻度 | 中央値 | 最頻値 | 歪度 | 尖度 |
|---|---|---|---|---|---|---|---|---|---|
| 年齢 | 30.19 | 21.28 | 18.00 | 179.00 | 128 | 23.50 | 19.00 | 5.48 | 36.55 |
| 教育年数 | 11.69 | 5.22 | 10.00 | 18.00 | 128 | 12.00 | 12.00 | －1.24 | 0.43 |
| R | 21.27 | 8.10 | 14.00 | 45.00 | 128 | 19.00 | 14.00 | 1.55 | 1.72 |
| W | 7.20 | 4.48 | 1.00 | 28.00 | 128 | 6.00 | 4.00 | 1.86 | 5.96 |
| D | 9.89 | 6.64 | 0.00 | 28.00 | 126 | 9.00 | 9.00 | 1.04 | 0.84 |
| Dd | 4.17 | [3.51] | 0.00 | 16.00 | 120 | 3.00 | 2.00 | 1.55 | 2.34 |
| S | 2.38 | [2.24] | 0.00 | 9.00 | 92 | 2.00 | 0.00 | 0.80 | －0.04 |
| DQ+ | 3.42 | 2.95 | 0.00 | 10.00 | 92 | 3.00 | 0.00 | 0.39 | －0.82 |
| DQo | 16.34 | 7.01 | 6.00 | 36.00 | 128 | 15.50 | 11.00 | 1.11 | 0.89 |
| DQv | 1.30 | [1.49] | 0.00 | 9.00 | 82 | 1.00 | 0.00 | 2.33 | 9.44 |
| DQv/+ | 0.20 | [0.48] | 0.00 | 2.00 | 22 | 0.00 | 0.00 | 2.33 | 4.86 |
| FQx+ | 0.00 | 0.00 | 0.00 | 0.00 | 0 | 0.00 | 0.00 | － | － |
| FQxo | 8.92 | 3.60 | 4.00 | 18.00 | 128 | 8.00 | 8.00 | 0.99 | 0.15 |
| FQxu | 3.81 | 2.88 | 0.00 | 13.00 | 120 | 3.00 | 4.00 | 1.13 | 1.39 |
| FQx- | 8.03 | 4.31 | 1.00 | 23.00 | 128 | 8.00 | 8.00 | 1.18 | 2.24 |
| FQxNone | 0.50 | [0.87] | 0.00 | 4.00 | 40 | 0.00 | 0.00 | 1.89 | 3.52 |
| MQ+ | 0.00 | 0.00 | 0.00 | 0.00 | 0 | 0.00 | 0.00 | － | － |
| MQo | 0.91 | 0.97 | 0.00 | 4.00 | 76 | 1.00 | 0.00 | 1.14 | 1.40 |
| MQu | 0.45 | 0.73 | 0.00 | 2.00 | 40 | 0.00 | 0.00 | 1.27 | 0.09 |
| MQ- | 0.95 | [1.26] | 0.00 | 7.00 | 70 | 1.00 | 0.00 | 2.34 | 7.91 |
| MQNone | 0.02 | [0.13] | 0.00 | 1.00 | 2 | 0.00 | 0.00 | 7.90 | 61.44 |
| S－ | 1.64 | [1.56] | 0.00 | 6.00 | 86 | 1.50 | 0.00 | 0.76 | －0.02 |
| M | 2.33 | 2.04 | 0.00 | 10.00 | 100 | 2.00 | 0.00 | 1.06 | 1.61 |
| FM | 1.34 | 1.69 | 0.00 | 6.00 | 70 | 1.00 | 0.00 | 1.24 | 0.71 |
| m | 0.72 | 1.07 | 0.00 | 5.00 | 56 | 0.00 | 0.00 | 1.83 | 3.35 |
| FM＋m | 2.06 | 2.40 | 0.00 | 9.00 | 86 | 1.00 | 0.00 | 1.38 | 1.33 |
| FC | 0.75 | 0.77 | 0.00 | 3.00 | 72 | 1.00 | 0.00 | 0.67 | －0.35 |
| CF | 0.83 | 1.06 | 0.00 | 4.00 | 64 | 0.50 | 0.00 | 1.24 | 0.61 |
| C | 0.28 | [0.65] | 0.00 | 3.00 | 24 | 0.00 | 0.00 | 2.42 | 5.34 |
| Cn | 0.09 | [0.39] | 0.00 | 2.00 | 8 | 0.00 | 0.00 | 4.27 | 17.68 |
| Sum Color | 1.95 | 1.83 | 0.00 | 10.00 | 100 | 2.00 | 1.00 | 1.57 | 4.21 |
| WSumC | 1.63 | 1.71 | 0.00 | 10.00 | 100 | 1.25 | 0.00 | 2.13 | 7.38 |
| Sum C' | 0.77 | [1.09] | 0.00 | 5.00 | 60 | 0.00 | 0.00 | 1.81 | 3.37 |
| Sum T | 0.06 | [0.24] | 0.00 | 1.00 | 8 | 0.00 | 0.00 | 3.65 | 11.56 |
| Sum V | 0.16 | [0.37] | 0.00 | 1.00 | 20 | 0.00 | 0.00 | 1.91 | 1.70 |
| Sum Y | 0.89 | [1.50] | 0.00 | 7.00 | 56 | 0.00 | 0.00 | 2.39 | 5.87 |
| Sum Shading | 1.88 | 2.07 | 0.00 | 10.00 | 86 | 1.50 | 0.00 | 1.59 | 3.20 |
| Fr＋rF | 0.03 | [0.18] | 0.00 | 1.00 | 4 | 0.00 | 0.00 | 5.45 | 28.17 |
| FD | 0.17 | [0.42] | 0.00 | 2.00 | 20 | 0.00 | 0.00 | 2.39 | 5.26 |
| F | 14.28 | 5.43 | 7.00 | 32.00 | 128 | 13.00 | 10.00 | 1.29 | 1.70 |
| (2) | 6.38 | 4.90 | 0.00 | 21.00 | 114 | 6.00 | 0.00 | 1.14 | 1.48 |
| 3r＋(2)/R | 0.29 | 0.18 | 0.00 | 0.71 | 114 | 0.32 | 0.00 | －0.08 | －0.93 |
| Lambda | 3.49 | 4.76 | 1.00 | 29.00 | 128 | 1.80 | 1.11 | 3.57 | 13.99 |
| EA | 3.95 | 2.73 | 0.00 | 12.00 | 124 | 3.50 | 2.00 | 1.07 | 0.63 |
| es | 3.94 | 3.39 | 0.00 | 13.00 | 110 | 3.00 | 2.00 | 1.00 | 0.42 |
| D Score | －0.02 | 0.95 | －3.00 | 3.00 | 128 | 0.00 | －0.08 | 3.26 | |
| Adj D | 0.16 | 0.84 | －2.00 | 3.00 | 128 | 0.00 | 0.00 | 0.51 | 2.31 |
| a (active) | 2.34 | 2.14 | 0.00 | 8.00 | 96 | 2.00 | 2.00 | 0.94 | 0.44 |
| p (passive) | 2.09 | 2.04 | 0.00 | 10.00 | 98 | 2.00 | 2.00 | 1.56 | 3.03 |
| Ma | 1.17 | 1.30 | 0.00 | 5.00 | 72 | 1.00 | 0.00 | 0.90 | 0.02 |
| Mp | 1.20 | 1.35 | 0.00 | 6.00 | 84 | 1.00 | 1.00 | 1.59 | 2.58 |
| Intellect | 1.11 | 1.71 | 0.00 | 9.00 | 64 | 0.50 | 0.00 | 2.38 | 6.67 |
| Zf | 9.47 | 4.13 | 2.00 | 23.00 | 128 | 10.50 | 11.00 | 0.45 | 0.29 |
| Zd | 0.46 | 3.77 | －6.00 | 9.00 | 124 | 0.75 | 1.50 | 0.08 | －0.98 |
| Blends | 1.20 | 1.42 | 0.00 | 6.00 | 72 | 1.00 | 0.00 | 1.37 | 2.05 |
| Blends/R | 0.06 | 0.06 | 0.00 | 0.21 | 72 | 0.04 | 0.00 | 0.76 | －0.57 |
| Col-Shd Blends | 0.28 | [0.63] | 0.00 | 3.00 | 26 | 0.00 | 0.00 | 2.44 | 5.87 |
| Afr | 0.49 | 0.18 | 0.27 | 1.25 | 128 | 0.48 | 0.27 | 1.36 | 3.43 |

表41 統合失調症入院患者 L＞0.99 （N＝128）（つづき）

| 変数 | 平均 | 標準偏差 | 最小値 | 最大値 | 頻度 | 中央値 | 最頻値 | 歪度 | 尖度 |
|---|---|---|---|---|---|---|---|---|---|
| Populars | 3.67 | 1.81 | 1.00 | 8.00 | 128 | 4.00 | 4.00 | 0.30 | −0.62 |
| XA% | 0.60 | 0.13 | 0.28 | 0.89 | 128 | 0.60 | 0.53 | 0.18 | 0.57 |
| WDA% | 0.65 | 0.14 | 0.35 | 0.88 | 128 | 0.67 | 0.50 | −0.39 | −0.57 |
| X+% | 0.43 | 0.11 | 0.14 | 0.77 | 128 | 0.41 | 0.36 | 0.78 | 1.54 |
| X−% | 0.38 | 0.14 | 0.05 | 0.72 | 128 | 0.39 | 0.47 | −0.18 | 0.55 |
| Xu% | 0.17 | 0.10 | 0.00 | 0.42 | 120 | 0.18 | 0.07 | 0.48 | −0.09 |
| Isolate/R | 0.11 | 0.10 | 0.00 | 0.43 | 92 | 0.06 | 0.00 | 0.83 | −0.07 |
| H | 1.67 | 1.78 | 0.00 | 9.00 | 90 | 1.00 | 0.00 | 1.64 | 3.56 |
| (H) | 0.91 | 0.97 | 0.00 | 3.00 | 76 | 1.00 | 0.00 | 0.93 | −0.05 |
| HD | 1.73 | 1.99 | 0.00 | 9.00 | 82 | 1.00 | 0.00 | 1.68 | 3.45 |
| (Hd) | 0.56 | 1.06 | 0.00 | 6.00 | 42 | 0.00 | 0.00 | 2.87 | 10.49 |
| Hx | 0.03 | [0.18] | 0.00 | 1.00 | 4 | 0.00 | 0.00 | 5.45 | 28.17 |
| All H Cont | 4.88 | 3.55 | 0.00 | 19.00 | 118 | 4.00 | 3.00 | 1.12 | 2.51 |
| A | 8.17 | 3.44 | 3.00 | 19.00 | 128 | 8.00 | 5.00 | 0.84 | 0.36 |
| (A) | 0.55 | [1.14] | 0.00 | 7.00 | 40 | 0.00 | 0.00 | 3.45 | 15.41 |
| Ad | 1.42 | [1.82] | 0.00 | 10.00 | 76 | 1.00 | 0.00 | 2.10 | 6.50 |
| (Ad) | 0.16 | [0.51] | 0.00 | 3.00 | 14 | 0.00 | 0.00 | 3.89 | 16.52 |
| An | 1.19 | [1.52] | 0.00 | 6.00 | 76 | 1.00 | 0.00 | 1.70 | 2.46 |
| Art | 0.56 | 0.83 | 0.00 | 3.00 | 46 | 0.00 | 0.00 | 1.14 | −0.05 |
| Ay | 0.23 | [0.70] | 0.00 | 5.00 | 22 | 0.00 | 0.00 | 5.13 | 31.81 |
| Bl | 0.34 | [0.78] | 0.00 | 5.00 | 32 | 0.00 | 0.00 | 3.79 | 18.92 |
| Bt | 0.81 | 1.22 | 0.00 | 5.00 | 58 | 0.00 | 0.00 | 2.02 | 4.34 |
| Cg | 1.05 | 1.41 | 0.00 | 7.00 | 72 | 1.00 | 0.00 | 2.22 | 5.98 |
| Cl | 0.23 | [0.46] | 0.00 | 2.00 | 28 | 0.00 | 0.00 | 1.74 | 2.18 |
| Ex | 0.13 | [0.33] | 0.00 | 1.00 | 16 | 0.00 | 0.00 | 2.29 | 3.32 |
| Fi | 0.17 | [0.45] | 0.00 | 2.00 | 18 | 0.00 | 0.00 | 2.71 | 6.88 |
| Food | 0.36 | [0.88] | 0.00 | 4.00 | 26 | 0.00 | 0.00 | 2.93 | 8.61 |
| Ge | 0.06 | [0.24] | 0.00 | 1.00 | 8 | 0.00 | 0.00 | 3.65 | 11.56 |
| Hh | 0.44 | 1.36 | 0.00 | 6.00 | 18 | 0.00 | 0.00 | 3.38 | 10.32 |
| Ls | 0.30 | 0.88 | 0.00 | 5.00 | 20 | 0.00 | 0.00 | 3.86 | 15.95 |
| Na | 0.36 | [0.74] | 0.00 | 3.00 | 30 | 0.00 | 0.00 | 2.15 | 4.02 |
| Sc | 0.48 | [0.71] | 0.00 | 2.00 | 46 | 0.00 | 0.00 | 1.13 | −0.11 |
| Sx | 1.06 | [1.64] | 0.00 | 5.00 | 50 | 0.00 | 0.00 | 1.30 | 0.16 |
| Xy | 0.13 | [0.33] | 0.00 | 1.00 | 16 | 0.00 | 0.00 | 2.29 | 3.32 |
| Idio | 1.66 | 2.03 | 0.00 | 9.00 | 82 | 1.00 | 0.00 | 1.83 | 3.73 |
| DV | 0.83 | [1.24] | 0.00 | 6.00 | 62 | 0.00 | 0.00 | 2.16 | 5.01 |
| INCOM | 1.41 | [1.47] | 0.00 | 6.00 | 90 | 1.00 | 1.00 | 1.37 | 1.65 |
| DR | 0.58 | [0.79] | 0.00 | 2.00 | 50 | 0.00 | 0.00 | 0.90 | −0.79 |
| FABCOM | 0.48 | [0.62] | 0.00 | 2.00 | 54 | 0.00 | 0.00 | 0.88 | −0.21 |
| DV2 | 0.42 | [1.19] | 0.00 | 9.00 | 36 | 0.00 | 0.00 | 6.05 | 41.90 |
| INC2 | 0.64 | [1.13] | 0.00 | 4.00 | 42 | 0.00 | 0.00 | 1.88 | 2.73 |
| DR2 | 1.48 | [3.05] | 0.00 | 14.00 | 50 | 0.00 | 0.00 | 2.80 | 7.91 |
| FAB2 | 0.64 | [1.13] | 0.00 | 6.00 | 44 | 0.00 | 0.00 | 2.35 | 6.90 |
| ALOG | 0.27 | [0.65] | 0.00 | 3.00 | 22 | 0.00 | 0.00 | 2.53 | 5.86 |
| CONTAM | 0.13 | 0.42 | 0.00 | 2.00 | 12 | 0.00 | 0.00 | 3.49 | 11.83 |
| Sum 6 Sp Sc | 6.88 | 5.96 | 0.00 | 31.00 | 118 | 5.00 | 3.00 | 1.92 | 4.34 |
| Lvl 2 Sp Sc | 3.19 | [4.30] | 0.00 | 18.00 | 88 | 2.00 | 0.00 | 2.05 | 4.11 |
| WSum6 | 26.31 | 28.35 | 0.00 | 129.00 | 118 | 18.00 | 6.00 | 2.01 | 4.03 |
| AB | 0.16 | [0.54] | 0.00 | 3.00 | 12 | 0.00 | 0.00 | 3.79 | 14.57 |
| AG | 0.50 | 0.89 | 0.00 | 3.00 | 36 | 0.00 | 0.00 | 1.58 | 1.22 |
| COP | 0.33 | 0.69 | 0.00 | 3.00 | 28 | 0.00 | 0.00 | 2.11 | 3.70 |
| CP | 0.03 | [0.18] | 0.00 | 1.00 | 4 | 0.00 | 0.00 | 5.45 | 28.17 |
| GOODHR | 1.73 | 1.41 | 0.00 | 5.00 | 100 | 1.50 | 1.00 | 0.62 | −0.27 |
| POORHR | 3.84 | 3.08 | 0.00 | 17.00 | 118 | 4.00 | 1.00 | 1.39 | 3.60 |
| MOR | 0.81 | [1.30] | 0.00 | 5.00 | 54 | 0.00 | 0.00 | 2.00 | 3.57 |
| PER | 1.08 | 2.30 | 0.00 | 11.00 | 52 | 0.00 | 0.00 | 3.27 | 10.94 |
| PSV | 0.28 | [0.52] | 0.00 | 2.00 | 32 | 0.00 | 0.00 | 1.65 | 1.91 |

注： [ ] で示した標準偏差は，値が信頼できないので，期待域の推定を行ってはならない。これらの変数をパラメトリックな分析に含めてはならない。

## 表42 統合失調症入院患者での36変数の頻度 L＞0.99 （N＝128）

### 人口統計学的変数

| 婚姻状態 | | | 年齢 | | | 人種 | | |
|---|---|---|---|---|---|---|---|---|
| 独身 | 82 | 64％ | 18-25 | 70 | 55％ | 白人 | 120 | 94％ |
| 同棲あるいは同居中 | 0 | 0％ | 26-35 | 24 | 19％ | 黒人 | 4 | 2％ |
| 既婚 | 36 | 28％ | 36-45 | 22 | 17％ | スペイン系 | 4 | 3％ |
| 別居中 | 2 | 2％ | 46-55 | 8 | 6％ | アジア系 | 0 | 0％ |
| 離婚 | 8 | 6％ | 56-65 | 2 | 2％ | | | |
| 寡婦（夫） | 0 | 0％ | 66以上 | 2 | 2％ | | | |
| | | | | | | 教育年数 | | |
| 性別 | | | | | | 12年未満 | 23 | 18％ |
| 男 | 72 | 56％ | | | | 12年 | 64 | 50％ |
| 女 | 56 | 44％ | | | | 13-15年 | 19 | 15％ |
| | | | | | | 16年以上 | 22 | 17％ |

### 比率，パーセンテージ，特殊指標

| スタイル | | | | | | 形態水準 | | |
|---|---|---|---|---|---|---|---|---|
| 内向型 | 0 | 0％ | | | | $XA\%>.89$ | 0 | 0％ |
| 超内向型 | 0 | 0％ | | | | $XA\%<.70$ | 110 | 86％ |
| 不定型 | 0 | 0％ | | | | $WDA\%<.85$ | 114 | 89％ |
| 外拡 | 0 | 0％ | | | | $WDA\%<.75$ | 94 | 73％ |
| 超外拡 | 0 | 0％ | | | | $X+\%<.55$ | 110 | 86％ |
| 回避 | 128 | 100％ | | | | $Xu\%>.20$ | 36 | 28％ |
| | | | | | | $X-\%>.20$ | 114 | 89％ |
| Dスコア | | | | | | $X-\%>.30$ | 100 | 78％ |
| Dスコア＞0 | 22 | 17％ | | | | | | |
| Dスコア＝0 | 80 | 63％ | | | | FC：CF＋Cの比率 | | |
| Dスコア＜0 | 26 | 20％ | | | | $FC>(CF+C)+2$ | 0 | 0％ |
| Dスコア＜-1 | 4 | 3％ | | | | $FC>(CF+C)+1$ | 4 | 3％ |
| | | | | | | $(CF+C)>FC+1$ | 22 | 17％ |
| 修正Dスコア＞0 | 30 | 23％ | | | | $(CF+C)>FC+2$ | 8 | 6％ |
| 修正Dスコア＝0 | 82 | 64％ | | | | | | |
| 修正Dスコア＜0 | 16 | 13％ | | | | | | |
| 修正Dスコア＜-1 | 4 | 3％ | | | | | | |
| | | | | | | 自殺の可能性陽性 | 0 | 0％ |
| Zd＞+3.0（オーバーインコーポレイティブ） | | | 36 | 28％ | | HVI陽性 | 10 | 8％ |
| Zd＜-3.0（アンダーインコーポレイティブ） | | | 28 | 22％ | | OBS陽性 | 0 | 0％ |
| PTI＝5 | 10 | 8％ | DEPI＝7 | 0 | 0％ | CDI＝5 | 14 | 11％ |
| PTI＝4 | 26 | 20％ | DEPI＝6 | 10 | 8％ | CDI＝4 | 56 | 44％ |
| PTI＝3 | 56 | 44％ | DEPI＝5 | 18 | 14％ | | | |

### その他の変数

| | | | | | |
|---|---|---|---|---|---|
| $R<17$ | 42 | 33％ | $(2AB+Art+Ay)>5$ | 2 | 2％ |
| $R>27$ | 18 | 14％ | $Populars<4$ | 60 | 47％ |
| $DQv>2$ | 20 | 16％ | $Populars>7$ | 2 | 2％ |
| $S>2$ | 50 | 39％ | $COP=0$ | 100 | 78％ |
| $Sum\ T=0$ | 120 | 94％ | $COP>2$ | 2 | 2％ |
| $Sum\ T>1$ | 0 | 0％ | $AG=0$ | 92 | 72％ |
| $3r+(2)/R<.33$ | 70 | 55％ | $AG>2$ | 6 | 5％ |
| $3r+(2)/R>.44$ | 32 | 25％ | $MOR>2$ | 10 | 8％ |
| $Fr+rF>0$ | 4 | 3％ | Level 2 Sp.Sc.＞0 | 88 | 69％ |
| $Pure\ C>0$ | 24 | 19％ | $GHR>PHR$ | 16 | 13％ |
| $Pure\ C>1$ | 10 | 8％ | $Pure\ H<2$ | 72 | 56％ |
| $Afr<.40$ | 40 | 31％ | $Pure\ H=0$ | 38 | 30％ |
| $Afr<.50$ | 68 | 53％ | $p>a+1$ | 20 | 16％ |
| $(FM+m)<Sum\ Shading$ | 48 | 38％ | $Mp>Ma$ | 44 | 34％ |

# 第Ⅲ部

# 第12章　コーディング練習

　ワークブックのこの章には300個の反応が載せてあり，コーディングやスコアリングを正確に行うための練習ができるようになっている。8つのセクションがあり，各セクションには25個から50個の問題がある。この300個の反応をスコアすると，約15人分のプロトコルをスコアした経験に匹敵する。これは，初心者が自信をもってスコアリングできそうだと思えるのに必要な数である。

　各セクションには，4段階の難易度と複雑さのレベルがある。また，質問段階でいつ，どのような質問が大切かも示してある。

　セクション1と2の75個の反応はそれほど込み入ったものではない。これらは，すべてのロールシャッハ反応の約50％を構成するさまざまな種類の反応を表わしている。基本的スコアが体験できるように，反応，領域，DQ，決定因子，反応内容，平凡反応，Zスコア，それにいくつかの特殊スコアが盛り込まれている。このような反応をこなすことで，さまざまな決定因子を見分けられるようになり，円滑な施行手順に欠かせない技術が得られるはずである。

　セクション3と4には，65個のより難しく複雑な反応が含まれている。たいていがブレンド反応であり，前の2つのセクションよりずっと多くの特殊スコアが含まれている。かなりのロールシャッハ反応の実例となるものである。

　セクション5と6の90個の反応は，セクション3や4に比べてコーディングの決定がより複雑になっている。前の2つのセクションより難しいというわけではないが，ロールシャッハを行う誰にとっても力試しになるだろう。

　スコアの解答は，セクションごとに付録に示されている。一度にある程度まとめてコーディングし，それを解答に照らしてチェックするのが最もよい。コーディングが解答と違ったときはその違いを解明するために，本書の該当する箇所を見直す。あるセクションで間違いが多いときには，本書の該当する章を復習した上でもう一度そのセクションをやり直すのが賢明であろう。

　時には，スコアラー間でCFかCか，FCかCFか，FYかYFかなどについて，意見の相違があることを知っておくのは重要である。決着がつかない場合もあるが，それに関する基準をていねいに調べ，忠実に当てはめると，ほとんどが解決されるはずである。

　ある反応をFTとコードするのかTFとするのかの不一致よりも，スコアを付け落とすという間違いの方がずっと重大である。どちらも望ましくないが，スコアを付け落とすという間違いをすると，多様な心理学的特徴をもつ被検者の全体像を，構造一覧表で間違ってとらえたり歪んでとらえてしまう危険が高くなるからである。

　初めの6つのセクションの反応は学ぶための練習と考えるとすると，最後の2つのセクションの反応は学んだことを確かめるためのものである。セクション7と8の70個の反応を正確にス

コアできる人，あるいはごくわずかな間違いしかしない人は，実際のプロトコルでも自分のスコアは被検者の反応の主だった特徴を正しく把握していると自信をもってよいだろう。

第12章　コーディング練習　185

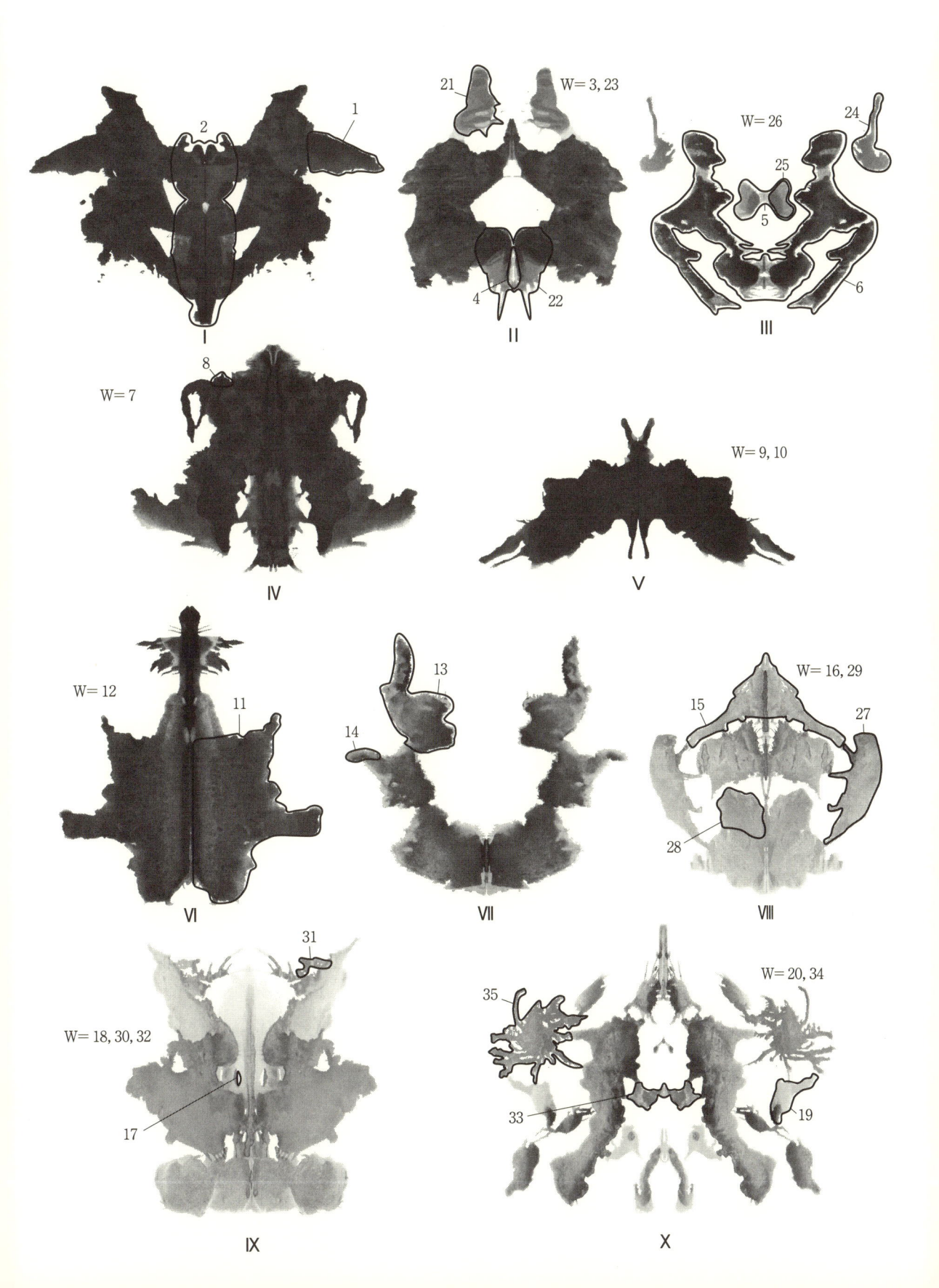

セクション1

| 図版 | 反応段階 | 質問段階 | コーディング |
|---|---|---|---|
| I | 1. こうやって見ると、ここは常緑樹のように見えます。 | E：（Sの反応を繰り返す）<br>S：これは本当に常緑樹のような形で、エゾマツのように堂々としています。 | |
| I | 2. 人かもしれません。真人中で、手を上に上げています。 | E：（Sの反応を繰り返す）<br>S：これが手を上げて腕を振っているようで、足で体。 | |
| II | 3. 全体で人の顔みたい。 | E：（Sの反応を繰り返す）<br>S：赤いところが目で、頬はこれで（黒）白い部分は口、ただ人の顔の形です。 | |
| II | 4. これはロウソクのよう。 | E：（Sの反応を繰り返す）<br>S：そう、細くて長いしロウソクがたれているように見えます。この下にあるのはロウソクの受け皿です。 | |
| III | 5. これはチョウみたい。 | E：（Sの反応を繰り返す）<br>S：ここに羽があって体。飛んでいるのね、羽が広がっています。 | |
| III | 6. 2人の人が、なにかを持ち上げているところ。 | E：（Sの反応を繰り返す）<br>S：2人の人、頭がそっていて、ここが足。背中がそっていて、腕を伸ばして2人でなにか重い物を持ちようとして、しかめ面をしてでも手はしっかりとつかんでいる。 | |
| IV | 7. 木のよう。 | E：（Sの反応を繰り返す）<br>S：ふつうの木の形、枝がみんな下がってで垂れているみたい、まるですごい重みがかかっているみたい（輪郭）、幹はこれ。 | |
| IV | 8. この小さいところは帽子。 | E：（Sの反応を繰り返す）<br>S：とんがり帽子の形でしょう。 | |
| V | 9. コウモリ、ただ風に乗っています。 | E：（Sの反応を繰り返す）<br>S：羽がひろがっていて真ん中が体。 | |
| V | 10. まあ、どこかの臓器かな。 | E：（Sの反応を繰り返す）<br>S：そう、どこかの臓器。 | |

第12章 コーディング練習　187

Ⅵ <　11. 潜水艦を思い出します。
　　　E：私にもわかるように教えて下さい。
　　　S：全体です。どこの臓器かはわからないけれど私にはただの内臓に見えて、どこかの臓器、胃かもしれない、胃のような形です。
　　　E：(Sの反応を繰り返す)
　　　S：潜水艦とそっくりな形をしていて、長い船首と、これが船尾で、展望塔でおそらくこの上が潜望鏡の先端です、動いていません。

Ⅵ >　12. こうやって見ると海の生き物、魚かアカエイ。
　　　E：(Sの反応を繰り返す)
　　　S：長い尾があって、平たい体でこの上に口があるのかもしれません、アカエイが泳いでいるところです。

Ⅶ　　13. この上の部分は2人の天使が話し合っているところです。
　　　E：(Sの反応を繰り返す)
　　　S：顔、目、鼻、口、でちょうど天使が話し合っています。

Ⅶ　　14. これは2匹の動物が逃げているところ。
　　　E：(Sの反応を繰り返す)
　　　S：この小さな部分だけで、頭はこの出ているところで残りは体、2匹、とても早く走っています。

Ⅷ　　15. この上の部分は人かもしれない、上半分。
　　　E：(Sの反応を繰り返す)
　　　S：頭は上で腕は両方に伸ばしていて、何か取ろうとしています。
　　　E：ちょっとわからないので、もう少し教えてください。
　　　S：ただ人に見えるだけです、頭と腕です。

Ⅷ　　16. 2匹の動物が山の両側を登っています。
　　　E：(Sの反応を繰り返す)
　　　S：両側について、頭で足と体。下の岩を踏みしめてこちらの岩に懸命に登ろうとしているので、後ろの足の方が大きく筋骨たくましく見えます。

Ⅸ　　17. この卵型のところは湖に見えます。
　　　E：(Sの反応を繰り返す)
　　　S：なかには長くて細い湖もあって、そんな湖を思い出しました、これも細くて長いし。

Ⅸ　　18. 全体で、山の上に雲がかかっているように見えて、山はこの下のと。
　　　E：(Sの反応を繰り返す)
　　　S：この上の部分が (D3+D1) ちょうど雲で、形がなくて。

| 図版 | | 反応段階 | 質問段階 | コーディング |
|---|---|---|---|---|
| | | ころ。 | E：山の上に雲がかかっているというのを教えて下さい。<br>S：ちょうど上です、山にかかっていて、山のほとんどを覆っています、この山の下の方しか（D6）見えません、上の部分は雲に覆われているのです。 | |
| X | 19. | バスケットボールをしている人がボールをシュートしようとしてジャンプしている。 | E：（Sの反応を繰り返す）<br>S：ここです（D15）、胸を上げて、ボールをシュートするみたいに飛び上がっています。<br>E：はっきりわからなかったのですが？<br>S：人はこれです、腕を上げていて、体で腕を上げています。<br>E：でボールは？<br>S：腕の先にあります。 | |
| X | 20. | まあ、全体が7月4日の花火大会のようです。 | E：（Sの反応を繰り返す）<br>S：そう、花火です、ぱっと開いたところ。<br>E：花火と思われたのを私にもわかるようにもう少し教えて下さい。<br>S：大きく開かれてて、とてもカラフルな模様でちょうど花火が上がったときのようです。 | |
| Ⅱ | 21. | この赤いのは肺のようです。 | E：（Sの反応を繰り返す）<br>S：肺と思ったのです、血で赤くなっていて肺はそんな形をしていると思います。 | |
| Ⅱ | 22. | 血のようです。 | E：（Sの反応を繰り返す）<br>S：ええ、この赤いところが、血のようです、赤くて。 | |
| Ⅱ | 23. | 2人の人、顔、手、帽子をかぶっています。 | E：（Sの反応を繰り返す）<br>S：2人の人に見えます、頭はこの上のところで、大きな赤い帽子かぶっていて、あとは体。腕でしょう、背中で足。 | |
| Ⅲ | 24. | これは肉のかたまり。 | E：（Sの反応を繰り返す）<br>S：肉のかたまり、両側に1つずつあって、鍋に入れて料理する前の肉のように本当に赤い。 | |

| | | |
|---|---|---|
|Ⅲ|<|25. この赤いところはバレンタインのカードのようです。|

Ⅲ < 25. E：（Sの反応を繰り返す）
S：本当にバレンタインのカードに見えます。
E：私にもわかるように説明してください。
S：ハートの形をしていて、バレンタインのカードもハートの形と似たのを贈りました、私も これと似たのを贈りました。

Ⅲ 26. パーティでダンスしている人。
E：（Sの反応を繰り返す）
S：ええ、ここに2人いて体で頭はこれ、ブギウギを踊っているよう、この赤いのはカラフルなパーティのデコレーションです。

Ⅷ 27. これたぶんべニスでしょう。
E：（Sの反応を繰り返す）
S：ふつうこんな形をしていて色もそうだし。

Ⅷ 28. ここに花。
E：（Sの反応を繰り返す）
S：きれいな色が花のようです、花のつぼみかもしれません、つぼみはふつうこんな丸い形でしょう。

Ⅷ 29. 花瓶かもしれない、ピンクのところが取っ手だとするとエジプトの花瓶のようです。
E：（Sの反応を繰り返す）
S：取っ手と形は花瓶みたいで、いろいろな色は花瓶の模様で、きれいです。

Ⅸ 30. まあ、きれい。ピンクと緑とオレンジ色。
E：（Sの反応を繰り返す）
S：きれいな色です。ピンクと緑とオレンジ色。

Ⅸ 31. これはピストルのよう、この小さいオレンジ色のところ。
E：（Sの反応を繰り返す）
S：長い銃身のはじには照準のための部品がついていて、握る部分が曲っていて西部劇で見る豪華なピストルのようです、引き金はここです、両側に1挺ずつあります。

Ⅸ 32. これはつぶされたハエの内臓のようです。
E：（Sの反応を繰り返す）
S：とてもカラフルでピンクが何かの臓器で、残りが内臓、よくわからないんですが、ハエをつぶすとこんなんだと思います。

Ⅹ 33. 真ん中のところが特別なブラジャー。
E：（Sの反応を繰り返す）
S：持ち上げるとこんな形になります、青いから特別なブラジャーです。

| 図版 | 反応段階 | 質問段階 | コーディング |
|---|---|---|---|
| X | 34. 絵の具のシミです。抽象画のようにとてもきれいです。おそらく芸術家が世の中の色の美しさを表現しようとしたのでしょう。 | E：特別なというのを教えてください。<br>S：もちろん、青だから特別なものです。白けりゃそうではありません。<br>E：（Sの反応を繰り返す）<br>S：全体、誰かが筆をとってこのように青、緑、黄色、ピンクをつけたのでしょう、とてもきれいです。色のおかげでこんなに世の中が美しくなっているのかを表わしている抽象画のようです。 | |
| X | 35. この両側の青いのはカニです。 | E：（Sの反応を繰り返す）<br>S：この青い部分、足がいっぱいあって、カニのようです。でも普通カニは青くないですけどね。茶色か緑色だと思うけど。メリーランド地方には青いカニがいるって言いますが、青いのがいるとはとても思えません、よくわかりませんが。ただ私はここに青いカニを見ているわけではありません。青は忘れてください。 | |

第12章　コーディング練習　191

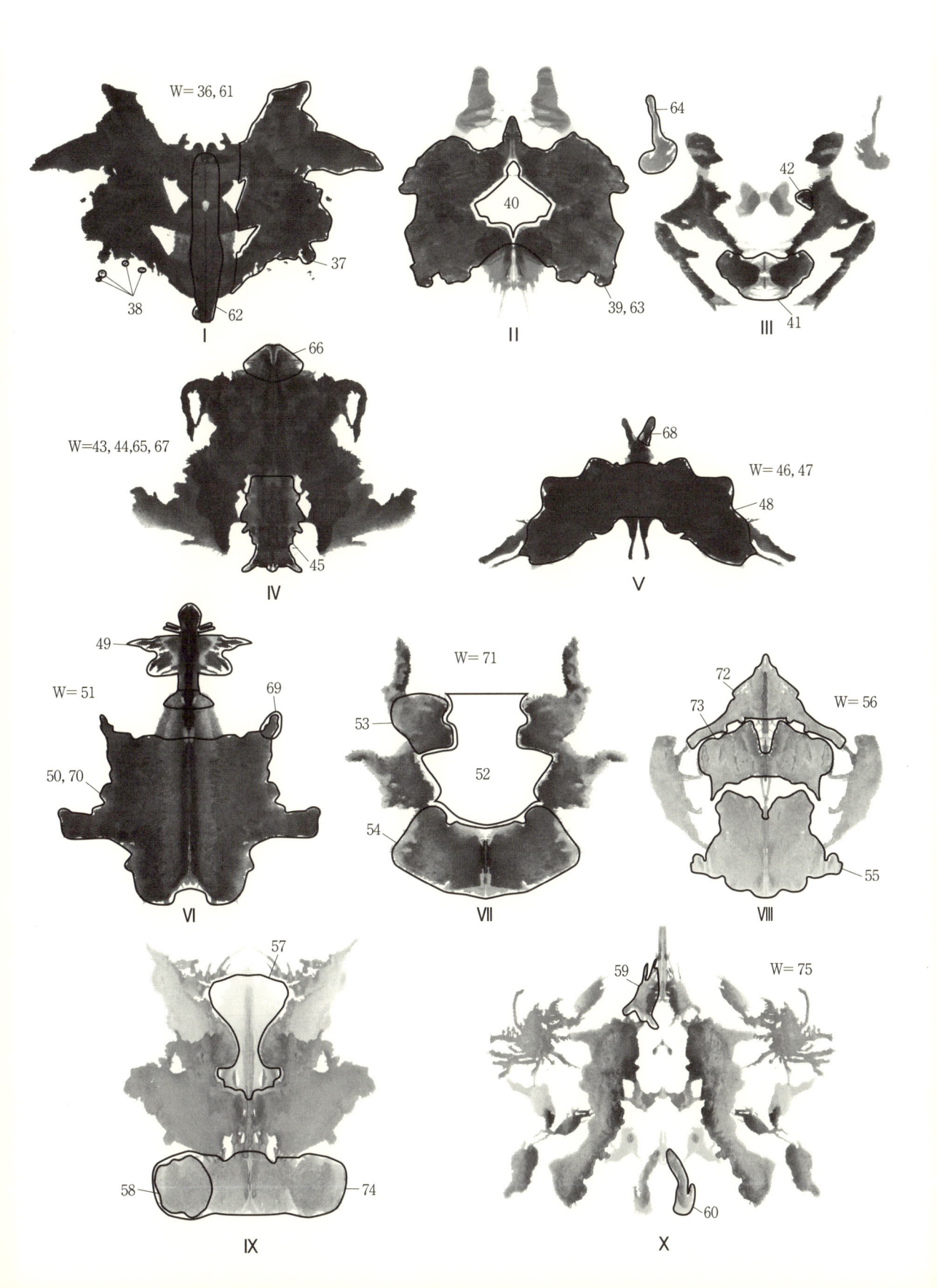

## セクション2

| 図版 | | 反応段階 | | 質問段階 | コーディング |
|---|---|---|---|---|---|
| I | 36. | 顔かもしれない、ぼんやりした顔で大きな白い歯がある。 | E:<br>S: | （Sの反応を繰り返す）<br>大きな歯と目、本物の顔ではなく、頬と大きくておかしな耳のある仮面。 | |
| I | 37. | 両側に雲。 | E:<br>S:<br>E:<br>S: | （Sの反応を繰り返す）<br>黒が濃くなったり薄くなったりしているのでしけ雲（あらし雲）のようです。<br>両側にとおっしゃいましたね。<br>ええ、こっちとこっちです（指す）。 | |
| I | 38. | これは石炭のかけらのようです。 | E:<br>S: | （Sの反応を繰り返す）<br>石炭のかけらみたいに黒くて、小さくて丸い石炭のかけらからです。 | |
| II | 39. | この黒いところは2匹のクマが鼻をくっつけているところです。 | E:<br>S:<br>E:<br>S: | （Sの反応を繰り返す）<br>この黒い部分、クマで頭、耳、前足、体で後ろ足。<br>鼻をくっつけているとおっしゃいますか？<br>そうです、相手の臭いを嗅いでいるのようです。 | |
| II | 40. | 雪片です。 | E:<br>S: | （Sの反応を繰り返す）<br>真ん中のところです、左右同じ形をしていて白い雪片のよう。雪片は平等（equality＝DV）になっていて、たぶん4辺か6辺あるすべてがどれも同じになんですよ。 | |
| III | 41. | X線写真かもしれません。 | E:<br>S: | （Sの反応を繰り返す）<br>X線写真のように黒くて、どこのかはわからないけれど、本当にそう見えます。胸かもしれないし違うかもしれません、私にはX線写真のように見えたのです。 | |
| III | 42. | これはゼリービーンズみたい。 | E:<br>S: | （Sの反応を繰り返す）<br>丸いので、黒いゼリービーンズのよう。ほどゼリービーンズだったけど、レーガンは自分の机の上に置いておくほどゼリービーンズ好きだったけど、私はそんなに好きではありません。特に黒いのはダメです。 | |
| IV | 43. | インクのようです。 | E:<br>S: | （Sの反応を繰り返す）<br>インクだらけ、部分的に乾いているところもあって、真ん中は濃くなっていてじのあたりは薄くなっています。 | |

第12章 コーディング練習　193

44. これも雲、夜の雲みたい。
　　E：（Sの反応を繰り返す）
　　S：夜に空を見上げるとこんな風に真っ黒で、こんな形の雲があります、ただ雲、全体で、以前夜に見たのと似ています。
　　Ⅳ

45. この部分は魚です。
　　E：（Sの反応を繰り返す）
　　S：頭は下のここで、残りが縞模様の体、濃い線や縞が見えたのです。
　　Ⅳ

46. コウモリのようです。
　　E：（Sの反応を繰り返す）
　　S：はい、羽で頭そしてコウモリのように真っ黒です。
　　Ⅴ

47. 煙が渦巻いて広がっているようです。
　　E：（Sの反応を繰り返す）
　　S：煙っぽくて、全体が一色ではなくて、煙がフワッと広がっているようです。
　　Ⅴ

48. こっちから見ると胸のX線写真。
　　E：（Sの反応を繰り返す）
　　S：ここだけです、胸の骨のように左右対称になっていて黒や灰色なので、X線写真のようです。
　　Ⅴ

49. トーテンポールかもしれない。
　　E：（Sの反応を繰り返す）
　　S：ポールで、その下が土でトーテムの形をしていてその上に濃い濃い縞模様がついています、西部へ旅行したときに私たちはこんなのをたくさん見ました。
　　Ⅵ

50. これは昔の鉄瓶、私の祖母がこのようなものを持っていました。
　　E：（Sの反応を繰り返す）
　　S：この下の部分だけです、誰もが持っていたような昔のやかんの形です、取っ手があって、全体が真っ黒で、これは使いこなされたもののようで、この黒い色が濃くなったり薄くなったりしています。
　　Ⅵ

51. 脳のようです、死んでいてこれが脳幹です。
　　E：（Sの反応を繰り返す）
　　S：全体が薄暗くて、死んだ脳のよう、生きている脳は全体が一色なのにここには濃淡があります、こういう写真を見たことがあります、こんなふうに丸くてで下が脳幹。
　　Ⅵ

52. 子供が作るような雪の造形。
　　E：（Sの反応を繰り返す）
　　S：雪のように白くて、なんだかわかりませんが下の方が小さくて上が丸くなっています。
　　Ⅶ

| 図版 | | 反応段階 | 質問段階 | コーディング |
|---|---|---|---|---|
| Ⅶ | 53. | 2つの顔でしょうか。 | E：（Sの反応を繰り返す）<br>S：この灰色のが人の顔で、前髪が巻いてあって、このギザギザしているところが目で、小さくて丸い鼻、そして引き締まった頭、2つの顔が両側に1つずつ。 | |
| Ⅶ | 54. | 光沢のある赤ちゃんのくつが1足。 | E：（Sの反応を繰り返す）<br>S：形が小さい赤ちゃんの靴のようです。<br>E：光沢があるというのを教えてください。<br>S：色の違いが光沢があるように見えたのです。 | |
| Ⅷ | 55. | なにか燃えています、かがり火です。 | E：（Sの反応を繰り返す）<br>S：炎のようで、オレンジ色がり、形がかがり火のようです。 | |
| Ⅷ | 56. | これは死んだカニ、全部切り開かれています。 | E：（Sの反応を繰り返す）<br>S：ええカニです、全部死んだカニのよう。<br>E：そう見えたのをもう少し説明してください。<br>S：そんな形をしています。<br>E：死んでいるというのがわからないのですが。<br>S：白い骨がある（DS3）いろいろな色が見られて、甲羅がはがされて色のついた内臓が見えているのです。 | |
| Ⅸ | 57. | この白いところは塩入れのよう。 | E：（Sの反応を繰り返す）<br>S：塩入れの形をしています。もしこれが黒ければコショウ入れでしょうが、白いから塩入れでしょう。 | |
| Ⅸ | 58. | 丸いので、りんごのようです。 | E：（Sの反応を繰り返す）<br>S：ええ、赤いで、それに丸いからりんごのようです。<br>E：丸いからと？<br>S：円形です。りんごやさくらんぼのような、たぶんりんごです。 | |
| Ⅹ | 59. | 岩が2つ、灰色の岩です。 | E：（Sの反応を繰り返す）<br>S：灰色で、岩の色だし丸っぽくて、まん丸ではないけれど岩のようです。 | |
| Ⅹ | 60. | 釣り針。 | E：（Sの反応を繰り返す）<br>S：釣り針の形で金属のように光っています。 | |

# 第12章 コーディング練習

| | | | |
|---|---|---|---|
| I | 61. | コウモリのよう、飛んでいます。 | E：光っている？<br>S：濃淡の違いからそう見えます。 |
| I | 62. | 膣にも。 | E：（Sの反応を繰り返す）<br>S：全部真っ黒で、羽が広がっていて胴体は真ん中。<br>E：（Sの反応を繰り返す）<br>S：ちょうど真ん中の部分の割れ目が私には膣に見えます。<br>E：（Sの反応を繰り返す）<br>S：わかりにくいのでもうちし教えてください。<br>S：ここです（領域を囲む）。<br>E：で割れ目というのを教えて下さい。<br>S：真ん中が濃くなっていて奥につながっています。 |
| II | 63. | 2匹のぬいぐるみのクマが寄り掛かっていて、鼻がくっついています。 | E：（Sの反応を繰り返す）<br>S：2匹の小さなぬいぐるみのクマで、頭で鼻で毛皮に見えて、誰かがこの格好に置いたので、鼻がくっついているのです。<br>E：毛皮に見えたのを教えてください。<br>S：色合いのちがいが毛皮っぽくて。 |
| III | 64. | こっちこっちの赤いのは芸術的に表現した音符です。 | E：（Sの反応を繰り返す）<br>S：こんな形をしていて、漫画にあるみたいに音楽が鳴っているのを表わしています。 |
| IV | 65. | ベルベットの端切れのようです。 | E：（Sの反応を繰り返す）<br>S：このしみむらがやわらかい感じで、ただの端切れではなく、ただのベルベットの端切れです。 |
| IV | 66. | この上のところが花です。 | E：（Sの反応を繰り返す）<br>S：花のようです、やわらかい花びらが真ん中から出ています。<br>E：やわらかく見えたのをもう少し教えて下さい。<br>S：そこの色づかいから、やわらかいように見えたのです。 |
| IV | 67. | これはチョコレート・アイスクリームコーンのようです、私は | E：（Sの反応を繰り返す）<br>S：下がコーンです、チョコレートが嫌いな人もいるでしょうが、もし好きならやみ |

196　第Ⅲ部

| 図版 | 反応段階 | 質問段階 | コーディング |
|---|---|---|---|
| | チョコレートが大好物なんです。 | S：つきになるでしょう、バニラよりもメープルウォーナッツよりもずっとおいしいんです。<br>E：わかりにくいのでもう少し教えて下さい。<br>S：これは全部チョコレート・アイスクリームに見えます、両側から盛ってあります。<br>E：チョコレート・アイスクリームに見えたのを教えて下さい。<br>S：そう見えただけです。この色合いの違いがべたべたしたチョコレートのようでしょう。 | |
| Ⅴ | 68. 毛虫の頭のようです。 | E：（Sの反応を繰り返す）<br>S：毛ばだった毛虫の形。<br>E：毛ばだった？<br>S：このインクの色むらが毛ばだったみたいで、毛虫のようなんです。 | |
| Ⅵ | 69. この小さな先っぽがイヌの前足かウサギの足です。 | E：（Sの反応を繰り返す）<br>S：これが、イヌの前足かウサギの足です。<br>E：そのように見えたのを、もう少し説明して下さい。<br>S：ええと、そんな形をしていて、濃淡がウサギの足の毛のように見えます。 | |
| Ⅵ | 70. 下は毛皮みたいです、多分敷物。とてもふわふわしています。 | E：（Sの反応を繰り返す）<br>S：本当に毛皮みたい、インクの感じが（カードをこする）、おもしろい形の敷物です。 | |
| Ⅶ | 71. 2人のインディアンの子どもが岩の上にしゃがんでいます。 | E：（Sの反応を繰り返す）<br>S：2人います。ここで、おでこ、鼻、あごと首、体は丸くて腕は後に出していて、2人共頭にインディアンがするような羽飾りをつけています。顔は若く見えるので、子どもがゲームをしているのか、さもなければ2人で何か特別なことをしているのでしょう。 | |
| Ⅷ | 72. 水でしょう。 | E：（Sの反応を繰り返す）<br>S：ここの色の混ざり具合が冷たく見えて、氷のように。もし触ったらとっても冷たいのでぞっとしてしまうでしょう。 | |
| Ⅷ | 73. 真ん中が2本の旗のよう、旗ざ | E：（Sの反応を繰り返す） | |

第12章 コーディング練習

　　　おにかかっています。
　　　S：四角い形で端にふさ飾りがついていて、真ん中の旗ざおにかかっています、布地の手触り感もあります。
　　　E：手触り感？
　　　S：このインクのしみが布地のやわらかさを感じさせます。
IX　74. 化粧用のコットンボール（カードをこする）。
　　　E：（Sの反応を繰り返す）
　　　S：4つ、両側に2つずつあって、この濃淡がコットンの感じでやわらかそうに見えます。
X　75. 全部が島で、白いところは水に見えます。
　　　E：（Sの反応を繰り返す）
　　　S：いろいろな島の集まりで、白いところは水、島と島の間に水があります。

198 第Ⅲ部

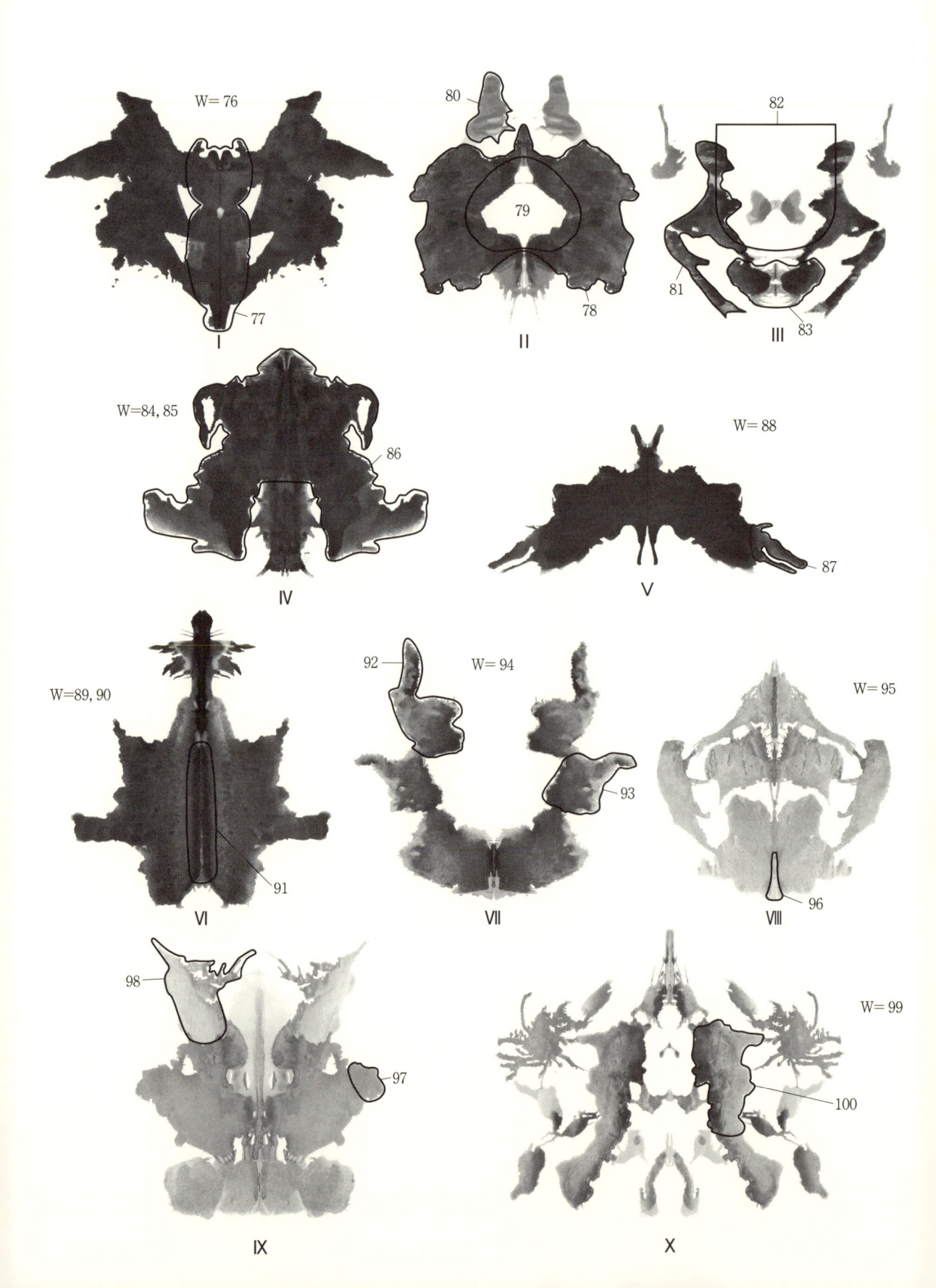

**セクション3**

| 図版 | | 反応段階 | 質問段階 | コーディング |
|---|---|---|---|---|
| Ⅰ | 76. | カニかロブスターか、たぶんカニでしょう。 | E：（Sの反応を繰り返す）<br>S：真ん中が体でまわりが腕とはさみ、カニに見えます。 | |
| Ⅰ | 77. | ここは女の人、ドレスが透けて見えます。 | E：（Sの反応を繰り返す）<br>S：頭で体で、細いウエスト、ドレスが透けて中が見えます、この薄いところ。濃くなっているのは大きなヒップです。 | |
| Ⅱ | 78. | 赤いところをのぞけば、骨盤の骨かもしれない。 | E：（Sの反応を繰り返す）<br>S：真ん中が空洞になっていて（指で指す）、骨盤の形をしています。<br>E：真ん中が空洞になっているのを教えて下さい。<br>S：この白いところには何もなくて骨盤の穴みたいです、むこう側にへこんでいます。 | |
| Ⅱ | 79. | 真ん中にくぼみか水溜まりがあって、水が中にあるようです。 | E：（Sの反応を繰り返す）<br>S：白い部分が水で、穴のようにへこんでいます。この周りの縁は内側にくぼんでいるように見えます。<br>E：そのように見えたのをもう少し説明して下さい。<br>S：色の違いが見えた深さを感じさせます。 | |
| Ⅱ | 80. | しわの寄った2つのミトンのようです。 | E：（Sの反応を繰り返す）<br>S：ミトンの形をしていて、上が丸くなっています。<br>E：しわが寄っていると言われましたが？<br>S：色の薄くなっているところ、ひだが入っているように見えます。内側に折れていてしわが寄っているみたいなんです。 | |
| Ⅲ | 81. | ここに人がいて、こっちは鏡に映った人の姿です。 | E：（Sの反応を繰り返す）<br>S：頭で、腕で、体、足、こちら側に姿が映っているんです。 | |
| Ⅲ ∨ | 82. | こうすると、巨大な赤いチョウが、洞窟の手前にいるようです。 | E：（Sの反応を繰り返す）<br>S：赤いのがチョウで白い部分は洞窟、黒いところはその両側で、チョウが洞窟の手前にいるように見えます。これが洞です。<br>E：巨大なチョウとおっしゃいましたが？ | |

| 図版 | | 反応段階 | 質問段階 | コーディング |
|---|---|---|---|---|
| Ⅲ | 83. | 人の顔の部分、鼻のところ。 | S：間違いありません。大きく見えるので巨大なチョウに違いありません。 | |
| Ⅳ | | | E：(Sの反応を繰り返す) <br> S：これが鼻で、鼻孔の中が見えている。 <br> E：鼻孔というのを教えて下さい。 <br> S：鼻っぽくなっているのが鼻の中の部分で、後ろ側が濃くなって見えて、ちょうど黒っぽくなっているのが、鼻のように見えるんです。 | |
| Ⅳ | Ⅴ | 84. 葉っぱに折り目が入っています。 | E：(Sの反応を繰り返す) <br> S：全体が大きな葉に見えて、折り目が入っています。 <br> E：折り目を説明してください。 <br> S：色の濃くなっているのが、葉っぱにゅうに入っている折り目です。しかみたいになっていて、葉っぱは落ちたり枯れたりするところもあります。 | |
| Ⅳ | | 85. 何かSF映画に出てくるのを見上げているようです。 | E：(Sの反応を繰り返す) <br> S：これが足で不気味な顔で、大きくて、太った巨大なやつが立っているのをこちらから見上げている？ <br> E：見上げている？ <br> S：遠近感があるようで。 | |
| Ⅳ | | 86. ひゃあ、変なの、奇妙な腕をしたカエルのようです。 | E：(Sの反応を繰り返す) <br> S：カエルと言えるのは、この小さな頭と大きな足と奇妙な腕とそれに全体ができこしているからです。 <br> E：できほご？ <br> S：色あいが盛り上がっているように見えるのです。 | |
| Ⅴ | | 87. 2匹のワニが何かに食いつこうとしているところ。 | E：(Sの反応を繰り返す) <br> S：端のところだけですが、上顎がここで下顎がここ、頭だけ、口をあけて何かに噛み付きそうです。 | |
| Ⅴ | | 88. 男の子がいます。テントの中にいるようです。 | E：(Sの反応を繰り返す) <br> S：全体が半透明のテントのようで男の子の輪郭がこれ、頭と体。このはしにあるのはテントを支える杭です。 | |

第12章 コーディング練習 201

VI  89. 何かわからないのですが、何か深さを感じます。
E：半透明と言われたのを教えてください。
S：透けて見えるし、後ろに光ってでもあってそのせいで違った色あいになっているのでしょう、とにかく透けて見えるんです。

VI< 90. 横にすると、木が水に映っているようです。
E：（Sの反応を繰り返す）
S：深いというだけで、真ん中のところが濃くなっています、すごく深いところです。
E：（Sの反応を繰り返す）
S：水に映っているんです、こっちと同じでしょう。木で、そのかっこうです。高いのや、低いのがあって。

VI  91. まん中に川がある深い峡谷。
E：（Sの反応を繰り返す）
S：この周りは地面で、木とかなんかがたくさんあって。
E：そのように見えたのを、もう少し説明して下さい。
S：真ん中が濃くなっていて、奥深くなっているように見えます。

VII 92. ポニーテールの小さい女の子の顔です、黒人の女の子。
E：（Sの反応を繰り返す）
S：鼻でおでこ、ポニーテール。
E：黒人の女の子とおっしゃいましたが？
S：色が黒いからです。

VII 93. ヤギの頭が2つ見えます。
E：（Sの反応を繰り返す）
S：これとこれ、ヤギのよう、角で口で鼻です。

VII 94. 水に浸したクラッカー。
E：（Sの反応を繰り返す）
S：膨らんでいて、部分的に盛り上がっていて、濃淡の違いから厚みがあるように見えるんです。

VIII< 95. 横にすると水に映った野生動物のようです。
E：（Sの反応を繰り返す）
S：ここに動物が立っておっていて、頭で4本足、これは岩と茂みみたいで青いのは水です。
E：映っているとおっしゃいましたが？
S：下のところが水で、こっちの上のが映っているように見えます。

| 図版 | | 反応段階 | 質問段階 | コーディング |
|---|---|---|---|---|
| Ⅷ | 96. | 膣みたい、内側のピンク色の肉がすっかり見えています。 | E：（Sの反応を繰り返す）<br>S：これが割れ目で、ここの色が濃くなっていくみたいで、ひだとところからだんだん深くなっていく形のようです。ちょうど膣の形に見えて、色もそうですし。 | |
| Ⅸ | 97. | 低木の茂みが2つあるみたい。 | E：（Sの反応を繰り返す）<br>S：私には低木の茂込みみたいに見えます。丸い感じが。 | |
| Ⅸ | 98. | 上のここには2人の魔女のよう。後ろにそりかえって大笑いをしているみたいです。 | E：（Sの反応を繰り返す）<br>S：オレンジ色のスーツを着て、とがった爪をして、長く尖った鼻、曲がった変な鼻で、大きな太った体でそりかえっているように見えます。何か面白いことがあるのか、相手が言ったことがおかしいのか笑い転げているところです。 | |
| Ⅹ | V 99. | きれいな花束のようです。 | E：（Sの反応を繰り返す）<br>S：いろいろな花、ピンク、青、黄色、それがここの下のところで（D11）一緒に束ねられています。ピンクのはグラジオラスかもしれないし青いのは菊かしら、とってもきれいです。 | |
| Ⅹ | 100. | 悪人の膵臓みたい。 | E：（Sの反応を繰り返す）<br>S：膵臓の形で、私はよく知っているんですが、悪人の内臓を研究したことがあるんです。<br>E：悪人の、というのをもう少し教えてください。<br>S：このピンクが均一な色ではなくて、ピンクの色あいが違っていますでしょう、色あいの違うピンクということは悪人のというわけです。 | |

第12章 コーディング練習 203

W= 101, 102

I

W= 104, 123
103, 124
122
121

II

W= 126, 128
106
127
125
105
シーソー

III

W=107, 108

IV

頭
109
110

V

頭
水
112
W=111

VI

114
113

VII

132
W=115, 129
131
116
130

VIII

117 水
133
W=135, 136
134
118

IX

120
W=119, 137, 138, 139
140

X

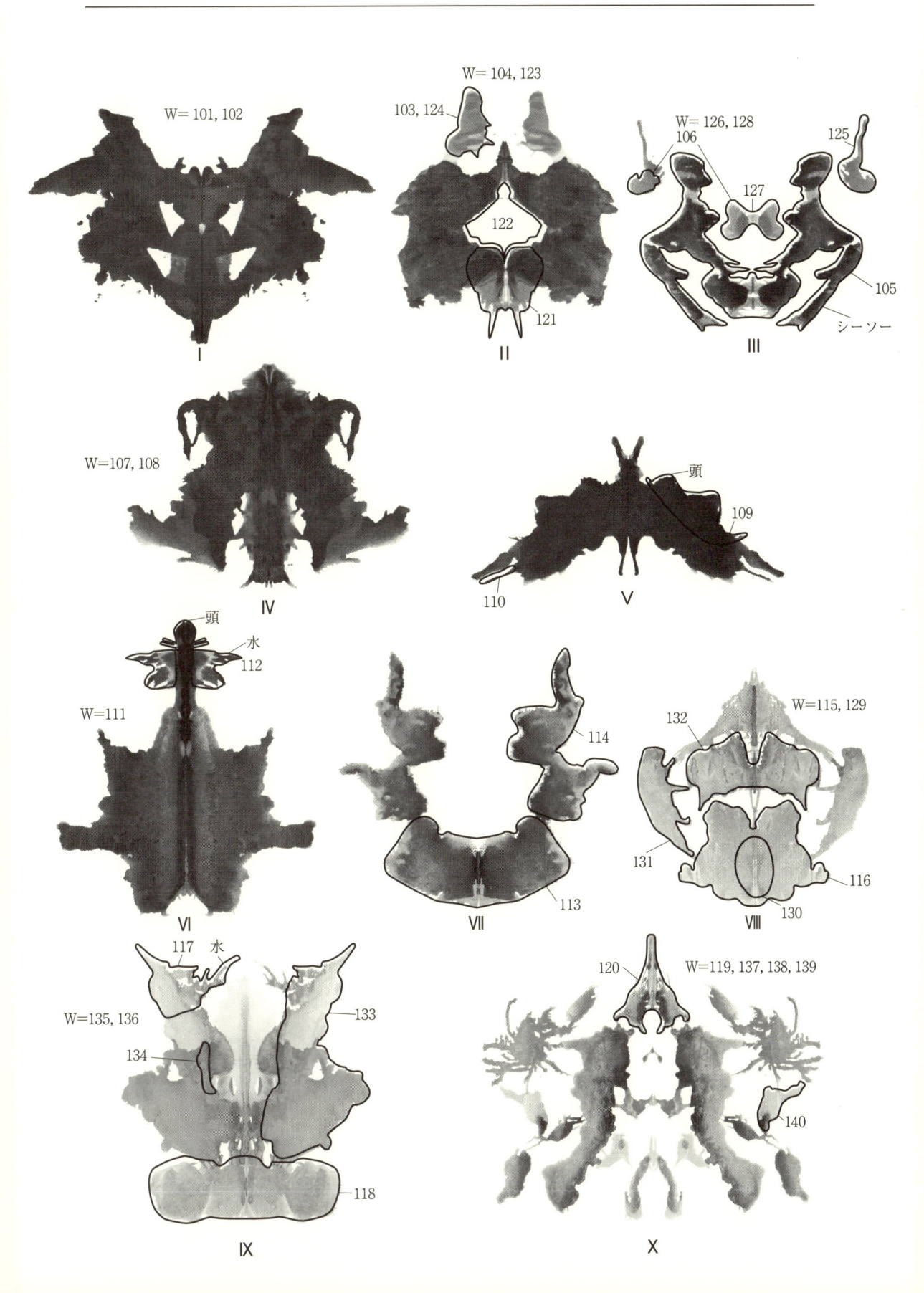

セクション4

| 図版 | 反応段階 | 質問段階 | コーディング |
|---|---|---|---|
| I | 101. 目が4つあるイヌの顔、怒っています。 | E：（Sの反応を繰り返す）<br>S：イヌの頭だけ、耳、目、目が4つで奇妙なイヌです。口をあけてうなっています、ちょうどイヌが怒った時するように。 | |
| I | 102. 真ん中のが神話に出てくる女神のようで、両側に羽のある動物がいます。 | E：（Sの反応を繰り返す）<br>S：女神は両手を上にして立っていて、2匹の羽のついた動物は後ろ足で立っていて、女神の周りで羽を上にあげているようで、彼女が望むことをやってあげている召使いのようです。<br>E：動物がよくわからないのですが。<br>S：両側にいます、羽、後ろ足が下で、前足、頭。女神が腕を上げて、ジャンプするように合図したので、飛び上がっています。 | |
| II | 103. ニワトリのように見えます。走っています。 | E：（Sの反応を繰り返す）<br>S：上の赤いところがニワトリで、丸い体で、走っているみたいな小さな足があります。こちらにも1羽います。 | |
| II | 104. 2人の人が暖まるために、キャンプファイアーのそばに座っています。 | E：（Sの反応を繰り返す）<br>S：2人の人が身を屈めて座っています。赤い帽子をかぶって、背中が曲がっています。<br>　火に見えたのをもう少し説明してください。<br>S：暖まろうとしてて手を火にかざしています。<br>　赤くて火のようで、炎が燃え上がっているように見えます。 | |
| III | 105. 2人の人がモーターのついたシーソーに乗っています。モーターが付きなので立たなだけ座っているだけでいいのです。 | E：（Sの反応を繰り返す）<br>S：頭がこれで、体はシーソーとエンジンのあるここ (D7) に座っていて、上がったり下がったりしています。<br>E：人がはっきり分からないのですが。<br>S：頭で、足は板の上で、しゃがんでいます。 | |
| III | 106. 大量の動物の血です。 | E：（Sの反応を繰り返す）<br>S：ここところ (D2) 下の方 (D3) にも。<br>E：動物の血というのをもう少し説明してください。<br>S：赤いからです。でも人間の血ほど赤くありません。だから動物の血です。 | |

第12章 コーディング練習

IV 107. これは怒りのように思えます。
E: （Sの反応を繰り返す）
S: 全体が、どうしてかわかりませんが怒りのように見えるのです。
E: よくわからないので、私にもわかるようにもう少し教えてください。
S: よくわかりません、特にこれといってないのですが、ただ怒りのように思えたのです。

IV 108. バイクに乗っている男の人。
E: （Sの反応を繰り返す）
S: ここが頭で、体で、足です。
E: で、バイクは？
S: このところです、車輪とこれがハンドルです。

V 109. 横たわっている人に見えます。
E: （Sの反応を繰り返す）
S: 横たわっている人の輪郭で、夜のようです。
E: 人がよくわからないのですが。
S: 頭で、足で、体です。
E: 夜のようだとおっしゃいましたが？
S: これはシルエットのようです、真っ黒で、だからたぶん夜だと思ったのです。

V 110. へびがはっています。
E: （Sの反応を繰り返す）
S: ええ、長くて細くてへびのよう、はっています。ちょうどそこの小さなところ、そう見えます。

VI 111. 金持ちな（wealth：訳注 ステルスとの言い間違え）爆撃機のひとつです。
E: （Sの反応を繰り返す）
S: そう、とてもお金がかかっていてレーダーにも引っかかりません。これは飛んでいるところです。おもしろい翼と尖った機首をしています。

VI 112. 水の中からひょいと飛び出たカワウソのような、何か小さな動物です。
E: （Sの反応を繰り返す）
S: 水がはねています。
E: 私にもわかるように教えてください。
S: ここが水がはねているところで（Dd22）、ちょうどカワウソがひょいと顔を出したところです。頭で、目、ひげです。

VII 113. ここは、風に乗って漂っているチョウのようです。
E: （Sの反応を繰り返す）
S: ええ、真ん中が体で、羽を広げて漂っています。風に身をまかせながら。

| 図版 | 反応段階 | 質問段階 | コーディング |
|---|---|---|---|
| VII | 114. 2人の小さな女の子が遊んでいます。 | E：（Sの反応を繰り返す）<br>S：ひざまずいて、お互いに片腕を後ろに回して何かを隠し合うゲームをしています。頭で、鼻、腕、髪をポニーテールにしています。 | |
| VIII | 115. 野生動物会の紋章。 | E：（Sの反応を繰り返す） | |
| VIII | 116. この下のところは、人の顔、笑っています。 | E：（Sの反応を繰り返す）<br>S：両側にクマがいて、これは山で、そこにクマが立っています。これが人間の手に見えてクマの方まで伸びていって、人間と動物の調和を象徴しています。<br>E：（Sの反応を繰り返す）<br>S：ここだけです（指す）。目は上で、この辺、下が笑い顔です。幸せそうな顔です。<br>E：どこというのを教えて下さい。<br>S：オレンジとピンク色に塗られていてピエロの顔のようです。 | |
| IX | 117. 2人の想像上の生き物が、水鉄砲を撃ち合っています。 | E：（Sの反応を繰り返す）<br>S：上のところだけです、上半身だけで肩から上、手には水鉄砲を持っていて、水が飛び出していて、撃ち合っているところです。 | |
| IX | 118. 雲が浮かんでいるようです。 | E：（Sの反応を繰り返す）<br>S：雲のように丸みがあって、天気の良い日に空に浮かんでいるようです。<br>E：雲のように丸みがあるとおっしゃいましたが？<br>S：ふくらんで見えて、形から厚みがあるように見えて、時々見える厚い雲みたいです。 | |
| X | 119. 2つの死骸の周りを這い回っている虫の群れです。 | E：（Sの反応を繰り返す）<br>S：本当に虫みたいに見えて、いろいろな虫がこの2つの大きなものの周りを這い回っています。カニや、クモや、他の虫。<br>E：これが死骸とおっしゃいましたが？<br>S：全体が赤くて、死んだ動物がばらばらになっています。<br>E：虫について、もう少し教えてください。<br>S：青いのがカニ（D1）、下のここは他のカニで、アリとか、これはミミズ（D5）。 | |
| X | 120. コート掛けにかかっている2着のコート。 | E：（Sの反応を繰り返す）<br>S：灰色のところが2着のコートで、真ん中のコート掛けにかかっているのでちょっと形がはっきりしません。 | |

| | | |
|---|---|---|
| II V | 121. 赤い顔をしてとまどっている男の人。 | E：（Sの反応を繰り返す）<br>S：目で鼻で、とってもまどっています。赤いほっぺたを見てください。両手を頬に当てています。 |
| II | 122. ロケットが発射しているところ。 | E：（Sの反応を繰り返す）<br>S：この白いところがロケットで、ここはガスが噴射しているところです。<br>E：ガスを教えてください。<br>S：火のようです。赤くて火のようです。 |
| II | 123. 2匹のクマがサーカスで鼻の上に何かを乗せてバランスをとっているところ。 | E：（Sの反応を繰り返す）<br>S：真ん中のは2匹落とさないようバランスをとっているもので、クマがこれで、クマが芸をするのを引き立てています体。<br>E：サーカスとおっしゃったのは？<br>S：真ん中の光が、赤い光が、下を照らすライトで、クマが芸をするのを引き立てています。 |
| II | 124. 開きかけの何かの花。 | E：（Sの反応を繰り返す）<br>S：上の赤いところです。2つの開きかけている2つの赤い花です。 |
| III | 125. 2つの肉のかたまりが冷凍室の中に吊るされているみたい。 | E：（Sの反応を繰り返す）<br>S：ウシのバラ肉が冷凍室の中に吊るされています。ちょうど上からぶら下がっているみたいで。<br>E：私にもわかるようにもう少し説明してください。<br>S：生肉のように赤くて、牛のバラ肉のような形で、吊り下がっているように見えます。 |
| III | 126. 2人の女の人が調度品を動かしています。模様替えをしているのでしょう。 | E：（Sの反応を繰り返す）<br>S：ハイヒールをはいた女の人が調度品を動かしています。<br>E：模様替えをしているというのを教えてください。<br>S：背景に赤い飾り絵があるので、部屋の模様替えをしていると思ったのです。 |
| III | 127. 真ん中に赤い虫が飛んでいます。 | E：（Sの反応を繰り返す）<br>S：赤くてチョウチョのようです。羽を広げて飛んでいます。 |

| 図版 | 反応段階 | 質問段階 | コーディング |
|---|---|---|---|
| Ⅲ | 128. ピエロの顔。ほほえんでいます。 | E：（Sの反応を繰り返す）<br>S：鼻が赤くて、耳も赤い。顔はほとんど白く塗ってあって、目で、口で、ほほえんでいます。 | |
| Ⅷ | 129. 2匹の動物が山を登っています。きれい。 | E：（Sの反応を繰り返す）<br>S：ここです、足が4本で、頭。真ん中が岩か山。<br>E：きれいというのを教えて下さい。<br>S：違った色の岩とか茂みが山にあってきれいです。 | |
| Ⅷ | 130. 下のところは火山の内部のようです。 | E：（Sの反応を繰り返す）<br>S：飛行機から火山を見下ろすと、丸い火口に溶岩がたまって煮えたぎっていますね。これがその溶岩の色です。<br>E：煮えたぎっているというのを教えてください。<br>S：溶岩が煮えたぎっていて、ボコボコ湧き上がっているように見えます。<br>E：飛行機から見下ろすというのは？<br>S：ええ、ハワイでこういうのを見たことがあるのです。ちょうどこんなふうに見えたのです。遠くにあって丸く小さく見えますが、もちろん実際はこんなに小さくなくて、そう見えるのは上から見ているからです。 | |
| Ⅷ | 131. ピンクのトラ。 | E：（Sの反応を繰り返す）<br>S：本当にトラのようです。頭で足で尻尾。ピンクのトラは見たことがないですけど。 | |
| Ⅷ | 132. 大きな鳥が羽をバタバタしています。本物の鳥ではなくてSFに出てくるものです。 | E：（Sの反応を繰り返す）<br>S：大きな角張った羽で、青い色なのでSFに出てくる生き物に見えたのです。羽をバタバタやっているんです。 | |
| Ⅸ < | 133. オートバイに乗って丘を登っている男の人。頭があって、ハンドルを握って体を丸めています。 | E：（Sの反応を繰り返す）<br>S：緑の部分が男の人で、ここがバイクのタイヤ、前にあるのは砂のようです。オレンジ色のところが山登りレースで見かける砂の色です。前かがみになって勢いよくかけ登ろうとしています。 | |
| Ⅸ > | 134. ワニが両側に1匹ずつ草の中に | E：（Sの反応を繰り返す） | |

第12章 コーディング練習

IX 135. 幸福と満足を思い出します。

　　横たわっています。
　S：頭と、肩の部分が少しだけで、あとは草の中に隠れています。体のほとんどが草に覆われているので一部しか見えません。
　E：（Sの反応を繰り返す）
　S：全体のきれいな色が満足とか幸福を思い出させます。いい気分にさせるような平和な絵。

IX 136. ジャングルが水に映っています。
　E：（Sの反応を繰り返す）
　S：いろいろな色をしたジャングルで、木々や茂みやピンク色をしたものもここにあります。全部違う色で、真ん中は水、青くて。それが全部こっちの下に映っています。

X 137. 全体的に虫が群がってパーティをやっているようです。
　E：（Sの反応を繰り返す）
　S：みんな踊りながら、何か面白いことはないか、何か食べ物はないか探しています。両側の青いのはイモで、小さい緑色の青虫、カニとアリが2匹ずつ、残りは葉っぱです。

X 138. 花火のショーです。
　E：（Sの反応を繰り返す）
　S：フィナーレでいろいろな花火が同時に上がって、きれいな眺めです。
　E：そのように見えたのをもう少し説明してください。
　S：いろいろな色がぱっと散って飛んでいて、花火師が最も花火を美しく見せるように打ち上げたものでしょう。

X 139. 中国人売春婦の顔です。注意を引こうと青いイヤリングをゆらしています。
　E：（Sの反応を繰り返す）
　S：つり上がった眉毛 (D10) と、つり上がった目 (D2)、小さな口 (D3)、この青いイヤリングをゆらゆらして周りの人の注意を引こうとしています。もちろん髭もあります (D11)。
　E：中国人とおっしゃいましたが？
　S：中国人売春婦は髭をはやしていますから。

X 140. 鳥が悲しんでいるみたいに座っています。
　E：（Sの反応を繰り返す）
　S：鳥の形で、黄色くてオウムヒナのようです。飛んでいるようには見えません。悲しんでいるというのをそこに座っています。
　E：悲しんでいるというのを教えてください。

| 図版 | 反応段階 | 質問段階 | コーディング |
|---|---|---|---|
| | | S：ええ、少し前かがみになっていて、悲しんでいるようです。悲しいことがあったのでしょう。 | |

# 第12章 コーディング練習

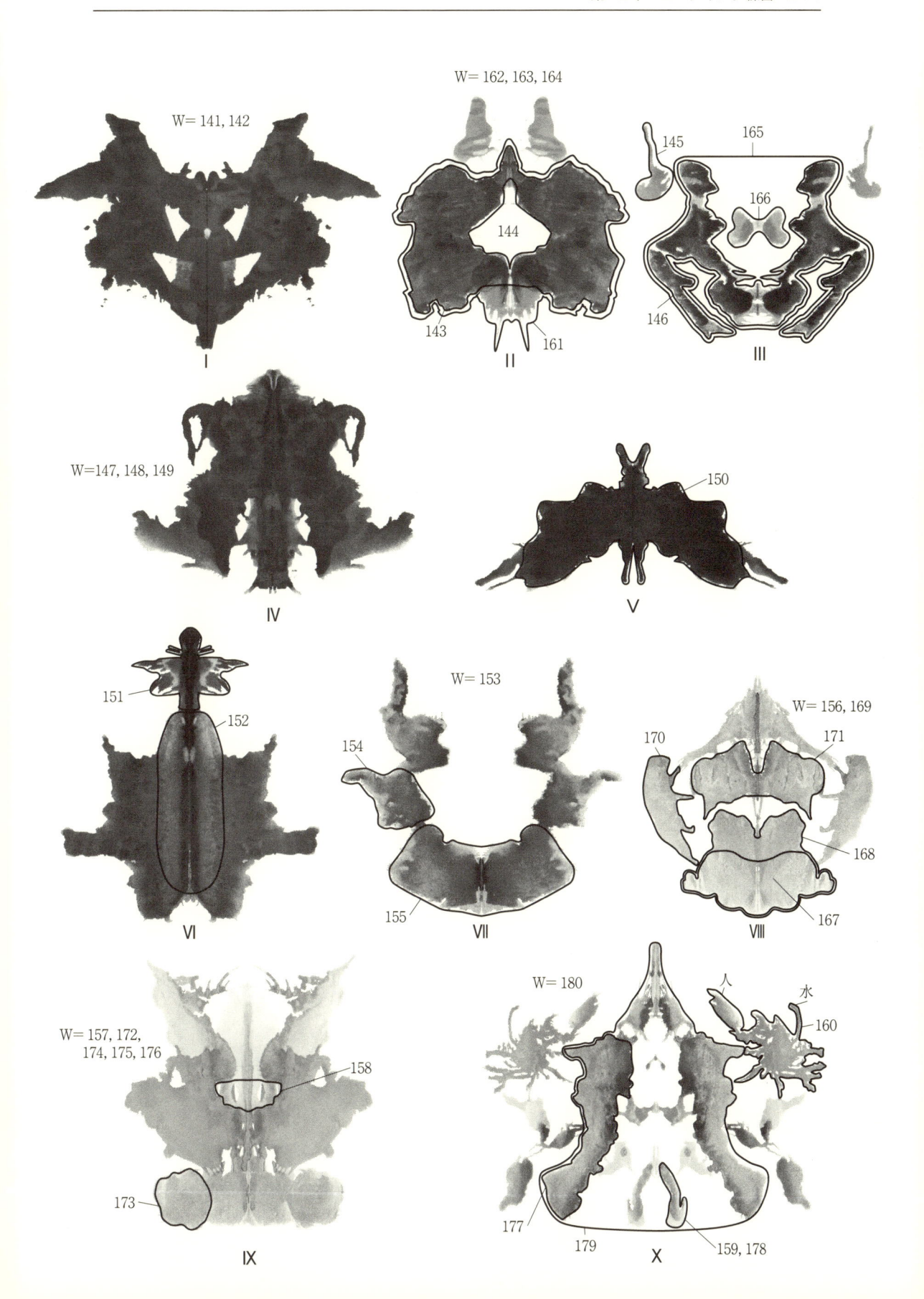

W= 141, 142

I

W= 162, 163, 164

144
143  161
II

145  165
166
146
III

W=147, 148, 149

IV

150

V

151
152
VI

W= 153
154
155
VII

W= 156, 169
170  171
168
167
VIII

W= 157, 172, 174, 175, 176
158
173
IX

W= 180
人  水
160
177
179  159, 178
X

## セクション5

| 図版 | | 反応段階 | 質問段階 | コーディング |
|---|---|---|---|---|
| Ⅰ | 141. | チョウが飛んでいます。 | E：（Sの反応を繰り返す）<br>S：体がこれで、手で、この外側のが羽。斑点があって、白い斑点が模様のようです。 | |
| Ⅰ | 142. | 空を飛ぶものでしょう。空に舞い上がっている凧のようです。 | E：（Sの反応を繰り返す）<br>S：全体です。紐がここにあって、濃くなっているので垂れ下がっているように見えます。鳥か龍の、中国の凧です。<br>E：紐がよくわからないのですが、垂れ下がっているのをもう少し説明してください。<br>S：ほら、この濃くなっている線が紐で、濃くなっているのでが前の方へ垂れ下がっているように思えたのです。 | |
| Ⅱ | 143. | 毛がふさふさとした2匹のプードルがキスをして愛情表現をしあっています。 | E：（Sの反応を繰り返す）<br>S：色が濃くなっているのは、モコモコしたプードルの毛みたいで、これが鼻で、かわいらしい耳です。お互いにとても好きなんです。たぶんけんかしていたのが、今は仲直りしているのかもしれません。 | |
| Ⅱ | 144. | かわいらしい人が中でつま先旋回しています。 | E：（Sの反応を繰り返す）<br>S：つま先が下のここで、グレーの手袋をした手は上のここで、腕を上げていて、ここがたっぷりしたスカート（輪郭を指でなぞる）。 | |
| Ⅲ | 145. | 女の子の巻き毛。 | E：（Sの反応を繰り返す）<br>S：基本的に、濃淡が髪の毛みたいに見えたのと、これ（こする）が髪の毛の手触りがしたのです。だらりと垂れ下がっていて、毛先がカールしてあります。 | |
| Ⅲ | 146. | 2人の人が泥の山を掘り起こしています。すごく真ん黒い泥。 | E：（Sの反応を繰り返す）<br>S：これとこれ、手を下にに伸ばして首を前に曲げています。頭、鼻、力を入れているから、背中はぐっとそっていて、足を踏ん張って、土を持ち上げようとしています。 | |
| Ⅳ | 147. | ピンと張られた牛皮。皮を乾かしているのでしょう。 | E：（Sの反応を繰り返す）<br>S：形が整えられていて、先足、でん部、背骨、背骨だったところは濃くなっていて、とてもはっきりしています。 | |

第12章 コーディング練習　213

IV　148. 水の中で成長している海綿動物。
　　　E：牛皮をもう少し説明してください。
　　　S：たぶんこんなふうな形にするのではないかと思います。

IV　　　E：（Sの反応を繰り返す）
　　　S：水の中で成長していて、真ん中が元で広がっています。浮遊しているみたいで、濃い斑点はそこに開いている穴のように見えます。
　　　E：穴を教えてください。
　　　S：ええ、色が濃くなっていて穴が開いているように見えます。

IV　149. これは悪のようです。偏屈とか憎しみとか。
　　　E：（Sの反応を繰り返す）
　　　S：真っ黒なので、悪いものの象徴のように思います。憎しみとか、戦いとか、権利の侵害などの悪いことを思い起こします。

V　150. チョウチョのシルエット。
　　　E：（Sの反応を繰り返す）
　　　S：チョウチョの形をしていて、飛んでいるようです。
　　　E：シルエットとおっしゃったのを教えてください。
　　　S：シルエットのように真っ黒で、細かい所は見えません。

VI　151. 火でしょう。マッチをすったときのようです。
　　　E：（Sの反応を繰り返す）
　　　S：ここが、マッチで、これ全部がシュッと出ているところ。火をつけたときのように、さまざまな違ったオレンジ色をしています。
　　　E：オレンジ色に見えるのを教えてください。
　　　S：ええ、色あいの違う薄いオレンジ色に見えます。ほとんど白ですがこれはオレンジ色です。

VI　152. 筋肉の組織のようです。
　　　E：（Sの反応を繰り返す）
　　　S：この濃淡の感触が、筋肉が伸びているように見えます。繊維質が、脊髄に沿って外皮を形成している小さいものを思い出しました。ちょうどこれです（囲む）。
　　　E：筋肉が伸びているというのは？
　　　S：曲げたときになるように、筋肉がピンと張っているようです。

VII　153. 2人の天使が雲の上に座っています。
　　　E：（Sの反応を繰り返す）
　　　S：これが、天使の光輪で、顔で、羽がこの後ろ、見つめあっています。このひとのところが灰色で雲のように見えて、そこに座っています。

| 図版 | 反応段階 | 質問段階 | コーディング |
|---|---|---|---|
| VII | 154. 1対の2匹のイヌの頭。 | E：(Sの反応を繰り返す)<br>S：ここが、イヌの頭で何かが前に突き出ています。<br>E：もう少し説明して下さいますか。<br>S：これ (D3) です。鼻で目で角があります。 | |
| VII V | 155. これはヒツジのお尻です。 | E：(Sの反応を繰り返す)<br>S：羊毛のように柔らかそうで、縁取りの感じがヒツジらしい。ここ、色が濃くなっていてお尻の穴がへこんで見えます。<br>E：羊毛のように柔らかそうというのを教えて下さい。<br>S：この色あいです、羊毛のように見えます。 | |
| VIII | 156. こちらに向かってくる大きな帆船。 | E：(Sの反応を繰り返す)<br>S：色とりどりの大きな帆をつけた船、マストで (真ん中の線)、船体 (D2)。<br>E：こちらに向かってくるというのを教えて下さい。<br>S：こちらに向かってくるにしろ、向こうへ行くにしろ、遠くにあるような感じです。 | |
| IX | 157. 爆発です。なにかが粉々に爆破されているところです。 | E：(Sの反応を繰り返す)<br>S：この真ん中が爆破されたところで、火や煙が四方八方に広がっています。<br>E：よく分からないのですが、火と煙とおっしゃいましたか？<br>S：ええ、オレンジはないで、ピンクもです。この縁がかったところは煙でしょう。本当の煙では普通こんな色ではないし、たぶん吹き飛ばされたものの色なのでしょう。真ん中の後ろの方にあるものです。<br>E：真ん中の後ろの方にといいますと？<br>S：まあ、一部は煙と火におおわれて、かすんでそこの奥にあります。丸い建物か、何かな丸いものです。 | |
| IX | 158. 小さな顔が窓からじっと見つめています。 | E：(Sの反応を繰り返す)<br>S：小さな顔です。白いところが目で、のぞいています。ここは半透明になっていて、ここから向こうのものをうら少し教えて下さい。<br>E：半透明になっているというのをもう少し教えて下さい。<br>S：よくは分かりません。たぶん薄青い色のせいでしょう。顔全部は見えません、何かな半透明の物質を通して見ているようにぼやけています。 | |

第12章 コーディング練習　215

X　159. 2匹のへびがずるずるとはいっています。
　　E：（Sの反応を繰り返す）
　　S：体、はっているときのように曲がっています。たぶんアオダイショウです。
　　E：アオダイショウ？
　　S：ええ、たいっていこんなふうな緑色です。

X　160. 水たまりの中から飛び出している人。
　　E：（Sの反応を繰り返す）
　　S：緑色のところが人で、この大きな水たまりから飛びだしています。この青いのが水です。水は青いですから。
　　E：人についてもう少し説明してください。
　　S：ここです（D12）, 腕を上げて飛び出しているようです。

II　161. 宇宙船が宇宙を飛んでいます。
　　E：（Sの反応を繰り返す）
　　S：白いのが宇宙船で、赤い噴射、周りが黒い宇宙です。

II　162. たぶん死んだ動物の一部か何か。
　　E：（Sの反応を繰り返す）
　　S：これが内臓で毛がここです。
　　E：私にも分かるように説明してください。
　　S：内臓はこのように赤いし、これは動物の毛の一部です。
　　E：毛に見えたのを教えてください。
　　S：毛に見えたの感じがします。
　　S：この濃淡が毛の感じです。

II　163. 2人の人が何かのダンスを踊っています。2人とも楽しんでいるようです。
　　E：（Sの反応を繰り返す）
　　S：赤い帽子とくつをはいて、手をつないでポルカか何か踊っています。頭でとんがっているのが帽子です。
　　E：2人とも楽しそうに見えたからですね。
　　S：本当に幸せそうに見えたからです。

II　164. 顔みたい、口をあけている人の顔です。
　　E：（Sの反応を繰り返す）
　　S：白いのが口で、この上の白いのが目です。
　　E：舌がよく分からないのですが。
　　S：この赤いところです。舌のように赤くて前に突き出しています。下唇のところで丸めているように見えるでしょう。色が濃くなっていて、厚みがあるように見えます、舌を出したときみたいに。

| 図版 | 反応段階 | 質問段階 | コーディング |
|---|---|---|---|
| Ⅲ ∨ | 165. こうすると、何か生き物の上半身のようです。 | E：（Sの反応を繰り返す）<br>S：手で、黒い目で、赤いのが胸。でも胸は白くて、奇妙で宇宙からやってきたみたいです。 | |
| Ⅲ | 166. 真ん中のがチョウチョです。 | E：（Sの反応を繰り返す）<br>S：チョウチョの形で、きれいなチョウです。羽で体。<br>E：きれいなとおっしゃいましたが？<br>S：きれいな赤い色ですから。 | |
| Ⅷ ∨ | 167. こうすると、一番上は溶岩です。とっても熱いです。 | E：（Sの反応を繰り返す）<br>S：火のように見えて、色が混ざり合っているのが溶岩が煮えたぎっているみたい。<br>E：煮えたぎっているように見えたのをもう少し説明してください。<br>S：違った色で、ピンクとかオレンジで、色に濃淡があって、それがちょうど煮えたぎっているように見えたのです。 | |
| Ⅷ | 168. ここはシャーベットのようです。いろいろな種類、オレンジとかラズベリーとか。 | E：（Sの反応を繰り返す）<br>S：誰かが、オレンジとラズベリーを混ぜて一盛りしたみたい。<br>E：一盛り？<br>S：まあ、ちょうど一盛り分ぐらいの大きさだし、両方が混ざっているから。 | |
| Ⅷ | 169. 葉。全体で。落ち葉のようです。 | E：（Sの反応を繰り返す）<br>S：決め手はこの上のところで、カバの葉のように丸くなっていて、色とその混ざり具合から落ち葉に見えました。ハロウィンや感謝祭の時に、学校で先生がクラスの窓に飾るようなものです。きれい。 | |
| Ⅷ | 170. はじのあとみたいな口紅のようです。 | E：（Sの反応を繰り返す）<br>S：口紅のあとみたいなピンク色です。私がタートルネックでぬぐった時についていたのもこんなでした。 | |
| Ⅷ | 171. 何か青い布。 | E：（Sの反応を繰り返す）<br>S：真ん中、青い布のようです。青いベルベットのように柔らかそうです。<br>E：柔らかそうというのを教えて下さい。 | |

第12章 コーディング練習　217

IX　172. ジャングルの奥に滝があります。

S：柔らかそうです、色の感じが（こする）、青いベルベットの切れ端のようです。
E：（Sの反応を繰り返す）
S：生い茂った樹々の向こうの真ん中に滝が見えます。青白い滝の水が流れ落ちています。手前には大きな緑の木があって、たぶんこの上のオレンジ色のところは岩です。

IX　＞　173. 赤ちゃんの顔。生まれたばかりのように、まだしわだらけです。

E：（Sの反応を繰り返す）
S：おでこで、鼻、小さな頭、生まれたばかりの赤ちゃんのようにピンク色をしています。
E：まだしわだらけとおっしゃいました？
S：まだしわだらけのようです。ちょっとでこぼこがあって。この濃淡の違いがしわのようです。

IX　174. モダンアートの絵。

E：（Sの反応を繰り返す）
S：誰かが絵の具をまき散らしたようで、緑と、白とピンクとオレンジで、現代絵画みたいです。

IX　175. 激しい頭痛。

E：（Sの反応を繰り返す）
S：いろいろな色が混ざっていて、オレンジの部分は、ズキズキするような痛み、赤い部分はその源、緑の部分が痛み以外の不快感です。偏頭痛やPMS（月経前症候群）のとき体験するとてもいやなものです。

IX　176. 凝ったランプ。陶器のようで、いろいろな色が染め付けされています。

E：（Sの反応を繰り返す）
S：ピンク色は傘で、上の白いのは白いライト、残りは模様が染め付けられています。

X　177. ピンクのはかさぶた。

E：（Sの反応を繰り返す）
S：けがをして、その治りかけの時のようです。血が固まっていくときはたいていこんなふうにピンク色です。
E：血が固まっていくというのを教えてください。
S：色が一様でなくて、薄いピンクや濃いピンクがあります。

X　178. たぶん、緑色の毛虫です。

E：（Sの反応を繰り返す）
S：2匹、小さな足が両側にあって、曲がっているところが頭です。

218　第Ⅲ部

| 図版 | 反応段階 | 質問段階 | コーディング |
|---|---|---|---|
| X | 179. 顔に見えます。 | E：（Sの反応を繰り返す）<br>S：上のここが灰色の帽子で、赤くて長い髪の毛が両側にあって、これが目で青い眼鏡をかけています。下のここが鬚。 | |
| X | 180. ジグソーパズルのよう。 | E：（Sの反応を繰り返す）<br>S：まずとてもカラフルだし、同じ色でも1つ1つ微妙に色が違っていて、パズルを思いついたのです。どれもおもしろい形をしています。 | |

# 第12章 コーディング練習

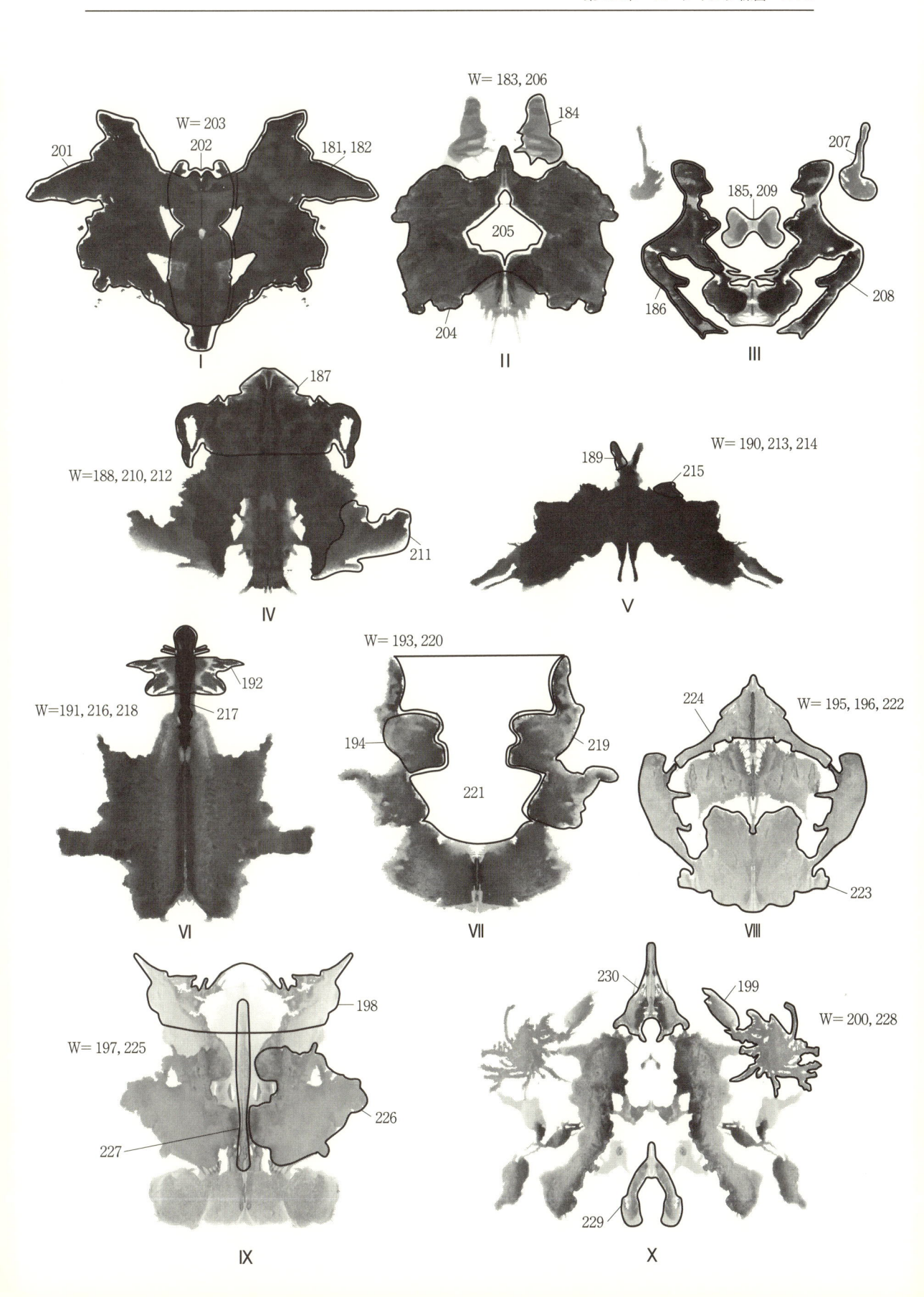

セクション6

| 図版 | 反応段階 | 質問段階 | コーディング |
|---|---|---|---|
| I | 181. 鏡で自分を見ている人のようです。 | E：（Sの反応を繰り返す）<br>S：鼻で、おもしろい口で、おなか、片足で立っていて、おもしろい形の帽子とスカーフをしています。こちら側も同じ。 | |
| I | 182. 赤ちゃんゾウがそこに立っています。 | E：（Sの反応を繰り返す）<br>S：とがった鼻で、頭、足、短い尻尾、背中、とても大きな耳。<br>E：赤ちゃんゾウとおっしゃいましたが？<br>S：小さく見えたので、まさに赤ちゃんゾウなんです。 | |
| II | 183. 後ろ足で立っている2匹のゾウ、頭に帽子がのっています。 | E：（Sの反応を繰り返す）<br>S：ゾウの足はここの赤い樽の上で、サーカスの芸をしています。鼻を合わせて後ろにそっくりかえっています。ゾウは、両方から樽に前足をかけています。 | |
| II | 184. 2匹の鳥の頭です。互いに唾を吐きあっています。 | E：（Sの反応を繰り返す）<br>S：顔のかんじが鳥の顔に似ていて、口で、鼻で、唾を吐き合っています。お互いに腹を立てていて、唾を吐いています。ここに唾が飛んでいるのが見えます。 | |
| III | 185. 生娘検査（virginal examination）を受けようとしている女の人。 | E：（Sの反応を繰り返す）<br>S：内診のための足台に足をかけているみたいで、検査を受けようとしているところです。太股がここにあって奥に性器があります、この後ろの樽の小さくなっているところです。 | |
| III | 186. お辞儀の練習をしているウェイター。 | E：（Sの反応を繰り返す）<br>S：ウェイターが着るような黒い洋服を着て、鏡を見ながら自分で点検しています。こっちにその姿が映っています。 | |
| IV | 187. 大きな耳を持った毛のとてもふさふさしたイヌの輪郭です。頭だけ。 | E：（Sの反応を繰り返す）<br>S：ここが鼻で（D3）、大きな耳で、種類は何だか分かりませんが、てっぺんだけで顔は見えません。<br>E：毛がとてもふさふさしているとおっしゃいましたが？<br>S：色あいかふさふさした感じがして、まるで大きな毛玉か何かがあるみたいで、鼻と耳の輪郭が見えるだけです。 | |

第12章 コーディング練習　221

IV ＜ 188. 油かグリースのかたまり。
E：（Sの反応を繰り返す）
S：ええ、真っ黒で、ぬるぬる、ねばねばしているように見えます。
E：ぬるぬるとか、ねばねばというのは？
S：ええ、くっついちゃいそうで、誰も触りたくないでしょうね。

V 189. 男の人の性器のようです。
E：（Sの反応を繰り返す）
S：ここだけです（なぞる）、男の人のペニスのようです。勃起しているみたいです。こうなりますでしょう。

V 190. チョウチョ、羽を広げて飛んでいるようです。
E：（Sの反応を繰り返す）
S：羽を広げて飛んでいるようです。こうして見おろすと角度のせいか、遠近感があります。
E：角度のせいというのを教えて下さい。
S：まあ、後ろにある足が近く見えて、前の方に飛んでいくのを大きく見えるのです。

VI 191. 空中からモーターボートを見下ろしたようです。
E：（Sの反応を繰り返す）
S：モーターボートはこの上の黒いところです（D2）。水をきって早く進むので水がはねていて、その後ろに跡が残っていて、航跡となっていて、水のひだのようになっています（真ん中をなぞる）。ここは濃くなっていて深く沈んでいるようです。高速モーターボートだとこうなるんです。

VI ＜ 192. 何かが映っているようで湖のそばのキャンプファイアーかもしれません。
E：（Sの反応を繰り返す）
S：これが炎で燃え上がっていて、それがこの下の湖に映っています。

VII ＞ 193. 2人の女の子が背中合わせでダンスを踊っているようです。で、頭をつけています。
E：（Sの反応を繰り返す）
S：2人が同じに舞いをするシンクロナイズダンスで、手を前に伸ばして片足で踊っているようです。頭と頭がつくかつかないかぐらいまでに後ろにそり返っています。

VII 194. 鏡を見て映っている姿を見ています。
E：（Sの反応を繰り返す）
S：同じです、こっちとこっち。これが人で、こっち（左）が鏡に映った顔で、鼻で顎。

| 図版 | 反応段階 | 質問段階 | コーディング |
|---|---|---|---|
| Ⅷ | 195. 魔法使いが使うような水晶玉。 | E：(Sの反応を繰り返す)<br>S：丸くて(手をカップのような形にして見せる)、両横とてっぺんが曲線になって、形に丸みが感じられます。<br>E：水晶玉に見えるというのをもう少し説明して下さい。<br>S：そうですね、これ全部不思議な色をしています。明るいオレンジや、青や、ピンク、そして中には白い色もあります。いろいろな色です。 | |
| Ⅷ < | 196. こうするとビーバーが立っていて、それがこの下に映っています。 | E：(Sの反応を繰り返す)<br>S：これが、ビーバーです。これが頭で、足で、立っていて、全部下に映っています。それとも何かを待っているのかもしれません。やぶとか岩とも映っています。 | |
| Ⅸ | 197. 海の植物か何か、たぶん。 | E：(Sの反応を繰り返す)<br>S：海の底に繁っている植物か何か。<br>E：もう少し説明してくださいますか。<br>S：全体の感じです。<br>E：そう見えるのはわかりましたが、もう少し私にもわかるように説明してください。<br>S：いろいろな色がついていて、海で見てみる植物とか繁っている何かと思ったのです。 | |
| Ⅸ | 198. 炎を噴射しながら上昇していく宇宙船。 | E：(Sの反応を繰り返す)<br>S：宇宙船はドーム型で、この白いところ(囲む)で、これが両側から出ている炎です。<br>E：炎に見えたのを説明してください。<br>S：これ(D3辺りを指す)が、両側に噴き出ていて、宇宙船がそこを突き抜けています。このオレンジ色の大きな炎が両側に噴き出していて、宇宙船の前や後ろにもあって、炎の真ん中から宇宙船が上昇していくようです。 | |
| Ⅹ | 199. ロブスターが餌食のカマキリを襲っているところ。 | E：(Sの反応を繰り返す)<br>S：これは青いロブスターで爪がいっぱいあります。前の爪は後ろの爪よりも大きく力強いものです。その爪で餌食のカマキリにつかみかかっています。この緑色のには、小さい頭ととがった触角があります。カマキリはこんな緑色をしています。 | |
| Ⅹ ∨ | 200. 逆にすると、植物の図鑑にある | E：(Sの反応を繰り返す) | |

花の絵のようです。

I 201. コウモリのようです。

S：それぞれの細かい部分が詳しく調べることができるように描かれています。各部分の関係を示すために、ある部分はほかの部分の近くに描かれています。大きく描かれた側面図のようです。茎、おしべがあって、いろいろな色を使ってそれぞれの部分を色分けしてあります。

E：（Sの反応を繰り返す）
S：近所でコウモリが飛んでいるのを見たのに似ています。でもこのところ（などで）はいません。コウモリです。
E：コウモリに見えるのを、もう少し教えて下さい。
S：体で頭、羽と小さい手。

I 202. 真ん中はカタツムリかもしれません。

E：（Sの反応を繰り返す）
S：灰色のカタツムリで、これが体、これが角。

I 203. ハローウィン用に切って作ったカボチャの顔。

E：（Sの反応を繰り返す）
S：目が2つ、口、歯は食べられたか何かでなくて、こんな形。全体にぼんやりとはっきりしない。
E：ぼんやりとはっきりしない？
S：全体が薄暗くてぼんやりして見えるんです。

II 204. 2匹のイヌがキスしているみたいに頭を寄せ合っています。

E：（Sの反応を繰り返す）
S：これが頭だけです。耳、口をくっつけてキスをしたチイヌです。2匹の毛のふさふさ。
E：毛のふさふさしたというのを教えて下さい。
S：ここの色むらが柔らかな毛のように見えました。

II 205. 負傷した人から取り出した銃弾の破片の一部。

E：（Sの反応を繰り返す）
S：軍隊でたくさんこういうのを見たのですが、傷口から取り出した、こんな銃弾の一部でした。

IV 206. たぶんチョウです。

E：（Sの反応を繰り返す）
S：双中心になっているでしょう。左右同じで、頭で、触角で、羽を広げて風にのっているようです。

| 図版 | 反応段階 | 質問段階 | コーディング |
|---|---|---|---|
| Ⅲ | 207. この赤は血の色。本物の血のよう。乾いています。 | E：（Sの反応を繰り返す）<br>S：乾いた血のようです。赤っぽいけれど真っ赤ではなくて、真っ赤には血には形はなくて、血は決まった形をとる必要がないので、血が出た時にはそれはどんな形にもなります。 | |
| Ⅲ ∨ | 208. ぞっとするようなクモを上から見たところ。 | E：（Sの反応を繰り返す）<br>S：上から見たところ、目で、2つの大きな目、鋭い顎、頭の後ろが体で肩、爪の先にはとげっとっている皇(stickery)が付いてて、黒くてぞっとしてます、クモが大嫌いなんです。 | |
| Ⅲ | 209. 肺のように見えます。赤いので肺に違いありません。 | E：（Sの反応を繰り返す）<br>S：形が肺のようで、上がまるくなっていて、下には気管支とのつながきがある。赤い色が濃かったり薄くなっているのも肺のようです。 | |
| Ⅳ | 210. サルが木の切り株に座っているようです。 | E：（Sの反応を繰り返す）<br>S：大きな毛のふさふさしたゴリラです。頭で、腕と足、大きな足、足の裏が見えるので、ゴリラは後ろへ寄りかかっているのでしょう。頭は後ろにあるみたい。切り株はこの真ん中です。<br>E：毛がふさふさしているとおっしゃいましたが？<br>S：え、全体にふさふさしています。ここの（中央）濃淡が、毛がふさふさしているみたいに見えます。 | |
| Ⅳ | 211. 泥のついた一組の2つの足。 | E：（Sの反応を繰り返す）<br>S：これです、つま先、かかと、大きな2本の足。部分的に泥がついたように濃くなっています。人の下半身だけです、足だけです。 | |
| Ⅳ | 212. 毛のふさふさした生き物。 | E：（Sの反応を繰り返す）<br>S：ヤドカリのようなものです。ふさふさした毛と形から、そう見えます。<br>E：ふさふさした毛に見えるのを教えて下さい。<br>S：色の濃淡が毛の感触を感じさせます。ヤドカリの毛は、身を守るためのものでしょう。 | |

第12章 コーディング練習　225

V　213. 蚊がスーと飛んできて誰かを刺そうとしています。
　　E：（Sの反応を繰り返す）
　　S：黒い色をした蚊です。羽を広げて、下に向かって、誰かを刺そうとしています。

V　214. ウサギが運動しているところ。
　　E：（Sの反応を繰り返す）
　　S：バーベルを持ち上げています。
　　E：もう少し教えてくれますか。
　　S：ウサギが真ん中にいて、耳（上）、細い足、これを持ち上げようとしています。両側に1個ずつバーベルがあって、とても重そうです。
　　E：とても重そう？
　　S：ウサギよりも大きいからです。

V　215. 茶色の小さな山。
　　E：（Sの反応を繰り返す）
　　S：茶色の土で、小さな山の形にしてあります。
　　E：茶色の土というのを教えて下さい。
　　S：ただそう見えるだけです。いろいろな色あいが混ざった茶色です。

VI　216. すごい勢いで飛んできて何かに命中している弾丸。たぶん動物に。
　　E：（Sの反応を繰り返す）
　　S：弾丸がそこを貫通しています。残りは動物の皮、色むらが何の動物かわからなくなっています。

VI　217. 女コブラ、コブラにも見えるけど女の人には見えます。細い腰をしています。
　　E：（Sの反応を繰り返す）
　　S：細くて長いへびのようで、コブラに見えます。
　　E：女コブラとおっしゃいましたが？
　　S：女の人の頭、細い腰、足もあります。だから女のへびです。それで女コブラと言ったのです

VI＞218. こうして見ると鏡です。
　　E：（Sの反応を繰り返す）
　　S：手鏡です。ここが持つところで鏡。でも、壊れています。
　　E：壊れているというのを教えて下さい。
　　S：中にある濃い線がひびのようで、壊れているように見えます。

VII　219. これは前に出てきたのと同じに2人の女の人ですが、今度は何かについて口論しています。
　　E：（Sの反応を繰り返す）
　　S：上半身だけで、手はげんこつのように握りしめています。これが口で、大声で叫んでいるようです。まゆげはにらみつける時のように出ています。ウサギの耳を

| 図版 | 反応段階 | 質問段階 | コーディング |
|---|---|---|---|
| VII | 220. 2匹のゾウが，頭の上にチョウを乗せて踊っています。 | E：（Sの反応を繰り返す）<br>S：ゾウのダンスです。これが鼻で，足，ここ，頭の上にいるのがチョウみたい。ゾウの頭の上にいます。ここが洞で，なぜ上にいるのかわかりませんが，たぶんダンスの一部なのでしょう。していておかしいけど，とにかく何かについてけんかしています。小さな鼻とまゆげです（指す）。 | |
| VII | 221. 歯のナイトガードかもしれません。 | E：（Sの反応を繰り返す）<br>S：私が夜はめなければならない歯のナイトガードのようです。私のもこれみたいに白です．し，形も似ています。<br>E：ナイトガードというのがわからないので教えてください。<br>S：寝ている間に歯ぎしりしないようにするためのもので，歯医者さんが作ります。 | |
| VIII | 222. 2匹の動物が東洋の山を登っています | E：（Sの反応を繰り返す）<br>S：これとこれ（D1），動物のようです。ライオンとかトラです。足，頭，残りは山です。<br>E：東洋の山とおっしゃいましたが？<br>S：もちろんです。とがっているからです。中国では家の屋根もこんなふうにとがっているし，帽子もとがっているし，山もとがっています。 | |
| VIII | 223. 2人の男の人が，女の人の子宮の上に立っています。 | E：（Sの反応を繰り返す）<br>S：これとこれが2人の男の人で，足でペニス。<br>E：女の人の子宮の上に立っているとおっしゃいましたか？<br>S：ええ，ひどいことなんですが，下のここに子宮があって，ちょうどこんな形をしているし，このピンクという色も似ています。 | |
| VIII | 224. モミの木です。枝の先に小さい手があります。 | E：（Sの反応を繰り返す）<br>S：てっぺんが尖っていて，緑のモミの木です。こんな形をしています。<br>E：枝の先に小さな手があるというのを，教えてください。<br>S：ええ，これが小さな手に見えるのです。ちょっと待って，手というわけではなくて，枝のように見える指ということです。小さな指のある手の形をしています。 | |

第12章 コーディング練習　227

Ⅸ 225. 何かすさまじい音のようです。本当に大きな音。
　　　E：（Sの反応を繰り返す）
　　　S：はい、これを見るとものすごく大きな音を感じます。
　　　E：わかりました。それについてもう少し教えて下さい。
　　　S：たぶん色が全部違っているからだと思います。偉大な芸術家は、よく音を色で表しますね。ディズニーもファンタジアの中でそうしました。これらの色は、大きなすさまじい音を表しているのでしょう。たぶんヘンデルとかラフマニノフとかバーンシュタインのようなね。

Ⅸ 226. まゆの中にいる2匹のバッタが互いに見ています。
　　　E：（Sの反応を繰り返す）
　　　S：頭で、目で（空白）、羽はまだ広がっていないので、まだまゆの中です。2匹いて、緑色で、見ています。動けなくて、ただ見ているだけです。

Ⅸ 227. 真ん中は背骨です。
　　　E：（Sの反応を繰り返す）
　　　S：骨のようで、まっすぐ伸びているので、背骨にちがいありません。背骨はまっすぐなものです。

Ⅹ 228. 望遠鏡で見たような、たくさんの細菌です。いろいろな色をしています。
　　　E：（Sの反応を繰り返す）
　　　S：小さいものの集まりで、け、け、顕微鏡じゃないと見えません。これをTVで見たことがあるんです。いろいろな種類の細菌で、このようにいろいろな色がありました。

Ⅹ ∨ 229. 羽のある人です。
　　　E：（Sの反応を繰り返す）
　　　S：真ん中のが人で、ここが足で、頭で、羽はこれで飛んでいるようです。そう見えますが、こんな人は見たことはありません。

Ⅹ 230. 上のところは、骸骨に突き刺さっているナイフに見えます。
　　　E：（Sの反応を繰り返す）
　　　S：ナイフが突き刺さっているところ以外は骸骨です。斜めになっているみたいで、後ろに傾いて見えます。ナイフの重みか何かで少しひっくり返っています。あるいは、そんな風にナイフが刺さったのかもしれない、気味悪いよね。

228 第Ⅲ部

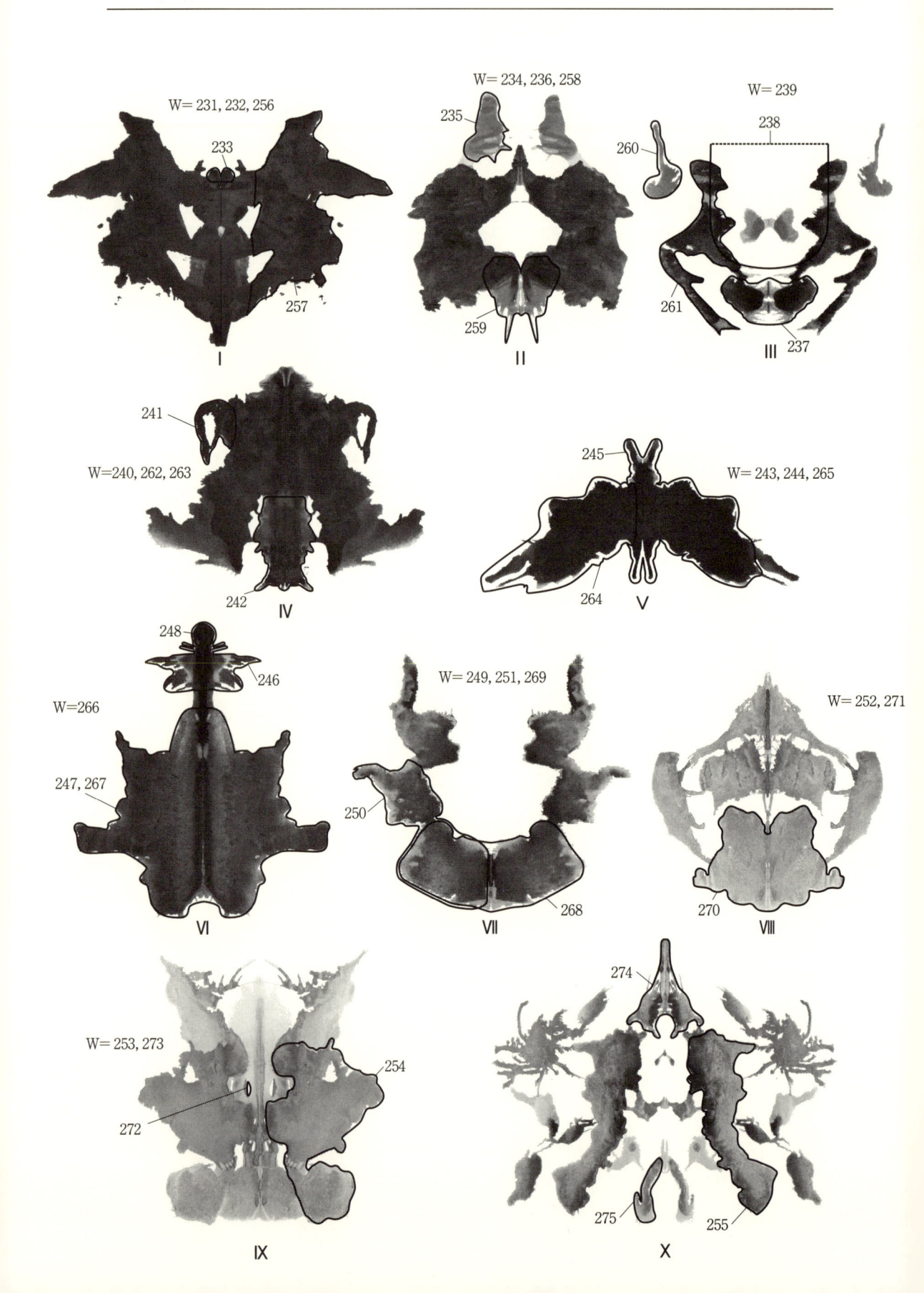

## セクション7

| 図版 | 反応段階 | 質問段階 | コーディング |
|---|---|---|---|
| I | 231. コウモリが飛んでいます。 | E：（Sの反応を繰り返す）<br>S：ここに羽があって、ぱたぱた飛んでいます。真ん中が胴体で、ここには顔があって、この白いところが口と目です。これはコウモリです。 | |
| I | 232. 魔法の鳥が飛んでいます。 | E：（Sの反応を繰り返す）<br>S：羽で、胴体で、羽を広げて飛んでいます。<br>E：魔法の鳥とおっしゃいましたが？<br>S：ええ、羽に特別な白い模様がついていて、白い三角形だから、黒魔術よりました、白魔術を示しています。 | |
| I | 233. アフリカの女王の乳房でしょう。 | E：（Sの反応を繰り返す）<br>S：大きくて黒くて、肉感的な女性の乳房です。<br>E：アフリカの女王のとおっしゃったのを教えて下さい。<br>S：一番上にあったので、女王の乳房だろうと思ったのです。 | |
| II | 234. 口をあけた男の人の顔です。 | E：（Sの反応を繰り返す）<br>S：赤い目で、この白い部分は口で、黒いところは顔のほかの部分です。舌も見えます、この赤いところ、前に突き出ているみたいです。 | |
| II < | 235. 生のレバーのように見えます。そしてそれが下にも映っています。 | E：（Sの反応を繰り返す）<br>S：ただ真っ赤で、レバーの塊みたいです。同じものがこっちにもあって映っているようです。生のレバーです。レバーは嫌いなので、ステーキとか、うまそうな豚の切り身なんかを見たかったのに、これは生のレバー以外の何ものでもないですからね。 | |
| II | 236. クマが突き出鼻（snood）と笑き鼻で、戦っています。血だらけです。 | E：（Sの反応を繰り返す）<br>S：これは足で、頭、体、戦っています。赤い血が頭から出ていますが、飛び散っているみたいです。下の尻尾からは、もっと血を流しています。ひどい戦いです。両方ともかなりひどく傷ついたと思います。 | |

| 図版 | 反応段階 | 質問段階 | コーディング |
|---|---|---|---|
| Ⅲ | 237. この部分は、ガンジーの顔のようです。 | E：（Sの反応を繰り返す）<br>S：大きな黒い目で、頬。額は切られてなくなっていますが、それでもガンジーのようす。 | |
| Ⅲ ∨ | 238. チョウチョが木の間を通り抜けて森を飛んでいく、冬のようす。道には雪が積もっています。 | E：（Sの反応を繰り返す）<br>S：白いのが木をぬける道で、赤いチョウがその真ん中を飛んでいて、両脇には木があります。<br>E：冬のように、道には雪が積もっているとおっしゃったのをもう少し教えてください。<br>S：ええ、冬にに白い雪が積もっているようで、遠くを見ると向こうは道が広くなっています。<br>E：広くなっているというのは？<br>S：ええ、向こうが大きく見えますから。 | |
| Ⅲ | 239. これは古代ローマ暦の3月15日を表しています。 | E：（Sの反応を繰り返す）<br>S：シーザーが殺された日で、これは、その殺されたありさまを描いています。<br>E：私にもわかるように説明してくださいますか？<br>S：抽象画なのですが、2人が殺し屋に殺されているところです。2人は死体にまだ刺さったままになっている剣にのしかかっています。赤いのは、その日に流された血を表しています。 | |
| Ⅳ | 240. 実際に存在しない世界地図です。 | E：（Sの反応を繰り返す）<br>S：独特な世界で、海岸線があって、白いのは湖で、真ん中を通る線は高速道路。 | |
| Ⅳ > | 241. 森の真ん中にある湖。 | E：（Sの反応を繰り返す）<br>S：とても高いところから見下ろしているようで、湖は白いところで、湖の周りは木々で囲まれています。<br>E：周りは木々で囲まれているというのを説明してください。<br>S：周りの濃淡の色の違いが、木のてっぺんに見えて、いろいろな高さの木があるのだろうと思います。 | |
| Ⅳ | 242. これは女性的な膣（feminine vagina）のように見えます。 | E：（Sの反応を繰り返す）<br>S：ここだけです、膣のように中に入りくんでいます。 | |

第12章 コーディング練習

Ⅴ　243. ウサギバエです。
　　E：そのように見えたのをもう少し説明してください。
　　S：真ん中は濃くなっていて、深くなっているように見えます。
　　E：（Sの反応を繰り返す）
　　S：この真ん中がウサギで、胴体、大きな耳です。これはハエみたいに黒い真ん中です。ハエみたいで、これは触角です。

Ⅴ＜ 244. まあ、横にすると恐ろしいですね。死人がぶら下がっているようです。
　　E：（Sの反応を繰り返す）
　　S：腕の頭の上に上がっていて、縛られているようです。おなかははち切れていて、おなかは下がっているようです。これは、ひどく気分の悪い絵ですけど、これをこんなふうに見るために誰かが描いたわけじゃないですね。

Ⅴ　245. 鳥に見えます。でも頭がヘラジカのようです。
　　E：（Sの反応を繰り返す）
　　S：ここだけです。両端はいません。羽が広がっていて飛んでいるようです。
　　E：頭がヘラジカのようとおっしゃいましたが？
　　S：ええ、本当に気味の悪い鳥で、頭に角がついていますでしょう。

Ⅵ　246. 前に見たのと全く同じチョウです。
　　E：（Sの反応を繰り返す）
　　S：これが羽で、ここに小さなひげがあります。今度は羽を広げて飛んでいるように見えます。

Ⅵ　247. 動物の毛皮を思い出します。よく子供の頃狩りに行ったものです。
　　E：（Sの反応を繰り返す）
　　S：形からです。足がこの出ているところで、頭はよく切断されてなくて、いかにもいいかげんな仕事です。縁はぼろぼろですけれど価値のあるものとは思えません。

Ⅵ　248. 今にも何かが人を殴ろうとしている握りこぶし。
　　E：（Sの反応を繰り返す）
　　S：その丸い形です。何かを殴る時の握り拳はこうなります。

Ⅶ　249. 煙が上がっているのかもしれません。
　　E：（Sの反応を繰り返す）
　　S：煙のようです。色全体に明暗があって、全体に上がっています。本当に煙のようです。

Ⅶ　250. 2匹の動物がほほえんでいます。おかしな鼻をしています。
　　E：（Sの反応を繰り返す）
　　S：2匹の雄ジカの雌です。目で、おかしな鼻で、口です。顔は反対方向を見ていますが、体はふれています。部分だけで足は見えません。

| 図版 | | 反応段階 | 質問段階 | コーディング |
|---|---|---|---|---|
| Ⅶ | ∨ | 251. CTスキャンで見た私の娘の脳に見えます。 | E：(Sの反応を繰り返す)<br>S：私の娘のCTスキャンのようです。全体の色の濃いのが凝固しているところのようです。特に形はなくて、大きかったり小さかったりしてます。<br>E：CTスキャンのように見えるのをもうすこし教えてください。<br>S：私の娘の脳にある凝固に見えるのです。大きな固まり以外の何ものでもありません。娘の脳にある大小さまざまのただ白や黒の固まり。 | |
| Ⅷ | < | 252. サーフボードで波乗りしているピンクパンサー。 | E：(Sの反応を繰り返す)<br>S：これです。ピンク色をしていますでしょう。ボードの上に足をしっかりふんばって、この波をとらえようとしています。全体が下の水に映っています。ピンクパンサーとおっしゃいましたが？<br>S：ええ、マンガに出てくるやつです。<br>E：サーフボードと水をもう少し説明して下さい。<br>S：ええ、ボードはあまりよく見えないのですが、オレンジ色のところがその一部分で、青いのが水で、波はこの灰色の部分。ちょうど波頭が崩れるところです。 | |
| Ⅸ | < | 253. ネコの顔です。ピンクの首輪があります。 | E：(Sの反応を繰り返す)<br>S：オレンジ色のところが耳で、真ん中が鼻で(D8)、白い点が(DdS29)目です。ピンクのリボンか首輪をつけています。 | |
| Ⅸ | < | 254. バイクに乗っている女の人です。 | E：(Sの反応を繰り返す)<br>S：ハンドルにのしかかっていて、これが頭です。<br>E：排気ガスか何かを教えて下さい。<br>S：排気ガスではなくて、後ろに土が舞い上がっているのかもしれません。ちょうど巻き込んだので、たくさんの土が舞い上がって後ろに小さな雲のようになったのでしょう。 | |
| Ⅹ | | 255. 巨大なピンクのミミズです。 | E：(Sの反応を繰り返す)<br>S：ここにここにいます。ここに小さな足が何本もあって、ミミズに見えます。<br>E：巨大なミミズとおっしゃいましたが？<br>S：こんなに大きく描かれているので、巨大な虫に間違いありません。 | |

第12章 コーディング練習　233

I　256. 甲殻類のようです。からだ全体ではなく、死骸の一部だけです。
E：（Sの反応を繰り返す）
S：海の中の生き物のようです。ここが骨格の一部で体。カニだったのかもしれません。これが爪で、本当に死んでいるように見えます。
E：死んでいるように見えるというのを、教えて下さい。
S：まあ、黒いしここらへんが欠けています。

I＜　257. コヨーテが月に向かって吠えているようです。
E：（Sの反応を繰り返す）
S：足で尻尾で頭、大きな耳があります。吠えているように頭をあげています。夜にそうしますでしょう。TVで特別番組を見たことがあります。

II　258. ニワトリの頭をした２人の太った女の人が手をたたいています。
E：（Sの反応を繰り返す）
S：お互いに話しながら拍手しています。手がこれでこれでそんな大きなお尻、大きくて太った女の人。でも手首は細いです。
E：ニワトリの頭をしたとおっしゃいましたか？
S：ええ、そうです。くちばしがとても奇妙です。

II　259. この下のところは赤いので膣かもしれません。
E：（Sの反応を繰り返す）
S：膣みたいに赤くて、基本的に形がそうです。ここの色が薄くなっているのは膣の入り口で、こんな風に奥に入っていますでしょう。

III▽　260. 両側の赤いのは血がたれているようです。
E：（Sの反応を繰り返す）
S：血が両側に１滴ずつ、本当にたれているようです。線が下に向かっているでしょう。
E：血に見えたのをもう少し説明してください。
S：真っ赤で血のようです。

III　261. イヌが２匹両側にいます。同じようなイヌです。
E：（Sの反応を繰り返す）
S：とがった鼻をする (snozzle) のイヌで、尻尾はないけれどあるはずです。前足がたれて、尻尾をちょん切られたプードルかもしれません。足で、頭はとがってて、そういうのを見たことがあるけれど、何という名前かはわかりません。

IV　262. 猟師のブーツが棒に吊り下がっています。
E：（Sの反応を繰り返す）
S：大きな毛皮のブーツで、昔猟師がはいていたような、真ん中の棒に吊り下がっていますでしょう。足のところで、靴紐はこの上 (D4) からたれています。

| 図版 | 反応段階 | 質問段階 | コーディング |
|---|---|---|---|
| IV | 263. これは抜き取られた虫歯。 | E：毛皮のとおっしゃいましたが？<br>S：ええ、毛皮のように見えます。端がギザギザで外側のラインができているからです。 | |
| | | E：(Sの反応を繰り返す)<br>S：歯の形に似ています。でもそれは真っ黒で、虫歯みたい。ぼろぼろで食われただ穴も見えます。<br>E：食われただというのをもう少し説明してください。<br>S：この濃くなっているのが、みんな食われたところで、くぼんでいて虫歯の穴です。 | |
| V | 264. この横のところはシチメンチョウの足で、誰かがいっぱなしにしたオーブンに長いこと入れっぱなしにしたのでしょう。 | E：(Sの反応を繰り返す)<br>S：シチメンチョウは大嫌いで、とりわけ足はだめなんです。もし仮に食べるとしても胸肉と細い体、小さな足、それにいろいろな色です。<br>E：シチメンチョウの足に見えるのをもう少し説明してください。<br>S：そんな形です。<br>E：で、オーブンに長いこと入れっぱなしだったとおっしゃいましたが？<br>S：そう、焦げていて、黒くて、真っ黒焦げのシチメンチョウの足です。 | |
| V | 265. こうするとチョウチョです。灰色のチョウが羽を上にあげています。 | E：(Sの反応を繰り返す)<br>S：湖が上向きだときれいに見えて、風にふんわり乗っています。対称的な形をしていて、触角と細い体、小さな足、それにいろいろな色です。<br>E：いろいろな色、というのを教えてください。<br>S：この湖は灰色なんだけど、濃淡で色合いが違うからです。 | |
| VI | 266. 死んだネコ。トラックに轢かれたみたいで、こういうのをsailcat (訳注：子どもが、轢かれて乾燥したネコをフリスビーのように飛ばして遊んだ) と言っていました。 | E：(Sの反応を繰り返す)<br>S：まっ平らになっていて、ここがひげで腕、脂がひっついています。テキサスにいた子供の頃はよくちゃんこになるのを待っていました。たくさんのトラックがネコを轢いていった後で、それを道路からはがしてそれを飛ばすんです。それでsailcatと呼んでいました。<br>E：脂がついているというのを教えてください。<br>S：濃いしみが全体についてです。 | |

# 第12章 コーディング練習

Ⅵ Ｖ 267. 大きな動物の皮、はいだもの。
　　E：（Ｓの反応を繰り返す）
　　Ｓ：動物の毛皮をはいだものです。大きなバッファローか何かのでしょう。
　　E：そのように見えたのをもう少し説明して下さい。
　　Ｓ：皮をはいだ形をしていて、ここが足がさったところで、乾かすために吊り下げられて、ピンとのばされているのかもしれません。
　　E：毛皮のようにとおっしゃいましたが？
　　Ｓ：そうです、まわりがギザギザしていて、皮をはいだ時のようです。

Ⅶ Ｖ 268. 上の部分は、大きな岩が壊れているところ。
　　E：（Ｓの反応を繰り返す）
　　Ｓ：灰色の岩のようで、濃くなっているのはひびが入って割れはじめていくところです。ひびが入ってここから割れているみたいで、その割れ目から奥が見えます。真二つに割れる瞬間です。

Ⅶ 269. チョウチョです。羽の上に２つおもちゃのウサギが乗っています。
　　E：（Ｓの反応を繰り返す）
　　Ｓ：チョウチョには大きな羽と細い体があって、この２つのウサギは飛んでいるチョウチョの羽の上に乗っています。かわいいウサギの鼻、長い耳、そしてこれが小さい前足です。
　　E：おもちゃのウサギとおっしゃいましたが？
　　Ｓ：本物には見えないんです。

Ⅷ 270. 下は花です。
　　E：（Ｓの反応を繰り返す）
　　Ｓ：上は花びらで、真ん中が茎で、両側に小さな取っ手の形をした花びらがあって、繊細な花です。
　　E：繊細な花とおっしゃいましたが？
　　Ｓ：ただとても繊細に見えたのです。形がいかにも脆そうです。

Ⅷ 271. きれいな古い帆船です。太陽の光をあびています。
　　E：（Ｓの反応を繰り返す）
　　Ｓ：遠くの方にあって、私の方から離れていくようです。船の後ろ姿です。とてもカラフルで、マストは真ん中、大きなピンク色の帆が両側にあって、青いメインスルと灰色のトップスル、船体はオレンジ色をしていますけれど、これは多分、太陽の光のせいでそう見えるんでしょう。

Ⅸ 272. 精子です。小さくて白いのでそうに違いありません。２つです。
　　E：（Ｓの反応を繰り返す）
　　Ｓ：白くて、精子はあるんです。見たことがあるんです、こんなでした。小さくて。

| 図版 | 反応段階 | 質問段階 | コーディング |
|---|---|---|---|
| IX V | 273. 酔っ払っているみたい。いろんな感情が湧きあがっている。 | E：（Sの反応を繰り返す）<br>S：まさに自分が酔っぱらってぼーっとなった時みたい。いろいろな経験が、潜在意識を通って浮かび上がってきて、この真ん中みたいに。そして全部上の方に浮かび上がってくるんです。つまり現実に。いろいろなきれいな色が感情を表わしているのがわかるでしょう。 | |
| X | 274. この上は2匹の灰色の恐竜が柱にとりかかっています。 | E：（Sの反応を繰り返す）<br>S：とても疲れているのでしょう。変った触角器があって、足で。真ん中の柱にとりかかっています。 | |
| X V | 275. 2匹のタツノオトシゴが口ゲンカをしていて、お互いにそっぽを向いています。きつい顔をしていてお互いに怒っているのでしょう。 | E：（Sの反応を繰り返す）<br>S：形でです。色も緑だと思います。でもきつい顔をしていて怒っているようです。たぶん口ゲンカしたばかりなのでしょう、お互いに顔を合わせたくないのです。 | |

第12章　コーディング練習　237

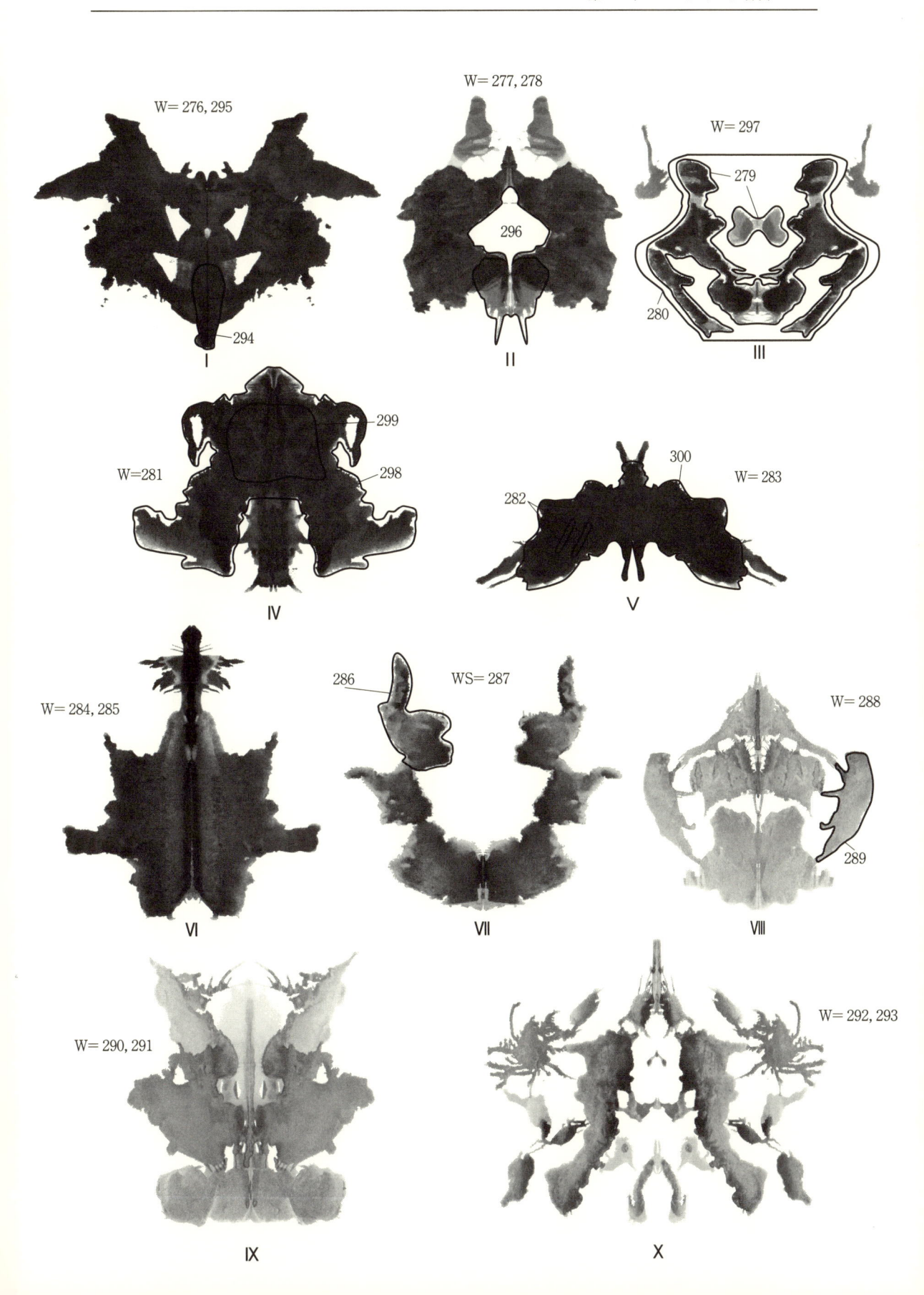

## セクション8

| 図版 | 反応段階 | 質問段階 | コーディング |
|---|---|---|---|
| I | 276. ケープを着た誰かが風の中に立っています。頭のない人が手を空中に上げています。 | E：（Sの反応を繰り返す）<br>S：これが体で、立っているのとは違って頭丈に見えます。小さなウェストで、大きな胸、ベルトをしていて真ん中の明るい色のところがバックルです。明るいところと暗いところがありますでしょう。足はこれで、袴があります。でも頭はほぼろはほろです。<br>E：風の中に立っているとおっしゃいましたが？<br>S：ケープが風に吹かれていて、ちぎれていて、端はほろほろです。 | |
| II | 277. かわいそうなネコが口の中を怪我をして、痛いみたいで口を開けていて、口と耳から血を出しています。 | E：（Sの反応を繰り返す）<br>S：もし頭蓋骨を割られたらこんな風に口や耳から血が噴き出るでしょう。顔中赤くて血だらけで白い歯みたいのは口です。怪我をしているみたいで口から前方に血が噴き出ています。<br>E：ネコとおっしゃいましたが？<br>S：え、ネコかイヌです。とがった耳なので、たぶんネコでしょう。でも、見分けるのは難しいですね。 | |
| II | 278. 2人の魔女が靴をかぶって何か魔法をかけています。 | E：（Sの反応を繰り返す）<br>S：赤い帽子と靴で手で手を合わせて魔法をかけているようです。黒いローブを身にまとって、体を曲げて手を合わせています。<br>E：魔法をかけているようにおっしゃいましたが？<br>S：そう思ったけれど、もしかすると内緒話をしているのかもしれません。 | |
| III | 279. 2人の人がこのチョウチョを取ろうとしています。 | E：（Sの反応を繰り返す）<br>S：これが赤いチョウチョで、これらが2人の人で、この2人の目の前からこちらに飛んで来るみたいで近くに飛びつめていて、チョウチョはとても早く飛んで逃げているようです。 | |
| III | 280. イヌの顔のよう、これが大きな赤い鼻で、口を開けています。 | E：（Sの反応を繰り返す）<br>S：このあ赤いのは入れないで、残りの部分です。これが目で、この赤いのは (D3) 大きな鼻で、口を開けているのが歯が見えます。<br>E：歯が見えるというのを教えてください。<br>S：ええ、この犬っていて鋭いのです。 | |

IV　281．これは、憂うつを感じます。

　　　　E：（Sの反応を繰り返す）
　　　　S：黒くて陰うつなのと、それに色むらにもなっています。
　　　　E：もう少し説明してください。
　　　　S：そういう感情です。すべてがのさびやな時のいやな感情です。

V　282．ここのこの線が、こんなこと言うとおかしいかもしれませんが、手術の傷跡に見えます。

　　　　E：（Sの反応を繰り返す）
　　　　S：この色の濃淡が明るかったり暗かったりして、ちょうど傷跡のようです。私の彼の手術の跡が明らかなようにここなんて、手術の傷跡です。なぜそんなことを思いついたのかわかりません。もっと他のものを見ればよかったからそのことで頭がいっぱいだったからかしら。

V　283．さなぎから出てチョウになろうとしているガです。

　　　　E：（Sの反応を繰り返す）
　　　　S：まだ黒さに斑さがあって、羽や他の部分は出来上がっているけれど羽が開ききっていないんです。
　　　　E：さなぎから出てとおっしゃいましたが？
　　　　S：さなぎから出てきて、これが、ほら、さなぎの殻で、出かかっている羽でまだがのようですが、もうすぐチョウになっているような色がついているところです。真ん中がさなぎで、もうすぐチョウになっているような色がついているところです。出ようともがいているところです。今はちょうど

VI　284．キリストが立っていて、その影に見えます。変わったやり方で影を落としています。

　　　　E：（Sの反応を繰り返す）
　　　　S：腕を出して、まわりに広がるローブを着ています。光がキリストの後ろにあって、そのためにこの大きな影が手前にできているのです。すごく大きな影みたいに濃い灰色で、キリストの前の平原いっぱいに広がっています。これはキリストの復活のメッセージです。
　　　　E：メッセージ？
　　　　S：具体的にこれというのはありません。ある種のデモンストレーションで、影がとても大きいので誰も審判をのがれられないことを表わしています。

VI　285．ピーナッツバターにはまっているかわいそうな虫。

　　　　E：（Sの反応を繰り返す）
　　　　S：羽のある虫で、小さな頭とひげがあってピーナッツバターから逃れようと羽を必死に動かしています。
　　　　E：ピーナッツバターと思われたのを、教えてください。
　　　　S：インクの色合いがピーナッツバターのようにねばねば、べとべとしているように見えたのです。この虫はちょうどこれを取ろうとしてかえってこれについてしまっ

| 図版 | 反応段階 | 質問段階 | コーディング |
|---|---|---|---|
| Ⅶ | 286. 鏡を見て、自分の顔を映しているみたいの人。 | E：(Sの反応を繰り返す)<br>S：ほとんど同じで、こちらはちょっとにじんで見えます。こっちの輪郭はまわりが濃くなっていて、こちらは輪郭がはっきりしているので、こっちが本物でこっちが鏡に映っている方です。 | |
| Ⅶ | 287. ジャングルを見下ろしたみたいに、ラグーンのある島のいろいろな高さの木が見えます。 | E：(Sの反応を繰り返す)<br>S：段差に見えて、色の違いがラグーンのほとりまでなだらかな下り坂になっている島のようです。背の高い木と低い木とがあるような印象を受けます。<br>E：で、ラグーンというのは？<br>S：白いところ、これがラグーンです。 | |
| Ⅷ Ⅴ | 288. コミュニストの醜い顔。悪魔のようにほほえんでいて、大きな耳があります。 | E：(Sの反応を繰り返す)<br>S：でこぼこの額をして、目はこのピンク色で、白いところが笑って歪んだ口で、悪魔のようにも見えるし、両側のピンクの髪の毛もそんな感じです。<br>E：でこぼこの額を説明して下さい。<br>S：こうくぼみがあるみたいで、色の具合がでこぼこしているように見えます。でこぼこの感じに。<br>E：コミュニストの顔を教えてください。<br>S：ええ、それはピンクの髪の毛ですから、だからアカ (Pinkos) と呼ぶのでしょう。 | |
| Ⅷ | 289. これは、夏のカメレオーム (訳注camelot：カメレオンとオーム palotとの造語) のようです。 | E：(Sの反応を繰り返す)<br>S：夏の間、色が変わるんです。<br>E：よくわからないのでもう少し説明して下さい。<br>S：小さい動物で、歩き回る季節によって色が変わるのです。足で頭です。今は赤いので夏に違いありません。 | |
| Ⅸ | 290. 夜、照明で照らされている噴水のようです。 | E：(Sの反応を繰り返す)<br>S：真ん中にあるのが水が吹き上がっているところで、外側は噴水が落ちるときにできる水しぶきです。いろいろな色の照明に照らされています。ピンクのところが噴水の土台です。 | |

第12章 コーディング練習　241

IX V 291. 木の奥に2羽の小鳥が隠れている絵。

E：（Sの反応を繰り返す）
S：こちらに1羽、こちらに1羽（D3とその上部のオレンジ領域）。オレンジ色の鳥です。コウライウグイスかもしれません。この色とりどりの大木の奥の方に隠れています。緑色の葉がたくさん茂っていて、その先はピンクの葉ほど想像力があったり、葉かげから鳥の隠れた一部がうっすら見えています。これを描いた芸術家はよほど想像力があって、葉かげから鳥の隠れた一部がうっすら見えています。

X 292. 魔法使いが呪文を唱えています。

E：（Sの反応を繰り返す）
S：上の灰色のところが顔で、ピンク色の部分はローブです。そのほかは魔法使いが唱えた呪文で、魔法使いの前にも両脇にもあります。みんな違った色で、それぞれ違った意味を表しています。
E：違った意味を表わすというのを教えて下さい。
S：それぞれに何か意味がありますが、私には何かわかりません。

X 293. おかしな頭飾りや、ひらひら広がった衣装を身にまとったストリッパーです。小さなペンダントをぶら下げて、青いブラジャーをして、緑のバタフライをつけています。体がすべてが動いているみたいです。でも顔と体が見えないので、彼女は完全に無名です。

E：（Sの反応を繰り返す）
S：上が（D11）頭飾りで、ピンクの前の開いた衣装です。それには黄色や茶色の飾りがついていて、うちわのような青いポンポンを持っています。これがペンダント、ブラジャー、ひらひら舞って、踊りのがバタフライ、縁のが見えないで、踊っているみたいです。体はすべて動いているので、これは誰でもありません。

I > 294. ワニが夜、水に浮かんでいて、それが下に映っています。

E：（Sの反応を繰り返す）
S：頭だけです。長い鼻で端は盛り上がって口になっています。こっちが水に映った姿で、上と同じです。濃淡が影のように見えて夜だと思いました。

I 295. 全体が悪の抽象画です。

E：（Sの反応を繰り返す）
S：人間の邪悪さを表わした顔のようです。悪にとりつかれた口、うつろく見える口、うつろく出ています、うつろな白い目、こうした頬、そして頭のてっぺんに角がにょきっと邪悪で出ているのです。両側に、これを描いた芸術家は人間がどんなに邪悪で堕落しているかを描きたかったのです。お互いに汚しあって、関わるものすべてを汚染します。しかし、人間はあまりにもばかなので地球にどれほどダメージを与えているかわかっていないのです。

| 図版 | 反応段階 | 質問段階 | コーディング |
|---|---|---|---|
| Ⅱ | 296. 白いシャンデリアから飛び出て散らかっている赤い光。 | E：（Sの反応を繰り返す）<br>S：真ん中がシャンデリアでその下に赤い光があってちょうど電気をつけたみたいに光が散らかっています。ちょうど電球みたいなのでしょう。 | |
| Ⅲ | 297. 何かのまねをしている、2人のピエロ。 | E：（Sの反応を繰り返す）<br>S：顔を見てピエロだと思いました。お面をかぶっているように見えて、白い襟をつけていて、背景に赤い飾りがあります。<br>E：何かのまねをしているとおっしゃったのを教えて下さい。<br>S：鳥のまねをしているので鳥のまねをしているみたい。 | |
| Ⅳ | 298. 大きな年寄りのゴリラがあお向けになって、足をこっちに向けて寝そべっています。 | E：（Sの反応を繰り返す）<br>S：ゴリラのようで、全体が毛で覆われていて、足を外側に向けて方に。<br>E：全体が毛で覆われておっしゃったのを教えて下さい。<br>S：たぶん濃淡から毛で覆われたんだと思いますが。<br>E：あお向けになってとおっしゃいますが。<br>S：大きな足がこんなふうにこっちを向いていて、頭が後ろにあるので寝そべっているに違いないと。 | |
| Ⅳ | 299. この中央の部分が、深い溝がぬかるみの真ん中にあるように見えます。 | E：（Sの反応を繰り返す）<br>S：この辺りのぬかるみの真ん中に何かがあって、すごく暗そうで、深そうで、周りもぬかるんでいるようで湿っています。この濃くなっているのがぬかるみで、もし足を踏み入れたら足が抜けなくなりそうです。 | |
| Ⅴ | 300. ドラキュラです。黒いマントを着て飛び立とうとしています。 | E：（Sの反応を繰り返す）<br>S：手を横に広げて、この両はしとは入れません。顔は見えません。全身が黒くて、腕を横に伸ばして飛び立とうとしています。彼のマッピスを満たすために新しい犠牲者を求めて。 | |

# 第13章　コーディング練習の解答

## ▲セクション1の解答（反応1〜35）

1. Ddo34 Fo Bt
2. Do4 M$^a$o H GHR
3. WSo F- Hd 4.5 PHR
4. Dd+24 m$^p$u Hh 3.0
5. Do3 FM$^a$o A
6. D+1 M$^a$o 2 H,Id P 3.0 COP,GHR
7. Wo m$^p$o Bt 2.0
8. Ddo21 Fu Cg
9. Wo FM$^p$o A P 1.0
10. Wo F- An 1.0
11. Do4 Fo Sc
12. Wo FM$^a$u A 2.5
13. D+1 M$^p$o 2 (Hd) P 3.0 GHR
14. Ddo21 FM$^a$- 2 A
15. Do4 M$^p$- Hd PHR
16. W+ FM$^a$o 2 A,Ls P 4.5
17. DdSo23 Fu Na
18. Wv/+ m$^p$.FD- Cl,Ls 5.5
19. D+15 M$^a$- H,Id 4.0 PHR
20. Wv m$^a$.CFo Ex
21. Do2 FC- An,Bl
22. Dv3 C Bl
23. W+ FCo 2 H,Cg 4.5 GHR
24. Dv2 C 2 Fd
25. Ddo29 Fu Art PER
26. W+ M$^a$.Co 2 H,Art P 5.5 COP,GHR
27. Do1 FC- Hd,Sx PHR
28. Ddo99 CFu Bt
29. Wo FCu Hh,Ay 4.5
30. Wv Cn Art
31. Ddo26 Fu 2 Sc
32. Wv CF- An MOR
33. Do6 FCu Cg ALOG
34. Wv C Art,AB
35. Dol Fo 2 A P DR

## ▲セクション2の解答（反応36〜75）

36. WSo FC'o (Hd) 3.5 GHR
37. Dv2 YFu 2 Cl
38. Ddv23 C'Fu Ls
39. D+1 FM$^p$o 2 A P 3.0
40. DSv5 FC'u Na DV
41. Dv7 C'Fu Xy
42. Ddo27 FC'- Fd DR
43. Wv Y Art
44. Wv C'Fu Cl PER
45. Do1 FY- A
46. Wo FC'o A P 1.0
47. Wv m$^p$.YFu Fi
48. Ddo99 FC'- Xy
49. D+3 FYo Ay,Ls 2.5 PER
50. Do1 FC'.FYo Hh PER
51. Wo YF- An 2.5 MOR,PER
52. DdSv99 C'Fu Na,Art
53. Do9 F+ 2 Hd P GHR
54. Do4 FY- 2 Cg
55. Dv2 m$^a$.CFu Fi
56. WSo FC'.CF- Ad,An 4.5 MOR,INC
57. DSo8 FC'o Hh DR
58. Do4 FCo Fd,Bt
59. Dv8 C'Fu 2 Ls
60. Do4 FYu Sc
61. Wo FM$^a$.FC'o A P 1.0
62. Ddo99 FV- Hd,Sx PHR
63. D+1 m$^p$.FTo 2 (A) P 3.0
64. Do2 Fu 2 Art AB
65. Wv T Cg
66. Do3 FTo Bt
67. W+ TFu Fd 4.0 DR
68. Ddo31 FTu Ad
69. Ddo25 FTu Ad
70. Dv1 TFo Ad,Hh P
71. W+ M$^p$+ 2 H,Art,Ls P 2.5 COP,GHR
72. Dv4 T Na
73. D+5 m$^p$.FTo 2 Art 3.0
74. Do6 TFu 2 Hh
75. WSv/+ Fu Na 6.0

## ▲セクション3の解答（反応76～100）

| | | | | |
|---|---|---|---|---|
| 76. | Wo Fu A 1.0 INC | | 89. | Wv V Ls |
| 77. | D+4 FVo H,Cg 4.0 GHR | | 90. | Wv/+ rFo Ls 2.5 |
| 78. | DSo6 FDo An 4.5 DV | | 91. | Dv/+12 FVo Na 2.5 |
| 79. | DdSv/+99 VFo Na 4.5 | | 92. | Do1 FC'o Hd P GHR |
| 80. | Do2 FV- 2 Cg | | 93. | Do3 Fo 2 Ad |
| 81. | D+9 Fro H P 4.0 GHR | | 94. | Wv VF- Fd |
| 82. | DdS+99 FC.FDu A,Ls 4.5 ALOG | | 95. | W+ Fr.FM$^p$.CFo A,Na P 4.5 |
| 83. | Do7 FV- Hd PHR | | 96. | Ddo23 FC.FVu Hd,Sx PHR |
| 84. | Wv VFo Bt DV,MOR | | 97. | Ddv24 Fu 2 Bt |
| 85. | Wo M$^p$.FDo (H) P 2.0 GHR | | 98. | D+3 M$^a$.FC+ 2 (H),Cg P 4.5 COP,GHR |
| 86. | Do7 FVu A INC | | 99. | W+ CFo Bt 5.5 |
| 87. | Do10 FM$^a$o 2 Ad AG,PHR | | 100. | Ddo99 CF.YF- An ALOG,PER |
| 88. | W+ FVu H,Sc 2.5 GHR | | | |

## ▲セクション4の解答（反応101～140）

| | | | | |
|---|---|---|---|---|
| 101. | WSo FM$^a$u Ad 3.5 AG,INC2,PHR | | 121. | Do3 FC.M$^p$- Hd,Hx PHR |
| 102. | W+ M$^p$.FM$^a$o 2 (H),(A),Ay 4.0 COP,GHR | | 122. | DS+5 m$^a$.CFo Sc,Fi 4.5 |
| 103. | Do2 FM$^a$u 2 A | | 123. | W+ FM$^a$.CFo 2 A,Id P 4.5 COP,GHR |
| 104. | W+ M$^p$.CF.m$^a$o 2 H,Fi,Cg 4.5 GHR | | 124. | Dv2 m$^p$.FCu 2 Bt |
| 105. | D+1 M$^p$.m$^a$u 2 H,Sc 3.0 GHR | | 125. | Do2 m$^p$.CFo 2 Fd |
| 106. | Ddv99 C 2 Bl ALOG | | 126. | W+ M$^a$.C.FDo 2 H,Art,Hh,Cg P5.5 COP, GHR |
| 107. | Wv M$^a$ Hx AB PHR | | 127. | Do3 FC.FM$^a$o A |
| 108. | W+ M$^a$o H,Sc P 4.0 GHR | | 128. | WSo M$^p$.FC.FC'- (Hd) 5.5 PHR |
| 109. | Ddo35 M$^p$.FC'u H GHR | | 129. | W+ FM$^a$.CFo 2 A,LS P 4.5 |
| 110. | Ddo22 FM$^a$o A | | 130. | Ddo99 FD.m$^a$.CFu Fi PER |
| 111. | Wo m$^a$u Sc 2.5 DV2 | | 131. | Do1 FCo A P INC |
| 112. | Dd+22 FM$^a$.m$^a$u Ad,Na 2.5 | | 132. | Do5 FM$^a$.FCo (A) |
| 113. | Do4 FM$^p$o A | | 133. | D+12 M$^a$.CFo H,Sc,Ls 2.5 GHR |
| 114. | D+2 M$^a$o 2 H P 3.0 COP,GHR | | 134. | Dd+33 FM$^p$.FDo 2 A,Ls 2.5 |
| 115. | W+ FM$^p$.M$^p$o2 Art,A,Hd,Ls P 4.5 AB,PHR | | 135. | Wv M$^p$.C Hx AB,PHR |
| 116. | Do2 M$^p$.FC- (Hd) PHR | | 136. | Wv/+ rF.CFo Na 5.5 |
| 117. | Dd+99 M$^a$.m$^a$o 2 (Hd),Na,Sc 4.5 GHR | | 137. | W+ M$^a$.FCo 2 A,Bt P 5.5 FAB,COP,GHR |
| 118. | Dv6 m$^p$.FDo Cl | | 138. | Wv m$^a$.CFo Ex,Art |
| 119. | W+ FM$^a$.CFu 2 A,Ad P 5.5 MOR | | 139. | WS+ M$^a$.m$^p$.FC- Hd,Art 5.5 ALOG,PHR |
| 120. | D+11 m$^p$- 2 Cg,Hh 4.0 | | 140. | Do15 M$^p$.FCo A,HxINC,MOR,PHR |

## ▲セクション5の解答（反応141〜180）

141. WSo FMᵃ.FC'o A P 3.5 INC
142. W+ mᵖ.FVu Art 4.0
143. D+1 Mᵃ.FTo 2 Ad,Hx P 3.0 FAB,COP,GHR
144. DdS+99 Mᵃ.FC'u H,Cg 4.5 GHR
145. Dv2 TF.mᵖ- Hd PHR
146. D+1 Mᵃ.C'F+ 2 H,Ls P 3.0 COP,GHR
147. Wo mᵖ.FYo Ad 2.0 DV
148. Wv FMᵖ.FVu A
149. Wv Mᵃ.C' Hx AB,PHR
150. Ddo99 FC'.FMᵃo A
151. D+3 mᵃ.YFo Fi, Hh2.5 CP
152. Ddv99 Mᵖ.TF- An PHR
153. W+ Mᵖ.C'Fo 2 (H),Cl P 2.5 GHR
154. Do3 Fo 2 Ad DV2 ,INC
155. Do4 FT.FV- Ad
156. Wo mᵃ.FC.FDo Sc 4.5
157. Wv/+ mᵃ.CF.FVo Ex,Fi 5.5 MOR,AG
158. DdS+22 Mᵖ.FV.FC- Hd,Sc 5.0 PHR
159. Do4 FMᵃ.FCo 2 A
160. D+12 Mᵃ.CF- H,Na 4.0 FAB2,PHR
161. DS+5 mᵃ.CF.C'Fo Sc,Fi,Na 4.5
162. Wv/+ CF.TF- Ad,An 4.5 MOR
163. W+ Mᵃ.FCo 2 H,Hx,Cg 4.5 COP,GHR
164. WSo Mᵖ.FC.FV- Hd 4.5 PHR
165. DdSo99 FC'.FCu (Hd),An 4.5 PHR
166. Do3 FCo A
167. Dv7 C.Y.mᵃ Fi
168. Dv2 CF.YFo Fd
169. Wo FC.FYu Bt 4.5 MOR
170. Dv1 C Art PER
171. Dv5 C.T Id
172. W+ mᵖ.FD.CFo Na 5.5
173. Do4 FC.FVo Hd PHR
174. WSv C.C' Art
175. Wv Mᵃ.Y Hx DR,MOR PHR
176. WSo FC.FC'u Hh,Art 5.5
177. Dv9 C.Y Bl
178. Do4 FCo 2 A
179. DdS+22 FC'.FC- Hd,Sc,Cg 4.0 PHR
180. Wv CF.YFu Art

## ▲セクション6の解答（反応181〜230）

181. D+2 Mᵖ.Fro H,Cg 6.0 GHR
182. Do2 FMᵖo A ALOG
183. W+ FMᵃ.FCo 2 A,Cg,Id P 4.5 COP,GHR
184. D+2 Mᵃ.mᵖu 2 Ad,Hx,5.5 AG,FAB,PHR
185. Do3 Mᵖ.FD- Hd,Sx DV2,PHR
186. D+9 Mᵃ.FC'.Fro H,Cg P 4.0 GHR
187. Ddo99 FT- Ad
188. Wv C'.T Id
189. Ddo31 Mᵃu Hd,Sx PHR
190. Wo FMᵃ.FDo A P 1.0
191. W+ mᵃ.FVo Sc,Na 2.5
192. Dv/+3 rF.mᵃu Fi 2.5
193. W+ Mᵃo 2 H 2.5 COP,GHR
194. D+9 Mᵖ.Fro Hd P 3.0 GHR
195. WSo FD.FC.FC'- Art 4.5
196. W+ FMᵖ.Fro A Ls P 4.5
197. Wv CFo Bt
198. DdS+99 mᵃ.FD.CFu Sc,Fi 5.0
199. D+1 FMᵃ.FCu A 4.0 AG,INC,FAB,PHR
200. Wo FCo Art,Bt 5.5
201. Ddo99 Fo A PER,INC
202. Do4 FC'- A INC
203. WSo FYu (Hd) 3.5 MOR,PHR
204. D+1 Mᵃ.FTo 2 Ad P 3.0 FAB,COP,GHR
205. DSv5 Fu Sc PER
206. Wo FMᵖo A 4.5 DV2
207. Dv2 C Bl DR
208. Dol FC'- A DV
209. Do3 FC.FYo An ALOG
210. W+ FMᵖ.FT.FDo A,Bt 4.0
211. Do2 FYo Hd,Ls DV2,PHR
212. Wo TF- A 2.0 INC
213. Wo FMᵃ.FC'u A 1.0 AG,PHR
214. W+ Mᵃo 2 A,Sc 2.5 FAB,PHR
215. Ddv33 YFo Ls CP
216. W+ mᵃ.TFo Sc,Ad P 2.5 AG,MOR
217. Do2 Fu (A) CONTAM
218. Wo FYu Hh 2.5 MOR
219. D+2 Mᵃ+ 2 Hd P 3.0 PSV,AG,INC,GHR
220. W+ Mᵃo 2 A 2.5 FAB2,COP,PHR
221. DSo7 FC'u Sc PER
222. W+ FMᵃo 2 A Ls P 4.5 ALOG
223. D+1 Mᵖ.FC- 2 H,Sx,An 3.0 FAB2,PHR
224. Do4 FCu Bt INC
225. Wv Mᵃ.C Hx AB,DR,PHR
226. DS+1 FMᵖ.FC- 2A, Id 5.0 FAB2
227. Do5 Fo An ALOG
228. Wv CFu A DV,PER
229. Do10 Mᵃo H INC2,PHR
230. D+11 mᵖ.FD- An,Hh 4.0 MOR

## ▲セクション7の解答（反応231〜275）

231. WSo FMᵃo A P 3.5 CONTAM
232. WSo FMᵃ.FC'o (A) 3.5 ALOG
233. Ddo22 FC'u Hd,Sx ALOG,PHR
234. WSo Mᵖ.FC.FD- Hd 4.5 INC,PHR
235. Dv/+2 C.rF Fd 5.5 DR2
236. W+ FMᵃ.mᵃ.CFo 2 A,Bl P 4.5 DV,AG,MOR,PHR
237. Do7 FC'- Hd MOR,PHR
238. DdS+99 FMᵃ.FC.FC'.FDu A,Na 4.5 FAB
239. W+ Mᵖ.Co 2 Art,H,Bl,SC P 5.5 MOR,AG,AB,PHR
240. WSo Fu Ge 5.0 DR2
241. DSv/+4 VFu Na 5.0
242. Dol FV- Hd,Sx DV2,PHR
243. Wo FMᵖ.FC'u (A) 1.0 CONTAM
244. Wo mᵖ- H 1.0 DR2,MOR,PHR
245. Ddo99 FMᵃo A INC
246. Do3 FMᵃu A INC,PSV
247. Do1 Fo Ad P PER,MOR
248. Ddo23 Mᵃu Hd AG,PHR
249. Wv mᵖ.YFu Fi
250. Dd+99 Mᵖu 2 Ad 1.0 INC,PHR
251. WSo YF.C'F- Xy 4.0 PER,MOR
252. W+ Mᵃ.Fr.CF.mᵖo (A),Na,Id P 4.5 GHR
253. WS+ FC- Ad,Id 5.5
254. D+1 Mᵃ.mᵖo H,Sc,Ls 2.5 GHR
255. Do9 FCo 2 A INC,ALOG
256. WSo FC'u Ad 3.5 MOR
257. Do2 FMᵃo A PER
258. W+ Mᵃ+ 2 H,Sx 4.5 INC2,PHR
259. Do3 FC.FVo Hd,Sx PHR
260. Dv2 CF.mᵖo 2 Bl
261. Do9 Fo 2 A DV,PER,MOR
262. W+ mᵖo 2 Cg,Id 4.0
263. Wo FC'.FV- Hd 2.0 MOR,PHR
264. Do4 FC'u Fd DR,MOR
265. Wo FC' FMᵖ.FYo A P 1.0
266. Wo FYo A 2.5 MOR,INC,PER
267. Do1 mᵖo Ad P
268. Dv4 mᵖ.C'F.VFo Ls MOR
269. W+ FMᵃo 2 A,(A) 2.5 FAB2
270. Do2 Fo Bt
271. Wo FC.FD.mᵃ.FC'o Sc 4.5
272. DdSo23 FC'- 2 Sx ALOG,PER
273. Wv Mᵖ.C Hx DR2,PER,AB,PHR
274. D+11 FC'.FMᵖu 2 A,Ay,Id 4.0 FAB
275. D+4 Mᵃ.FCo 2 A 4.5 AG,FAB,PHR

## ▲セクション8の解答（反応276〜300）

276. W+ Mᵖ.FY.mᵖ+ Hd,Cg 4.0 INC,MOR,PHR
277. WS+ FMᵖ.mᵃ.CF.FD- Ad,BL 4.5 MOR
278. W+ FC.Mᵃ.FC'+ 2 (H),Cg 4.5 COP,GHR
279. D+1 Mᵃ.FC.FD.FMᵃo 2 H,A,Id P 4.0 AG,COP,GHR
280. DdSo99 FC.FMᵖ- Ad
281. Wv Mᵖ.C'.Y Hx AB,MOR,PHR
282. Ddv99 YF- Hd DR2,PER,MOR,PHR
283. W+ FMᵃ.FYo A,Ad 2.5 INC
284. W+ Mᵖ.C'F.FDu H,Ay,Cg,Ls 2.5 AB,GHR
285. W+ FMᵃ.TFu A,Fd 2.5 INC
286. D+1 Mᵖ.Fr.FYo Hd P 3.0 GHR
287. WSv/+ VFo Na 4.0
288. WSo Mᵖ.FV.FC- Hd 4.5 INC,ALOG,PHR
289. Do1 FCu A DV2,ALOG
290. W+ mᵃ.CFo Art,Na 5.5
291. W+ FMᵖ.FV.CFo 2 Art,A,Bt 5.5
292. W+ Mᵃ.FD.CF- (H),Id,Cg 5.5 AB,DR,PHR
293. WS+ Mᵃ.mᵖ.CF- H,Cg,Art 6.0 ALOG,PHR
294. D+3 FMᵖ.Fr.FYu Ad 4.0
295. WSo FC'o Art,(Hd) 3.5 AB,DR2,PHR
296. DS+5 mᵃ.CF.FC'o Art 4.5 DV
297. WS+ Mᵃ.FC'.C.FDo 2 (H),Cg,Art P 5.5 GHR
298. Do7 FMᵖ.FD.FTo A
299. Ddv99 VF.TF- Ls
300. Ddo99 Mᵃ.FC'u (H),Cg DV,GHR

## 監訳者あとがき

　エクスナー博士の意欲は留まることを知らず，包括システムは発展し続けている。そのスピードがあまりに早いので，包括システムのマニュアルともいえるA Comprehensive System. vol.1: Basic Foundation（3rd ed.）（1993，未翻訳）ですら古くなってしまった。このワークブックも，1990年発行の第3版が1992年に邦訳されて以来，第4版の翻訳もされないまま，第5版が2001年に発行されてしまった。このままでは，最新の包括システムについて伝える書物がすべて未翻訳のままとなってしまう。

　そこで，2002年にエクスナー博士が来日されたのを契機に第5版を邦訳したのが本書である。なお，原著の正式名は，「A Rorschach Workbook for the Comprehensive System, Fifth Edition」（2001）である。

　本書には，現代ロールシャッハ・テスト体系・別巻『ロールシャッハ・テスト　ワークブック』として出版された第3版以降に，包括システムに正式に採用された変数や特殊指標が掲載されている。実施法やコーディングの基準にもいくつかの修正が加えられているし，記述統計の表は体験型や反応スタイルによって細分化され，解釈や基礎研究を行う上で必須のものとなっている。最新の包括システムを理解する上で必読の書といえよう。

　翻訳は10名の訳者が分担して行った。その原稿をもとに最終的に監訳者が原文と照合しながら初めから全訳した。したがって，訳文に不十分なところがあれば，すべて監訳者の責任である。

　邦訳に関して監訳者として心がけた点がある。1つは，原著と同じレイアウトを残したいと思い，強調文字などは，できる限り原著そのままを再現した。2つ目は，エクスナー博士がよく使用し，辞書通りに訳したのでは意味が適切に伝わらない用語等には，監訳者注を付けて理解の助けとなるように工夫した。また，日本語だけでなく原語も示した方が有益と思われる言葉には，訳語の後に（　）で原語を入れた。3つ目は，翻訳にあたり原著でどうしても不明な点を，監訳者の一人である中村紀子がエクスナー博士に直接確かめた。

　以上の点に留意し，包括システムの初心者にもわかりやすい邦訳を心がけたが，多くの読者からご指摘をいただければ幸いである。

　なお，原著の第Ⅱ部に掲載されている表Aは，各図版ごとの形態水準のリストであり，1冊の本となってすでに出版されているので，入手されたい読者は下記のような手続きをお願いしたい。

　「ロールシャッハ形態水準ポケットガイド（改訂版第3刷）」
　販売：エクスナー・ジャパン・アソシエイツ
　定価：4,000円（構造一覧表処理ソフト付き）
　申込み：入手希望の方はFAXにて。番号は，03-5684-3670。その際，購入者の氏名（ふりがな），

郵送先住所，電話とFAX番号，希望冊数を明記のこと。

　本書と表Aの邦訳の2冊があれば，少なくとも包括システムによるロールシャッハのコーディングは可能になるであろう。包括システムをさらに学びたい読者には，包括システムの発展は日進月歩なので，最新の書物や学術論文が役立つ。特に，翻訳が刊行されている解釈本として『ロールシャッハの解釈』（金剛出版）が参考になろう。

　本書が，包括システムの学習の一助となることを願っている。そして，多くの読者が包括システムを習得され，クライエントの理解と援助にその知識を活用されることを，訳者・監訳者一同，心より願っている。

　本書の出版にあたり，金剛出版田中社長，品川香織さん，立石正信さんに大変お世話になった。心から感謝したい。

　2003年1月

監訳者一同

**監訳者**

中村　紀子（なかむら　のりこ）エクスナー・ジャパン・アソシエイツ／創価大学大学院
西尾　博行（にしお　ひろゆき）文京学院大学人間学部
津川　律子（つがわ　りつこ）日本大学文理学部心理学科

**訳者**（50音順）

井筒　節（いづつ　たかし）富士通／川崎病院
稲葉　祐子（いなば　ゆうこ）板橋区教育相談所
岩井　昌也（いわい　まさや）クボタクリニック
大住　真理（おおすみ　まり）帝京大学医学部附属溝口病院精神神経科
久羽　幸恵（くば　ゆきえ）大和市青少年相談室
塚本　優子（つかもと　ゆうこ）エクスナー・ジャパン・アソシエイツ
西川　清香（にしかわ　さやか）多摩市立教育センター
西島　友子（にしじま　ともこ）船橋北病院
野田　昌道（のだ　まさみち）東京家庭裁判所
丸山　香（まるやま　かおり）慶成会老年学研究所・新宿一丁目クリニック


---

ロールシャッハ・テスト　ワークブック
（第5版）

2003年5月20日　発行
2023年6月10日　11刷

著　者　ジョン・E・エクスナー
　　　　　中　村　紀　子
監訳者　西　尾　博　行
　　　　　津　川　律　子
発行者　立　石　正　信

印刷・平河工業社　製本・誠製本

発行所　株式会社　金剛出版
〒112-0005　東京都文京区水道1-5-16
電話03-3815-6661　振替00120-6-34848

ISBN978-4-7724-0777-9 C3011　　　©2003, Printed in Japan

## 好評既刊

# ロールシャッハ・テスト
### 包括システムの基礎と解釈の原理

著——ジョン・E・エクスナー

監訳——中村紀子　野田昌道

● B5判　● 上製　● 776頁　**19,800** 円
● ISBN978-4-7724-1082-3 C3011

テストの施行法や解釈、
さらに成立過程まで網羅した、
包括システムの原理が学べる
ロールシャッハ・テスト解釈書の決定版。

価格は10%税込です。

## 好評既刊

# ロールシャッハの解釈

著──ジョン・E・エクスナー
監訳──中村紀子　野田昌道

● B5判　● 上製　● 360頁　● **9,460**円
● ISBN978-4-7724-0736-6 C3011

包括システムによる
ロールシャッハ法解釈の基礎から応用までを
詳しく解説した手引書である。
初学者にも中級以上の経験者にも必携。

価格は10%税込です。

## 好評既刊

# ロールシャッハ・テスト講義I

## 基礎篇

著――中村紀子

● A5判　● 上製　● 300頁　● **4,620**円
● ISBN978-4-7724-1140-0 C3011

コーディングの一工夫、
施行のチェックポイントなど、
ベテランが知るテクニックを語った
「初心者対象・ゼロからのロールシャッハ入門」。

価格は10％税込です。

## 好評既刊

# ロールシャッハ・テスト講義 II
## 解釈篇

著──中村紀子

● A5判　● 上製　● 320頁　● **4,620**円
● ISBN978-4-7724-1498-2 C3011

『ロールシャッハ・テスト講義 I』に次ぐ第 2 弾。
クラスター解釈によってデータを精査して，
受検者の回復に役立つアセスメントスキルを
解説する。

価格は 10％税込です。

## 好評既刊

# クリシ・ワルテッグ・システム（CWS）

### 実施・スコアリング・解釈のためのマニュアル

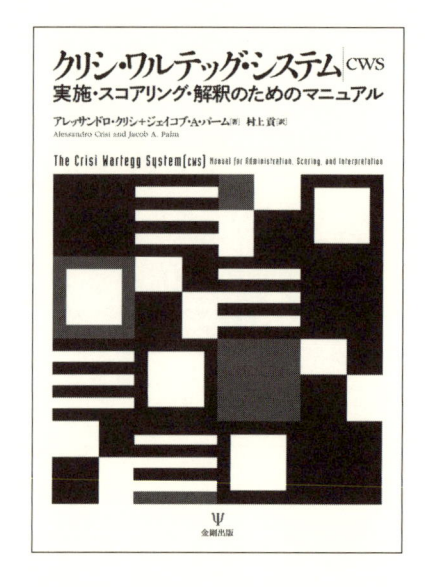

著──アレッサンドロ・クリシ　ジェイコブ・A・パーム
監訳──村上 貢

●A5判　●上製　●480頁　●**11,000**円
●ISBN978-4-7724-1875-1 C3011

①描画段階、②描画ギャラリー、③描画選択
の3ステップで刺激図形に加筆する、
パーソナリティ検査「ワルテッグ・テスト」の
改訂実践マニュアル。

価格は10%税込です。

## 好評既刊

# 治療的アセスメントの理論と実践

## クライアントの靴を履いて

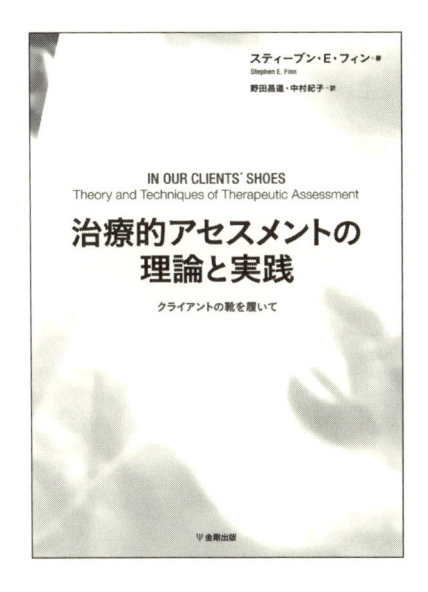

著──スティーブン・E・フィン

訳──野田昌道　中村紀子

● A5判　● 上製　● 368頁　● **4,950** 円
● ISBN978-4-7724-1369-5 C3011

テストからフィードバックを経て
査定者が治療者になる
ヒューマニスティックな治療的アセスメントの
実践と方法を学ぶ。

価格は10%税込です。

## 好評既刊

# ロールシャッハ・アセスメントシステム

## 実施、コーディング、解釈の手引き

著——グレゴリー・J・メイヤー ほか
監訳——高橋依子　訳——高橋真理子

- B5判　● 上製　● 592頁　● **16,500** 円
- ISBN978-4-7724-1402-9 C3011

包括システムによるロールシャッハ・テストに
新しい実証的な知見をふまえた改良を加え、
実施法から解釈までのすべてを明らかにした
必携マニュアル。

価格は10％税込です。